智库圆桌

上

孙世芳◎主编

经济日报出版社
北　京

图书在版编目（CIP）数据

智库圆桌 ： 上、下 / 孙世芳主编. -- 北京 ： 经济日报出版社，2024. 12. -- ISBN 978-7-5196-1388-4

Ⅰ. F12-53

中国国家版本馆 CIP 数据核字第 2024G1X727 号

智库圆桌（上、下）

孙世芳　主编

出版发行：经济日报出版社
地　　址：北京市西城区白纸坊东街 2 号院 6 号楼
邮　　编：100054
经　　销：全国各地新华书店
印　　刷：天津裕同印刷有限公司
开　　本：710 mm × 1000 mm　1/16
印　　张：31.75
字　　数：326 千字
版　　次：2024 年 12 月第 1 版
印　　次：2024 年 12 月第 1 次
定　　价：160. 00元

本社网址：www. edpbook. com. cn，微信公众号：经济日报出版社

孙世芳

作者简介 Author Introduction

管理学博士。现任经济日报社编委兼中国经济趋势研究院院长，中国发展战略学研究会副理事长。研究员（二级），博士生导师（2002—2022 年）。国家“万人计划”哲学社会科学领军人才，享受国务院特殊津贴专家。研究领域为区域经济、海洋经济、数字经济和产业政策，出版著作 12 部。主持完成 4 项国家社科基金课题、国家软科学课题。多年主持经济日报内参编辑部和经济研究部的工作，形成一系列内参及智库研究成果，发挥了咨政作用；创设《经济日报》智库版，对加强我国智库建设发挥了一定作用。

目录
CONTENTS

上 册

下　册

如何建设宜居宜业的美丽乡村

本期嘉宾

国务院参事室原副主任　蒋明麟

中国人民大学农业与农村发展学院副院长　郑风田

中央党校经济学教研部副教授　汪彬

南京农业大学金善宝农业现代化发展研究院研究员　朱娅

中国建筑材料流通协会会长　秦占学

北京帝海集团总裁　李小明

主持人

经济日报社编委、中国经济趋势研究院院长　孙世芳

12 智库　2021年3月23日　星期二　经济日报

如何建设宜居宜业的美丽乡村

智库圆桌（第一期）

本期嘉宾
国务院参事室原副主任　蒋明麟
中国人民大学农业与农村发展学院副院长　郑风田
中央党校经济学教研部副教授　汪彬
南京农业大学金善宝农业现代化发展研究院研究员　朱縆
中国建筑材料流通协会会长　秦占学
北京帝海集团总裁　李小明

主持人
经济日报社编委、中国经济趋势研究院院长　孙世芳

从建设到管护，仍有不少薄弱环节

主持人：党的十八大以来，乡村基础设施和公共服务建设、人居环境、信息化建设等都有明显改善。然而，放在全面建设社会主义现代化国家大背景下，乡村振兴仍然任重道远。当前，乡村建设主要存在哪些短板？

让农民有更多获得感、幸福感、安全感

找抓手、补短板，因地制宜精准发力

“一张蓝图绘到底”

“十四五”规划和2035年远景目标纲要提出，把乡村建设摆在社会主义现代化建设的重要位置，优化生产生活生态空间，持续改善村容村貌和人居环境，建设美丽宜居乡村。

目前，乡村建设存在哪些短板？农民对乡村建设有哪些期盼？如何把乡村建设好？中经趋势研究院对125个村庄开展调研，并邀请专家进行探讨，以期更好地推进乡村建设，实现山青水绿，宜居宜业。

一线调查

来自16个省份125个村庄的调查数据显示
我国村庄基础设施建设日趋完善

经济日报社中国经济趋势研究院

村民对乡村建设的期盼

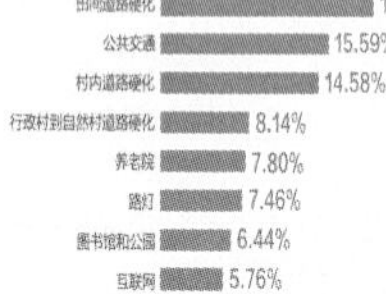

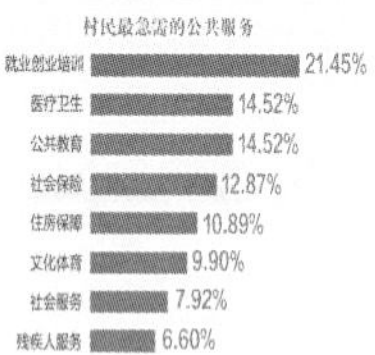

数据来源：《乡村建设调查报告》
制图：

本版编辑　郭文鹃　袁文

社址：北京市西城区白纸坊东街2号　读者服务：13911270606（同微信号）　总编室：58392088　邮编：100054　传真：58392840　零售每份：1.00元　广告许可证：京西工商广字20170090号　广告热线：58392178　发行热线：58392172　昨日（北京）开印时间：3:10　印完时间：4:20　印刷：

“十四五”规划和2035年远景目标纲要提出，把乡村建设摆在社会主义现代化建设的重要位置，优化生产生活生态空间，持续改善村容村貌和人居环境，建设美丽宜居乡村。

目前，乡村建设存在哪些短板？农民对乡村建设有哪些期盼？如何把乡村建设好？中经趋势研究院对125村庄开展调研，并邀请专家进行探讨，以期更好地推进乡村建设，实现山青水绿，宜居宜业。

从建设到管护，仍有不少薄弱环节

主持人：党的十八大以来，乡村基础设施和公共服务建设、人居环境、信息化建设等都有明显改善。然而，放在全面建设社会主义现代化国家大背景下，乡村振兴仍然任重道远。当前，乡村建设主要存在哪些短板？

蒋明麟：乡村建设要高度重视农房建设和环境整治。农房建设方面，一些地方对农村危房和抗震等级不足的农房进行改造加固问题重视不够；部分农民集中居住区和中心村的规划和配套建设不合理，造成农民生产生活不便；此外，现有农房和新建农房在建筑节能方面重视不够，农房建筑能耗高，同时由于农村能源结构调整较慢，污染物排放量较大，生态环境受到影响。

环境整治方面，部分地区在生活污水处理、生活垃圾处置方面仍缺乏有效措施。生活污水未经处理或只经过简单沉淀就直接排到自然河流或池塘，缺乏必要的管理和检测，影响地表水和地下水的水质。生活垃圾仍未达到分类处置、回收利用的要求，有些地区虽然制定了“村收集、镇集中、县处置”的措施，但基层经常缺乏必要的运营经费，致使执行效果大打折扣。

汪彬：基础设施覆盖面不够广和整体规划不足问题值得关注。基础设施覆盖面不够广、不够均衡，与乡村人民对美好生活的需求不相适应。比如，乡村的厕所配置不均衡。尽管各地都在搞厕所革命，但是改造重点放在县城、旅游景区，一些地区甚至搞面子工程，比拼厕所的豪华程度，造价十几万元的厕所屡见不鲜。而行政村、自然村的现代化公共厕所数量不足，有些地区光拆旱厕，不建新厕，有些乡村没有安排人力和物力加以保障，新厕建好后的管理、维护、卫生保洁成了问题。乡村道路硬化存在不足。乡间小道、机耕路的硬化率要提高，随着汽车普及，拓宽通村路、建设乡村停车场也势在必行。村庄的亮化工程不足。行政村、自然村的道路灯光覆盖率不够，影响村民的出行安全。

乡村基础设施建设缺乏整体、长远规划。以南方丘陵地区为例，传统的乡村集聚点通常比较集中，老旧房的采光、朝向很不理想，通村公共道路拥挤、狭窄，许多村民对于住房和交通改善需求很迫切。未来，中国的乡村是何种面貌？是否符合新时代农民的需求？我们在当下就应该对于这些问题进行深入思考，不断明晰乡村定位，完善规划。

李小明：乡村建设过程中，“重建设、轻管护”问题比较突出。近年来，农村水电路网等基础设施逐步完善，但其管护一直严重缺位。管护主体不明、标准不清、经费不足等直接影响农村建设项目长期有效运行。以路网建设为例，随着交通基础设施建设不断推进，路网结构趋于合理，但是由于对养护重视程度不够，交通设施普遍损耗严重，造成浪费。

让农民有更多获得感、幸福感、安全感

主持人：乡村建设的主体是农民，乡村建设是为了农民，要注重加强普惠性、兜底性、基础性民生建设。当前，农民对乡村建设有哪些期盼？

郑风田：我们通过开展实地调查发现，当前，道路硬化和就业创业是农民最急需的基础设施和公共服务。具体来看，村民最急需的前三项基础设施分别是田间道路硬化、公共交通和村内道路硬化，其次为行政村到自然村道路硬化、养老院、路灯、图书馆等。公共服务方面，村民对就业创业培训最为期盼，医疗卫生和公共教育次之，社会保险、住房保障、文化体育方面也有所需求。

农民的需求存在地域差异。南方村庄对道路硬化的需求更强，调查显示，南方村庄最急需的前三项基础设施（或公共服务）依次为田间道路硬化、村内道路硬化、行政村到自然村道路硬化，远高于北方村庄。这种差别可能是由于村庄形态不同造成的。我国南方行政村是由多个自然村组成的分散型小村庄，北方行政村则是与自然村一体的集聚型大村庄，因此南方对行政村与自然村之间道路硬化

需求更强。

不同类型的村庄需求各有侧重。特色保护类村庄和城郊融合类村庄对生活垃圾整治需求较强，撤并搬迁类村庄对生活废水排放需求较强，集聚提升类村庄对道路硬化需求较强。

找抓手、补短板，因地制宜精准发力

主持人：下一步乡村建设要充分考虑村民需求，着重解决突出问题。请为乡村建设出谋划策，提出一些具体建议。

蒋明麟：要把农村农房建设和农村环境整治纳入基本建设的总体安排。为做好农房建设，建议重点抓好以下几项工作。一要加强农房建设的质量管理，把农房建设纳入国家建筑工程质量保证体系和建筑工程监管体系，尤其注重对农村危房和抗震系数不达标的农房进行全面排查，做出改建加固工作的计划安排，并在国家财政资金上给予重点倾斜。二要在保障安全的前提下提升农房建造水平，重视农房建筑节能工作，提倡安装使用节能门窗，同时大力促进建筑设计和建筑建造企业，开发适合不同气候条件的装配式农房建筑，并积极推广使用。

做好农村环境整治，重点要抓好以下工作。建议在指导思想上加强农村环境治理的主动性，变“事后治污”为“事前防污”，并据此制定切实可行的措施。建议加大对农村环境污染治理的投入力度，严格保障资金的调配、使用和监督。建议把环境保护工作延伸到广大农村农户，加强污染源源头管理和处置，因地制宜制定污水和生活垃圾的收集、装运及处置办法。建议做好监督管理工作，设置环境卫生管理员岗位，负责污水排放和生活垃圾收集管理监督工作。建议做好环境保护宣传工作，鼓励广大农民共同建设美丽家园。

汪彬：乡村规划、乡村建设、基础设施维护都需要财力作为支撑，建议通过以下三种途径保障稳定的资金投入。一是加大财政资金倾斜，设置农村现代化和基础设施补短板等专项资金。二是利用金融工具和手段，通过政策性银行为乡村建设提供金额大、利率低、周期长的稳定贷款，通过发行地方政府债券补充建设资金。三是通过政府引导撬动民间投融资。比如，探索乡村公共设施建设与乡村旅游产业发展相衔接，充分发挥乡村基础设施的外部性效应，吸引社会资本参与。

当前，乡村基础设施建设已有一定基础，未来要力求精准，弥补短板。建议重点做好农村地区的水、电、气、路、网络等基础设施补短板工程，加强村级客运站点、文化体育和公共照明等服务设施建设。充分运用新一代信息技术，推动农村千兆光网、5G、移动物联网与城市同步规划建设，建设数字乡村。

秦占学：让数字经济为乡村建设赋能。通过物联网等技术对农村建材家居产品生产、流通、加工、销售的全产业链环节进行智慧监管，推动其在产品质量安全日常监管、检验检测、追溯预警、应急管理上的应用。

同时，充分开发农村居民消费潜力，让农村消费者“能消费”“愿消费”“敢消费”“便消费”，以消费需求带动乡村建设。促进乡村产业振兴，增加就业，提高居民收入，保障能消费；通过提供优质产品供给和政策补贴，让居民愿消费；通过诚信体系建设，提升产品质量，让其敢消费；提升乡村地区数字、网络建设覆盖率，通过渠道下沉，加快完善末端配送服务网点建设，让农村居民享受便捷、现代、高效的消费体验。

“一张蓝图绘到底”

主持人：乡村建设要坚持规划引领，强化统筹布局，凝聚各方力量。下一步乡村建设应当如何做好规划？

汪彬：要在明确总目标和总路径的基础上，科学统筹生态、农业、居住等功能空间，明确各类空间的管理边界。编制县级国土空间规划，做好乡镇、行政村、自然村的村庄总体布局分类工作。坚持“农业现代化与农村现代化一体设计、一并推进”原则，树立“城乡融合、一体设计、多规合一”的理念，启动实施农业农村现代化规划，编制实用性村庄规划方案，力争实现村庄规划全覆盖。

秦占学：乡村规划要突出乡村特色、地域特色、民族特色，把特色村镇建设放在乡村振兴战略大局中去谋划和部署。找准村镇定位，在村镇保护、文化传承、产业支撑、突出特色上下更大功夫，形成特色资源保护与村镇发展的良性互促机制。

李小明：乡村建设规划要坚持先建机制、后建工程。围绕“共谋共建共管共评共享”理念制定相关工作机制。推行政府组织领导、村委会和村民发挥主体作用、规划编制人员负责技术指导的乡村建设规划编制机制。此外，探索建立符合农村实际的规划审批程序。加快完善村庄建设规划审批机制，进一步缩短审批时间，避免机械套用城市规划审批程序。

同时，建议对城乡基础设施进行统一规划、统一建设和统一管护。统一规划是以市县域为整体，统筹设计城市路网和水、电、讯、污水垃圾处理等设施。统一建设是健全分级分类投入机制，政府主要抓道路、水利等公益性设施，市场主要着力于供电、电信和物流等经营性设施。统一管护是区分公益性设施和经营性设施，由产权所有者建立管护制度、落实管护责任、保障设施长期发挥效益。

朱娅：科学编制、执行村庄规划是乡村建设的重点和难点，实施乡村规划需要专业人才。一段时期以来，在乡村建设中出现了贪大求洋、大撤大并、大拆大建、照搬城镇、千村一面等问题，大多是因为缺乏科学规划的引领。因此，迫切需要大量既具备专业知识又熟悉农村情况的乡村规划师、设计师、建筑师，以及掌握传统建筑建造技术的建筑工匠等人才。目前，我国乡村规划师制度逐步探索建立，成都于2010年率先建立乡村规划师制度，明确每个乡镇配备一名乡村规划师，现已实现全域乡村规划师全覆盖。2019年，自然资源部出台有关文件，提出建立驻村、驻镇规划师制度。但总体而言，乡村规划建设人才匮乏。应进一步完善乡村规划师制度，鼓励引导规划设计机构下乡；对服务乡村建设的规划师、建筑师、设计师及团队，在个人所得税等方面给予减免；建立传统建筑工匠保护和师承机制，有效培育年轻人才。

加大人才保障力度要坚持培养与引进相结合、引才与引智相结合，健全向农村基层倾斜的人才激励机制、建立城市人才定期服务乡村机制，激发人才创新创业创造活力，打造一支引得进、留得住、用得好的乡村建设生力军，为实施乡村建设行动提供智力支撑。

原载 2021 年 3 月 23 日《经济日报》

如何推进创业服务优化升级

本期嘉宾

北京工商大学数字经济研究院院长　白津夫

中国科协创新战略研究院院长　任福君

盛景网联科技股份有限公司高级合伙人　杨跃承

北大科技园执行副总裁　王国成

中关村创业大街总经理　聂丽霞

北京市长城企业战略研究所总经理　武文生

主持人

经济日报社编委、中国经济趋势研究院院长　孙世芳

10 智库　2021年4月15日　星期四　经济日报

如何推进创业服务优化升级

智库圆桌（第二期）

本期嘉宾		
	北京工商大学数字经济研究院院长	白津夫
	中国科协创新战略研究院院长	任福君
	盛景网联科技股份有限公司高级合伙人	杨跃承
	北大科技园执行副总裁	王国成
	中关村创业大街总经理	聂丽霞
	北京市长城企业战略研究所总经理	武文生
主持人	经济日报社编委、中国经济趋势研究院院长	孙世芳

创业环境变化对创业服务提出新要求

创业服务需要精准深入解决问题

创业服务需求与供给尚未有效匹配

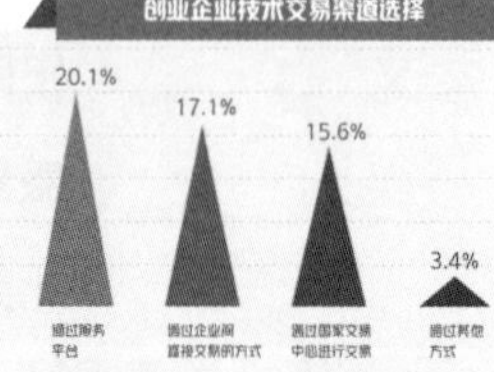

创业企业获得专业咨询服务方式

创新创业调查数据显示——

企业对办公场地的服务最满意

本报记者　刘　溟

一线调查

本版编辑　郭文鹃　зх

创业环境变化对创业服务提出新要求

主持人：当前，我国创新创业环境如何？创业服务机构发展有什么特点？

王国成：随着创业环境变化，当前我国创新创业呈现一些新的特点，对创业服务提出了新要求。首先，创新创业进入全球化时代，技术、人才、资本在全球快速流动。资源向创新创业活跃地区集聚，获取和整合创新资源的能力至关重要；创业企业在资源快速流动的现状下，合伙制、指数级增长成为企业发展的新特点。其次，创新创业基础由原本成本优势转化为创新优势、数据优势。当下几种优势同时存在，如何做好整合，帮企业建立新的护城河，是新时期创业服务面临的问题。再次，新的市场需求推动了产业的跨界，人工智能技术结合新一代应用场景与产业深度融合，产业之间的边界越来越模糊，如何为跨界创业企业提供集成化服务是创业服务需要面对的新要求。最后，在供给侧结构性改革的背景下，传统产业升级对创新创业服务是重要的发展机遇。传统产业升级和区域发展中蕴含大量创新创业的机会，创业服务应在政府推动特色产业集群建设、产业结构优化调整的过程中积极参与。在传统产业升级的过程中如何进行创新创业赋能是对双创服务的新要求。

聂丽霞：现在的创业行为从本质上可以分为两类。一类是发展型创业，创业者往往拥有高学历，创业是为了实现或者创造更大价值；另一类是就业型创业，比如大学生创业、退伍军人创业等。

针对这两类群体，创业服务可以分为两种。发展型创业者核心诉求是快速发展，需要创业服务机构为其提供资金以及其他能带来加速发展的资源。这种情况和美国类似。在美国，创业服务机构也分两种，一种是孵化器，多由社区、政府创建，以解决就业为导向；另一种是市场化的商业加速器，以商业获利为目的。

任福君：作为服务发展型创业企业的重要载体，全国大众创业万众创新示范基地（下称“全国双创示范基地”）正在发生重要变化。中国科协对全国双创示范基地的评估结果显示，示范基地正在经历从模式创新到技术创新，从政府推动到市场拉动，从单打独斗到相互融通，从条块管理到精准服务，从小微创新到协同大创的“升级”演变，高质量发展态势和需求明显。

具体来看，一是以颠覆性技术为核心的创新创业更加活跃，对专业化创业服务平台提出更高要求。需要相关服务能助力创业者引领行业发展，在创新研发、市场开拓、发展资金等方面提供支持。二是围绕产业生态的开放创新创业趋势日益明显。多种技术和领域的跨界融合趋势显现，产业生态在创新创业中发挥更主导的作用。当前创新创业模式正在加快由封闭式创新创业向生态共生式创新创业转变。如海尔集团的智能家电生态圈，小米公司的智能硬件生态圈等，都聚集了大量创新创业企业，形成创新生态圈。三是创新创业全球化趋势日益明显。跨国组织不断打破内部创新的单一路径，通过建立联合孵化器，发现有潜力的中小企业，促进资源的流动融合和有效利用。四是双创对创业服务平台提出新要求。需要提升孵化机构和众创空间等创业服务平台的服务水平，向专业化、精细化方向升级，从提供场地租赁服务向创业培训、资源技术支撑综合一体平台型模式转换。

杨跃承：当前我国创业服务体系正在持续完善。一是创业服务载体更加泛化。除了有关部门认定的双创服务机构外，许多市场化主体也在发挥双创服务的重要作用，比如产业技术研究院、企业培训机构、产业互联网平台、股权投资机构等。创业服务机构载体的多样化，体现了科技与经济紧密结合，体现了双创社会化，这是一个非常重要的趋势。

二是创业投资正在聚焦早期并且强度变大。创业早期风险大，早期投资是雪中送炭，后期投资是锦上添花。近年来，聚焦早期投资的机构不断增加，例如深圳建立百亿天使母基金，苏州、常州以及很多地方出台政策设立天使基金。同时，创业投资强度越来越大，为好的项目提供持续的资金保障。

三是创业服务向全要素发展。新阶段创业服务不是单一的，而是包含人才、技术、资本、场景、数据等全要素服务。把这些服务要素和功能以及服务组织机构都集成起来，而且更加专业化，这是创业服务的新特点。

四是创业政策的变化。创业政策从依靠政府的动员力转变为更加依靠创业者的内生动力和市场的牵引力。政策驱动加上市场主导，强化市场配置资源决定性作用。这要求政策要前置且精准，提升政策的靶向性，依靠政策目标导向提升创业质量和创业服务能力与水平。

创业服务需求与供给尚未有效匹配

主持人：新形势对创业服务提出了新要求，目前我国创业服务还存在哪些短板？

任福君：全国双创示范基地评估结果显示，双创服务亟待提质增效。一是“自我造血”能力不强。不少基地反映，目前基地内多数科技企业孵化器、众创空间、产业技术研究院等还未实现盈利。“二房东模式”较为普遍，规模扩张与服务质量提升不适配，要素供给与资源需求不匹配。二是缺乏高素质专业服务队伍。载体运营团队服务不够完善，绝大多数载体专职运营人员数量与孵化企业数量不匹配，难以开展一对一、精细化、精准化孵化服务；多数机构服务处于申报、注册等初级服务层面，企业最需要的高端垂直化服务相对缺乏。

武文生：我国创业服务正逐步向专业化、多样化、市场化和国际化发展，但仍然存在以下问题。

人力资源及市场营销服务不完善。创新创业调查中，关于“制约企业效益的主要因素”的数据显示，61.51% 的企业认为人才是制约企业效益的主要因素，57.24% 的企业认为市场是主要制约因素。

创业服务需求与服务供给之间尚未有效匹配，围绕优势细分领域的专业化服务供给存在较大的缺口。例如，双创政策宣传和落实不足，服务机构提供的政策指导服务有待提升。“对于创新创业政策了解程度”的调查数据显示，24.54% 的企业对创新创业政策不太了解，47.20% 的企业对创新创业政策了解程度一般，仅有 28.27% 的企业对创新创业政策较为了解。再比如，知识产权服务水平有待提升。调查数据显示，38.18% 的企业认为“其他人复制公司产品的可能性”在 60% 以上，通过分析“影响企业创建的影响因素”也可以看出，47.95% 的创业企业将知识产权保护看作影响企业创建发展的重要因素。此外，融资服务有效供给不足，多元化金融服务仍需增强。调查数据显示，九成以上创业企业有融资需求，而有过融资行为的企业占比不足五成，创业企业融资难问题仍然较为普遍。技术交易市场发展不成熟，缺乏交易主体、交易平台数量不足。创业企业关于技术交易市场短板的数据研究结果表明，认为技术交易主体缺乏的企业占比达到 30.02%，认为技术交易平台不足的企业占比为 27.37%，两者总比例超过 50%。

创业服务需要精准深入解决问题

主持人：提高双创水平，要以优化服务为重点。如何促进创业服务升级？

白津夫：一要加强专业化。提升对双创服务的理解，打造专业水平高、服务意识强的专业化队伍，让专业的队伍干专业的事。二要突出精准化。双创服务未必是“保姆式”服务，更重要的是“微服务”，即在关键时点、关键环节，解决关键性之需，精准深入地解决问题。三要推进数字化。数字经济的发展推动双创进入平台时代，广大“创客”从“车库”走向平台，整合线上线下资源，形成全新的双创模式。要适应数字化发展的要求，更好发挥平台优势，促进互联互通，提供深层服务，拓宽创业渠道，开发新业态、丰富新场景，形成双创合力。四要促进生态化。双创最重要的是生态问题，培育双创基因，突出双创区域个性，形成双创集群效应，才能使双创向纵深发展。从实践来看，创新生态比较好的地区双创都比较活跃，比如深圳、成都等，都形成了良好的创新创业氛围。五要实现载体化。打造双创“实践载体”，建立功能性园区，推动从园区产业化向园区平台化转变。建设数字园区，形成平台、孵化器、核心企业一体的开放空间。建立跨越物理边界的“虚拟”园区，形成数据驱动、平台支撑的在线生态系统，最大限度整合资源，放大协同效应。

任福君：“科创中国”是中国科协创建的创业服务平台，现阶段，主要通过以下几条发展路径升级创业服务。第一，建设共性技术支撑平台，为专业化、特色化发展奠定基础。遴选地方需求重点领域，探索建设工程技术应用案例库，汇集工程技术案例、数据、报告、标准等，以解决实际问题为导向，形成平台公共服务资源。重点推动形成先导技术、新锐企业、产学融通组织知识服务与技术扩散机制。

第二，配备专业化的导师和共享人才，为专业化服务提供人力保障。组织百余名院士，近百家全国学会，近 170 家地方科协联动，跨学科、跨领域、跨区域、跨层级组建 105 个“科创中国”科技服务团，组织3200多名科技工作者为基层提供科技服务。

第三，促进创新创业产业链、创新链、投资链融合，不断提升创业服务平台盈利水平。遴选支持全国学会开展产业技术方向研判、共性技术研发协作等服务；组织开展系列技术资本对接、产学融合高峰论坛等活动；创设一批“科创中国”区域技术交易中心、创新基地等，持续推动资源“下得去、接得住、见实效”。

第四，提升创业服务平台国际化水平。进一步吸纳国内外有代表性的头部单位，打通与国际技术交易合作网络的联结。引入海智计划（即海外智力为国服务行动计划）工作基地、海外创新创业基地和国家海外人才离岸创新创业基地，带动地方出台引导性政策，优化引才引智机制。

第五，集团化的功能组合和管理架构是创业服务平台发展的一个重要选择。一是创新跨界协同的组织机制。适应开放式创新的时代需求，构建与高层次科学家、企业家、投资家的组织联结机制，促进人才聚合、要素整合、创新融合。二是探索区域合作的组织模式。促进产业链上下游跨区域、跨省域、跨城市的组织联合。

聂丽霞：创业服务的生态已经逐渐变成了产业创新生态的一部分，而且参与其中的市场化机构越来越多。建议政府将创业服务作为一个产业看待，通过政策引导行业高水平发展，而不仅仅是作为公共服务的提供方。

第一，建议出台相关政策吸引优秀资源进入该行业。比如一些成功的企业家，他们所能提供的商业助力会超越一般的孵化器。第二，建议引导创业服务行业做市场化运营。现有创业服务机构中，国有和事业单位占比较高，未来，建议吸引更多市场机构进入，政府使用购买服务的方式进行支持，但是要把机构当成商业主体。第三，建议在引导上强调创业服务机构的服务功能和服务成效。原来很多创业服务机构没有清晰的商业模式和精准的用户画像，更多的是承接服务，而不是主动拓展客户，未来要不断引导服务机构主动拓展高价值客户，持续积累服务能力，提升其服务专业化和精准化水平，创造商业价值。

王国成：首先，创业服务机构优化升级要优化品牌建设。品牌是流量和窗口，要打造创新创业平台领域的优秀品牌。其次，健全包括技术服务、产业服务、投资服务、市场化服务、基础服务在内的服务体系，并提供标准化产品。最后，加强服务团队建设和吸引投资。孵化机构如果没有好的团队就无法做好对整个服务过程的把控。创业机构没有投资难以持续发展。只有投资和团队相互融合，才能留住高水平的人才，与企业共同发展，享受企业发展的成果。

原载 2021 年 4 月 15 日《经济日报》

提升创新体系效能要跳出惯性思维

本期嘉宾

中国社会科学院数量经济与技术经济研究所所长　李平

深圳湾实验室党委书记　胡晓军

全国科技振兴城市经济研究会研究员　胥和平

盛景网联高级合伙人、科技部火炬中心原副主任　杨跃承

主持人

经济日报社编委、中国经济趋势研究院院长　孙世芳

10 智库　2021年4月20日　星期二　经济日报

提升创新体系效能要跳出惯性思维

智库圆桌（第三期）

本期嘉宾		
	中国社会科学院数量经济与技术经济研究所所长	李平
	深圳湾实验室党委书记	胡晓军
	全国科技振兴城市经济研究会研究员	胥和平
	盛景网联高级合伙人、科技部火炬中心原副主任	杨跃承
主持人	经济日报社编委、中国经济趋势研究院院长	孙世芳

党的十八大以来，我国科技事业取得历史性成就，从点的突破迈向系统能力提升，但与世界科技强国相比，还存在创新体系整体效能不强，基础研发不够，科技创新资源分散等问题。“十四五”规划和2035年远景目标纲要提出，制定科技强国行动纲要，健全社会主义市场经济条件下新型举国体制，打好关键核心技术攻坚战，提高创新链整体效能。本报特邀有关专家围绕如何提升创业体系效能进行了深入探讨。

基础研究的作用愈发重要

把握科技创新变革新趋势

提高原始创新能力需要持续发力

加快完善创新型国家建设的体制机制

2020年授予专利权 363.9万件
▲比上年增长40.4%

国家科技重大专项共安排项目（课题）198个

国家自然科学基金共资助4.57万个项目

2020年
全年研究与试验发展（R&D）经费支出 24426亿元
▲比上年增长10.3%
与国内生产总值之比为2.40%

截至2020年末

数据来源：《中华人民共和国2020年国民经济和社会发展统计公报》

本版编辑　谢慧　秦悦　美编　高妍

党的十八大以来，我国科技事业取得历史性成就，从点的突破迈向系统能力提升，但与世界科技强国相比，还存在创新体系整体效能不强，基础研发不够，科技创新资源分散等问题。“十四五”规划和2035年远景目标纲要提出，制定科技强国行动纲要，健全社会主义市场经济条件下新型举国体制，打好关键核心技术攻坚战，提高创新链整体效能。经济日报社特邀有关专家围绕如何提升创业体系效能进行了深入探讨。

基础研究的作用愈发重要

主持人：改革开放以来，我国科技事业发展迅速，但近年来的一些经贸摩擦也暴露出了我们科技发展中的一些短板。请问是哪些因素掣肘了我们的创新能力？科技创新又面临哪些瓶颈？

李平：近年来，我国积极推动创新型国家建设，取得了显著成就。一方面，无论是论文数量还是专利数量，两者均大幅上升，位居世界前列，对支撑我国经济转型升级作出了重要贡献。但另一方面，我国整体创新水平还有待提高。近期，各领域都开展了“卡脖子”技术梳理，从梳理的结果来看，关键共性技术短缺问题仍然较为突出。此外，我国引领性的创新也较为缺乏。与一般的工程技术不同，关键技术、共性技术、引领性技术更多依赖基础研究。基础研究能力薄弱已经成为影响我国技术创新的核心问题，特别是新发展阶段，基础研究的作用愈发重要。基础研究能力薄弱的原因有很多，既有经济发展方式的问题，又有创新生态的问题。目前，我国经济已由高速增长阶段转为高质量发展阶段，企业创新内在要求明显增强，但创新环境还不能完全适应发展要求。加大基础研究投入，完善基础研究设施，创新科研管理机制，激发科研工作者活力，健全容错机制，营造创新文化和创新生态是目前工作的重点。

胡晓军：制约科技创新能力的因素很多，以下几个方面须重点关注。一是创新体制机制尚不能适应。我国高等学校和科研院所相对独立，科研协作和开放度不够，存在着机构重复建设、科研资源少而分散等问题。如何平衡好各类创新主体之间的关系，实现新旧体制的互补和融合，还需一些政策层面的思考。

二是创新投入仍然不足且结构不合理。与美国相比，我们对基础研究的投入显得相对不足，因而在一些关键核心领域还缺乏创新支撑，存在技术依赖。

三是创新文化氛围不浓。创新需要良好的文化环境，需要在全社会形成“尊重知识、尊重人才、尊重劳动、尊重创造”的文化氛围。在社会创新资源的分配过程中，资源往往会集中在少数大咖手里，在学术共同体内部，有时也难形成自由平等的学术环境。要建构有利于创新的文化生态，良性的文化生态形成受阻是阻碍创新的最大瓶颈。无论是政策引导、增加投入、改善结构，还是构建国家创新体系，最终都是基于政府和社会对创新文化的集体认同。

四是创新体系不尽完善。创新能力的持续提升，有赖于创新体系的效率提高。一方面，要看参与创新的各要素主体的功能定位是否合理；另一方面，要看各要素主体之间建立的联系是否广泛而紧密。要素主体如何形成有效的互动和协调，成为一个有机的创新整体，还有许多需要改进和完善的空间。

杨跃承：改革开放初期，科技与经济是两张皮，改革开放中后期，科技与经济紧密结合，但总体上一直没有走出科技成果转移转化小循环的惯性思维。当前，如何在经济发展生态体系中遵循目标导向、问题导向、需求导向，实现科技经济一体化发展，充分发挥市场高效配置科技创新要素的作用、提升创新链的整体效能，期待有实质性的突破。科技体制改革的基础性制度是科技成果的所有权制度、体制内外科技人才的双向无障碍合理流动、激发激励科技人员创造性积极性的体制机制，期待有实质性的突破。我国研究与试验发展（R&D）经费投入在总量规模上与美国差距不大，但在强度上与发达国家还有较大差距，在投入结构上我国 R&D 强度排在前三名的北京、西安企业占比不到 50%，深圳企业占比 90% 左右，经济合作与发展组织（OECD）国家相关研究表明企业 R&D 占比为 70% 较为合理。我国总体上特别是实体经济产业集中度还不够高，企业相对碎片化，科技创新投入比较分散，在产业链上游的企业、价值链高端的企业还较少，企业的创新能力还需要时间积累。

胥和平：创新能力提升的主要问题，已经不只是激励科研人员、转化科技成果等微观问题，更重要的是优化科技创新的系统设计、系统布局，提升科技创新系统能力。从当前实际看，基础研究能力不强、核心关键技术缺乏、创新体系不完善等问题，影响着经济高质量发展和创新能力的提升，也是科技创新面临的主要瓶颈。

把握科技创新变革新趋势

主持人：制定新一轮中长期科技发展规划，需要准确把握全球科技创新变革趋势。当前全球科技创新有哪些主要趋势？有哪些可以借鉴的国际经验？

胥和平：科技革命不断深入。宇宙演化、物质结构、生命起源等领域新思想新理论，可能打开科学研究新空间。技术革命进展显著，信息、生物、新材料、新能源、先进制造等几乎所有领域实现重大技术群体性突破。世界发展的技术基础深刻变化，信息通信、能源交通、生产制造、社会组织等技术，正在发生根本变化，新的技术体系开始形成。

颠覆性技术和产品大量涌现，创新活动非常活跃。智能汽车、物联网、人工智能、脑机接口、可穿戴设备、合成生物、基因编辑等具有颠覆性作用的技术和创新，正在改变着我们所熟悉的技术体系和生产体系，极大促进了全球产业转型、拓展了未来发展空间。互联网、大数据、人工智能技术融合，形成推动变革的强大力量，新技术、新产品、新模式大量涌现，新产业、新业态快速形成，新制造、新能源、新服务快速成长。

全球科技创新出现重要动向。一是科技创新引领产业发展，科学研究、技术变革、产业转型正在引领未来产业发展，重塑全球产业。

二是国际竞争的实质和焦点更多集中于科技创新竞争、新兴产业竞争。三是主要国家（美国、欧盟、日本等）创新战略调整，加强科技体系建设，加强基础研究，强化半导体产业，着力新一代通信产业、人工智能等技术应用，培育数字智能新经济。

李平：正如前面谈到的，新一轮科技革命和产业变革已经进入实质性阶段，以数字经济和能源革命为代表的新技术正在深刻改变人类生产和生活方式，社会治理方式也在经历变革。这一方面为后发国家实现赶超带来机会，另一方面也将决定未来世界的格局。从科技创新方式来看，世界主要发达国家在继续强化企业创新地位的同时，开始更加重视政府的作用，加强相关领域规划布局，增加政府投入和政策引导，特别是对于一些前沿技术和基础研究，无论是研究方向的选择，还是相关项目的开发均强化政府的作用。在相关技术愿景分析、项目规划布局、项目组织方式方面都有许多可以借鉴的经验。此外，科技领域的单边主义倾向有所加强，如何在竞争中寻求合作也是需要关注的问题。

胡晓军：一是数据资源的重要性日益凸显，数字技术驱动持续发力。当前，数据资源已经成为世界关键性生产要素和战略性资源。这一现象的出现，不仅减少了传统生产要素的投入，而且大大提升了生产率。数据资源在生产过程的价值链条中的地位越来越高。同时，基于数据资源诞生的数字技术如区块链、人工智能、物联网等都呈现了良好的发展前景，催生了多元化的技术路线，引发了商业模式的变革，为下一轮经济的繁荣奠定了基础。

二是开放合作仍有空间，竞争加剧不可避免。要建构一个全球的创新生态，离不开多边的科技合作。当今全球的科技进步得益于科技要素的全球性自由流动和优化配置，特别是科研人员的自由往来。这一过程必将会伴随经济全球化而持续深化。但是，也应该清楚地看到，在事关国家核心利益的大国博弈过程中，国际科技合作出现偏向保守的趋势。竞争与合作这对矛盾中，竞争在一定的时空条件下会演变成矛盾的主要方面。

三是发达经济体创新优势相对有所下降，新兴经济体创新能力持续上升。随着国际科技合作的不断深入，新兴经济体创新收益不断增加，同时新兴经济体也在不断加大创新方面的投入，夯实持续发展的基础。新兴经济体展示的创新动能和活力使得发达经济体的领先优势在逐步缩小，而且这一趋势还将继续。

借鉴国际创新经验，我国中长期科技发展须注重以下几点。一要营造环境，注重立法。营造创新环境，建构有利于创新的法治环境十分重要。国外在推进创新的过程中，十分重视法律法规体系的配套，这种法治引领创新的思路可为我国推动创新体系建设提供有益的借鉴和参考。二要政府重视，政策开路。美国政府始终把推动科技创新作为国家安全、经济未来发展的关键。韩国政府先后两次推动“科技立国”战略等。在推动创新的过程中，政府这只“有形的手”所发挥的作用是不可替代的。三要教育优先，人才为本。支撑创新的核心要素是人才，美国、欧洲、日本等国家和地区向来重视创新人才的培养和对人才的引进工作，确立教育优先的指导原则。

四要推动合作，注重转化。欧美各国政府都十分重视推动科研成果的转化和应用。美国政府为了推动成果转化，不仅出台了许多政策措施，而且为转化项目提供经费支持、开展信息推广，同时支持企业和科研机构合作研发，激励科技人员参与成果转化与创新。

提高原始创新能力需要持续发力

主持人：面对全球科技创新趋势的变化，如何走出适合国情的创新路子，强化基础研究探索，实现更多“从0到1”的突破？

李平：随着科技革命迅猛发展，基础研究的作用愈加突出，国家层面将决定未来国际格局，企业层面直接决定了竞争地位。但同时也要认识到，基础研究能力提升是一项长期性工作，必须系统规划，充分发挥政府、企业、科研机构和社会的综合作用。强化政府在基础研究中的作用，深入研究新型举国体制的特点，开展一批方向明确、与经济社会发展密切相关的基础研究项目攻关；支持有条件企业开展基础研究，引导优势企业从单纯模式创新向应用基础研究和基础研究转变，培育一批具有行业引领性的企业；建设一批高水平研究型高校和科研机构，优化学科布局，完善人才评价机制，形成有利于科学探索的氛围；树立全社会创新文化，激发探索未知的内在动力，提升社会大众的科学素养，强化科技创新的社会基础。

胥和平：着眼未来，要坚持四个面向，全面谋划科技创新的发展目标、学科布局、体系构建、体制机制设计，前瞻部署推动重大科技创新活动，深化创新战略、任务安排、力量动员、体制设计和政策构建。

为高质量发展提供解决方案，关键是围绕产业链提升科技创新能力。要分行业进行创新体系战略设计，打造产业链供应链长板、补齐短板。要深化产业创新，完善产业技术体系，下功夫解决工业基础薄弱问题，加强创新链和产业链对接，提高产业链供应链安全性稳定性。

高水平培育产业创新生态。要大力培育聚集创新要素，特别是数据、创客、风险资本、创新人才。要建设高水平创新载体，科技服务平台、新型科研机构、科技创新基建、新经济平台。要抓好重大创新工程，围绕技术攻关、产业升级、创新服务、智能生活等多方面，组织科技攻关、成果集成、系统应用，引领带动科技创新不断深化。

胡晓军：面对当前全球科技创新的趋势和变化，如何走出一条中国版创新道路，实现更多的原始创新，不断夯实我国核心竞争力，需要我们做进一步深度思考。首先要直面我国科技创新存在的突出问题和困难，其次要明确我们的优势和特色。

当前我们创新的首要任务就是要解决原始创新的问题。原始创新需要长期持续而稳定的投入支撑，需要面临更多的不确定性风险，且失败的概率很高。我们必须持续加大原始创新的投入力度，把原来投入“知其然”的一些资源更多投向“知其所以然”；要培育鼓励创新、宽容失败的科研文化，建立科学的评价体系，让科学家即使在面临失败的时候也能继续爬起来勇敢前行。其次要充分发挥好新型举国体制的优势，继续发扬“两弹一星”的精神，聚焦涉及国计民生的关键技术和难题，集中优势资源和优势兵力攻坚克难，以更高效的节奏推动关键领域技术创新的突破。当我们补齐了原始创新的短板，同时又继承了传统特色和优势，假以时日，我相信，我国在原始创新领域一定会有更多“从 0 到 1”的突破，基于此，我国经济和社会发展也必将会得到持续和更有力的支撑。

加快完善创新型国家建设的体制机制

主持人：新发展阶段，如何加快推进科技资源配置优化布局，完善国家创新体系？

李平：完善的国家创新体系是创新型国家建设的重要内容，也是创新型国家建设的保障。经过多年不懈努力，我国已经初步形成了相对完整的创新体系。新时期对国家创新体系提出了新的要求，适应新要求提升创新体系质量仍是未来的重要工作。一是要补齐短板，面向科技革命和产业变革的需要，在重点领域集中建设一批国家实验室，注重基础性、关键性技术研发。二是强化协调，按照创新的规律，加强基础研究、应用研究、工程示范、产业化等创新机构之间的协调，彻底打通创新链条。三是充分考虑产业发展要求，强化创新链和产业链的融合，增强创新对产业发展的带动作用。四是优化空间布局，立足新格局的要求，结合区域发展战略，合理选择创新资源的空间分布，增强区域创新能力。五是完善创新机制，强化企业创新主体地位，注重市场机制的作用。

胡晓军：一是以国家战略需求为目标，不断夯实国家战略科技力量。二是以加速科技成果的有效转化为目标，深化产学研合作。贯彻落实好科研成果转化方面的政策和法规，充分探索和利用好知识产权收益权处置的激励机制，调动科研人员和科研机构的积极性和能动性。三是以探索创新科研体制机制为目标，推动市场化的新型科研机构建设。在新型科研机构探索用人制度、项目管理等方面的市场化改革，以期更大程度上释放创新活力。四是以营造创新生态为目标，进一步完善创新评价和管理制度。尊重科研规律，还原科研本质，不用一把尺子丈量不同属性的科研工作，大力为科研人员减负。同时，规范约束科研行为，始终重视科研伦理和科研诚信建设。五是以优化配置创新资源为目标，做好创新管理。真正解决资源分散低效、多头管理的问题。同时，让资源以最恰当的配置方式服务于科学家的创造性劳动，真正体现以人为本的制度设计理念。

胥和平：完善创新体系，是国家创新体系的宏观构架问题，包括研发、应用，新产业发展，政策方面，不仅需要科研政策，更需要产业、投资、市场等经济社会政策支持，不能简单归结于科技成果转化问题。要优化国家创新体系的整体设计。壮大战略科技力量，优化学科布局，完善产业技术体系，培育市场创新主体，健全创新要素市场，激励公众参与创新。同时，以产业为主线建设技术创新体系，围绕产业链部署创新链，突破核心关键技术，实施重大创新工程。

更重要的是，要在应对全球大变局、实现高质量发展、实现现代化目标背景下思考科技创新体系建设。基础研究、核心关键技术是科技创新的基本内容。当代科技创新内容已经极大拓展，科技创新的本质已经成为科技创新如何驱动、引领发展的问题。因此，应该有更大视野，跳出科技谈创新。

杨跃承：追求创新系统的有效性，促进科技创新要素的市场化配置，大力推动创新能力建设，一是要以人为本构建创新能力的内核。创新能力建设的核心要素是人才，创新动力的核心要素也是人才，解放人、激励人、释放科技人才和各类人才的潜能、激发创造性、调动积极性、满足人性是核心任务。

二是以创新要素的市场化配置实现创新能力建设的体制机制保障。创新能力的构建需要人才、技术、资本、数据等创新要素实现高效、高标准的市场化配置。我们要大力发展基于人才市场、技术要素市场、资本要素市场、数据要素市场等深度融合的创新要素市场体系，构建创新能力建设的体制机制保障。

三是以重大创新创业平台建设强化创新能力的战略支撑。重大创新平台的建设应该涉及基础研究、应用研究、技术开发、成果转移转化、高科技企业孵化培育、产业组织机构和促进机构、产业集群和产业体系的构建以及产业大脑和城市大脑、云平台、超算中心和大数据中心、区块链和人工智能应用等各个环节。重大创新创业平台实际上是整个创新创业生态体系网络的核心或关键节点，是提升创新能力的战略支撑。

四是以高能级创新创业打造培育既有创新实力又有创新能力的主体。企业是创新的主体，要利用高科技人才、高水平技术、高强度资本以及头部科研机构、企业、投资机构、服务机构开展推动产研共创、产业孵化，实现高能级创新创业，打造创新创业共同体，围绕创新链布局产业链，着力促进产业链上游、价值链高端、高成长高价值高科技企业的培育。

五是以跨界融合推动创新能力的溢出爆发。跨界融合突破了传统工业经济时代的线性增长模式，而呈现出指数性增长模式。从数字产业到产业的数字化，不仅数字经济实现了爆发性增长，而且智能技术的“核聚变”、新技术的创新力快速扩散溢出到了实体经济和传统产业，产生了新业态、新场景和新赛道，让很多传统产业也实现了爆发，要大力推动这种创新能力的溢出爆发。

六是以更高水平开放协同实现创新能力国际化。我们必须更加积极主动融入全球的创新生态、加强国际合作。要积极寻求更多的小切口，深化与以色列、德国、北欧等创新强国的创新合作，特别是利用我国超大规模市场、创新场景、资金优势、人才优势，开放资本、让科研投资、创新投资走出去，大力推动合作研发、委托研发，利用深圳等地的开放优势、海南自由港等吸引跨国公司的研发中心，鼓励国内的高科技大企业到海外建立研发中心，吸纳转移国际创新能力，促进我国创新能力的国际化。

原载 2021 年 4 月 20 日《经济日报》

如何发展农业新型业态

本期嘉宾

中国人民大学农业与农村发展学院副院长　郑风田

西北农林科技大学教授　霍学喜

潍坊佳乐家农产品加工配送中心有限公司总经理　赵美华

中国农业大学国家乡村振兴研究院副院长　林万龙

主持人

经济日报社编委、中国经济趋势研究院院长　孙世芳

10 智库　2021年4月22日　星期四　经济日报

智库圆桌（第四期）

主持人：经济日报社编委、中国经济趋势研究院院长　孙世芳

如何发展农业新型业态

主持人：2019年10月至2020年1月，经济日报社中国经济趋势研究院和中国人民大学农业与农村发展学院合作，对3937家农业经营主体的新型业态发展情况进行了实地调查。可否请您结合调查数据谈一谈，当下农业新业态发展主要面临的问题和对策？

重视农业社会化服务和新主体的带动作用

郑风田（中国人民大学农业与农村发展学院副院长）

一是加大技术推广和培训服务、资金借贷服务以及农产品销售服务等社会化服务供给。

主持人：调查发现，各类农业经营主体参与电商销售热情度很高，尤其在新冠肺炎疫情期间，农产品电商在帮助农户进入市场、降低经济损失方面发挥了很大作用。作为长期研究该领域的专家，您对农产品电商当前和未来发展怎么看？

推动农产品电商“数字化改造”

霍学喜（西北农林科技大学教授）

着力培养懂电商、懂农产品的“新农人”。

农业新业态打破了传统农业发展的单一模式，融入了新的生产、经营、营销要素和技术，与其他产业高度融合。随着订单农业、农产品电商、休闲观光农业等深化发展，新业态逐步成为推动我国农业转型升级和实现农业现代化的重要抓手。

“十四五”规划和2035年远景目标纲要提出，推进农村一二三产业融合发展，延长农业产业链条，发展各具特色的现代乡村富民产业。当前，各类新业态发展如何？存在哪些问题？“十四五”时期，如何通过发展新业态促进农业现代化更进一步？带着这些问题，经济日报社中国经济趋势研究院实地调研采访，并邀请专家和企业家分享各自思考，为促进农业新业态持续健康发展出谋划策。

农业新业态带动经营主体高质量发展

发展农业新业态的经营主体

农业经营收入	化肥使用量下降了	农药使用量下降了	“三品一标”认证率高	自有品牌比例高
367633元 ▲比未发展农业新业态的经营主体高出了26%	▼5%	▼10%	▲23%	▲13%

数据来源：《经济日报社新型农业经营主体调查三期》

主持人：随着订单农业的发展，流通、餐饮类服务型企业向前延伸产业链建立原材料直供基地，这种模式一头连着千万农民，另一头连着亿万消费者。作为该领域龙头企业，中百大厨房如何做好从田间地头到百姓餐桌的衔接融合，在解决农产品“贱卖”“贵买”难题方面有什么经验？

发展订单农业重在打通“滞”点

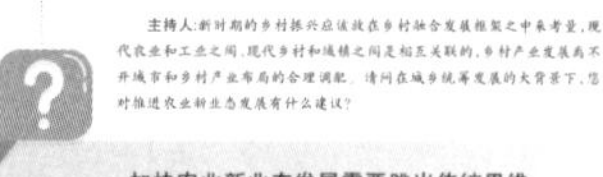

……开城市和乡村产业布局的合理调配。请问在城乡统筹发展的大背景下，您对推进农业新业态发展有什么建议？

加快农业新业态发展需要跳出传统思维

林万龙（中国农业大学国家乡村振兴研究院副院长）

一是要跳出对农业内涵的传统理解来把握农业新业态。

二是要跳出对农民特征的传统理解来把握农业新业态。

三是要跳出对农村区域的传统理解来把握农业新业态。

本版编辑　郭文鹃　[illegible]

农业新业态打破了传统农业发展的单一模式，融入了新的生产、经营、营销要素和技术，与其他产业高度融合。随着订单农业、农产品电商、休闲观光农业等深化发展，新业态逐步成为推动我国农业转型升级和实现农业现代化的重要抓手。

“十四五”规划和2035年远景目标纲要提出，推进农村一二三产业融合发展，延长农业产业链条，发展各具特色的现代乡村富民产业。当前，各类新业态发展如何？存在哪些问题？“十四五”时期，如何通过发展新业态促进农业现代化更进一步？带着这些问题，经济日报社中国经济趋势研究院实地调研采访，并邀请专家和企业家分享各自思考，为促进农业新业态持续健康发展出谋划策。

重视农业社会化服务和新主体的带动作用

主持人：2019年10月至2020年1月，经济日报社中国经济趋势研究院和中国人民大学农业与农村发展学院合作，对3937家农业经营主体的新型业态发展情况进行了实地调查。可否请您结合调查数据谈一谈，当下农业新业态发展主要面临的问题和对策？

郑风田：总体来看，农业新业态显著提升了农民收入、促进了小农户与现代农业的有效衔接，有利于实现农业高质量发展。不过现阶段农业新业态发展仍然面临着农业经营主体参与度低下、资金短缺、技术不足等突出问题。

调查数据显示，参与农业新业态的农业经营主体不足三成。尽管农业新业态可以有效提升农业经营收入，但调查显示，发展农业新业态的农业经营主体占比仅为29.96%，农业经营主体发展农业新业态的积极性并不高。就单个农业新业态的参与情况来看，农业经营主体参与比例由高到低的农业新业态形式依次为：设施农业（20.13%）、电商销售（17.25%）、农产品加工（14.34%）、休闲观光农业（13.2%）、有机农业（10.52%）和生态循环农业（9.63%）。另外，虽然农业新业态对小农户的增收效果高于规模农户，但是小农户农业新业态参与度低于规模农户，小农户中发展农业新业态的占比为12.4%，比规模农户低了9个百分点。

影响发展农业新业态积极性的一个可能原因是农业经营主体面临着更高的资金约束。调查结果表明，发展农业新业态的小农户和规模农户缺乏资金的比例依次为56%和52%，比未发展农业新业态的小农户和规模农户缺乏资金的比例相应高出13个百分点和6个百分点。进一步的分析发现，造成发展农业新业态的小农户出现资金缺口的主要原因在于拓宽销售渠道，基础设施建设，购买生产资料和聘请技术、管理人员，造成发展农业新业态的规模农户出现资金缺口的主要原因在于基础设施建设，购买农业机械，购买生产资料和品牌化建设。

技术不足是制约农业新业态发展的另一个关键因素。调查结果表明，发展农业新业态的小农户和规模农户缺乏技术的比例依次为55%和49%，比未发展农业新业态的小农户和规模农户缺乏技术的比例相应高出13个百分点和8个百分点。

为了更好推动农业新业态发展，建议做好以下三点：

一是加大技术推广和培训服务、资金借贷服务以及农产品销售服务等社会化服务供给。农业新业态具有一定的资金和技术门槛，且需要进一步拓宽销售渠道才能实现农产品的优质优价。因此，要从农业技术和管理技术、资金信贷和市场开拓等方面入手，加大扶持力度，优化社会化服务供给。一方面要以技术、资金和销售这三项社会化服务项目为抓手，推动农业社会化服务供给组织发展壮大；另一方面要创新社会化服务模式，构建 1 个核心成员（专业合作社或龙头企业）+N 个经营主体（规模农户和小农户）+X 项服务功能的组织架构，构建农业社会化服务综合体。

二是鼓励农业新业态经营主体进行品质认证和品牌发展，避免同质化竞争。农业新业态因其高效、高质和绿色的高品质农业特征使其具备品质认证和品牌发展的天然条件。经营主体进行品质认证并进一步发展品牌可以深化市场，缩短并优化供应链，使农业走向优质高价且有特色的道路。因此，政府各部门要支持发展农业新业态的经营主体开展农业“三品一标”的认证和品牌创建，对认证或创建成功的经营主体落实补助政策。利用各种渠道做好宣传推介，帮助经营主体培育一批市场占有率高、知名度高的品牌农产品。

三是突出新型农业经营主体对小农户的带动作用，鼓励各经营主体联合发展农业新业态。总体来看，发展农业新业态的经营主体比例不高，尤其是小农户发展农业新业态的比例远低于其他经营主体。建议扶持一批示范性的新型农业经营主体发展农业新业态并引导更多有知识、懂技术、会管理的“新农人”返乡加入，发挥上述主体由点带面的示范带动作用，带动更多小农户发展农业新业态。另外，各经营主体加入专业协会、经济组织和联合体对其发展农业新业态有重要影响，这说明发展新业态范围经济效应，联合发展能使学习效应更好发挥，有效降低成本，更容易形成产业链、供应链。

推动农产品电商“数字化改造”

主持人：调查发现，各类农业经营主体参与电商销售热情度很高，尤其在新冠疫情期间，农产品电商在帮助农户进入市场、降低经济损失方面发挥了很大作用。作为长期研究该领域的专家，您对农产品电商当前和未来发展怎么看?

霍学喜：当前，我国数字经济对产业及市场的渗透率已超过36%，但农业领域这一指标约为8%。全国农村网民规模超过3亿，但依托互联网销售的农产品规模仍然偏小。相比其他产业，当前我国农业数字化发展仍然相对落后。

农产品电商发展主要的瓶颈包括：一是人才匮乏，我国主要的农业经营主体仍是小农户，农业产业化和标准化程度低，品牌意识薄弱，对领域的知识缺乏；二是农业专用物流体系滞后，田间地头和关键节点的冷库仓储、冷链物流匹配不充分；三是数字化农业需要建立长时段、多维度的数据采集系统，但在以小农户为主的情境中，如此大的投入会面临“投入—产出”效率低和规模不经济的困境。

在新冠疫情期间，农产品电商确实在帮助农户降低经济损失方面发挥了很大作用，但更应该注意其暴露出的一些问题，比如农户对电子商务平台运用有困难，农产品标准化不高，农产品电商销售配套服务体系存在缺口等。

未来，要基于以上问题，通过推动农产品电商系统优化升级，培育懂电商、懂农产品的“新农人”，构建配套物流体系等方式加速推动农产品电商的“数字化改造”，发展新型农产品电商，推进小农户更好地对接大市场。

农产品电商“数字化改造”的基础在于构建数字化技术支撑的农业经营体系，促进数字技术与农产品生产、加工、物流、销售、服务等产业环节融合，实现产前、产中、产后短链化和农业治理结构扁平化。这种数字化经营体系主要包括：以硬件和底层操作系统为核心的基础层，依托基础层运算平台和数据资源进行识别训练和机器学习以及在农业领域开发应用的技术层，通过物联网、云计算、大数据等技术直接支持农业发展的应用层。

农产品电商“数字化改造”的方向是更好地破解农产品“卖难”问题。建议一是要提供生产与消费间的智能匹配方案，支撑农户直接对接消费者，助推农产品市场营销由“产—销”对接模式向“产—消”对接模式转换，解决市场分割与信息不对称等难题。二是要及时将需求信息传递到生产端，支持发展订单农业，减少农业经营盲目性。三是要推动农业标准化生产、智能化管理，显著降低农业成本，提升产量、品质和信用，进而稳定供求关系。

此外，发展新型农产品电商还需要注重人才培育，加强相关配套体系和制度的建设。

着力培养懂电商、懂农产品的“新农人”。建议政府组织协调新型电商开发运营课程，支持科教机构开发农产品技术和行业发展课程，逐步完善农产品电商培训体系。此外，充分发挥农民合作社、家庭农场等新型经营主体带动作用，发展更多“触电”的农户，促进特色产区的高价值农产品上网。

构建农产品专用冷链物流体系。政府应推动田间地头的冷库仓储建设，指导新型电商整合优化农产品专用物流体系，激发模式创新和规模效应，持续降低物流成本，解决“田间地头直达餐桌”的关键堵点。

发挥“电商+品牌”的乘数效应。基于农产品标准化技术和治理规则支持的区域公共品牌，能有效提升消费者认知度，政府应重视发挥新型电商在区域品牌建设的重要作用，有效放大品牌效应，激发消费者潜在需求，持续提升农产品营销效率和质量。

创建一批数字农业示范基地。依托“农产品出村进城”等项目，选择优势农产品区域和龙头企业、合作社、家庭农场，建立和扩展全国数字农业示范基地。按照营销数字化带动产业数字化路径，推动精细化、标准化生产，健全农产品溯源体系，探索畅通订单农业、合作农业、远程农业等模式，打造中国“数字生产”农业高地。

构建适度规模的农业经营体系。依次推进农户适度规模化，为农产品电商“数字化改造”营造规模经济环境：一是启动农地整合计划，推进农户农地经营集中连片化；二是规范农地承包经营权流转市场，激励形成以适度规模户为基础的农业经营体系；三是清理违法合作社，构建“合作社＋适度规模农户”的农业经营体系；四是鼓励发展数字化技术支持的农业社会化服务体系，拓展、畅通新技术导入农户的渠道。

发展订单农业重在打通“滞”点

主持人：随着订单农业的发展，流通、餐饮类服务型企业向前延伸产业链建立原材料直供基地，这种模式一头连着千万农民，另一头连着亿万消费者。作为该领域龙头企业，中百大厨房如何做好从田间地头到百姓餐桌的衔接融合，在解决农产品“贱卖”“贵买”难题方面有什么经验？

赵美华：中百大厨房全称潍坊佳乐家农产品加工配送中心有限公司，是一家以农产品加工配送为核心的流通型企业，年农产品加工配送能力达30万吨，主要服务潍坊和山东省内其他地区居民的农产品消费。

为了保障农产品与消费市场的有效衔接，公司采取“统一采购、集中加工、统一配送”的运作模式，越过传统农产品流通渠道的层层环节，一方面通过发展订单农业提升农民收入，另一方面通过严格的质量管理和成本控制方法，让市民吃到安心又不贵的产品。从公司发展经验来看，保障这种模式顺利运作的关键在于建设安全高效的流通体系，打通“滞”点。

一是采购、仓储到配送等各个环节均实施严格的运营管控。

仓储、配送是保障居民能够吃到新鲜食物的核心环节。为此，中百大厨房建立了现代化的配送中心，配送中心的中间场域分为“北半球”和“南半球”，在中间场域周围配套建有34间低温冷藏库，构成流通“心脏”。其中，“北半球”的功能是暂时存放，所有货品第二天全部发出。货品能够快速进出主要得益于源头直采的采购方式，在与农户签订合同的时候就会把商品的要求（比如掐头去尾、包装重量、包装要求）提前告知农户，包装箱由公司统一提供，农户直接使用，产品送过来之后不用再重新分装，检测合格后可以直接运往超市销售。“南半球”的作用是分拣，按照门店的订单要求，每天下午3点之后由专门人员分拣，深夜12点之后从出货口发货，在第二天的早晨七八点钟，辐射三四百公里的门店都可以送到。低温冷藏库则主要发挥仓储功能，保存无法及时配送的生鲜产品。其中，果蔬预冷库存储容量超过2万立方米，畜禽肉食、面食及水产品快速冷冻库存储容量接近1万立方米。

在如此流通“心脏”的支撑下，减少流通环节，降低流通成本，避免传统流通程序下各个环节层层加价造成终端农产品价格过高的后果，为解决消费者“贵买”难题提供了方案。与此同时，高效的流通方式使得生鲜产品的品质得到保证，对提升产品质量很有帮助。未来，公司还会建立“蔬菜供应链产业”，从源头直接统一采用带有射频技术进行定位的包装物和周转筐，农产品在加工配送中心和到达超市后不用再倒筐，直接放到货架上销售，更大程度提升流通效率。

采购方面，重在通过源头采购、产品溯源和质量监测保障食品安全。

经过考察筛选，公司与省内外120余家优质蔬菜公司建立了直供关系，并且联结了100余家农业合作社、8000多家种植户。早些年，蔬菜采购主要以寿光以及潍坊周边地区为主。现在，东北原产地、云贵川地区深山里的蔬菜都有，品种很丰富。公司采用“以销定产”模式，比如会提前一年告知农民需要多少萝卜，他们根据签订的协议全部接收，充分保障农民的利益。签订协议之前会对产品数量、品质这些条件做出要求，质量管理员对采购的农产品、加工原料进行检查，不合格材料坚决不入库。建立起全程商品追溯系统，将产品从采购、验收、分拣、配送到门店的全部信息记录进档案。消费者购买农产品后通过扫描价签上的二维码可以追溯到商品产地、供应商、流转环节、农残检测报告等信息。成立质量检测中心，设有快检室、微生物室、理化室等车间，配备专职质量管理人员及食品检验人员，对原材料质量检测、严格监控生产过程、做好产品出厂检测。目前中百大厨房共开展36个项目的检测，涵盖生产的13个单元的产品，在检测基础上，形成一周一期的质量检测简报。

二是建立多样化的销售渠道。目前，700余家商超终端门店是出库农产品最大的销售渠道，同时也针对全市、全省乃至全国有需求的企事业单位、院校食堂等机构开展统一配送业务。未来，公司会在线上销售持续发力。借助网上商城、优品汇等平台进行蔬菜、水果、干果、水产品、肉食等的线上交易，打造生鲜网络平台。此外，还面向年轻消费者推出生鲜套餐宅配业务，定时定量送货，消费者可以通过手机、电脑自主选购商品，享受足不出户新鲜食材便能送到家的便利。

加快农业新业态发展需要跳出传统思维

主持人：新时期的乡村振兴应该放在乡村融合发展框架之中来考量，现代农业和工业之间、现代乡村和城镇之间是相互关联的，乡村产业发展离不开城市和乡村产业布局的合理调配。请问在城乡统筹发展的大背景下，您对推进农业新业态发展有什么建议？

林万龙：在“十四五”时期，为促进农业新业态发展，更好助力农业农村现代化，需要跳出传统思维，对农业新业态从更宽广的业态内涵、更多元的经营主体、更开阔的区域眼光等方面思考和入手。

一是要跳出对农业内涵的传统理解来把握农业新业态。农业新业态无疑“涉农”，但关键是如何理解“农”。关于农业新业态，目前的理解主要是休闲农业、观光农业及农业产业链的延伸。这些新的农业产业业态当然属于农业新业态。但是，对农业新业态内涵的理解还应更宽一些。必须认识到，从更广的意义上来说，农业新业态不仅跟农业相关，不仅是农业生产的延伸和拓展，还应延伸和拓展到农业和乡村多功能性领域。因此，应包括乡村景观、自然资源、乡村文化、营养健康等主题。基于此，农业新业态还应包括围绕乡村景观设计、自然资源管理、乡村文化挖掘、乡村康养服务等内容形成的新业态。唯有如此，农业和乡村的潜在价值才能被真正地、全面地认识，农业新业态的发展道路才能更多元。

二是要跳出对农民特征的传统理解来把握农业新业态。长期以来，“农民”指的是具有农业户籍的人，是一种身份认定。随着社会的发展，“农民”成为一种职业认定。尽管有了变化，但一提到“农民”，很多人大抵还是会把这一群体跟文化素质不高、世代居住在农村等一些特征相联系。从职业角度来说，从事农业新业态的人当然也是“农民”，但是，在拓宽对农业新业态内涵的理解和认识之后，对这一群体特征的理解也需要更新。农业新业态的从事者，不仅必须具有较高的文化素质、较强的经营能力，还必须有很强的创新意识和较宽的眼界视野。从事农业新业态的人，既可能是乡村传统的农业从业人员，也可能是外出务工返乡创业人员，还可能是有志于这一行业的城镇人员。只有跳出对农民特征的传统理解，农业新业态就业创业培训和支持等方面的政策思考和设计才能更有针对性。

三是要跳出对农村区域的传统理解来把握农业新业态。跳出了对农业内涵和农民身份的传统理解，就意味着跳出了对农村区域的传统理解来把握农业新业态。农业新业态的着力点应该放在城乡融合发展框架之中来考量。农业农村现代化、工业化和新型城镇化之间密切关联、相互促进。农业新业态的发展离不开城市和乡村产业布局的合理调配，农业新业态的产业链不一定、也不宜都建在乡村地区，必须充分发挥城乡两个区域各自的产业优势，实现城乡产业融合联动。2021年中央一号文件提出，加快县域内城乡融合发展，把县域作为城乡融合发展的重要切入点，统筹县域产业、基础设施、公共服务、基本农田、生态保护、城镇开发、村落分布等空间布局，强化县域综合服务能力，把乡镇建设成为服务农民的区域中心，实现县乡村功能衔接互补。只有这样，乡村才可能成为产业兴旺之地、城乡居民宜居之地、消费之地。只有跳出对农村区域的传统理解来把握农业新业态，从城乡一体化的角度来设计和布局农业新业态，农业新业态才能真正做大做强。

原载2021年4月22日《经济日报》

如何提升农业社会化服务水平

本期嘉宾

中国农业经济学会副会长、农业农村部原巡视员　黄延信

中国人民大学农业与农村发展学院教授　孔祥智

西北农林科技大学经济管理学院教授　霍学喜

中国科学技术发展战略研究院研究员　许竹青

主持人

经济日报社编委、中国经济趋势研究院院长　孙世芳

10 智库 2021年4月29日 星期四 经济日报

智库圆桌（第五期）

本期嘉宾

中国农业经济学会副会长、农业农村部原巡视员 黄延信
中国人民大学农业与农村发展学院教授 孔祥智
西北农林科技大学经济管理学院教授 霍学喜
中国科学技术发展战略研究院研究员 许竹青

主持人

经济日报社编委、中国经济趋势研究院院长 孙世芳

如何提升农业社会化服务水平

小农户众多是我国的基本国情农情，"走产出高效、产品安全、资源节约、环境友好的农业现代化道路"是发展方向。农业社会化服务就是一座"空中桥梁"，通过多层次中间服务，帮助小农户与现代农业有机衔接。

"十四五"规划和2035年远景目标纲要提出，发展多种形式适度规模经营，加快培育家庭农场、农民合作社等新型农业经营主体，健全农业专业化社会化服务体系。当前，农户对农业社会化服务有什么需求？社会化服务还存在哪些短板？如何提升服务质量？经济日报社中国经济趋势研究院邀请4位专家进行研讨，一起为提升服务水平出谋划策。

多元化的经营主体有差异化服务需求

主持人：当前，我国各类农业经营主体主要急需哪些社会化服务？

让市场之手与政府之手形成合力

主持人：从供给情况来看，社会化服务组织有哪些类型？服务还存在哪些问题和短板？

构建新型农业社会化服务体系

主持人：对于提升农业社会化服务水平有哪些建议？

小农户
购买需求排名前三的生产性社会化服务
84.02% 机械耕播机种机收等
67.23% 农业生产资料购买
63.74% 农业技术推广和培训

家庭农场
购买需求排名前三的生产性社会化服务
57.95% 农业生产资料购买
57.24% 农业技术推广和培训
55.61% 灌溉排水

专业大户
购买需求排名前三的生产性社会化服务
48.71% 疾疫防疫和统治
45.41% 农业技术推广和培训
42.66% 农业生产资料购买

中经趋势研究院调查显示——
政府和公共服务组织是农业社会化服务主要供给者

新型农业经营主体调查组

一线调查

本版编辑 郭文鹏 袁文 美编 王子萱

小农户众多是我国的基本国情农情，“走产出高效、产品安全、资源节约、环境友好的农业现代化道路”是发展方向。农业社会化服务就是一座“空中桥梁”，通过多层次中间服务，帮助小农户与现代农业有机衔接。

“十四五”规划和2035年远景目标纲要提出，发展多种形式适度规模经营，加快培育家庭农场、农民合作社等新型农业经营主体，健全农业专业化社会化服务体系。当前，农户对农业社会化服务有什么需求？社会化服务还存在哪些短板？如何提升服务质量？经济日报社中国经济趋势研究院邀请4位专家进行研讨，一起为提升服务水平出谋划策。

多元化的经营主体有差异化服务需求

主持人：当前，我国各类农业经营主体主要急需哪些社会化服务？

霍学喜：改革开放后，随着社会经济发展和人口流动，我国农民逐步从同质群体演变为传统农户、兼业农户和新型农业经营主体三种典型类型，他们对农业社会化服务有不同的需求。

一是老龄化特征明显的传统型农户。这类农户希望能让生产变得轻松简便，对可以替代劳动的技术和服务的需求尤其强烈。二是以务工、经商和其他经营活动为主要收入来源的兼业型农户。对市场化的农地整理、耕种、施肥、灌溉、病虫害防控、收割等农业技术和管理服务的需求持续增长。三是通过农地流转、托管等方式获得农地经营权，初步具备职业农民特征的规模化农户和家庭农场，这也是代表我国农业经营体系发展方向的微观主体。这类农户需要的技术和服务更加广泛，包括农地规划和整理设计、高效栽培和养殖、农资供应与配送、仓储和物流管理、农产品市场营销、风险管理等。

值得关注的是，伴随着农村产权制度改革，信息技术、网络技术及数字技术在农业领域的推广应用，诞生了一批由企业、合作社主导的农业经营服务主体。这类主体通常具有技术研发、服务创新、市场拓展功能，面向农户及其他涉农主体提供市场化的技术和社会化服务，他们是社会化服务的提供者，但本身对社会化服务也有需求。

黄延信：农业经营主体对经营相关的服务需求是客观存在的。当经营主体的有些工作由自己完成在经济上不合算，或者靠自己劳动力和生产工具难以完成时，就需要有专门的经营者为其提供服务。

相比小农户，规模经营者对社会化服务需求更强。这主要是因为小农户的农业作业相对简单，依靠家庭劳动力完全可以节省成本；而规模经营主体由于生产经营规模大，一些工作完全靠自家劳动力会耽误农时，如果独自购买专业机械，又会因经营面积不够大，机械闲置时间长，在经济上不合算。这种情况下，经营规模大的主体会主动选择将一些作业项目外包。

总的来看，农业经营主体对社会化服务有需求，一个重要前提是农业经营要有效益。农业效益不高，农业经营者收入水平低，对服务业的需求就会降低。

让市场之手与政府之手形成合力

主持人：从供给情况来看，社会化服务组织有哪些类型？服务还存在哪些问题和短板？

霍学喜：现阶段，我国已经逐步形成多层级、多类型、多模式和覆盖网络化的农业社会化服务体系。具体包括以下四种类型：

一是政府主导的公益性和准公益性农业社会化服务体系。公益性社会化服务包括政府提供的农业技术推广、农业气象、农业防灾减灾、农业基础设施建设、农地整理和农田环境治理等服务；国有高等院校、科研院所主导的研发型农业技术等服务。准公益性农业社会化服务包括遍及全国主要灌区的农业灌溉支撑服务；政府支持的中国农业发展银行及国有商业银行、保险公司等承担的政策性农业信贷与保险服务；供销社系统及相关国有企业承担的政策性支农服务等。

二是涉农企业主导的经营性农业社会化服务体系。相关经营者遵循市场经济原则为农户提供有偿服务，比如农业生产环节的技术、劳务和管理的外包服务，农产品市场营销服务，农产品加工、贮藏保鲜、物流服务，以及农业经营过程中的信息、经营决策、法律咨询服务。

三是农民合作社主导的互助型农业社会化服务体系。随着合作领域不断拓展，合作内容不断丰富，将逐步发展成为有效组织农户、激活和整合农业资源要素、助力农业产业发展和维护农民合法权益的重要组织平台。

四是新业态支撑、企业主导型的农业社会化服务体系。该体系的突出特征是数字化技术深度融入农业服务全过程，服务智能化程度高，可与农业服务需求精准匹配，是引领农业社会化服务数字化转型的主要力量。

我国农业社会化服务也存在一些问题。一方面，政府主导的公益性、准公益性服务体系亟待强化。比如，公共基础设施建设难以满足农业装备改造的需要，基层农技服务难以满足现代化农业生产需要，其中，中西部地区农技推广服务亟待加强。另一方面，一些特定领域农业社会化服务缺乏有效的市场监管制度。农业社会化服务类型多，技术结构复杂，有效市场监管制度的缺乏，导致服务质量标准总体偏低。

孔祥智：我国农业社会化服务体系的基本框架是公益性机构和经营性机构分开，各司其职。从整体情况来看，两种服务机构还远远满足不了农民的需求，还有较大提升空间。

当前，各地的农业主导产业基本形成，农业生产区域化布局、专业化生产的格局基本确立，这就需要公益性机构协调经营性机构，发挥“统”的作用，比如在病虫害防治等方面实行统防统治，但很多地方政府系统的公益性机构积极性主动性不够，未能充分发挥作用。

经营性服务组织的服务需要达到一定规模才能实现盈利。以农机合作社为例，在河南等地的调研发现，组织实现盈利一般要求服务连片的土地面积在500亩到1000亩之间，规模越大，服务效益越高，服务质量也越高。而单个服务组织很难把大规模农民组织起来，这就需要行政机构或者作为自治组织的村委会发挥组织农民的作用。目前来看，服务组织通过行政机构对接农民的渠道仍不畅通，一定程度影响了农业社会化服务的进程。

许竹青：蓬勃发展的农业社会化服务主体为新型农业经营主体和小农户提供了及时、多样、有效的农业科技服务，成为基层农业科技服务的重要供给方，农业社会化服务体系的科技服务功能不断凸显。例如，代耕代种、土地托管、“互联网+农机作业”等新型农业社会化服务模式，为农户提供从农资购买、生产管护、技术服务到收割销售的全程“保姆式”科学服务，有效解决了土地撂荒、粗放经营等问题，在一定程度上加强了农业新技术的应用，提高了农业生产效率。

同时，我国农业科技服务也面临有效供给不足、供需对接不畅的问题。一方面，基层农技推广部门和高校科研院所等农业科技服务主体开展服务受结构性问题制约，服务动力不足，导致农业科技服务有效供给不足；另一方面，各部门对基层农户、企业等生产一线的复杂多样的农业科技服务需求统筹不够、了解不足，农业技术培训、示范等科技服务难以满足各类农业生产主体的实际需求，服务效果有待提升。

此外，我国农业社会化服务体系的科技服务仍存在与小农户衔接不畅、服务质量不高等突出问题。我国小农户在农业技术信息的获取能力、接受农业生产服务的比率等方面都显著低于家庭农场、专业大户等农业新型经营主体，加快提高农业社会化服务对小农户的辐射带动作用，形成多元共享型农业社会化服务新格局仍待破题。同时，我国农业发展处于提质增效、创新驱动的关键时期，推动农业技术的综合应用，大幅提升农业全要素生产率的需求迫切。

构建新型农业社会化服务体系

主持人：对于提升农业社会化服务水平有哪些建议？

黄延信：发展农业社会化服务应遵循市场逻辑。农业社会化服务体系是在社会分工日趋细化的过程中形成的，农业社会化服务作为一个产业，发展的快慢、规模的大小，不是人们的主观愿望决定的，而是由市场供求关系决定。在我国农村引起社会各方关注的小麦农机跨区作业，就是遵循市场逻辑的生动例证。这一服务最初由经营机构自发组织，发展到一定规模后，政府再出台一些政策措施，如提供转场交通便利、保证燃油供给、提供结算服务等，为这种服务模式可持续发展创造更好外部环境。因此，实现农业社会化服务业发展，必须提高农业市场化水平。

同时，发展农业社会化服务要充分了解农民需求。比如农业保险服务，关键是产品是否适应农民的需要。农业保险经营者应深入到农民中间，与农民深入沟通，到底保险产品应保什么？农民可以接受的保费标准是多少？灾害补偿标准是多少？从已有的改革实践经验看，应将现有的农业保险产品由保成本改为保收入，如湖南沅陵县的茶叶收入保险，受到茶农的欢迎，保险机构也实现了经营可持续。

霍学喜：随着农户快速分化，以“合作社＋家庭农场”模式为主的农业经营体系将成为助推乡村产业振兴的基本模式，也必将对农业社会化服务的质量、效率提出更高要求。

建议建立基于产业链的社会化分工与专业化合作的治理模式。首先，依托农业产中环节，按照“发展适度规模农户经营体系—适度规模农户进入专业化合作机制规范—构建农产品生产规模经济化体系”路径，构建具有竞争力的农产品生产经营体系；其次，依托农业产前环节的要素、技术、服务供给，构建专业型、综合型行业组织，营造规模经济环境；再次，依托农业产后环节，围绕农产品贮藏、加工、物流、营销等方面，构建具有竞争力的农业产后供给体系；最后，形成农业产前、产中、产后一体化的产业制度与政策。

建议强化政府主导的公益性服务体系。完善农村各类资源的产权制度，营造有效的农业信贷、保险市场环境，激励农业金融机构创新。在农业经营适度规模化过程中，要特别重视农业保险产品与服务模式创新，构建高效的农业风险治理制度。以健全农村社保、医保制度为关键，重视破解制约农村要素流转、流动的结构性问题和制度性壁垒，为农村资源整合和高效利用奠定基础。

建议健全农业社会化服务标准体系。在统筹农业社会化服务主体标准（如企业标准、合作社标准等）、行业标准（如农机协会、种子协会、苗木协会标准、灌溉协会标准等）、政府最低强制标准（如涉农国标系列）关系基础上，逐步健全农业社会化服务市场准入监管制度。

孔祥智：实践中看，农民合作社是提供农业社会化服务的核心主体。但当前规模较小，科学技术水平比较低。数据显示，全国农民合作社发展超过 220 万家，平均规模很小，只有 50 人左右。因此，必须在单个合作社的基础上发展农民专业合作社联合社。由于资源条件、成立动因不同，联合社的发展类型也存在差异，既有单一品种联合的，也有多品种联合的；既有沿产业链上下游联合的，也有跨领域跨区域联合的；既有纯合作社自发联合的，也有农业企业成立合作社牵头联合的。应根据各地农民扩展市场的需求，按照《农民专业合作社法》中有关联合社的规定，大力发展农民合作社联合社，提高农业竞争力，实现高质量发展，实现我国从农业大国向农业强国的转变。

许竹青：农业社会化服务体系应以加强科技服务能力、提高科技服务质量为导向，将先进的农业生产技术更好地扩散到田间地头。

数字技术在农业生产中的广泛应用，为推动农业社会化服务体系的高质量发展提供了解决思路。当前，加强数字农业创新应用成为各类农业社会化服务主体创新发展的“关键一招”，涌现了不少成功案例。例如生产托管类的农业高科技公司通过建立生产数字化模型，实现智能化开方，为种植者提供标准化种植方案，实现生产节本增效。数字技术在农业社会化服务体系中的应用，可将农业前沿科学知识及农业要素状况系统反映到模型中，在物联网、人工智能等信息技术手段的支持下，通过农业社会化服务体系直接转化为农业决策，带来农业知识传递与扩散的重大变革。

加快数字技术在农业社会化服务体系建设中的应用，要注重顶层设计。现阶段的发展重点应围绕区域性的农业产业开展试验示范，鼓励农业社会化服务主体利用数字技术开展服务创新，促进农业知识经验传承的显性化，形成区域性的、行业性的农业要素数据模型，通过数字技术前沿创新提供区域性的、本地化的具体方案推动农业科技服务创新，通过服务带动小农户间接走上数字农业发展道路。在这一过程中，政府、企业、科研机构及其他相关主体要发挥合力，特别是要鼓励各类农业社会化服务主体发挥重要作用，探索农业科技前沿，助推技术融合，带动小农户发展，加快实现数字技术对我国社会化服务体系的改造，为持续探索中国特色的农业现代化作出更大贡献。

原载 2021 年 4 月 29 日《经济日报》

国企改革　路正就不怕远

本期嘉宾

国务院参事室原副主任　蒋明麟

中央党校原督学　潘云良

国务院国有资产监督管理委员会研究中心研究员　许保利

中国宏观经济研究院研究员、经济体制与管理研究所学术委员会副秘书长　王琛伟

主持人

经济日报社编委、中国经济趋势研究院院长　孙世芳

6 智库 2021年5月6日 星期四 经济日报

国企改革 路正就不怕远

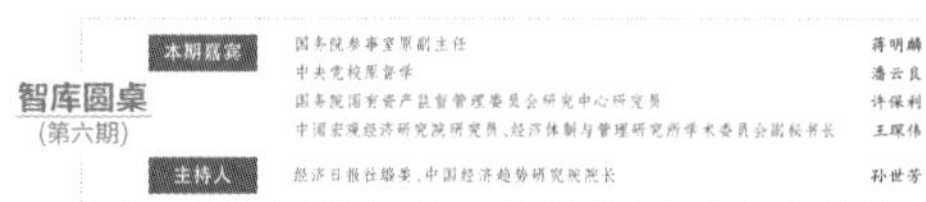

智库圆桌（第六期）

本期嘉宾	国务院参事室原副主任	蒋明麟
	中央党校原督学	潘云良
	国务院国有资产监督管理委员会研究中心研究员	许保利
	中国宏观经济研究院研究员、经济体制与管理研究所学术委员会副秘书长	王琛伟
主持人	经济日报社编委、中国经济趋势研究院院长	孙世芳

2021年1-3月，全国国有及国有控股企业经济运行呈现较好态势，主要经济指标**保持较高增速**

> 国有企业是经济发展的主力军和顶梁柱。2020年中央深改委第十四次会议审议通过《国企改革三年行动方案（2020—2022年）》，对国资国企改革发展作出重大战略部署。进入新发展阶段，如何着力解决国有企业发展质量还不够优的问题，推动国有企业改革向纵深发展，以改革创新引领国资国企高质量发展，本报特邀有关专家围绕当前深化国企改革、激发市场主体活力等内容进行深入探讨。

坚持党的领导是全面深化国企改革的政治保障

主持人：完善公司治理是提升国有企业管理水平的重要途径。目前国有企业的公司治理存在的主要问题是什么？如何解决？

关键是企业股权结构，对策是推进混改

主持人：《国企改革三年行动方案（2020-2022年）》提出，要积极稳妥深化混合所有制改革。混合所有制改革是国企改革的重要内容，一直备受关注。积极稳妥推进国企混改，要把握哪些关键点？

减少的是政府干预，增强的是国资监管

主持人：新一轮国企改革应着力解决哪些问题，以促进国有企业与其他市场经济体融合发展？

本版编辑 谢慧 秦悦 天瑞 高妍

国有企业是经济发展的主力军和顶梁柱。2020 年中央深改委第十四次会议审议通过《国企改革三年行动方案（2020—2022 年）》，对国资国企改革发展作出重大战略部署。进入新发展阶段，如何着力解决国有企业发展质量还不够优的问题，推动国有企业改革向纵深发展，以改革创新引领国资国企高质量发展，本报特邀有关专家围绕当前深化国企改革、激发市场主体活力等内容进行深入探讨。

坚持党的领导是全面深化国企改革的政治保障

主持人：完善公司治理是提升国有企业管理水平的重要途径。目前国有企业的公司治理存在的主要问题是什么？如何解决？

王琛伟：坚持党的领导是中国特色现代企业制度最为突出的特征，也是全面深化国企改革最为坚强的政治保障。深入实施国企改革三年行动，必须始终坚持党对国有企业的全面领导、加强企业党的建设不动摇。切实把党的领导和完善公司治理统一起来，切实把企业党组织内嵌到公司治理结构中，从体制机制上保障党的领导作用的充分发挥。要不断强化国有企业基层党组织建设，持续推进党风廉政建设和反腐败工作，加强领导班子建设和人才队伍建设，着力培养一支对党忠诚、勇于创新、治企有方、兴企有为、清正廉洁的高素质企业领导人员队伍。要充分发挥党委在企业发展中的政治核心作用，党委主要管方向，管中央决策落实，不参与日常经营决策活动。同时，党委要积极结合国企改革要求，做好全体职工的思想工作。要发挥地方积极性，发挥地方首创精神，各级党委和政府要牢记搞好国有企业、搞好国有经济的重大责任，加强对国有企业改革的组织领导，不等待、不观望，下大决心，推动国企改革三年行动在重要领域和关键环节取得新成效。

潘云良： 在现代管理制度建设方面，一要更新企业经营管理上旧的思想观念，确立以市场为中心和依托的现代化管理观念。二要实现管理组织现代化，建立市场适应性能力强的组织命令系统，健全和完善各项规章制度，彻底改变无章可循、有章不循、违章不究的现象。三要建立高水平的科研开发机构和高效率的决策机构，加强企业发展的战略研究制定，实施明确的企业发展战略、技术创新战略和市场营销战略并根据市场变化适时调整。四要广泛采用现代管理技术方法和手段，包括用于决策与预测、用于生产组织和计划、用于技术和设计的现代管理方法，以及采取包括现代信息技术在内的各种先进管理手段。

蒋明麟： 首先应通过合理的国企现代公司治理体制，合理处理董事会、股东大会、经理管理层、监事会各方的权限和边界，形成各负其责、相互协调的工作机制，避免相互掣肘，决策难、难决策的被动局面。国企也是市场中按照市场经济规律活动的经济组织，是市场的主体，应当摒弃行政化办事倾向，提高对市场反应的灵敏度，善于捕捉与抓住商机。要把容错机制落实到位，既要科学决策也要敢于决策，敢于担责。

其次必须大力提高国企人才的工作积极性和能动性，完善国企的用人制度与机制。完善董事会建设和外部董事的聘用人选与管理制度，大力推行经理管理层人员的职业经理人制度，推进经理层任期制和契约化管理；打破企业职工“体制内”与“体制外”的身份界限，全员实行市场化聘用合同制、契约制，打破铁饭碗、铁交椅、人为设置职工上升通道的“天花板”等计划经济的遗存；按照企业经营效果，完善企业职工的绩效考核制度与薪酬分配制度，改变在薪酬分配上企业领导人与一线职工过大的分配差距。在探索企业职工全员持股的基础上，在薪酬分配上，对企业发展与经营有重要贡献的职工给予必要倾斜。在用人制度上，要建立人员能上能下，能进能出，收入能增能减，公平、公正的激励和约束机制。

新的历史条件下，要继续弘扬我国优秀企业管理经验，使其在国企改革、增强国企内生动力和活力上发挥更大效能。要在企业党委（党组）的领导下，充分发挥工会和职工代表大会的作用，充分调动企业全体员工参与企业管理的积极性。通过加大深化改革企业内部管理和运行机制，调动企业各个层级职工的积极性，激发国企内在的发展动力和活力，在新发展格局中增强国企的竞争力、创新力、控制力、影响力和抗风险能力。

关键是企业股权结构，对策是推进混改

主持人:《国企改革三年行动方案（2020—2022 年）》提出，要积极稳妥深化混合所有制改革。混合所有制改革是国企改革的重

要内容，一直备受关注。积极稳妥推进国企混改，要把握哪些关键点？

王琛伟： 在国有企业逐渐成为独立市场主体、充分参与市场竞争的今天，缺乏企业活力仍然是严重阻碍国企发展的核心问题。国有企业缺乏活力的根本原因仍然要回归到国有企业与市场机制的兼容性上，主要体现在国有企业的“委托代理”问题上。政府在行使国有产权时，既要承担出资人职能，又要行使监管职能，在很多时候政府还要“亲自”干预企业投资、经营活动，这就使得原本应该对市场负责的国有企业转而变成主要对有关政府部门负责，市场变化难以对企业决策者形成应有的激励作用，企业缺乏根据市场变化及时调整生产经营活动的直接动力。深入实施国企改革三年行动，必须直面国有企业“委托代理”问题，从根本上构建解决这一问题的体制机制，切实增强国有企业发展活力。

国企改革三年行动方案指出，要根据不同企业功能定位，合理设计和调整优化混合所有制企业股权结构。这一部署很有可能在探索解决国有企业“委托代理”问题的方向上迈出重要一步。混合所有制改革的关键并非让企业国有股份一定要降到多少比例以下，而是在于通过混改，打造一支能够直接感受、直接应对市场变化的决策、管理团队。只要这个决策、管理团队能够直接感受到市场激励，并按照市场规则将企业利益最大化，这个企业就能够有效避免“委托代理”问题，从而表现出强劲的发展活力。

抓住企业股权结构这个关键和核心，是解决国有企业“委托代理”问题的治本之策。围绕这一核心问题，深入推动混合所有制改革的关键点在于，在混合所有制改革中，不设民营资本股权比例限制，不坚持国有控股地位，而是要以激发企业活力、提高盈利能力为目标，积极探索多种股权结构和企业经营形式，包括官办民营、设立特殊法人等，并从财务监督等方面加强对国企的考核监管。

具体而言：一是企业决策、管理团队均要从非国有资产所有者中产生，董事长、总经理及管理团队持有一定比例股份。确保决策、管理层按照市场经济要求决策和经营管理。二是国有股是优先股，不参与企业运营和决策。无论国有股比例多高，即使超过50%，代表国有资产所有者的国资委也不再参与企业决策、管理团队建设和人员安排。国资委仅仅负责国资监管和重大资产处置，确保国有资产不流失。三是企业收益分配和经营性损失承担均严格以股权比例为依据。企业经营性损失中国有股份应承担的损失部分，不能强加给决策、管理团队。四是放宽对混合所有制企业的管制，在国有与非国有股份比例不变的情况下，应该取消对非国有股份的持股人数、股东持股比例限制。五是加强政府监管，防止混合所有制企业在市场竞争中产生市场垄断，创造有利于各种所有制企业公平竞争的市场环境。六是分步实施、稳妥推进混合所有制改革，首先在国有企业二三级子公司探索推进，之后向地方国企总部推开，最后根据不同企业实际情况，充分考虑央企的特殊作用，“一企一策”确定央企总部如何改革。

潘云良： 产权制度改革是国有企业建立现代企业制度的关键。一要理顺国有企业产权关系，处理好国家所有权与企业法人财产权的关系。二要建立经营者的所有权制约机制。两权分离后，国有资产所有者的利益仍要在企业经营者那里得到实现。为此必须建立一套能保证国有资产在真正具有经营才能的人手上经营、能明晰企业应负的国有资产保值与增值的责任、能对经营者“用脚投票”等所有权相制约的机制。三要明确产权关系上的自负盈亏责任。目前国有企业的自负盈亏主要限于收入分配上，而在产权关系上仍有许多亏损企业把债务包袱推给国家或者拖欠其他企业的债务，国家实际上为企业承担着无限责任。产权制度改革是要在产权关系上明确企业承担的债务责任和破产责任，当企业破产时，国家应只以投入企业的资本额为限承担有限责任。四要在明晰企业产权关系的基础上，建立和完善产权市场。国有企业进入产权市场可以使一定量的国有资产吸收和组织更多的社会资本，放大国有资产的产权功能，提高其控制力、影响力和带动力。同时又能使国有企业经营受到更多国有产权的制约，以保证国有资产运营效益的提高。

许保利：深化国有企业混合所有制改革，首先要明确其改革的对象。我国的国有企业改革就是将执行指令性计划的国营企业改革为直接面向市场自主经营的市场竞争主体。而指令性计划体制下的国营企业因其制度安排，是无法进入市场的，因此，必须要对其进行制度上的改革，建立适应市场竞争发展的企业制度。历经 40 多年改革，指令性计划早已被废除，国营企业已经被国有企业所替代，国有企业已经完全走向市场，成为市场竞争主体，而且已经建立起适应市场竞争的制度。法人企业联合体形式的国有企业集团，已经成为国有企业的重要组织形式，而且它已经是集团化大企业。那么，我们今天再说国有企业改革，其改革的对象就不应该再是单体的法人企业，而应该是国有企业集团。要对国有企业集团进行改革，改革的目标就是寻求一种制度安排，让更多国有企业集团成为世界知名企业。这也是深化国有企业混合所有制改革的目的所在。

在集团作为改革对象的情况下，二级及以下层级法人企业，仍然可以继续开展混合所有制改革。但只在这样的范围进行改革，混合所有制企业数量增加有限，为实现体制机制转换实行的中长期激励、职业经理人制度、三项制度改革，推行起来比较难，甚至难以推行；有的即使推行了，但并未达到预期效果，还面临其他要解决的问题。相比二级及以下层级法人企业改革，集团公司改革是相对滞后的，而它对集团整体改革又是决定性的，它的体制机制不转变，改革不到位，就会制约旗下二级及以下层级法人企业的改革，甚至制约集团整体改革。

集团公司改革首先要明确集团公司是作为集团的母公司，还是视其为集团公司旗下法人企业的管理机构。显然，应该是前者。2019年10月，为解决中央企业“总部机关化”问题，国资委召开专项整改工作视频会议，要求各中央企业切实解决总部错位越位、管得过多过细等问题，进一步调整机构设置，优化职能，并把这项工作与进一步整治形式主义、官僚主义结合起来，切实解决会多、文多、检查多的问题。国资委的整治行动意味着要改变集团公司成为旗下法人企业管理机构的倾向。那么，其改变的方向是要成为集团母公司，而且，将集团公司作为集团的母公司同把集团视为集团化大企业是一致的。

将集团公司作为集团的母公司，深化国有企业混合所有制改革，对母公司产权制度做相应改革很有必要，而且已经在实践。对于中央企业，国资委已经明确提出，其集团层面还没有推进引入其他资本混合所有制改革的计划。但集团层面国有全资股权多元化已经付诸实施，如国药集团、南航集团已经引入国有资本，实现由国有独资到国有全资多元股权的转变。这体现了国资委对中央企业集团层面既积极推进产权制度改革，但对混合所有制改革又持非常谨慎的态度。其原因并不是操作上的问题，一些中央企业已经实现集团整体上市，集团公司、股份公司合署办公实行的是“一块牌子、两套人马”，集团公司只是一个控股股东。在这样的中央企业，若取消集团公司，国资委直接监管上市公司，即实现母公司的混合所有制改革。

然而，目前的国资监管体制是同监管国有独资公司相匹配的。若集团公司实行混合所有制改革，国资委直接面对的就是混合所有制母公司，其只能对混合所有制母公司的国有股权履行出资人职责。目前的国资监管体制就必须进行相应改革，这种改革难度是比较大的，将会带来很多不确定性，因此，中央企业集团层面混合所有制改革慎重行事，是非常理性的选择。不同于中央企业，地方国有企业集团层面混合所有制改革已经有实践，而且取得了良好的效果。

如我们熟悉的国有企业改革典型——烟台万华集团、郑州煤机集团，它们的母公司都已是上市公司，母公司高管除个别成员，其他成员都持有不同数量的上市公司股权，实行职业经理人制度，真正实现了高管“市场化选聘、契约化管理”。

无论是中央企业集团公司国有全资股权多元化改革，还是地方国有企业集团公司混合所有制改革，都在改进集团公司体制机制，提升集团整体治理水平和管理水平，进而提高集团的经营效率和效益。这也是深化国有企业混合所有制改革的意义所在。当然，这些改革一定会面临一些问题，甚至有明显的难度，但方向是正确的。只要路正，就不怕路远。坚持不懈，定会取得成效，达到目标。

减少的是政府干预，增强的是国资监管

主持人：新一轮国企改革应着力解决哪些问题，以促进国有企业与其他市场经济体融合发展？

王琛伟：如何界定政府在国资国企改革中的职能定位，是关系国企改革能否持续深化的深层体制问题，也是新一轮国企改革必须面对的关键问题。政府对国有企业的行政干预过多，必然造成政企不分、政资不分，使企业的市场主体作用难以充分发挥。深化国有企业改革，必须管住束缚国企发展的“有形之手”，政府不能过多干预企业微观市场行为，而应逐步向企业出资人、规制制定者、行业监管者转变，切实做到政府职能不越位、不缺位、不错位，创造公平

竞争的市场环境。

政府干预要“退”。一方面，降低企业中的国有资产比重，减少政府直接干预。政府只按照投资份额，依法对全资、控股及参股企业行使出资人职责，享有资本收益、重大决策和选聘经营管理者等权利，但不介入企业日常经营活动。另一方面，政府只负责监管国有资产保值增值，防止国有资产流失。另外，还要严格限制权力涉足市场，把政府管理社会的职能和管理资产的职能相分离，坚决杜绝“寻租”造成的国有资产流失。

国资监管要“进”。核心是从“以管资产为主”向“以管资本为主”转变，把国资监管重点聚焦到管好资本布局、规范资本运作、提高资本回报、维护资本安全上来。弱化企业“国有”特征，除极少数必须由国有独资经营的企业外，绝大多数企业国有资产都以国有资本形式持有、经营和管理，使国有企业与民营企业在劳动、管理、技术、人才、资本等方面，平等使用生产要素。创新国有资本监管方式，理顺国有资产监督管理机构与国有企业的关系，推进政府公共管理职能、国有企业出资人职能与国有企业经营管理职能分开。

投资运营职能要“立”。深化国企改革，必须同时改革国有资本授权经营体制，建立国有资本投资、运营公司，由国有资产监管机构授权国有资本投资、运营公司对授权范围内的国有资本履行出资人职责。要让国资监管机构以“监”为主，国有资本投资、运营公司以“管”为主，企业自身以经营为主，三者职责分明、相辅相成。国有资产监管机构不再直接对监管企业发出指令，而是主要通过国有资本投资、运营公司这个平台，按照规范的法人治理结构，以“市场化”的方式传导至企业，避免政府对企业的直接干预。

潘云良：国企现代组织制度改革应着手解决以下问题。一要改革政府管理职能和管理体制，真正做到政企分开。二是国有企业组织制度改革的重点是建立公司制企业，为此，必须建立符合市场经济规律和我国国情的企业领导体制与组织管理制度。三要从根本上解决哪些人由政府管、政府怎样激励与约束，哪些人由市场选以及市场怎样激励与约束的问题。

原载 2021 年 5 月 6 日《经济日报》

时刻绷紧粮食安全这根弦

本期嘉宾

北京市农林科学院院长　李成贵

中国人民大学农业与农村发展学院副院长　郑风田

中国人民大学农业与农村发展学院教授　孔祥智

农业农村部农村经济研究中心副主任　陈洁

国务院发展研究中心农村经济研究部副部长　程郁

中国农业大学经济管理学院教授　韩一军

主持人

经济日报社编委、中国经济趋势研究院院长　孙世芳

6 智库　2021年5月25日　星期二　经济日报

时刻绷紧粮食安全这根弦

粮食安全是国家安全的重要基础，应对百年未有之大变局，首先得稳住粮食这一基本盘。经济日报社中国经济趋势研究院对1942家新型农业经营主体实地跟踪调查发现，这类代表农业现代化发展方向的新主体在面对市场时往往有更多选择。近年来，出于获得更高经济效益等考虑，新主体种粮面积有所下降。这种现象是否会影响到我国粮食安全？应当如何调动各类主体粮食生产积极性？带着这些问题，我们组织专家研讨，共同回答新形势下“谁来种田、如何种田”的问题。

智库圆桌（第八期）

本期嘉宾
北京市农林科学院院长　李成贵
中国人民大学农业与农村发展学院副院长　郑风田
中国人民大学农业与农村发展学院教授　孔祥智
农业农村部农村经济研究中心副主任　陈洁
国务院发展研究中心农村经济研究部副部长　程郁
中国农业大学经济管理学院教授　韩一军

主持人
经济日报社编委、中国经济趋势研究院院长　孙世芳

粮食供求将长期处于紧平衡状态

主持人：我国的粮食安全问题历来都很受重视，今年的中央一号文件也特别强调了要保障粮食安全。从各位专家的调查研究中看，目前我国粮食安全现状如何？

把饭碗牢牢端在自己手中

粮食安全是系统性、深层次问题

坚持市场化改革方向激发种粮积极性

……农民增加粮食生产的积极性，另一方面可以引导消费者自觉减少粮食浪费，降低对粮食需求。

本版编辑　郭文鹃　袁文　美编　高妍

粮食安全是国家安全的重要基础，应对百年未有之大变局，首先得稳住粮食这一基本盘。经济日报社中国经济趋势研究院对1942家新型农业经营主体实地跟踪调查发现，这类代表农业现代化发展方向的新主体在面对市场时往往有更多选择。近年来，出于获得更高经济效益等考虑，新主体种粮面积有所下降。这种现象是否会影响我国粮食安全？应当如何调动各类主体粮食生产积极性？带着这些问题，我们组织专家研讨，共同回答新形势下“谁来种田、如何种田”的问题。

粮食供求将长期处于紧平衡状态

主持人：我国的粮食安全问题历来都很受重视，今年的中央一号文件也特别强调了要保障粮食安全。从各位专家的调查研究中看，目前我国粮食安全现状如何？

孔祥智：我国的粮食供需处于紧平衡状态。首先，粮食安全问题与我国的耕地资源禀赋息息相关。我国拥有永久基本农田15.46亿亩，总体耕地面积为22.23亿亩，土地资源的有限性是国家重视粮食生产的重要原因。其次，目前各地区粮食生产情况也不平衡。2019年粮食生产大于需求的省份有11个，13个位于粮食主产区的省份中有5个省份不但调不出粮食，还要从其他省份调入。从2010年至2019年的情况看，总体粮食生产量上升，但分省份看，有9个省份粮食生产量下降。其中位于产销平衡区的3个省份粮食产量下降，而位于主销区的省份粮食产量都是下降的。最后，国际产销大环境也加剧了消费者对于粮食安全的担忧。

李成贵：虽然目前粮食供需处于紧平衡状态，但从总体来看，应对粮食安全持乐观判断。首先，粮食消费的增长不及生产的增长。从人口数据看，虽然我国人口总量很大，但是人口增长率已经出现了变化。同时，由于农产品消费收入弹性和价格弹性非常低，所以即使消费者的收入大幅增加也并不会大幅增加粮食需求，即粮食消费总量会受到限制。其次，科技在促进生产方面发挥了重要作用。从农业发展史看，春秋战国到清代2000多年间粮食的亩均产量只提高了约30%，但是近代杂交技术的出现大幅增加了粮食作物的亩均产量。

陈洁：今年一季度，我国粮食进口同比增加60%多，其中玉米进口增幅超过4倍，小麦进口增幅超过1倍，说明粮食供应处于偏紧状态，这与我们一直持有的判断一致，即我国粮食供求将长期处于紧平衡状态。

首先，从需求角度看，目前我国已经进入后工业化时期，国民的食物消费结构和营养结构正在转型升级。食物消费结构中，我国居民对肉蛋奶、水产品和瓜果蔬菜的人均消费在增长，而居民人均粮食消费量则在降低。但在饲料供求方面，我国饲料粮对养殖业的支撑能力不足。我国大豆的大量进口主要由养殖业需求增长较快导致，2020年我国大豆进口已经突破1亿吨关口，达到1.4亿吨。这是我国经济增长和国民消费转型所带来的必然结果。因此，充分利用国内外两种资源和两个市场的粮食适度进口政策始终都是我国粮食安全政策的重要组成部分。需对我国的粮食安全问题有稳定的认知，即我国粮食供求的结构性矛盾将长期存在。

其次，粮食政策变化带来的影响需要持续关注。连续几年的休耕政策、“镰刀弯”玉米种植结构调整和“去库存”等使得我国玉米很快出现供应偏紧，这些政策带来的影响在几年前就预期到了。根据粮食供求形势的变化，自 2020 年以来，中央一号文件已经在持续释放信号，要重视和保障粮食生产。2020 年有关部门开始对“耕地非农化”问题进行调查整治，今年又提出了粮食安全“党政同责”要求，小麦和水稻均提高了最低收购价等。从目前的农业政策来看，我国高度重视粮食安全，各地也强化了粮食安全的保障措施。这些政策措施对于保障国家粮食安全都将产生积极影响。

再次，无论是保护耕地还是提升种粮科技水平，最终都得依靠人的积极性，这里最不该忽视的还是绝大多数小农户。同时，粮农本身也是粮食消费者，即便他们从事的是“口粮农业”或其他农业类型，他们在粮食的可及性问题上也应受到关注。目前，我国规模种粮主体在粮食安全保障问题上的重要性不断提升，要持续关注他们的种粮收益问题，保护粮农积极性。

最后，作为我国居民的口粮作物，水稻和小麦的自给率一直保持在高水平，因此，我国居民的口粮安全有充分保障。

把饭碗牢牢端在自己手中

主持人：近年来，新型农业经营主体在提升农业生产效率、促进农业现代化方面很受关注，也获得了不少政策支持，这类新主体在保障我国粮食安全中发挥着什么样的作用？

孔祥智：新主体的服务功能在保障我国粮食安全中的作用正在增强。在山西省农业托管试点跟踪调查发现，目前生产过程中托管的比例逐渐增大，土地流转比例逐渐减少。新主体提供的社会化服务发挥了重要作用。首先，新主体的服务功能满足了小农户的生产需求。目前从事生产的小农户平均年龄大，身体条件有限，而新主体提供的社会化服务极大地缓解了留守农村的小农户从事粮食生产的困难。同时，中等规模的家庭农场，由于资金限制和使用率的考量，大量配备生产过程中需要的大型器械的可能性低。因此，小农户和中等规模的家庭农场都可以通过新型农业经营主体提供的社会化服务提升生产效率。

郑风田：新主体的粮食生产功能在保障我国粮食安全中有重要地位。经济日报社于 2016 年 5 月至 2020 年 1 月对 1942 家新主体进行了 3 次跟踪调查，数据显示，种粮类家庭农场的平均粮食种植规模达到 242 亩，远高于小农户的种粮面积。结合农业农村部公布的家庭农场数量，可估算出 60 万个家庭农场的粮食种植潜力为 1.48 亿亩，约占 2018 年全国三大主粮总播种面积的 10%；种粮类专业大户的平均种植规模达到 198 亩，粮食种植规模潜力可达全国总播种面积的 8%。综合两类新主体情况，可以看出，中国人近 1/5 的“饭碗”端在新主体的手里。

目前，新主体的粮食生产情况不容乐观。从种植面积看，2015 年至 2018 年间，种粮新主体平均种粮面积呈下降趋势。2015 年家庭农场平均粮食种植面积为 292.62 亩，而 2018 年家庭农场平均粮食种植面积为 141.95 亩，下降幅度达到 51%。2015 年专业大户平均粮食种植面积为 244.87 亩，而 2018 年专业大户平均粮食种植面积仅为 131.68 亩，下降幅度达 46%。具体来看，中等经营主体的新主体非粮化趋势更明显。按照经营规模分为小于 50 亩、50 亩至 100 亩、100 亩至 200 亩、200 亩至 500 亩、大于 500 亩，分别看种植面积的变化，发现下降幅度最大的是规模在 100 亩至 200 亩的新主体。种植面积下降较多的作物是水稻和小麦，玉米相对不是那么严重。此外，3 年间，小农户平均种粮面积呈现上升趋势。调查显示，2016 年小农户的平均种粮面积为 10.34 亩，2018 年小农户的平均种粮面积为 14.85 亩，与新主体情况形成鲜明对比。

从种植效益看，新主体与小农户的粮食作物收益没有显著差异，但新主体种植经济作物的收益远高于小农户。新主体种植粮食作物的亩均收益为 527.36 元，而小农户为 522.72 元。新主体种植经济作物的亩均收益为 621.70 元，而小农户为 213.90 元。国家针对粮食的补贴并不足以弥补新主体粮食作物与经济作物收益之间的差距。“三补合一”改革（种粮农民直接补贴、农作物良种补贴、农资综合补贴合并为农业支持保护补贴）之前，国家规定的粮食直补标准为早稻、中稻（一季稻）、晚稻15元/亩；玉米、小麦10元/亩，补贴金额远不足以弥补两类作物收入的差距。调查发现，即使在“三补合一”改革后，新主体获得的亩均粮食种植补贴也仅为28.29元，粮食补贴依旧处于较低水平。补贴资金集中度低，既不精准也不高效，不利于种粮大户改善农业生产条件。此外，国家制定的粮食补贴政策在地方政府落实过程中易出现“补贴错位”现象，即国家下发的粮食补贴由原土地承包户领取，租种土地的新主体（实际种粮者）得不到应有的政策支持与鼓励。

粮食安全是系统性、深层次问题

主持人：下一步，要激发新型农业经营主体粮食种植积极性、保障我国粮食安全，需要从哪些方面入手？

孔祥智：首先，提高土地生产率。农业农村部根据土地质量将我国目前的耕地划分为10个等级。其中高质量的一类土地，即一二三等土地的占比为20%左右。二类土地包括第四至第七等级的土地，如果将二类土地进行改造，将其变成一类土地，还可大幅提高生产力。其次，重视科技进步。目前我国粮食作物的种子可以实现自给，需要做的是品种整合、培养高产优质的品种。以玉米为例，我国玉米品种数量高达7000多个，但整合度明显不够，而且产能和国际上的先进品种仍有较大差距。科学技术是培育优质高产品种的引擎。改革开放以来，我国粮食产量连续增长，主要依靠的就是科学技术。

程郁： 种养结合、促进循环生产、就地配套构建饲料粮供应产业链是未来农业产业体系的发展方向。首先，引导新主体种粮的可行方向是种养结合，一方面种养综合收益的提升可以解决种粮收益低、激励不足问题，另一方面有助于实现生态循环效应和保障生产供应链安全。欧洲很多农场都是种养结合。比如，欧洲国家规定奶牛、生猪等养殖场中牲畜的养殖数量要与其农场经营的种植面积配套。这种种养结合的生产形式一方面促进了循环生产，确保了养殖粪污的消纳，另一方面也保证了一定比例的本地化饲料供应。新冠疫情期间，出现过养殖场的饲料供应链断裂，导致饲料耗尽，不得不填埋鸡苗。出现这种问题正是因为我国大部分养殖场的饲料粮主要依靠外运，缺乏本地供应。因此，未来种养结合应是引导新主体发展的方向。

其次，引导新主体适应市场需求变化，适时调整品种种植。新主体是高度市场化的经营主体，最能反映市场结构的变化。比较近年来新主体不同粮食品种的种植面积，小麦、水稻的种植面积下降速度较快，但是玉米种植面积下降并不快。这是由于随着食物消费结构升级，我国口粮已经过剩，但饲料粮需求仍旧快速增长，产需缺口日益扩大。因此应当尊重新主体顺应市场变化做出的调整，支持其扩大玉米种植面积，以此补足未来玉米的硬性缺口。

再次，支持种粮新主体规模化发展。种粮是土地密集型的产业，经营发展到一定规模之后才会获得较高经济效益。

最后，不同地区承担的粮食安全保障功能要有所区分。着力保障东北地区等优势粮食主产区的新主体的种粮面积，放松云南、贵州等非优势地区的粮食生产约束性指标。

韩一军：针对种粮新主体搭建收入安全网十分重要。粮食安全是系统性、深层次的问题，是“十四五”规划期间首先要考虑的问题。为保障新主体种粮积极性，为其搭建收入安全网应是当前重点工作。未来，新主体是保障我国粮食安全的重中之重，种不种粮食取决于收入安全网能否搭建。同时，符合国情和发展阶段的收入安全网不仅是简单地对新主体种植粮食给予直接补贴，还包括对两大口粮的最低收购价政策，以及对技术推广、耕地保护、结构调整、农民培训、保险等各种支持。政策目标是保障新主体种粮有相对稳定的收益，至少要做到保本微利。这是新格局下确保我国粮食安全的重要基础。

原载 2021 年 5 月 25 日《经济日报》

化解大宗商品涨价趋势
——增加供应、稳定预期、抑制投机

本期嘉宾

中银证券全球首席经济学家　管涛

中国宏观经济研究院决策咨询部研究员　郭丽岩

商务部研究院国际市场研究所副主任、研究员　许英明

混沌天成期货股份有限公司研究员　董浩

主持人

经济日报社编委、中国经济趋势研究院院长　孙世芳

6 智库 2021年5月27日 星期四 经济日报

增加供应、稳定预期、抑制投机——

化解大宗商品涨价趋势

今年以来，部分大宗商品价格持续大幅上涨，其中，铁矿石、钢铁、铜等品种价格延续去年上涨趋势，有的创10年来新高，引起各方面广泛关注。5月12日，国务院常务会议提出，要跟踪分析国内外形势和市场变化，有效应对大宗商品价格过快上涨及其连带影响。5月19日，国务院常务会议部署做好大宗商品保供稳价工作，保持经济平稳运行。此轮大宗商品价格上涨的主要因素有哪些，企业如何应对，我国如何提高重要大宗商品的价格影响力？本期智库圆桌特邀有关专家学者，就相关问题深入探讨。

智库圆桌(第九期)

本期嘉宾

中银证券全球首席经济学家 管涛
中国宏观经济研究院决策咨询部研究员 郭丽岩
商务部研究院国际市场研究所副主任、研究员 许英明
光大期货股份有限公司研究员 董浩

主持人

经济日报社编委、中国经济趋势研究院院长 孙世芳

阶段性供需错配是价格上涨主因

主持人 部分大宗商品价格持续上涨，其原因是多方面的，请分析一下，此轮价格上涨的主要因素有哪些？

郭丽岩：随着新冠疫苗接种面逐步扩大，全球经济复苏带动国际大宗商品进入供需再平衡阶段，在国际主要经济体宽松流动性助推之下，国内外原材料价格出现了持续上涨的态势。

CPI保持平稳运行具有坚实基础

主持人 4月份国内PPI同比上涨6.8%。有人担心，PPI快速上涨将传导至CPI，造成物价的全面上涨，对此怎么看？输入性通胀风险有多大，对我国经济有何影响？

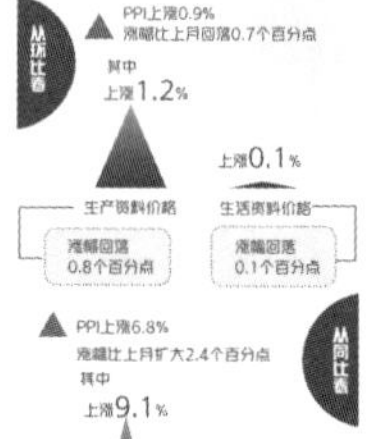

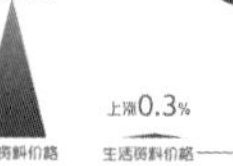

用好价格管理工具，加快国内大循环

主持人 当前，我国经济仍处于恢复性增长阶段，面对国际大宗商品价格大幅上涨给企业成本带来的压力，宏观政策上应如何把握？企业如何应对？

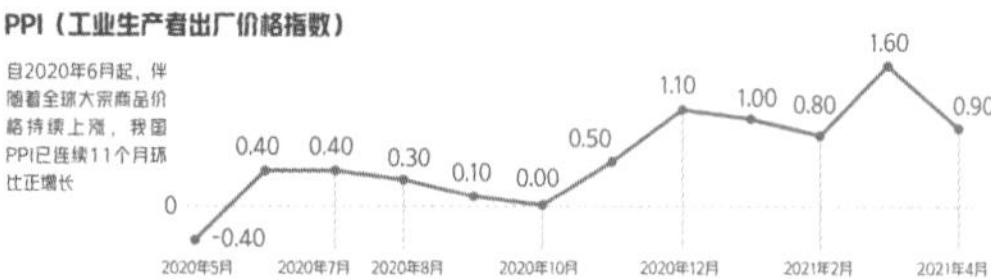

提高国内大宗商品市场价格影响力

主持人 "提升重要大宗商品的价格影响力，更好服务和引领实体经济发展"此轮大宗商品价格的上涨更凸显了这个课题的紧迫性，如何提高重要大宗商品的价格影响力？

郭丽岩：进入新发展阶段，我国需要更多依托国内统一大市场，形成真实反映市场供需的价格信号，谋求与自身经济水平相称的价格影响力，以更好地促进经济循环流转和产业关联畅通，支撑实现更加强劲更可持续的高质量发展。

今年以来，部分大宗商品价格持续大幅上涨，其中，铁矿石、钢铁、铜等品种价格延续去年上涨趋势，有的创10年来新高，引起各方面广泛关注。5月12日，国务院常务会议提出，要跟踪分析国内外形势和市场变化，有效应对大宗商品价格过快上涨及其连带影响。5月19日，国务院常务会议部署做好大宗商品保供稳价工作，保持经济平稳运行。此轮大宗商品价格上涨的主要因素有哪些，企业如何应对，我国如何提高重要大宗商品的价格影响力？本期智库圆桌特邀有关专家学者，就相关问题深入探讨。

阶段性供需错配是价格上涨主因

主持人：部分大宗商品价格持续上涨，其原因是多方面的，请分析一下，此轮价格上涨的主要因素有哪些？

郭丽岩：随着新冠疫苗接种面逐步扩大，全球经济复苏带动国际大宗商品进入供需再平衡阶段，在国际主要经济体宽松流动性助推之下，国内外原材料价格出现了持续上涨的态势。

此轮国际大宗商品价格上涨的成因，主要是新冠疫情对全球大宗商品市场产生了冲击性影响，扰乱了原有的供求节奏，不同类型经济体之间复苏“错位”，主要供给国生产和供应恢复明显滞后于需求端恢复，由此产生了阶段性供求错配。同时，全球流动性较为宽裕，也加剧了短期内的价格波动。国内大宗商品价格上涨主要受国际输入性因素影响，与国际市场价格走势基本接近，此外也与国内房地产、基建等行业景气度回升等相关。

考虑到全球经济尤其是工业需求仍在恢复阶段，国际大宗商品价格持续高涨的需求支撑并不是十分强劲，总体而言还是供过于求，只是部分品种和局部区域存在供求结构性矛盾。

许英明：近期大宗商品价格持续上涨的主要因素我认为有以下三个。一是世界经济延续复苏态势，国际市场需求回升，但疫情仍在全球蔓延，供给仍受较大制约，需求复苏快于供给恢复，造成供需错位。二是为应对疫情，多国央行采取了量化宽松的货币政策，全球货币供应量持续增长，通胀预期加剧。三是许多大宗商品具有金融属性，“炒”也是重要原因之一。

管涛：主要经济体出台大规模刺激方案，尤其是美国政府，疫情期间六轮刺激总额已达 5.7 万亿美元，当前市场预期总需求趋于旺盛。此外，疫情反复导致供给跟不上需求复苏，全球供需错配。疫苗接种较快的发达国家需求回升，出口原材料的新兴市场国家还在与疫情搏斗。近期印度疫情大暴发可能会影响部分药品和手机的供应。主要经济体央行实施超宽松货币政策，拉高通胀，进一步助长了大宗商品市场的投机氛围，凸显了大宗商品交易的金融属性。

董浩：我认为大宗商品价格上涨的主要因素是供需两端的合力。

需求方面，美联储在疫情之后增发的货币超过了 2008 年金融危机之后 10 年的货币增发量，目前的货币环境是近 20 年来最宽松的货币环境。此外，各国也相继加码了财政政策的支持。同时，随着疫苗接种增加，主要经济体的疫情在逐步好转，经济也在恢复之中。

企业在短时间内重启，需要补充大量的原材料库存，所以在短时间内有一个激进的需求增长。除了受传统经济的影响外，光伏新能源等新经济在过去两年里开始进入了大规模的投产和运用期，这对一些原材料的需求（如铜、铝、镍）也有了大量的提升。

CPI 保持平稳运行具有坚实基础

主持人：4 月份国内 PPI 同比上涨 6.8%。有人担心，PPI 快速上涨将传导至 CPI，造成物价的全面上涨，对此怎么看？输入性通胀风险有多大，对我国经济有何影响？

郭丽岩：没有必要过分担心输入性通胀问题。PPI 主要反映的是上游原材料和中间投入品价格波动情况，受"三黑一色"（煤炭、钢铁、石化、有色金属）商品价格波动的影响比较直接，是一种典型的价格信号。PPI 涨幅扩大，说明该价格信号对原材料生产流通的引导作用在加速释放，随着主要生产资料产能利用率持续提升，上下游供需匹配度将进一步提高，工业生产领域的稳价因素将明显增多。

客观而言，受国际大宗商品价格传导以及去年同期低基数等因素影响，近几个月 PPI 涨幅还将有所扩大，综合考虑翘尾因素和新涨价因素，二季度可能出现全年的高点。展望下半年，随着 PPI 翘尾影响因素下降，加之主要大宗商品价格走势出现分化，部分品种随着供求匹配度提升而涨幅收敛，PPI 新涨价因素与二季度相比将有所回调，预计 PPI 同比涨幅可能有所收窄。综合判断，此轮 PPI 涨幅回升是阶段性、暂时性的，全年将呈现“两头低、中间高”的走势，同比涨幅在下半年将有所回落。

大宗商品价格主要通过影响消费品价格影响CPI，考虑到终端消费品市场供给充裕且竞争充分，价格从上游向下游传导有时滞且传导幅度有限，所以不必过分担心国际大宗商品价格对我国CPI的拉涨影响。CPI中食品和服务占比较高，且受国际因素影响相对较小，食品中主要粮食、肉菜蛋奶供应都比较充裕，尤其是猪肉价格随着生猪生产恢复逐步回归正常水平，这些都是支撑CPI平稳运行的“稳定器”。展望全年，CPI保持平稳运行具有坚实基础，将呈现“前低后稳”的走势，预计同比涨幅将低于去年，全年物价调控目标能够顺利实现。

许英明：如果国际大宗商品价格持续上涨，将对我国能源、化工、消费等产业链的价格产生系统性影响，进而也会影响整体的工业品价格表现和通胀预期，而且将会通过产业链向下游传导影响消费品，这种传导效应的扩散将影响我国整体价格水平，加大通货膨胀压力。如果大宗商品价格持续上涨，不仅会造成输入型通胀压力，也会进一步压缩相关企业的利润空间。

管涛：目前，从CPI和核心CPI的走势来看，我国经济距离全面通胀还有距离。从一季度经济指标来看，我国消费内需修复慢于其他经济指标，政策传导相对较慢，体现在消费上就是渐进修复。如果对比2008年四万亿元刺激下的通胀走势，2011年生活资料PPI月度环比都在0.3%以上，现在最高的也就0.2%，4月份仅0.1%。虽然生产资料和大宗商品的涨幅已比较可观，会部分向下游消费品传导，但是传导能力也较为有限。从一季度工业企业产能利用率来看，我国供应并不存在问题，产能还有过剩，从长期看，通胀下行的压力更突出。输入型通胀对我国居民消费冲击较为有限，主要是影响行业间利润分配。结构性扭曲可能会导致一些中下游企业生产经营压力较大。如果继续依赖投资拉动经济增长，成本就比较高，未来还有产能过剩的担忧。

董浩：由于疫情防控有力，我国在货币政策上相较其他国家并不激进，但在商品全球贸易的体系下，也很难不受影响。原材料价格的抬升，会有一部分影响到终端产品，但是中间加工企业作为缓冲区也会吸收一定的抬升成本，所以终端产品的价格提升不会比原材料剧烈。CPI 的涨幅也不会比 PPI 剧烈。另外，CPI 是由必需消费品构成，并不是所有的消费品都受到原材料价格的影响，比如生猪、蔬菜等农产品，它们有自己的周期，预计 CPI 的提升水平会比较温和。

用好价格管理工具，加快国内大循环

主持人：当前，我国经济仍处于恢复性增长阶段，面对国际大宗商品价格大幅上涨给企业成本带来的压力，宏观政策上应如何把握？企业如何应对？

郭丽岩：当前这一轮国际大宗商品价格上涨，主要是输入性因素和阶段性供求错配导致的结构性问题，并非总量问题。所以，要保持政策定力，保持宏观政策连续性稳定性，不急转弯，把握好时度效，注重固本培元、稳定预期，采取有力措施增加市场有效供应、稳定市场竞争秩序，消除市场不必要的担忧，查处和惩戒投机炒作行为，使大宗商品价格波动尽快回归经济基本面，努力将物价总水平运行稳定在合理区间，做好重要民生商品保供稳价工作。受国际大宗商品价格上涨影响，部分国内企业原材料采购周期有所延长，采购成本有所增加，尤其是个别缺乏品牌、技术和规模效应的中小企业，可能承受的压力更大一些。企业应当有化危为机的主体意识和责任担当，努力通过自身转型升级和创新发展来对冲成本上涨压力，主动优化原材料供应管理，努力开拓国内外市场，寻找新机遇和新增长点。

许英明：宏观政策上要引导消费预期，增加有效供给，降低企业成本。具体来说，一是加强权威信息发布。在大宗商品价格上涨过程中，因供给或突发事件冲击，部分商品的波动幅度可能会加大，需进一步完善大宗商品价格监测预警机制，密切监测和关注部分大宗商品波动幅度，及时、有效地发布信息。二是择机适时出台促进汽车消费、家电消费等政策，降低消费品价格上涨对国内大循环的影响，降低通胀预期。三是增加大宗商品的有效供给。利用大宗商品价格上涨利好基础原材料行业的契机，加大国内战略性矿产资源的勘探开发力度，优先安排国内新增优质大宗商品项目。鼓励大宗商品龙头企业整合上下游企业，促进产业链上下游环节“自对冲”

价格波动风险。四是切实降低相关企业成本。在调整钢铁产品进口关税、上调出口关税政策的基础上，扩大产品适用范围。

管涛：货币政策的主要功能是调控内需，国内需求难言过热，应该更多关注就业市场的变化，同时需要密切关注信贷流向，防止企业因短期价格快速上涨过度投资。

财政政策可能是当前应对结构性通胀的主要工具，财政税收调控和定向支出功能有助于缓解行业间冷热不均。目前，行业间复苏不平衡现象仍旧存在，热的行业非常热，比如国际海运和原材料生产部门。冷的行业还未走出疫情带来的困境，比如国际旅游和部分服务行业。企业需要判断价格是否可持续来决定投资计划，以及疫情是否改变行业的生态来决定经营计划。对于短期受疫情影响的企业，依然需要财政帮扶。

对企业来讲，尤其要利用好期货市场这一工具。从当前看，期货市场已经构建了一个完整的风险管理工具市场。在这轮涨价中，也正是由于期货市场的作用，很多企业成功地规避了原材料价格上涨的风险。

提高国内大宗商品市场价格影响力

主持人：“提升重要大宗商品的价格影响力，更好服务和引领实体经济发展。”此轮大宗商品价格的上涨更凸显了这个课题的紧迫性，如何提高重要大宗商品的价格影响力？

郭丽岩：进入新发展阶段，我国需要更多依托国内统一大市场，形成真实反映市场供需的价格信号，谋求与自身经济水平相称的价格影响力，以更好地促进经济循环流转和产业关联畅通，支撑实现更加强劲更可持续的高质量发展。

为此，需要持续完善国内大宗商品产业链建设，提升国内市场供应链韧性和抗冲击能力，积极有效应对各类市场风险。同时，推动更多“中国价格”发挥信号作用，引导和鼓励我国实体企业在国际贸易谈判和结算过程中主动使用“中国价格”，更好反映国内市场供求关系，使国际大宗商品价格波动加快回归经济基本面。

许英明：要建设国际大宗商品定价中心，提高战略性矿产资源供应链安全。加快建设大宗商品期货期权市场，在充分发挥和拓展原油、铁矿石、铜铝、大豆等期货品种作用的同时，继续推进铁矿石人民币跨境结算，并推出其他以人民币标价和结算的大宗商品期货，逐步争取部分大宗商品定价权。同时，建立大宗商品战略储备，针对对外依存度高、供应链可能“卡脖子”的战略性矿产资源，借鉴石油储备经验，加快建立战略储备。

要严格落实外商投资法，营造国际化、市场化、法治化营商环境，依托国内商品期货和现货交易市场，招引国际重点企业参与国内期货和现货市场建设，加快建设重点大宗商品基准交割地和实物交割仓库，结合国内自贸试验区建设，有序推进期货市场对外开放，不断扩大期货特定品种范围，提高重点大宗商品供应安全性。

要拓宽大宗商品多元化供应渠道，增强大宗商品供应链韧性。稳妥有序推进“一带一路”大宗商品合作项目。加强与国际大宗商品主要供应国、供应商对接，增强大宗商品供应链韧性。

管涛：我国是全球最大的原材料进口国，但是主要大宗商品均以美元计价。未来要建设国际金融资产交易平台，提高我国在大宗商品市场的全球定价影响力，有序推进以人民币计价的大宗商品交易。监管部门要积极创造条件，推动期货市场高质量发展，更好服务实体经济。要积极拓展期货品种服务实体经济的深度，鼓励期货经营机构壮大资本实力，为实体企业提供大宗商品现货供应、风险管理等综合性服务，提升跨境服务能力和对全球资源的掌控能力。实体企业也应该基于风险中性原则，运用期货交易工具管理大宗商品价格波动的风险。

董浩：在一些国外供给占主导的大宗商品上，建议主动调整供应布局，避免某些关键原材料受到单一企业或国家的制约。此外，还要鼓励国内相关行业的整合，提高集中度，从而在与上游的谈判中，占据主动。（本文由本报记者祝惠春、冯其予、熊丽整理）

原载 2021 年 5 月 27 日《经济日报》

现代物流体系建什么

本期嘉宾

中国社会科学评价研究院院长、中国物流学会副会长　荆林波

北京物资学院物流学院院长　姜旭

中采咨询公司首席经济学家　于颖

中国仓储与配送协会专家委员会副主任　张芸

主持人

经济日报社编委、中国经济趋势研究院院长　孙世芳

6 智库 2021年6月15日 星期二 经济日报

现代物流体系建什么

流通体系在国民经济中发挥着基础性作用。"十四五"规划和2035年远景目标纲要中有13处提到"供应链"、15处提到"流通"、20处提到"物流"，建设现代物流体系目标明确、意义重大。一段时间以来，由于新冠肺炎疫情影响和复杂国际形势挑战，现代物流体系建设、产业链供应链自主安全可控问题的解决变得更加迫切。本期，经济日报社中国经济趋势研究院聚焦规划纲要中部署的重点任务，邀请4位专家就如何推动现代物流体系建设科学布局进行深入探讨。

智库圆桌（第十一期）

本期嘉宾

中国社会科学评价研究院院长、中国物流学会副会长	荆林波
北京物资学院物流学院院长	姜　旭
中采咨询公司首席经济学家	于　颖
中国仓储与配送协会专家委员会副主任	张　芸

主持人

经济日报社编委、中国经济趋势研究院院长	孙世芳

补齐物流行业基础建设短板

主持人：当前我国物流行业发展存在哪些问题？如何进一步完善物流基础设施和体系建设？

畅通城乡和国内国际市场物流通道

主持人：建设现代物流体系是构建双循环新格局的重要抓手。如何统筹城乡物流发展？如何优化国际物流通道？

1月至4月全国物流业同比增长

总额	总收入	工业品物流总额	进口物流总额	单位与居民物品物流总额
20%	34.3%	20.3%	6.5%	22.6%

以智慧物流推动价值链提升

主持人：如何抓住数字化机遇培育智慧物流？

5月份，中国物流业
景气指数为55.8%
较上月回落1.5个百分点
- 物流业务量和订单量增速放缓
- 固定资产投资完成情况较好
- 物流行业从业人员就业稳定
- 业务活动预期保持较高水平

数据来源：中国物流与采购联合会

物流与产业融合促进供应链协同

主持人：如何通过现代化物流建设推进形成具有更强创新力、更高附加值、更安全可靠的产业供应链？

流通体系在国民经济中发挥着基础性作用。“十四五”规划和2035年远景目标纲要中有13处提到“供应链”、15处提到“流通”、20处提到“物流”，建设现代物流体系目标明确、意义重大。一段时间以来，由于新冠疫情影响和复杂国际形势挑战，现代物流体系建设、产业链供应链自主安全可控问题的解决变得更加迫切。本期，经济日报社中国经济趋势研究院聚焦规划纲要中部署的重点任务，邀请4位专家就如何推动现代物流体系建设科学布局进行深入探讨。

补齐物流行业基础建设短板

主持人：当前我国物流行业发展存在哪些问题？如何进一步完善物流基础设施和体系建设？

于颖：我们在过去几年中创立和跟踪PMI质量指标体系，分析我国经济质量指标发现，PMI物流效率指标相对落后，大概相当于美国20世纪70年代水平，这说明物流效率已经一定程度上成为经济发展的短板。建议加强政策对物流行业的扶持力度，尤其是对薄弱环节基础建设、相关服务配套产业的支持。

一是规范管理，降低物流成本。目前，我国航空、铁路实施集中管理，成本相对可控，道路运输的管理较弱，需要提质增效。建议加大土地供应、降低园区成本；加大简政放权力度，完善收费管理和监督执法，落实减税降费等。

二是促进乡村物流基层化。乡村物流基础设施建设是打通城乡链条的重要环节，建议财政投放向乡村物流基础设施方向倾斜，加强土地和资金保障。

三是加强道路园区环网建设。道路流量的研究管理是提升效率的抓手。城市圈内，应加强环网设计与道路流量研究；城市圈外，应侧重分层级的物流园区建设。

张芸：我国物流发展方式相对低端粗放，物流企业“小、散、弱”格局没有根本改变，组织化水平和信息化程度较低，物流资源利用率不高，产业链亟须向深度拓展。

做好物流空间发展布局规划是发展现代物流的重要内容。合理的空间布局和功能定位可以避免重复建设，优化资源配置，有利于规范城市功能，降低社会物流成本，提高社会物流效率和区域物流竞争力。

要培育具有国际竞争力和区域竞争力的骨干物流企业，形成规模较大的物流集团企业，特色领域精专的行业标杆物流企业，产业纵深度高的品牌物流企业，增强全产业链供应链的物流综合服务能力。

要注重创建品牌。鼓励现有物流企业并购、联合与战略重组，提高行业集中度和核心竞争力。支持符合条件的企业充分利用资本市场完善法人治理结构，通过境内外上市、“新三板”挂牌、股权交易市场挂牌等方式拓宽融资渠道，加快推动传统物流企业向综合物流服务供应商转型。通过功能整合与延伸服务，培育一批具有较大业务规模和国际竞争力的现代化物流企业。

姜旭：物流业从支撑国民经济发展的基础性、战略性、先导性产业，将转变成为推动国民经济高质量发展的连接性（虚拟与现实）、替代性（无人与人工）、创造性（新业态与新服务）的赋能效应产业，成为供给侧结构性改革的重要抓手，也成为“一带一路”建设和形成全面开放新格局的重要载体。

与过去相比，企业竞争力发生了大变化。只依靠利润最大化的市场战略，已经不适应当前情况。实现物流服务与企业社会责任、企业社会使命的统一，需在重视利润的基础上，推进企业可持续发展，建立“安全、安心、环境友好”物流系统。

完善“多层”物流综合基础设施网络。通过构建交通及物流基础设施、通信及信息基础设施、互联互通基础设施、城市停车卸货系统、物流内外连接系统等多层构造，实现物流效应的整体优化，提升现代物流服务实体经济能力。

形成物流“六通”模式。通过高效解决“最先一公里”“中间多公里”“最后一公里”无缝对接问题，形成“通运”“通配”“通存”“通包”“通付”“通服”等共享模式，是物流高质量发展的必要保证。

构建应急物流体系。新冠疫情等突发事件存在时间的紧急性、信息的不确定性、物流的非标准性、救灾的弱经济性等特点，为了更好应对，应当在政府主导下构建“业务持续管理”的应急物流体系，确保突发事件前、中、后各个时期、各类业务能快速与持续恢复，保障救灾物资、供需信息、物流资源和专业人员的有效供应。

荆林波：建设现代物流体系应当立足当下。要客观分析我国所处的经济发展阶段，理清思路，树立科学的现代物流体系发展目标。第一，提升物流的效率，尽力做到“物尽其流”，打破地区间的保护主义。比如，要深化关键环节改革，降低物流制度成本；完善证照和许可办理程序，加快运输领域资质证照电子化。第二，补齐物流基础设施中的短板。比如，布局建设一批国家骨干冷链物流基地，提高我国生鲜的冷链配送能力；畅通城乡之间的物流衔接，破除多式联运“中梗阻”，降低物流联运成本。第三，夯实我国物流产业的标准化体系，避免政出多门。比如，完善物流标准规范体系，推广应用符合国家标准的货运车辆、内河船舶船型、标准化托盘和包装基础模数。

物流与产业融合促进供应链协同

主持人：如何通过现代化物流建设推进形成具有更强创新力、更高附加值、更安全可靠的产业供应链？

张芸：物流业“一头连着生产，一头连着消费”，成为现代经济社会发展中不可缺少的中间链条。要重视供应链物流的顶层设计，分行业做好不同产业链供应链物流服务的战略规划，有重点地推进物流业发展。

第一，加强物流与产业融合。加强生产服务型物流园区建设、交通基础设施建设和信息化平台建设。鼓励物流、邮政快递企业以资本合作、项目合作、战略合作为纽带，推动物流业主动融入产业并向上下游延伸，从传统物流外包向加工配送、代理采购、融资监管等新兴服务领域渗透。鼓励物流业嵌入制造业采购、生产、仓储、分销、配送等环节，为制造企业提供高效快捷的物流服务，降低制造企业成本，提升区域制造企业竞争力，支撑制造业高质量集群化发展。

鼓励优势产业、龙头企业发展内部供应链，释放物流需求，支持制造企业分离物流业务，创新物流管理流程。鼓励物流企业为制造企业量身定制供应链管理库存、线边物流、供应链一体化服务等物流解决方案，有效解决物流供需结构性矛盾，促进制造业与物流业联动发展。

支持物流企业积极与高等学校、科研院所和金融机构、科技公司等深度开展产学研合作，加强人才建设、服务产品研发、供应链服务平台搭建，开展一站式、一体化增值服务。在电商物流、商贸物流、冷链物流、大宗物流、多式联运物流、国际物流等细分物流领域整合上下游资源，实现信息互联互通，提高物流服务效率，助推产业高质量发展。

第二，重视国际物流标准化的推广和应用。支持生产制造和加工企业按国家和行业标准采用标准托盘、标准周转箱（框）等包装器具开展标准化包装、集装工作。支持物流企业推广物流作业器具、作业流程、服务过程标准化工作，鼓励探索实施单元化物流服务，带动物流供应链上下游全流程标准化、单元化，减少货损货差、提高作业效率和体验度，降低物流成本。支持企业和科研机构围绕单元化物流和标准化操作流程研发物流装具，制定物流业标准并推广实施。

姜旭： 推进三产融合。以物流服务为核心，建立“线上+线下”“产前+产中+产后”“第一产业+第二产业+第三产业”“规模经济+范围经济+多元经济+平台经济”相结合的产品体系。对产前种子和饲料等生产资料的供应环节，产中种植养殖业的生产环节，产后分级包装、分拣加工、检验检疫、仓储运输的流通环节进行一体化发展，统一种植养殖、统一加工销售、统一创造品牌，建立三产融合发展模式，促进供应链协同。

形成“供应链集群”。通过供应链物流相关活动在空间上要素集中，同时以创新、协同、共赢、开放、绿色为特征，以客户需求为导向，以提高质量和效率为目标，以整合供应链资源为手段，形成产品设计、采购、生产、销售、流通、消费、回收、服务等全过程高效协同“供应链集群”，可实现上下游企业合作共赢，并产生赋能和增值效应，最终带动相关产业发展。

畅通城乡和国内国际市场物流通道

主持人： 建设现代物流体系是构建双循环新格局的重要抓手。如何统筹城乡物流发展？如何优化国际物流通道？

荆林波： 加快建设现代物流体系既要培育国际视野也要坚持本土化运营。

一方面，从国内国际双循环的角度，进行全球化战略布局。不仅要从全球化角度进行思考，也要针对一些局部逆全球化现象做好应对之策。随着全球新冠疫情防控的常态化，更需要我们密切关注国际政治、经济、文化、军事等动态，顺势而为，因势利导。

另一方面，从国内大循环的角度，把供给侧改革和需求侧管理有机结合，构建以顾客为导向的供应链服务体系，尤其是面对企业的供应链服务体系与面对终端消费者的供应链服务体系。2020 年我国快递业务量超过 800 亿件，未来，在直播带货、社区团购等新购物模式带动下，门到门的服务效率将会大幅提升。

张芸：建设现代物流体系是构建双循环新格局的重要抓手。

一方面，要重视畅通国际物流通道。完善口岸功能，建设跨境贸易服务平台，引培国际贸易机构和具有全球采购、全球配送能力的国际供应链服务商。在国际贸易对象国设立国际贸易和国际物流办事处或服务机构，推动国际贸易双向互采，丰富国际班列和航空物流的双向货源，确保国际物流正常化运营。加快推进口岸开放，实现港口功能延伸。加强口岸国际合作，推进与“一带一路”共建国家在海关、检验检疫、边检、认证认可、标准计量等方面的国际合作，试点建立双边海关与检验检疫的国际合作平台，开展联合监管、标准互认、风险管理、联合执法、信息交换、能力建设等宽领域、多层次的国际合作。

另一方面，随着消费结构升级加快，新发展格局积极推进，内循环的作用和地位逐渐放大。要按照“大项目、产业链、产业集群”

的发展思路，构建多式联运物流体系、制造业物流体系、商贸物流体系、农产品物流体系，促进城乡物流协同联动。

一是构建城乡物流配送网络。实施城乡高效配送专项行动，鼓励企业在城乡和具备条件的村建立物流配送网点，加强公用型城市配送节点和社区配送设施建设，将末端配送设施纳入社区统一管理，推进设施共享共用，加快构建城乡双向畅通的物流配送网络。

二是提高城乡物流配送效率。建设县乡村配送网点，加快农村快递物流服务站建设，提升村级快递网点覆盖率。深入开展电子商务进农村综合示范，提升农村物流服务质量和效率。规范完善电商平台的城乡电商物流网点，解决好物流配送“最后一公里”的问题。

三是规范农产品冷链物流体系。以先进制冷工艺提升改造冷链设施，规划建设新型冷链物流园区，聚焦农产品流通“最先一公里”，加强农产品产地冷链物流体系建设，鼓励企业利用产地现有常温仓储设施改造或就近新建产后预冷、贮藏保鲜、分级包装等冷链物流基础设施，开展分拣、包装等流通加工业务。以政府引导、企业参与方式构建冷链物流综合服务平台，实现冷链干、支、仓、配一体化、一站式服务，形成冷链物流服务合力，提高冷链物流综合服务能力和影响力。

于颖：我国物流与国际接轨，目前服务链条中存在多处服务水平较低的问题，可以进行“追赶式”学习与发展。放眼全球物流企业，其信息化管理、法律与金融配套服务都更加完善，这与其信息化起步早、法律金融体系发达有很大关系。目前我国在多个开放口岸实行一站式服务，是有益的探索与尝试，可进一步开放物流贸易，同时引进国际先进配套服务体系，帮助我国物流业升级，提升国际化水平。

以智慧物流推动价值链提升

主持人：如何抓住数字化机遇培育智慧物流？

荆林波：技术变革日新月异，智慧物流乃至智慧供应链成为新的竞争热点。线上线下融合发展，无人技术、大数据决策体系广泛应用，人工智能嵌入，云计算叠加，连接人、车、货、场的物流互联网正在加速形成。物流企业应当抓住产业数字化的重要机遇。一方面，加强与资本市场的对接，运用好资本这个杠杆，发挥其撬动作用。另一方面，推动价值链提升，推动物流行业由中国制造向中国创造转型。从服务深度、广度挖掘价值，拓展供应链；从铸造品牌、凝聚品牌方面提升品牌价值。

张芸：发展智慧物流要坚持数字转型，平台运作。以现代信息技术为支撑，以增强物流服务的柔韧性和敏捷性为目标，构建物流大数据平台和供应链服务平台，实现物流产业链全流程数字化转型和产、供、运、销各环节信息互联互通，推动物流业高质量发展。

推动物联网、云计算、5G 网络、移动互联网等高新技术在物流领域的研发应用与深度融合，鼓励物流企业积极应用无人仓、无人港、无人机、无人驾驶、物流机器人等领先技术，提升物流数字化、网络化、可视化的智能化水平。支持物流园区和大型仓储设施等应用物联网技术，实现一站式、一体化运营，鼓励货运车辆加装智能设备，推进新兴技术和智能化设备应用，提高仓储、运输、分拣配送等物流环节的自动化、智慧化水平。

坚持科技支撑，创新驱动。利用现代科技进步成果和信息技术，改造提升物流产业，创新运行机制和业态模式，健全质量标准体系，推进物流业向标准化、智慧化、集约化发展，增强物流业发展活力。

推进区域物流大数据中心建设。加快推进物流行业数据采集、加工、存储、分析、开发、应用等各项进程，运用大数据创新成果，科学指导物流行业智慧化发展。遴选部分物流园区和企业先行先试，重点建设智慧园区、智慧企业、智慧仓库等，及时总结经验，挖掘典型，进行复制推广。

加大软硬件等方面创新力度。硬件方面，支持研究机构和物流企业加大5G技术、大数据、云计算、区块链技术、物联网技术、人工智能等新一代信息技术在物流领域的集成应用和创新，围绕物流过程的装卸搬运、仓储配送、包装分拣等环节研发新型物流技术装备，助力物流操作数字化、无人化、智能化。软件方面，加强物流信息管理系统的研发与推广，搭建物流云平台，鼓励物流企业“上云”，提升物流供应链的系统化、网络化水平和敏捷性。体制机制方面，建议整合“政产学研金服用”各方资源成立现代物流研究院或创新创业共同体，积极开展模式创新和业态创新，发展供应链金融、智慧物流、第四方物流、网络货运平台等，提高物流组织化水平。

合理构建物流金融信用体系。构建物流行业信用管理体系，建设物流业信用信息平台，建立企业和从业人员的电子信用档案。建立动态管理、适时调整的信用评价指标体系，定期开展信用评定，加强信用信息公开，构建守信激励和失信惩戒机制，完善与工商、海关等部门的联合惩戒机制。创新物流金融模式，深化金融机构与诚信物流企业的合作，优化物流金融服务，拓展物流企业融资渠道。加大对诚信客户的信贷支持力度。鼓励金融机构开发和推广针对物流企业应收款、应收票据保理、动产质押信贷业务，创新仓单质押、仓储保兑、开证监管等物流金融新模式，盘活物流企业存货资产，实现资本优化配置。成立以物流为特色的银行、保险公司、担保公司等金融平台，打造“以物流运作为基础，资金融通服务为保障”的特色物流金融服务模式，帮助物流企业提升一体化服务水平，扩大业务规模，提高竞争力。

于颖：智慧物流是一项整体工程，与整个社会的信息化密不可分。人民币数字化对智慧物流是重要推手。目前，我国网络科技在一定程度上领先全球，智慧物流最重要的是互联互通，打通行业、产品、地域、企业信用之间的人为阻隔。同时，配套的金融服务较为短缺也是关键问题。

原载 2021 年 6 月 15 日《经济日报》

实现“双碳”目标如何挑战中抓机遇

本期嘉宾

中国社科院学部委员、北京工业大学生态文明研究院院长　潘家华

中国社科院生态文明研究所所长　张永生

国家应对气候变化战略研究和国际合作中心主任　徐华清

中国气象局国家气候中心副主任　巢清尘

主持人

经济日报社编委、中国经济趋势研究院院长　孙世芳

6 智库 2021年6月24日 星期四 经济日报

智库圆桌(第十二期)

应对气候变化，保护全球气候，是为了人类的共同未来。在第七十五届联合国大会一般性辩论上，中国首次明确实现碳中和的时间点。"十四五"规划和2035年远景目标纲要提出，落实2030年应对气候变化国家自主贡献目标，制定2030年前碳排放达峰行动方案，将做好碳达峰、碳中和工作列为重点任务之一。实现碳达峰，迈向碳中和，将带来哪些挑战和机遇？当下，应对挑战和机遇，需要有怎样的思路和举措？四位专家进行深入探讨。

实现"双碳"目标如何挑战中抓机遇

本期嘉宾

潘家华 中国社科院学部委员、北京工业大学生态文明研究院院长

张永生 中国社科院生态文明研究所所长

徐华清 国家应对气候变化战略研究和国际合作中心主任

巢清尘 中国气象局国家气候中心副主任

主持人

孙世芳 经济日报社编委、中国经济趋势研究院院长

实现碳中和，建设美丽平安中国

主持人：除直接的化石燃料燃烧，我国电力大部分来自燃煤电厂，少部分来自风能、太阳能等非化石能源，而工业生产、建筑、交通等也是碳排放的集中来源。我国实现2030年碳达峰、2060年碳中和的国际承诺，基本思路和主要举措有哪些？

潘家华：2020年，我国一次能源消费总量的85%为高碳化石能源，超过2/3的电力源自高碳的燃煤。工农业生产、交通建筑和居民生活约耗能50亿吨标煤，排放100亿吨二氧化碳。实现"双碳"目标，践国际承诺，必须行出必行。

……

减煤去碳之后，如何保障经济增长

主持人：实现碳中和的关键，在于使占85%碳排放的化石能源实现向清洁能源的转变。受冲击较大的特定行业、地区和群体，如何应对碳达峰要求？

……

零碳转型，催生新一代绿色产业

主持人：实现"双碳"目标将给哪些行业带来发展机遇？全国碳排放权交易市场正式启动后，减煤去碳如何兼顾减排效率和发展公平？

徐华清：实现碳达峰、碳中和必须强化国家战略科技力量，抓紧部署低碳前沿技术研究，加快推广应用减污降碳技术，建立完善绿色低碳技术评估、交易体系和科技创新服务平台。

……

2021年4月

国家发改委《有色金属行业碳达峰实施方案》征求意见

初步提出：2025年有色金属行业率先碳达峰，2040年减碳40%

2021年1月

中国人民银行工作会议明确"落实碳达峰、碳中和"是仅次于货币、信贷政策的第三大工作

2021年1月

全国生态环境保护工作会议强调，加快推进全国碳排放权交易市场建设，深化低碳省市试点，强化地方应对气候变化能力建设，研究编制《国家适应气候变化战略2035》

2020年12月

国务院新闻办公室发布《新时代的中国能源发展》白皮书并举行发布会

未来要加大煤炭的清洁化开发利用，大力提升油气勘探开发力度，加快天然气产供储销体系建设，要加快非化石能源开发利用，要推动能源数字化和智能化发展

2020年12月

中央经济工作会议将做好碳达峰、碳中和工作作为2021年八大重点任务之一，要求抓紧制定2030年前碳排放达峰行动方案，支持有条件的地方率先达峰

2020年9月

在第75届联合国大会上，中国承诺力争二氧化碳排放2030年前达到峰值、2060年前实现碳中和

应对气候变化，保护全球气候，是为了人类的共同未来。在第七十五届联合国大会一般性辩论上，中国首次明确实现碳中和的时间点。“十四五”规划和2035年远景目标纲要提出，落实2030年应对气候变化国家自主贡献目标，制定2030年前碳排放达峰行动方案，将做好碳达峰、碳中和工作列为重点任务之一。实现碳达峰，迈向碳中和，将带来哪些挑战和机遇？当下，应对挑战和机遇，需要有怎样的思路和举措？四位专家进行深入探讨。

实现碳中和，建设美丽平安中国

主持人：除直接的化石燃料燃烧外，我国电力大部分来自燃煤电厂，少部分来自风能、太阳能等非化石能源，而工业生产、建筑、交通等也是碳排放的集中来源。我国实现2030年前碳达峰、2060年前碳中和的国际承诺，基本思路和主要举措有哪些？

潘家华：2020年，我国一次能源消费总量的85%为富碳化石能源，超过2/3的电力源自高碳的燃煤，工农业生产、交通建筑和居民生活约耗能50亿吨标煤、排放100亿吨二氧化碳。实现“双碳”目标，是国际承诺，必须言出必行。

迈向碳中和，需要分两步走。一是提前达峰，以2005年为基数，到2030年，单位GDP碳排放下降65%以上，非化石能源在一次能源占比达到25%左右，风电光伏装机12亿千瓦以上，森林蓄积量增加60亿立方米；二是全方位发力，加速减碳，2060年前实现碳中和。全方位发力，必须聚焦碳排放中占比超过 90% 的化石能源，而重中之重又是高碳的煤炭和石油。全球能源消费总量中，煤炭只占 1/4，我国却高达 3/5。我国不仅要加速去煤，让零碳电能取代煤炭，去油也要提上日程，让零碳电能替代燃油。天然气虽然相对低碳，但仍然富碳，也可用零碳电力替代。2005 年到 2030 年这 25 年间中国要净增 60 亿立方米森林蓄积量，年均 2.4 亿立方米，吸收固定大气二氧化碳，形成森林碳汇。由于地域空间所限和生物生长衰亡的生命属性，规模和数量都较为有限。绿色植物不仅是碳汇，也是碳源，但排放的碳源自大气，是气候中性碳。也正是因为这样，光合作用固定的碳水化合物可以直接燃烧发电，可用木炭取代煤炭，可制成生物乙醇替代燃油，可用生物质气化替代天然气。

张永生：碳达峰、碳中和是两个不同的概念，对转变生产方式和生活方式也有不同要求。碳达峰是在传统工业化模式下经济发展过程中通常会出现的一个自然结果。实现碳中和，则意味着现有经济运行的基础将发生根本性改变，需要生产方式和生活方式的根本转型，是一场自我革命。

第一，碳中和战略方向是“低碳经济 + 低中和”。应从现在开始就采取碳中和措施，然后重点再转移到碳中和，而且碳达峰应争取做到早达峰、低峰值。第二，抓住碳中和的战略机遇窗口期，避免锁定在高碳路径后减排。同时，应将碳中和同其他生态环境问题统筹考虑，避免减排影响其他生态环境问题。第三，为有效实现全国碳中和目标，应以整个国家范围为实现单位，而非要求每个小的地区单元都实现碳中和。这就需要引入灵活的碳中和实现机制，以实现效率最大化。第四，加大措施抵消对碳中和的冲击。对受碳中和冲击较大的特定行业、地区和群体，应采取针对性扶持政策。尤其是对受冲击较大的煤炭和石油资源富集地区、重化工业的转型，应出台系统的经济社会转型扶持政策。

巢清尘：为积极应对气候变化，我国提出碳达峰、碳中和目标，这是基于科学论证的国家战略需求，基于统筹国际国内两个大局的战略考量。碳达峰是具体的近期目标，碳中和是中长期的愿景目标，二者相辅相成。尽早实现碳达峰，努力“削峰”，可以为后续碳中和目标留下更大的空间和灵活性。如果说碳达峰需要在现有政策基础上再加把劲，那么实现碳中和目标，则需要社会经济体系的全面深刻转型。

碳达峰、碳中和都是围绕减少碳的排放，似乎减排是重中之重。实际上“美丽中国、平安中国”建设，必须要减排和适应并重，要提升气候韧性，促进人与自然和谐共生、经济社会可持续发展。气候系统中一些更为敏感的要素一旦突破某些阈值或临界点，则会发生快速变化，带来不可逆转的影响。如大西洋经向翻转环流（AMOC）显著减缓或崩溃、冰盖崩塌、北极多年冻土融化以及相关的碳释放、海底甲烷水合物释放、季风和厄尔尼诺与南方涛动的天气形势变化以及热带森林枯死等，将会给地球气候环境带来灾难性后果，直接威胁社会经济发展和人类福祉安康。因此，加强气候变化适应、构建气候韧性社会是实现碳中和必不可少的途径。

徐华清：实现碳达峰、碳中和是一场广泛而深刻的经济社会系统性变革，需要坚持全国统筹，强化顶层设计，发挥制度优势，根据各地实际分类施策。

必须坚定不移贯彻新发展理念，坚持系统观念，统筹国际国内两个大局，处理好发展和减排、整体和局部、短期和中长期的关系。聚焦碳达峰、碳中和两大目标，特别是2030年前和2060年前这两个“前”字，既体现了很强的国家战略意图和政策导向，也反映了战略决策对不确定性和科学的尊重。必须发挥有条件地区、重点行业、重点企业三大主体率先达峰带动作用。我国东西部之间的差距是客观存在的，只有江苏、浙江等东部沿海发达地区率先实现碳达峰才有可能为中西部欠发达地区腾出排放空间；只有钢铁、建材等高耗能、高排放行业率先达峰，才有可能为新经济、新技术发展腾出排放空间；只有央企率先示范，才有可能带动民企更有作为。只有保持生态文明建设战略定力，有力有序推进碳达峰、碳中和工作，才能尽快形成人与自然和谐共生的现代化。

减煤去碳之后，如何保障经济增长

主持人：实现碳中和的关键，在于使占85%碳排放的化石能源实现向清洁能源的转变。受冲击较大的特定行业、地区和群体，如何应对碳达峰要求？

巢清尘：全面科学理解碳达峰、碳中和问题，才能真正走绿色低碳发展之路。根据相关研究，目前陆地和海洋大约吸收了全球一半的碳排放，是否全球减排一半就可以实现碳中和？答案是否定的。因为碳中和是指人为二氧化碳排放量与人为二氧化碳清除量达到平衡，即只有通过植树造林、森林管理等人为活动增加的碳汇可以算为碳汇，不包括自然碳汇，也不是碳汇的存量。海洋吸收二氧化碳造成海洋不断酸化，对海洋生态系统造成不利影响。陆地生态系统自然吸收的二氧化碳是碳中性的，并非永久碳汇。煤炭行业是碳排放最大的来源，而我国又是世界最大的煤炭生产国和消费国。因此，碳中和目标下，煤炭行业的绿色低碳转型尤为关键。

徐华清：碳达峰、碳中和绝不是轻轻松松就能实现的，需要一场自我革命，推动工业革命、能源革命、技术革命和消费革命四大革命实现突破。当前我国仍面临经济发展方式比较粗放、以煤为主的能源结构仍难以在短时间内根本改变、技术创新能力不适应绿色低碳发展要求等困难。“十四五”是碳达峰的关键期、窗口期，难点在于如何严控内蒙古、山西等地区的煤电和煤化工项目，严控煤炭消费增长，将不符合要求的高耗能、高排放项目坚决拿下来，避免高碳锁定和沉没资本，使发展真正建立在高效利用资源、严格保护生态环境、有效控制温室气体排放的基础上，推动绿色低碳发展迈上新台阶。

张永生：碳达峰、碳中和对全国来说是一个战略机遇。但是，这个过程会非常艰难，尤其对一些特定地区、行业和群体而言。如山西、内蒙古等化石能源大省（区），可能会经历更大的阵痛。因此，要树立全国一盘棋思想，采取针对性措施，对这些地区、行业和群体进行重点帮扶。同时，也要看到这些地区面临的巨大机遇。比如，这些传统化石能源大省，其风能、光能等新能源禀赋，生态环境和文化资源非常丰富，加上互联网和高速铁路等条件，发展新的绿色经济有很大优势。转变发展思路，就会看到不一样的发展机会，还可通过生态服务补偿、碳汇等机制，将“绿水青山”转化成“金山银山”。

潘家华：由于碳中和的终点刚性，只有压低峰值，净零碳才可能平稳着陆。之所以说碳中和要付出艰巨努力，是因为发达国家是自然碳达峰，用 50 年或更长时间达到碳中和。我国由于发展阶段使然，碳达峰要人为压峰降峰，从达峰到中和，时间只有发达国家的一半。

实现碳达峰也需付出艰巨努力。表现为一是要加速去煤，尽早使煤炭消费归零。欧洲一些国家在 2025 年前去煤，煤电大国德国也将去煤时间从 2038 年提前到 2030 年。我国即使每年煤炭占比减少 2 个百分点，也要 30 年。二是“十三五”时期规划建设的大量煤电、煤化工、石油探采、炼化等项目多数在建，而且很多地方将其作为强力拉动经济的增长点，在碳达峰约束下，即使按规划建设运行，在碳中和目标下，也需要提前“退役”。但是，凤凰涅槃更有柳暗花明处。高度资本密集的煤电煤化工，投资巨大，但就业岗位少、产业链条短、污染排放多、运行成本高，即使有利润，惠及劳动者也很有限。试想，数以十亿计、百亿计的资金，如果投向无限风（电）

光（电）、生物质能（电、气、炭、乙醇），所获取的能源服务和产品，比化石能源更清洁、更多元、更便捷，而且产业、产品链条长，就业数量多，区域均衡度高。同时将拉动需求侧，如纯电动汽车、储能设备、地源热泵供暖的投资、就业、增长，高质量发展的动能，显然更为强劲。

“双碳”约束，部分地区如山西、内蒙古等煤炭资源省（自治区），痛点会更多些，弯要转得更急些。传统路子走不通了，煤炭经济惯性带来的急刹车风险不容忽视。对于这些省区，达峰不是难点，因为其他地区达峰减煤，煤炭市场萎缩，本地煤炭新增投资的空间也必然压缩。难点在于去煤后，如何保障经济增长和社会福祉的增进。中东石油输出国沙特，2015 年后就开始大幅推进光伏发电经济。我国中西部的化石能源资源大省，要尽快跳出传统工业化思维，逐渐摆脱对化石能源的依赖，加快发展方式转型。例如，内蒙古 118.3 万平方公里，地域广袤，光伏 0.1 元一度电，比火电更便宜且无污染，发展氢能和其他储能产业，光伏转换太阳辐射能，能够减少地表蒸发、改善生态、扩充牧场，促进投资、就业、增长，实现永续发展。不仅如此，利用廉价巨量风光能，吸引高耗能高占地高风险的重化工企业落户，在促进区域协同发展的同时，也将释放东部有限土地空间。又如山西，自然条件更优，钢铁机械制造等就地转向零碳能源，发展储能、新能源汽车、新材料、生物能源和生物技术产业，走向碳中和，多举共赢，可持续增长，潜力无限。

零碳转型，催生新一代绿色产业

主持人： 实现“双碳”目标将给哪些行业带来发展机遇？全国碳排放权交易市场正式启动后，减煤去碳如何兼顾减排效率和发展公平？

徐华清： 实现碳达峰、碳中和必须强化国家战略科技力量，抓紧部署低碳前沿技术研究，加快推广应用减污降碳技术，建立完善绿色低碳技术评估、交易体系和科技创新服务平台。

依托低排放技术创新推动绿色低碳的作用，以先进核能和可再生能源为代表的非化石能源利用技术作为能源技术革命突破点，工业、建筑、交通等领域终端能源利用电气化技术、电力深度脱碳技术、生物质制氢造气发电技术等将得到规模应用，CO_2 捕集、固定与利用（CCUS）、空气捕碳技术、矿物碳化技术、地球化学技术等碳移除方式可作为有效补充。依托新型低排放基础设施的规模化建设和智慧互联，以新能源汽车充电桩、电气化高速铁路、特高压直流输电、智能电网、分布式可再生能源发电、先进储能、氢能炼钢、绿氢化工、零碳建筑为主的新型低排放基础设施建设将成为未来重要投资方向。依托以创新驱动和绿色零碳为导向的产业和经济体系的建立，以数字化和绿色化的“双轮驱动”推动新一代信息技术和先进低碳技术的深度融合，特别是新材料、新能源汽车、先进轨道交通装备、非化石电力装备、电子及信息产业、生物技术等绿色制造业将得到快速发展，在数字经济、清洁能源、智慧城市等高科技、高效益和低排放领域培育新的增长动能，加快推动构建高质量的现代化经济体系。

巢清尘：一般而言，实现二氧化碳大幅度下降主要有四个途径：一是通过节能和提高能效，降低能源消费总量，特别是降低化石能源消费；二是利用非化石能源替代化石能源；三是利用新技术将二氧化碳捕获、利用或封存到地下；四是通过植树造林增加碳汇。我国全面快速推进绿色低碳转型，需要所有部门加大一次能源清洁供应和利用，特别是实现电力和能源脱碳化甚至负碳化。工业部门要持续推进节能、提高能效，应用电气化、氢能和负排放技术；交通运输部门需要采用各种低碳运输技术，优化能源燃料体系。在此背景下，传统的用能技术、设备和工艺都将发生颠覆式变革，各种绿色高效技术、能源供需侧智慧化互动技术以及新兴产业将成为发展方向，迎来发展机遇。

同时，碳中和愿景将成为我国区域绿色低碳协同发展的动力，不同地区可以充分利用区域能源结构和资源禀赋不平衡的特点，因地制宜，发挥优势。还将带动乡村振兴和富裕发展，比如依托乡村丰富的生物质资源，构建农村清洁能源体系。在城镇环境基础设施建设升级过程中，推行绿色节能建筑，破解高碳基础设施长期锁定效应。在生活方面，推进生活垃圾资源化利用、环保产业发展与污染治理等，既能绿色低碳，又能加强人居环境整治。而在这一系列改变的背后，大量绿色建筑、绿色生产、绿色服务等产业行业将迎来蓬勃发展的历史机遇。

潘家华：在计划经济条件下，化石能源资源大省服务全国，地方获取的利益较为有限，没有筹集自我转型的资金和技术。因而，迈向碳中和的零碳转型，化石能源资源大省受到的冲击和压力，也应该比其他地区更大一些。2013年以来，北京、上海、天津、重庆等8省市开展碳交易试点，全国碳排放权交易市场今年6月正式启动。作为推进碳达峰、碳中和目标实现的重要抓手，在制定碳排放配额总量确定与分配方案过程中，高碳资源大省由于地缘和市场环境因素，竞争力较弱，需要兼顾减排效率和发展公平。西部煤炭资源省份，高碳能源占比高，零碳能源发展有空间但缺资金短技术少人才。即使给这些省份以较高的配额，也只能缓解减煤去煤的阵痛，远不能满足零碳转型的需求。况且，在碳中和导向下，碳市场规模将越来越小而最终归零。因而，依托碳交易筹集资金使曾经为国家经济社会发展作出巨大贡献和牺牲的高碳能源省区实现零碳转型，无疑是杯水车薪。

从效率视角看，征收碳税远比碳交易的交易成本低，汇集的资金不仅不会像碳交易那样散失，或为金融投机牟利，而且可以集中形成零碳转型基金，助推中西部地区的零碳转型进程。如果说华北区域大气环境联防联控是责任共担、成本分摊，零碳转型的区域协同则是多元共赢。例如，北京、天津难以在其市域范围内实现碳中和，可以在内蒙古合作共建千平方公里级别的风光电力基地，内蒙古出地，京津出资，利润分享，定向供电。北京、天津的一些高耗能高占地高排放高风险企业，也可以像北京首钢搬迁曹妃甸那样，实现区域协同共赢。因此，公平不是吃大户，而是寻求并提升效率，通过创新、绿色、协同，实现开放、共享，走向碳中和。

原载 2021 年 6 月 24 日《经济日报》

再识中国特色农业现代化路径选择

本期嘉宾

国家发展和改革委员会原党组成员、副主任　杜鹰

湖北省政协副主席、湖北大学商学院教授　王红玲

原农业部党组副书记、副部长　尹成杰

湖北省荆门市沙洋县委书记　刘克雄

主持人

经济日报社编委、中国经济趋势研究院院长　孙世芳

农业农村部农村经济研究中心原主任　宋洪远

6 智库 2021年7月4日 星期日 经济日报

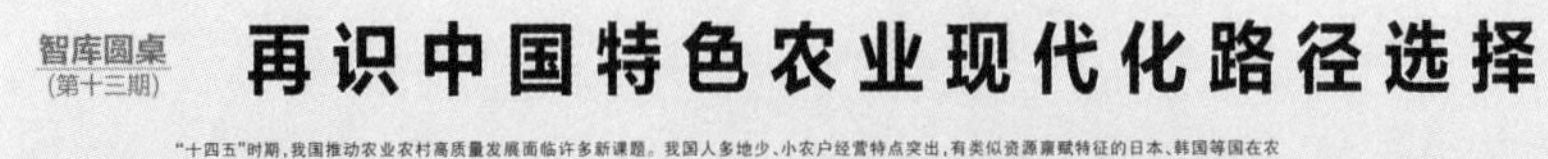

智库圆桌（第十三期）

再识中国特色农业现代化路径选择

“十四五”时期，我国推动农业农村高质量发展面临许多新课题。我国人多地少、小农户经营特点突出，有类似资源禀赋特征的日本、韩国等国在农业现代化进程中曾大幅降低食物自给率、发展高附加值农产品。在必须保障粮食自给率的情况下，如何走出一条中国特色的农业现代化道路？新冠肺炎疫情和地缘政治变化给全球粮食安全带来新挑战，如何应对？新时代乡村建设如何统筹高速发展与绿色转型？带着这些问题，我们邀请了专家和地方领导进行深入探讨，从不同角度为我们探寻实现乡村产业振兴的现实路径。

主持人：党中央明确提出到2035年乡村振兴要取得决定性进展、农业农村要实现现代化，在我国特定的国情、农情背景下，如何进一步深化认识我国实现农业现代化的路径选择和制度创新？

走中国特色农业现代化道路

杜鹰（国家发展和改革委员会原党组成员、副主任）：……

主持人：2020年新冠肺炎疫情对各国经济社会发展造成巨大冲击，加剧了世界粮食系统的脆弱性，也引发大家对于粮食安全的担忧。请问您对当下我国粮食安全和今后的粮食生产怎么看？

要把粮食生产摆在重要位置

尹成杰（原农业部党组副书记、副部长）：……

主持人：近年来，碳排放引发的全球气候变化引起了全社会的广泛关注。我国人均资源禀赋较差，生态环境脆弱，是易受气候变化不利影响的国家。农业是主要碳源之一，也是能够提供碳汇的部门，控制农业减排增汇对推动农业低碳发展，实现乡村振兴具有重要意义。您对推动农业农村碳减排有什么好建议？

开展农业农村碳减排大有可为

王红玲（湖北省政协副主席、湖北大学商学院教授）：……

农业科技支撑能力显著增强

我国已持续建设50个主要农产品现代农业产业技术体系，形成80多个农业科技创新联盟。

2020年，我国农业科技进步贡献率达到60%

农业产业高质量发展有路可循

刘克雄（湖北省荆门市沙洋县委书记）：……

农药和化肥利用率增长

2020年 水稻、小麦、玉米三大粮食作物

农药利用率达到40.6% 比2015年提高4个百分点

化肥利用率达到40.2% 比2015年提高5个百分点

数据来源：农业农村部

“十四五”时期，我国推动农业农村高质量发展面临许多新课题。我国人多地少、小农户经营特点突出，有类似资源禀赋特征的日本、韩国等国在农业现代化进程中曾大幅降低食物自给率、发展高附加值农产品。在必须保障粮食自给率的情况下，如何走出一条中国特色的农业现代化道路？新冠疫情和地缘政治变化给全球粮食安全带来新挑战，如何应对？新时代乡村建设如何统筹高速发展与绿色转型？带着这些问题，我们邀请了专家和地方领导进行深入探讨，从不同角度为我们探寻实现乡村产业振兴的现实路径。

走中国特色农业现代化道路

主持人：党中央明确提出到2035年乡村振兴要取得决定性进展，农业农村要实现现代化，在我国特定的国情、农情背景下，如何进一步深化认识我国实现农业现代化的路径选择和制度创新？

杜鹰：与发达国家相比，我国实现农业现代化有两个明显约束。

一是供给侧的组织结构。与日本、韩国等国类似，我国的农户属于典型的东亚小农户类型，有四个基本特点。小规模，目前全国2.2亿农户户均经营的土地规模只有0.5公顷，加上流转的土地，也仅有0.7公顷。半自给，我国很多农户不是为卖而生产，而是把家庭消费剩余的农产品在市场上出售。兼业化，2019年，农业收入占农户总收入比重的平均数是36%。非法人化，发达国家的农场主有法人资格，而我国的农户多是自然人，在市场竞争中处于劣势地位。

二是“人多地少水更少”的资源禀赋特征。人多地少，户均经营规模小，不利于生产的标准化和市场化。尽管面临多重约束，当前，我国农业领域也出现不少有利于现代化发展的阶段性变化。

农业的物质基础和装备条件显著改善。进入21世纪以来，国家加大对“三农”的投入。国家对重要农产品实行保护性收购政策，先后启动了新增千亿斤粮食生产能力、高标准农田、水库除险加固、动物疫情防治等重大农业工程。

在农业结构性矛盾倒逼和消费需求升级的拉动下，农业产业结构变革深入推进。一二三产业融合发展成为趋势，为农业注入新要素、新技术，农业出现新业态、新功能。

新型经营主体大量涌现，土地规模经营加速。截至2019年年底，我国承包耕地流转率达到36%，全国各类新型经营主体总计300多万户。实现土地的规模经营不仅靠土地的流转，还有托管，全国约有36.9万家社会化服务组织为农民提供托管半托管服务。

2004年至2019年间，我国农业与非农产业劳动生产的比值从6.85倍逐渐下降到4.38倍。相较过去，农业劳动生产率已经进入了一个更快提升的阶段。

未来，推进我国农业现代化要立足国情农情，可以从五个方面着力突破。

第一，正确处理粮食安全和发挥比较优势的关系。资源禀赋局限叠加特殊的国际环境，必须保持粮食高自给率，这为我国农业现代化带来了系列复杂问题。既要发挥比较优势，又要确保粮食安全。

一方面，我国必须坚持以我为主的方针，饭碗里主要装中国粮，不能片面强调比较优势，不能照搬日本和韩国的发展路径。

另一方面，要全面准确理解粮食安全战略，根基是能力安全，核心是口粮安全，本质是食物安全。能力安全又分为三个方面能力，第一是综合生产能力，第二是储备调节能力，第三是国际资源掌控能力。我们国家的粮食安全并不是要求全部自给，而是应该更加主动更加自觉地利用国内国际两个市场两种资源，统筹安排好国内的生产结构和生产力布局。

第二，坚持分区分类，不搞“一刀切”。分区是分地区，分类是分品种。从国际上看，较成功的农业现代化模式大体是两种。一种是大规模土地经营的发展模式，另一种是以以色列、荷兰为代表的技术密集型道路。我国人多地少，农业现代化总体上更适合走后一条道路。但是，也要看到我国地域差别极大，比较优势各不相同，不同地区可能会走完全不同的路线。比如，在以大田作物为主的地区，土地规模经营加基地化的特征更明显；以经济作物为主的地区，技术要素占的比重就会更高。

第三，积极稳妥发展多种形式的适度规模经营，大力培育新主体。我国农业从业人员占全社会从业人员的比重是25%，属于东亚小农户类型。怎么推进土地的规模经营？一要突出重点，从区域差别大的实际情况出发，重点发展粮食产区的土地规模经营。二要主动引导和充分利用农户分化的趋势，推动土地由一般农户向有核心竞争力的农耕者流转，培养核心农户和职业农民。三要规模经营两条腿走路，一方面促进土地的流转集中，另一方面大力提倡托管服务。四要提高农民的组织化程度，重视农民合作社的发展，在条件成熟的时候，自下而上地推动建立更高层次、功能更加完备的农民合作社联盟。

第四，努力实现农业技术的突破。技术突破涉及路径选择，路径选择主要受稀缺要素决定。当前，我国土地资源最为稀缺，这决定了发展农业技术的路线要以提高土地生产率的技术为基础，以提高劳动生产率的技术为主导。与 1978 年相比，当前我国种粮面积约减少了 7000 万亩，粮食产量约为当初的 2.4 倍，主要依靠的就是技术进步，种子革命大幅提高了土地劳动生产率。未来，要花更大的力气去发展机械、生物、人工智能和环保四项重大技术。

第五，强化和完善农业的支持保护体系，发挥市场机制作用。加强对农业支持保护与发挥市场机制作用并不矛盾。发展农业不能排斥市场，但完全不支持不保护也不对。农业产业相对弱势，只有依靠政府支持，才能和非农产业在市场里竞争。支持农业一要重视总量，近年来，政府投资占农业产值比重有所下降，应当引起注意。二要重视质量。制定差别化和精准的补贴政策，提升补贴效率，同时，把财政工具和金融工具结合起来，撬动更多的社会资金增加农业投入。

开展农业农村碳减排大有可为

主持人：近年来，碳排放引发的全球气候变化引起了全社会的广泛关注。我国人均资源禀赋较差，生态环境脆弱，是易受气候变化不利影响的国家。农业是主要碳源之一，也是能够提供碳汇的部门，控制农业减排增汇对推动农业低碳发展、实现乡村振兴具有重要意义。您对推动农业农村碳减排有什么好建议？

王红玲：目前社会各方面因为认识不足、认知不够，对农业碳减排和碳交易的重要性还没有完全形成共识。但是，我国开展农业农村碳减排和碳交易有非常重要的意义。

农业既是对气候变化反应最为敏感和最为脆弱的领域，又是全球人为温室气体重要的排放源之一，尤其是 CH_4、N_2O 等非 CO_2 的排放，会引起全球气候的持续变化。以大气温度升高和极端气候事件频发为特征的气候变化已经对农业生产稳定性形成冲击。我国农业农村温室气体排放量约占全国排放总量的 15%，是温室气体的重要排放源之一。农业碳达峰、碳中和有利于创新农业发展方式、提高农业生产效率和水平，同时对减少农业碳排放，壮大碳交易市场，全面实现“双碳”目标，缓解气候变暖具有重大意义。

当前，我国开展农业农村碳减排和碳交易面临重大战略机遇。“十四五”时期，乡村振兴战略的实施为我国农村生产生活方式绿色转型提供了坚强有力的保障，农村地区蕴藏着巨大的碳减排潜力，可通过乡村振兴事业得到有效激发。

实现农业碳达峰、碳中和需要从减少碳排放源和增加碳汇两方面入手。

在减少农业碳排放源方面，一是推进可再生能源替代，抵扣生产生活中的碳排放。秸秆、畜禽粪便等生物质可生产生物天然气、生物液体燃料、燃烧发电等可再生能源，可以抵扣生产生活使用化石能源的碳排放，助力碳达峰、碳中和。二是加强农业核心技术研究与推广应用。比如，可以通过提高肥效降低 N_2O 排放，通过改善水稻灌溉方式控制 CH_4 排放，以及采用立体种养和高效增氧等技术实现水产养殖节能减排。

在增加农业碳汇方面，一是改善农业管理。通过秸秆还田、保护性耕作、有机肥增施和土壤肥力提升等技术，以及人工种草和草畜平衡等措施，不断提高耕地和草地固碳增汇的能力。二是植树造林。通过退耕还林、植树造林、荒山荒地造林绿化等方式，提升农村森林碳汇。

当前，湖北省在农业农村碳减排方面做了一些努力和尝试。

一是通过规划、方案制定了控制农业温室气体排放的具体举措。

二是通过相关绿色农业政策助力农业碳减排。湖北省出台了相关的政策文件，提出了培育虾稻共作和稻渔种养模式、提高测土配方施肥技术覆盖率、减少化肥用量、控制农田土壤氮磷流失等目标和措施，对于控制农业温室气体排放起到了较好的协同作用。

三是积极运用市场机制推动农业农村碳减排进程。截至 2020 年底，全省共推动开发农村沼气项目 55 个，累计使用农村沼气项目减排量抵消 293 万吨。

四是开展涉农类“碳汇 +”交易试点。率先出台了《关于开展“碳汇 +”交易助推构建稳定脱贫长效机制试点工作的实施意见》，探索将农业碳减排与稳定脱贫、乡村振兴相结合。

五是注重农业温室气体监测。湖北省气象局面向省内水稻田、森林和湖泊湿地等典型生态系统，建立了温室气体通量观测站，并利用卫星监测二氧化碳浓度，为下一步农业碳减排、碳汇项目的包装与交易打好基础。展望未来，要尽快在湖北乃至全国碳排放权注册登记系统下组建全国农业碳排放交易中心，推动全国农业碳产品交易。

要把粮食生产摆在重要位置

主持人：2020 年新冠疫情对各国经济社会发展造成巨大冲击，加剧了世界粮食系统的脆弱性，也引发大家对于粮食安全的担忧。请问您对当下我国粮食安全和今后的粮食生产怎么看？

尹成杰：从全球来看，粮食安全面临新的风险和挑战，不可预见性和复杂性增加，应对难度加大，疫情严重的国家，粮食生产和供给的风险在加快向其他国家传导和扩散。

主要有以下表现。一是地缘政治变化和疫情导致非传统的风险因素累积。比如，一些国家在粮食市场和供给上采取限制性政策和措施。二是疫情和自然灾害导致世界粮食生产和供给的格局发生新的变化。比如，一些非洲国家疫情严重，自然灾害严重，对全球粮食流通体系造成冲击。三是疫情和自然灾害加剧了粮食供给的不平衡性。2020年全球的粮食产量是27.42亿吨，足以养活77亿多人口，但粮食供给不平衡性凸显，全球遭受饥饿的人口不降反增。四是全球粮食购买能力不平衡性突出。疫情导致全球失业人口增加，收入水平下降，购买能力降低。

从国内来看，我国粮食发展与安全是有保障的，但是也面临一些新情况新问题。稻谷、小麦、玉米三大主粮将继续保持良好发展势头，稻谷和小麦供给充裕，玉米略显偏紧，大豆、食用油供给能力提升与仍需大量进口并存，粮食供求基本平衡与结构性矛盾突出并存，粮食产量保持稳定增长与粮食消费逐年增加并存。

一是我国粮食的增产率低于粮食消费增长率。有关专家做了一个统计，2010年到2020年这11年间，我国粮食产量年均增长率为2.35%，粮食消费为3.87%，这决定了我国粮食的长期供求总体上是偏紧的。二是我国城镇化进程加快增加了新需求。一方面，城镇化需要占用一部分耕地和淡水资源，减少一部分农业资源；另一方面，商品粮的需求增加。随着我国农民工加快向城市转移，粮食消费模式由“自产自消”转变为消费商品粮，商品粮需求明显增加。三是我国农业资源和生态环境对粮食生产的制约明显。四是部分地方存在耕地非农化，粮田非粮化倾向。五是我国大豆、食用油和蛋白饲料缺口较大。2020年我国进口大豆突破1.2亿吨，油料的自给率仅有25%左右。六是依靠国际市场解决我国粮食需求的空间越来越小。

总结我国粮食发展与安全的基本经验，最为重要的就是坚持把“三农”工作摆在全党工作的重中之重地位，坚定不移地走中国特色粮食发展与安全之路。

深入贯彻落实新时代粮食安全理念。坚持实施“以我为主、立足国内、确保产能、适度进口、科技支撑”的粮食发展战略，建立机制保障，既要健全完善农产品价格补贴政策，让农民种粮有钱赚，也要强化政治责任和政治担当。

始终坚持把发展粮食生产作为乡村振兴的重要任务。特别是粮食主产区，要把发展粮食生产和产业化摆在重要位置。

切实解决我国大豆、食用油和蛋白饲料供给突出的短板问题。把解决短缺的基点建立在选择和培育种植我国自有的高产油料作物上。

把粮食发展与安全摆在“十四五”规划和国家区域发展战略的重要位置。把粮食发展与安全作为加快形成双循环发展新格局的基础，作出重大战略性部署和安排。

大力推进粮食生产功能区和重要农产品保护区创新发展。以新的发展理念为指导，以创新为动力，加大创新支持力度，大力提升“农业两区”现代化水平。

制定和强化生产保粮、节约用粮的政策措施。进一步加大强农惠农政策力度，加大对粮食生产的扶持，调动地方政府抓粮、农民种粮、合力保粮、社会种粮的积极性。完善对粮食生产的宏观调控，创新和完善耕地粮用的补贴政策，扶持种粮新型农业经营主体，支持粮食新品种研发和科技创新，规范耕地跨区占补平衡政策。

牢牢守住粮食安全的“一条红线”和“两条底线”。“一条红线”是 18 亿亩耕地，“两条底线”是 7 亿亩粮田底线和 15.5 亿亩的基本农田。手中有粮，心中不慌；手中有地，心里才有底。

加快农业科技创新和应用。特别是要加快育种技术创新，应用现代育种技术，加大种子科研攻关力度。当前我国粮食品种的种子问题解决得比较好，关键是尽快改变蔬菜水果及畜禽种苗发展滞后的状况。

建立健全现代粮食储备体系。要把现代粮食储备体系建设作为应对粮食灾害风险和市场风险的重大举措，加快建设现代粮食储备体系和流通体系。

健全粮食发展与安全的风险防控体系。当前，要采取有效措施减轻新冠疫情对粮食安全的冲击，进一步加强抵御自然灾害的基础设施建设，强化抵御风险的技术装备，建立健全应对突发公共卫生事件的设施装备和技术体系。

农业产业高质量发展有路可循

主持人：产业高质量发展是保持农业农村经济发展活力的重要举措，也是引领乡村全面振兴的必由之路。请介绍一下你们在实践中促进农村产业发展方面有哪些重要经验？

刘克雄：乡村振兴，关键是产业振兴。近年来，沙洋县依托自身资源禀赋，发挥比较优势，在农业产业化和高质量发展上不断挖掘潜力。

以创新为产业振兴铺路。首创整县推进“按户连片耕种”，在落实农村土地集体所有权、稳定家庭承包权的前提下，通过村民小组内部经营权流转、承包权互换和承包地重分等方法，有效解决了土地“分散化”“碎片化”的弊端。稳步推进农业水价综合改革，通过完善灌溉渠系并在渠道上安装用水精准计量和远程智能化控制设施等，推动实现了节约用水、高效用水、公平用水。积极开展农村宅基地“三权分置”改革试点，探索宅基地有偿使用、有偿退出、增值收益分配等管理办法，被确定为全国新一轮农村宅基地制度改革试点地区。创新推出“新农贷”，按年度放贷变为按农产品生产周期放贷，利率优惠，随用随贷，有效缓解了信用风险大、抵押担保难、担保贵、贷款慢等问题。

以科技提升农业品质。与农业科研单位合作，创建农技推广示范基地和再生稻生产示范基地。开展农业关键技术攻关，油菜抗根肿病技术攻关取得重大突破；探索出再生稻高产高效栽培技术，2020年全县推广再生稻面积40万亩，亩均单产达到412公斤；开展小龙虾反季节温棚养殖技术试验；积极开展全国畜禽粪污资源化利用整县推进试点工作。

做大做强特色产业。实施“一袋米、一壶油、一尾虾、一枝花、一条鱼、一篮菜、一头猪、一只鸡、一头牛、一个园”十大农业产业发展重点项目，着力推进全产业链发展，重点打造了优质稻、高油酸油菜、小龙虾、生猪、禽蛋、花卉苗木等一批特色主导产业，实现产销两旺。发展新产业新业态，持续打造“最美油菜花海”等旅游名片。

以三大产业促进后发赶超。大力发展“绿色食品加工、新材料、装备制造”三大主导产业，形成稳固产业体系。其中，绿色食品加工产业已形成粮食加工、油菜籽加工、水产品加工和畜禽产品加工四大绿色食品加工产业集群，辐射带动功能日益增强。

以多式联运来扩大独特优势。抢抓长江经济带、汉江生态经济带、江汉运河工程、浩吉铁路建设等多重机遇，着力打造鄂中公铁水联运枢纽。提升现代物流业水平，推进物流园区建设，推动农村智能物流综合发展，着力打造江汉平原及汉江中下游的区域性物流中心，提高辐射力和综合竞争力。

“十四五”期间，沙洋县将从三方面继续推动农业产业高质量发展。

一是推进三产融合，完善产业体系。加快引进、培育农产品精深加工企业，发展壮大乡村旅游、休闲农业、民宿经济、农耕文化体验、健康养老等新业态。

二是强化科技支撑，夯实产业基础。坚持绿色循环发展，发展高效生态种植模式。推进数字化，建设县级农业大数据中心，着力打造智慧农业。

三是培育壮大经营主体，提升经营水平。做强龙头企业，健全完善联农带农机制。积极扶持种植大户、家庭农场，推动家庭经营向集约化、专业化转变，提高规模经营效益。

原载 2021 年 7 月 4 日《经济日报》

如何提升制造业核心竞争力

本期嘉宾

国务院发展研究中心产业部副部长、研究员　李艳

中国社会科学院工业经济研究所研究员　李鹏飞

赛迪集团总经理、工信部赛迪研究院研究员　秦海林

广西玉柴机器集团有限公司总经理　古堂生

主持人

经济日报社编委、中国经济趋势研究院院长　孙世芳

10 智库　2021年7月6日　星期二　经济日报

如何提升制造业核心竞争力

智库圆桌(第十四期)

本期嘉宾
国务院发展研究中心产业部副部长、研究员　李艳
中国社会科学院工业经济研究所研究员　李鹏飞
赛迪集团总经理、工信部赛迪研究院研究员　秦海林
广西玉柴机器集团有限公司总经理　古堂生

主持人
经济日报社编委、中国经济趋势研究院院长　孙世芳

制造业在推动经济社会发展中发挥着重要作用，目前我国已成为世界上拥有最完整产业体系、最完善产业配套的制造业大国和最主要的加工制造业基地。但从制造业核心竞争力来看，仍然存在不少短板。如何推动制造业高质量发展，不断增强产业竞争优势，加快建设制造强国，邀请四位专家围绕这一话题进行深入探讨。

提振企业信心　增强制造业新动能

主持人：近年来，我国采取了一系列针对制造业的扶持政策，重视程度、支持力度明显提高，效果如何？

李鹏飞：面对复杂严峻的外部环境，我国制定实施了一系列促进制造业高质量发展的政策措施，制造强国建设迈出实质性步伐。一是制造业新动能不断增强，装备和高技术产业引领增长。2020年，装备制造业、高技术制造业利润比上年分别增长10.8%、16.4%，是同期规模以上工业企业利润增速的2.6倍、4倍。今年一季度，装备制造业、高技术制造业增加值同比分别增长39.9%、31.2%；两年平均分别增长9.7%、12.3%，增速均明显高于其他行业板块。二是传统产业改造升级取得新进展，传统产业的技术水平和先进产能比重不断提高。2019年技术改造投资占工业投资的比重达47.1%，比2016年提高6.5个百分点。三是制造业数字化、智能化转型持续推进。通过各方努力，互联网技术、数字化智能化制造技术已广泛融入制造业企业研发设计生产等各环节。截至去年，全国建成70多个有影响力的工业互联网平台，连接工业设备的数量达到4000万套，工业APP突破25万个。

古堂生：我国大力实施制造强国战略，密集出台了一系列政策，尤其是2016年以来，包括"营改增"、高新技术企业税率优惠、研发费用加计扣除等一系列减税降费措施都紧向制造企业倾斜，对缓解经济下行压力、减轻企业负担、缓解研发压力、消除疫情不利影响、提振市场主体信心、激发市场主体活力发挥了重要作用，有力支撑和激励了制造业企业加大投入资金升级技术研发，加快转型升级和高质量发展。

以玉柴为例，2020年玉柴集团享受研发费用加计扣除减免所得税约2888万元。对于这些因享受税费优惠节约的资金，玉柴集团主要用于加大研发投入，引进高端人才和行业专家以及提高技术人员薪酬等，为缓解企业资金"瓶颈"，加快"卡脖子"技术攻关和科技成果转化、做稳做强做优发动机主业提供了有力支撑。

发挥独特优势　加快融合发展步伐

主持人：加快推进制造强国建设，有赖于企业充分发挥主体作用。制造业企业如何攻坚发力，加快从低成本竞争优势向高质量、高适用性优势转变？

解决"卡脖子"难题　夯实根基迫在眉睫

主持人：与发达国家相比，当前我国制造业整体水平还有哪些差距？还面临哪些困难和挑战？

完善政策体系　创新科技培育人才

主持人：为推进产业基础高级化、产业链现代化，增强制造业竞争优势，政策上如何为企业提供支持？

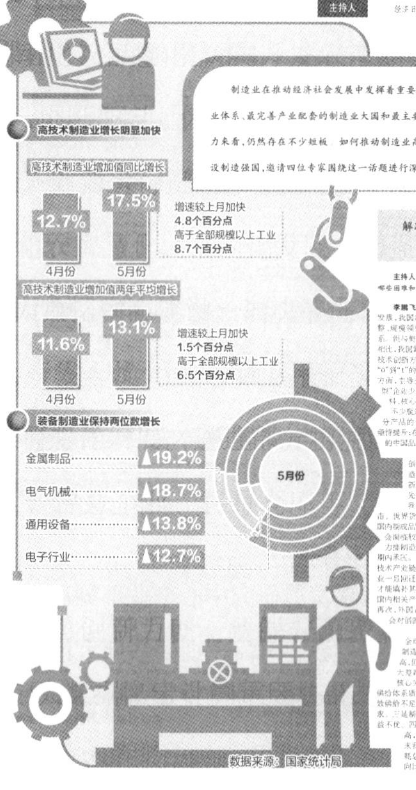

制造业在推动经济社会发展中发挥着重要作用，目前我国已成为世界上拥有最完整产业体系、最完善产业配套的制造业大国和最主要的加工制造业基地。但从制造业核心竞争力来看，仍然存在不少短板。如何推动制造业高质量发展，不断增强产业竞争优势，加快建设制造强国，邀请四位专家围绕这一话题进行深入探讨。

提振企业信心　增强制造业新动能

主持人：近年来，我国采取了一系列针对制造业的扶持政策，重视程度、支持力度明显提高，效果如何？

李鹏飞：面对复杂严峻的外部环境，我国制定实施了一系列促进制造业高质量发展的政策措施，制造强国建设迈出实质性步伐。一是制造业新动能不断增强，装备和高技术产业引领增长。2020年，装备制造业、高技术制造业利润比上年分别增长10.8%、16.4%，是同期规模以上工业企业利润增速的2.6倍、4倍。今年一季度，装备制造业、高技术制造业增加值同比分别增长39.9%、31.2%；两年平均分别增长9.7%、12.3%，增速均明显高于其他行业板块。二是传统产业改造升级取得新进展，传统产业的技术水平和先进产能比重不断提高。2019年技术改造投资占工业投资的比重达47.1%，比2016年提高6.5个百分点。三是制造业数字化、智能化转型持续推进。通过各方努力，互联网技术、数字化智能化制造技术已广泛融入制造业企业研发设计生产等各环节。截至2020年，全国建成70多个有影响力的工业互联网平台，连接工业设备的数量达到4000万套，工业App突破25万个。

古堂生：我国大力实施制造强国战略，密集出台了一系列政策，尤其是2016年以来，包括“营改增”、高新技术企业税率优惠、研发费加计扣除等一系列减税降费措施频繁向制造企业倾斜，对缓解经济下行压力、减轻企业负担、缓解研发压力、消除疫情不利影响、提振市场主体信心、激发市场主体活力发挥了重要作用，有力支撑和激励了制造业企业加大投入资金开展技术研发、加快转型升级和高质量发展。

以玉柴为例，2020年玉柴集团享受研发费用加计扣除减免所得税约2888万元。对于这些因享受税费优惠节约的资金，玉柴集团主要用于加大研发投入，引进高端人才和行业专家以及提高技术人员薪酬等，为缓解企业资金“瓶颈”，加快“卡脖子”技术攻关和科技成果转化、做精做强做专发动机主业提供了有力支撑。

发挥独特优势　加快融合发展步伐

主持人：加快推进制造强国建设，有赖于企业充分发挥主体作用。制造业企业如何攻坚发力，加快从低成本竞争优势向高质量、高适用性优势转变？

李艳：制造企业应以产品创新、品质提升、价值增值为目标，更好满足消费升级的需求，实现更高质量发展。

一是加快创新发展，包括技术创新、工艺创新、产品创新、管理创新、商业模式创新。二是加快数字化转型，多数传统领域企业特别是中小企业，可先从“上云”开始，逐步将自身业务功能与云平台整合，降低信息化成本，促进数据资源整合，进一步提高生产效率和管理服务水平。三是促进绿色发展，将绿色供应链的理念贯穿生产的全流程和产品全生命周期。四是坚持品质优先，始终坚守产品质量的底线，树立良好企业信誉和形象，以优质带动优价，以一流品质赢得客户和市场竞争。五是加强与产业链上下游协同发展，中小企业要致力于成长为长期专注于产业链细分产品领域，生产技术或工艺领先的“专精特新”型企业或具有较高市场占有率的单项冠军。

李鹏飞：企业活力迸发是产业竞争力强大的源泉，制造业企业要在创新创造、质量提升、品牌创建、资源整合等方面发力攻坚，加快从低成本竞争优势向高质量、高适用性优势转变。

第一，要抢抓政策机遇，持续增加创新投入。第二，善用国家质量基础设施，持之以恒提升产品和服务质量。以质量第一的意识和质量先行的价值理念，不断强化质量管理，提高产品和服务质量水平。第三，放眼长远持久用力，面向世界创建中国品牌。在强化技术创新和品质提升引领行业产品潮流的同时，以根植于中华文化的商业价值观为内核，面向世界打造中国品牌。第四，树立全球视野，在世界范围内整合产业生态资源。要坚定信心，坚持从全球视野谋划、世界范围布局，不断提高产业生态主导力。

秦海林：发挥不同规模、各种类型市场主体的独特优势，发挥示范效应，带动行业、产业链上下游企业加快融合发展步伐。一是强化产业链龙头企业引领作用。支持与推动龙头企业发挥产业链推动者作用，在技术、产品、服务等领域持续创新突破，深化与配套服务企业协同，引领产业链深度融合和高端跃升。二是发挥行业骨干企业示范效应。推动行业领军企业发展专业化服务，提供行业系统解决方案。三是激活专精特色融合发展活力。推动专精特新企业加快模式创新，在细分领域培育优势，进一步完善服务体系，激活与推动产业集群融合发展。

古堂生：加快改造提升传统产业，须推进信息化与工业化深度融合。一是要加快智能化工厂建设，通过注入精益管理理念和实现端到端的数字化工程管理、生产执行系统与核心业务系统集成，大幅缩短生产周期，实现生产优化和产品优化。二是优化供应链，建立实时的、增值的供应链网络，确保采购到交付的集成性与控制性、目视化，提升供应链的运行效率。三是优化销售和售后服务，提高销售和售后管理的效率，对客户信息、售后服务信息进行统一，确保公司营收增长，加快企业从生产型制造向服务型制造转变。四是充分运用大数据分析手段，通过数据的收集、整理及分析，为企业生产、运行、服务提供决策与诊断。五是创新商业模式，使大规模生产转变为更加个性化的定制生产与服务。

解决“卡脖子”难题 夯实根基迫在眉睫

主持人：与发达国家相比，当前我国制造业整体水平还有哪些差距？还面临哪些困难和挑战？

李鹏飞：经过几十年的持续快速发展，我国建成了门类齐全、独立完整、规模领先、不断创新的制造业体系。但与美国、德国、日本等发达国家相比，我国制造业还有不少差距。在技术创新方面，引领全球产业变革从“0”到“1”的创新突破少；在资源整合方面，主导全球价值链分配的“链主型”企业少；在基础能力方面，关键材料、核心零部件、先进工艺还存在不少瓶颈；在质量美誉度方面，部分产品的可靠性、稳定性和一致性亟待提升；在品牌实力方面，享誉世界的中国品牌不多。

当前，外部需求、供给和创新环境的变化，对我国制造业的贸易链、产业链和创新链形成了重大挑战。首先，外部需求环境尚未恢复，我国制成品贸易链面临冲击。世界货物贸易增长前景不明朗，国内制成品贸易链延链、补链、强链将会面临较大困难。其次，发达国家力推制造业回流，产业链竞争力短期内承压。由于最近美欧推动的是高技术产业链回流，这些行业的欧美企业一旦回迁，国内企业需要一定时间才能填补其空白，从而会在短期内使国内相关产业链的国际竞争力下降。最后，外国直接投资（FDI）下降可能会对创新链产生一定影响。

李艳：我国已成为具有全球影响力的制造业大国，制造业发展质量水平不断提高，但与领先国家相比仍有较大差距。一是创新能力不强，核心关键技术受制于人。二是供给体系质量不高，优质高端产品有效供给不足，难以满足高品质消费需求。三是制造业附加值不高，经济效益不优。四是能源资源利用效率不高，环境承载压力大。近年来我国制造业单位增加值能耗总体呈下降趋势，然而横向比较看，我国制造业能源效率仍不够高。

秦海林： 总体上看，我国制造业规模优势明显，但在品牌建设、研发设计、精密制造等方面没有核心竞争优势，缺乏核心技术，“卡脖子”问题突出，高端制造业在全球价值链中处于中低端地位，产业集群协同发展水平不高。

在新一轮科技革命和产业变革推动下，发达国家加快推行“再工业化”，新兴市场国家加快工业化进程，制造强国和网络强国建设面临的竞争日趋激烈。具体面临的矛盾和问题如下：

一是制造业规模大与产业国际竞争力不强的矛盾。制造业发展总体质量不高，产业基础能力较弱，关键核心技术、高端装备和关键零部件自我供给能力不高；产业国际竞争力不强，在全球价值链分工中处于中低端地位。二是制造业链条全与产业链现代化水平不高的矛盾。产业链现代化水平不高已经成为制约制造业高质量发展的重要因素。产业链与创新链缺乏有效协同，基础研究和产业化应用严重脱节；产业链技术自主性及安全性、稳定性不足，高技术产业供应链风险较大。三是制造业中小企业多与世界级引领型企业少的矛盾。大企业对中小企业辐射带动作用有待进一步加强。

古堂生：目前，我国在制造业企业规模方面具有一定优势，但制造业整体水平同欧美日等国家相比存在明显差距。从客户需求来看，随着国内消费空间不断扩大、消费要求不断提升，如何根据客户需求，实现多品种小批量的柔性化生产制造成为制造业的重要课题。

从企业“软实力”建设来看，要成为制造强国，还需要以行业、企业、企业家、员工为“经”完善制造业文化体系框架，以物质、精神、组织、行为、环境为“纬”构筑制造文化实体，形成中国制造业独有的制造精神、经营哲学、从业规范、价值观念和行业风貌，构建中国特色的先进制造业文化。

完善政策体系　创新科技培育人才

主持人：为推进产业基础高级化、产业链现代化，增强制造业竞争优势，政策上如何为企业提供支持？

李艳：要继续加大体制机制改革力度，完善高水平市场经济体制，充分激发市场主体创造性和能动性。一是大力支持产业链创新，做好顶层设计和统筹协调，坚持政府引导与市场机制相结合，聚焦少数关键领域，实施好“揭榜挂帅”等制度，打好关键核心技术攻坚战，促进强链补链升链。二是研究制定更好支持制造企业数字化转型的政策，以数字化全面提升研发设计、生产管理和资源利用效能，全面推动制造业质量变革、效率变革和动力变革。三是促进生产性服务要素与制造业的资源整合、政策融通与空间集聚发展，促进生产型制造向服务型制造转型，以价值升级对冲成本上升和成本敏感型环节外迁压力。四是以体制机制改革为驱动力营造有利于制造业竞争力提升的高质量营商环境。持续深化制造业减税降费和降成本改革。着力构建产业友好型金融体系，更好服务制造业和实体经济部门。

李鹏飞：政府要以“强创新、促投资、稳外资、育人才”为重点，不断完善支持制造业高质量发展的政策体系。第一，以科技自立自强支撑制造强国建设，有效破解技术创新特别是数字技术创新能力不足对我国制造业高质量发展的约束。瞄准未来产业竞争制高点，统筹产学研各方力量，推动基础科学研究，建设协同创新平台，在突破“卡脖子”技术的同时，努力在部分关键领域实现技术领先，变被动防御为主动布局。

第二，通过稳定预期提振投资，特别是民间投资，进一步强化统筹协调，增强不同类别经济政策之间的协调性，减少影响制造业固定资产投资的政策不确定性因素。

第三，要突出重点稳外资。以欧美制造业龙头企业为重点，制定实施引进制造业外资重大项目激励办法，充分调动地方积极性、创造性吸引更多的外资龙头企业到我国投资兴业。

第四，要创新机制育人才。进一步完善创新人才培养体系，充分考虑人才培养周期和产业技术创新不确定性等因素，既要立足当前，以“新工科”建设为抓手，满足高端制造对高素质人才的迫切需求；又要着眼长远，加强数学、物理等基础学科的投入，为提升中国制造业的原始创新能力奠定基础。高度重视高技能工人和一般产业工人通用技能提升。

秦海林：一是持续深化“放管服”改革，全面放开投资项目审批，加快改革工业产品许可证制度，清理行政垄断和地方保护的各种做法和规定，优化环保、消防、税务、市场监管等执法方式，最大限度降低制度性交易成本。深化要素价格、投融资、财税、金融等重点领域体制改革，落实好更大规模减税降费的各项措施。

二是持续加大新型基础设施的建设投资，为制造业数字化转型提供支撑。“十四五”时期，制造业发展将呈现绿色化、智能化、服务化和定制化趋势，政府应该出台鼓励制造业企业数字化转型试点示范工程，加快制造业数字化转型步伐。

三是建设世界级产业集群，重视产业链供应链区域协同发展。产业链供应链自主可控建设是一项全面、系统工程，在构建新发展格局中，协调好城市群对外开放与对内开放合作的关系，畅通产业循环、市场循环和经济社会循环，建立更好利用两个市场、两种资源的流通体系，形成以城市群为引领、城市群和都市圈融合发展的新格局，建设世界级产业集群，打造协同高效的产业链供应链生态体系。

四是全面开放一般制造业，推动产业链供应链国际合作。抓住共建“一带一路”、中欧全面投资协议等跨区域合作发展机遇，发挥好比较优势，围绕产业链供应链短板和弱项，深化国际产能合作，扩大双向贸易和投资往来，推动国内国际双循环高效联动、相互促进，吸引更多外资高端制造业项目落地，吸引更多外资企业和人才来华发展。

古堂生：一是加大智能制造专项资金支持力度。在现有资金支持和税收减免福利政策基础上，对装备制造等影响国民经济的支柱产业给予更大力度的技改资金支持，帮助传统制造类企业尽快完成生产线和设备升级改造，加快提升智能化和信息化水平。二是支持企业搭建国家级研发平台。在研发资金、建设用地、人才引进等方面给予企业更大支持力度，帮助企业搭建国家级研发平台，进一步落实国家科技创新重大战略任务部署，突破关键技术“卡脖子”难题。三是加强制造业复合型高端人才引进。建立健全高层次人才引留政策体系，制定出台相关配套政策并明确一系列优惠待遇，为制造业转型升级提供智力支撑。

原载 2021 年 7 月 6 日《经济日报》

区域功能科学定位是重要前提

——探索京津冀高质量协同发展有效路径（上）

本期嘉宾

国家发展改革委国土开发与地区经济研究所原所长　肖金成

河北经贸大学副校长　武义青

首都经济贸易大学特大城市经济社会发展研究院执行副院长　叶堂林

主持人

经济日报社编委、中国经济趋势研究院院长　孙世芳

10 智库　2021年7月13日　星期二　经济日报

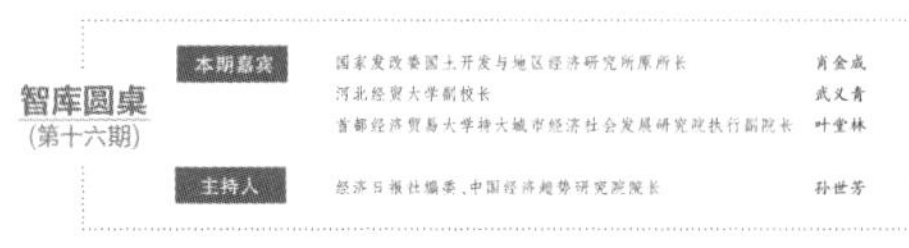

智库圆桌（第十六期）

本期嘉宾
国家发改委国土开发与地区经济研究所原所长　肖金成
河北经贸大学副校长　武义青
首都经济贸易大学特大城市经济社会发展研究院执行副院长　叶堂林

主持人
经济日报社编委、中国经济趋势研究院院长　孙世芳

自2014年京津冀协同发展上升为国家战略以来，三省市发展掀开了新的历史篇章。经过多年建设，京津冀协同发展取得显著成效，《京津冀协同发展规划纲要》确定的到2020年的目标任务已顺利完成。

“十四五”规划和2035年远景目标纲要对京津冀协同发展提出了新的目标和要求。加快推动京津冀协同发展，以京津冀、长三角、粤港澳大湾区为重点，提升创新策源能力和全球资源配置能力，加快打造引领高质量发展的第一梯队。“十四五”时期是发展战略承上启下的关键阶段，既要巩固成果，又要为完成远期建设目标打下坚实基础。本期智库圆桌邀请本领域专家聚焦京津冀协同发展中的痛点、难点问题，探求高质量协同发展的有效路径。

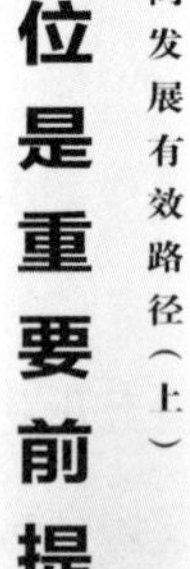

区域功能科学定位是重要前提

——探索京津冀高质量协同发展有效路径（上）

形成辐射北方地区经济发展新动力源

主持人：在南北经济差距有所扩大的大背景下，京津冀协同发展被寄予厚望。新发展格局下，京津冀在全国发展大局中发挥着怎样的作用？京津冀协同发展面临哪些新问题？

武义青：南北经济差距成为新阶段我国区域经济发展值得关注的突出问题。近年来，长三角、珠三角等地区的发展速度总体上快于京津冀地区，京津冀三地的GDP占全国比重从2014年的10.4%下降至2020年的8.5%。

在这样的大背景下，迫切需要推动京津冀协同发展迈上新台阶，培育世界级城市群，形成辐射、带动我国北方地区经济高质量发展的新动力源，缩小南北经济发展差距，实现区域协调发展。

（正文小字部分因印刷过小无法可靠辨认，略。）

有序疏解北京非首都功能是关键环节

立足区域功能定位发挥各自比较优势

统筹谋划整体布局实现一体化发展

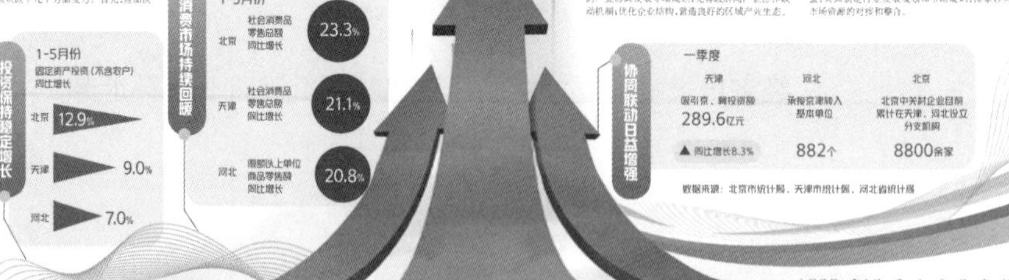

本版编辑　郭文鹃　袁文洪　编高妍

自2014年京津冀协同发展上升为国家战略以来，三省市发展掀开了新的历史篇章。经过多年建设，京津冀协同发展取得显著成效，《京津冀协同发展规划纲要》确定的到2020年的目标任务已顺利完成。

“十四五”规划和2035年远景目标纲要对京津冀协同发展提出了新的目标和要求。加快推动京津冀协同发展，以京津冀、长三角、粤港澳大湾区为重点，提升创新策源能力和全球资源配置能力，加快打造引领高质量发展的第一梯队。“十四五”时期是发展战略承上启下的关键阶段，既要巩固成果，又要为完成远期建设目标打下坚实基础。本期智库圆桌邀请本领域专家聚焦京津冀协同发展中的痛点、难点问题，探求高质量协同发展的有效路径。

形成辐射北方地区经济发展新动力源

主持人：在南北经济差距有所扩大的大背景下，京津冀协同发展被寄予厚望。新发展格局下，京津冀在全国发展大局中发挥着怎样的作用？京津冀协同发展面临哪些新问题？

武义青：南北经济差距成为新阶段我国区域经济发展值得关注的突出问题。近年来，长三角、珠三角等地区的发展速度总体上快于京津冀地区，京津冀三地的GDP占全国比重从2014年的10.4%下降至2020年的8.5%。

在这样的大背景下，迫切需要推动京津冀协同发展迈上新台阶，培育世界级城市群，形成辐射、带动我国北方地区经济高质量发展的新动力源，缩小南北经济发展差距，实现区域协调发展。

2021 年是“十四五”规划开局之年，也是京津冀协同发展中期目标和远期目标的交汇转换之年。京津冀协同发展从“谋思路、打基础、寻突破”的基础阶段转向“滚石上山、攻坚克难、爬坡过坎”的关键阶段，要通过高标准建设北京非首都功能疏解集中承载地、培育跨区域产业链集群、构建协同创新共同体、推进基本公共服务均等化、开展制度创新试验等方式，不断推进协同发展走深、走细、走实，并积累形成可在全国其他地区复制推广的典型经验模式和制度创新成果，为“十四五”时期我国区域经济高质量发展提供示范引领。

肖金成：当前，经济落差大、产业结构偏重、核心城市辐射功能不强、资源环境约束趋紧、一体化程度不高是制约京津冀高质量发展的症结所在。

具体来看，空间结构有待优化。京津冀内部城镇等级存在断层，大城市过大、小城镇过小、中等城市发育不良，不利于实现产业转移和构建完整产业链，河北与京津两地在发展上有些脱节，区域差距持续扩大。

核心城市辐射功能不强。2010 年至 2019 年，河北省 GDP 在京津冀 GDP 占比呈下降态势 ,11 市中只有廊坊市这一比例呈上升趋势，上升幅度也很有限。

生态环境问题依然严峻。钢铁、能源、化工、建材产业是河北省的支柱产业，对空气质量有一定影响。多年来，河北张家口、承德等地区为京津提供了丰富的水源，但补偿机制没有建立，跨行政区的生态环境协同治理和管控需要加强。

交通运输体系有待完善。仅建成京津和津保两条城际铁路，京石、京唐、京衡等城际铁路尚未建成；天津港、唐山港、秦皇岛港、黄骅港不仅相距很近，定位都是向综合性港口发展，功能趋同，合作分工较少。

以上这些问题，对京津冀高质量协同发展十分不利，这些痛点难点问题，需要各方共同努力，下大功夫才能有效解决。

有序疏解北京非首都功能是关键环节

主持人：推动京津冀协同发展要始终抓住疏解北京非首都功能这个“牛鼻子”。目前进展如何？如何进一步解决被疏解对象动力不足以及疏解承接地吸引力、承载力不足的问题？

叶堂林：近年来，北京非首都功能疏解取得重大进展。一是非首都功能增量得到严控、存量得到疏解。依据北京市发展改革委发布的信息，2017 年至 2020 年，北京累计疏解退出一般制造业企业 1819 家、治理散乱污企业 7179 家、疏解提升区域性市场和物流中心 632 个。另据研究表明，与 2014 年相比，2020 年北京在营企业注册资本占三地资本总额的 74%，下降了 9.6 个百分点。二是产业疏解成效显著，传统产业地位有所下降。2020 年北京批发和零售业在营企业注册资本较2014年只增长了54.6%，低于天津72.4个百分点，低于河北73.1个百分点；2010年至2019年北京高技术制造业企业从2402户减少至2299户。三是功能疏解为首都“高精尖”经济发展创造了空间，经济结构和人口规模得到调整优化。科技、信息、文化等领域“高精尖”产业新设市场主体占比从2013年的41%上升至2020年的60%。

“十四五”时期，要进一步采取措施提升被疏解对象动力并增强疏解承接地的吸引力。

要完善区域协同创新机制，积极引导北京优质创新资源向外辐射扩散，以创新扩散驱动功能疏解。完善市场机制促进创新要素自由流动和布局优化；积极引导北京优质创新资源向外辐射扩散；构建技术交易平台助力创新成果在津冀产业化。

要完善协同机制，构建区域利益共同体，提升非首都功能疏解动力。一是依照功能分区建立差异化的政绩考核机制。二是探索新的跨行政区投融资机制。

要引导京津优质公共服务资源向周边布局，提升河北非首都功能承载力。完善京津与河北教育合作机制，促进优质教育资源向重点承接地、产业合作区转移；选择一批京津优质医疗机构，在河北医疗资源薄弱的产业集中承载地设立区域医疗中心，缩小三地间医疗服务落差；建立公共服务互惠机制，推进区域内医学检验互认、教育资源合作、社保体系衔接，推动实现基本公共服务均等化；建立高层次的医疗、教育和科技人才弹性共享机制，推动三地人才在医疗和科技领域的重大疑难问题方面联合攻关。

未来，雄安新区在提升承载力方面，应重点从以下几个方面发力。首先，应加快提升公共服务水平，努力打造“雄安服务”品牌，争创全国一流的公共服务，为承接北京非首都功能疏解和大规模开发建设提供高质量服务保障。其次，梳理区域内产业优惠政策，积极争取这些优势政策在新区内交叉覆盖、叠加发力，对标深圳、上海等在产业政策上的差距，如企业落地服务政策、企业高管及高端人才个税返还政策、互联网金融支付牌照发放等，通过优势政策互动共享，打造区域产业政策高地。最后，对标国际先进标准及规则，逐步建立与国际投资和贸易规则相适应的制度体系，深入推动投资便利化、贸易自由化，打造全球企业投资首选地和最佳发展地。

武义青：有序疏解北京非首都功能是京津冀协同发展的关键环节和重中之重。7 年来，京津冀三地始终以疏解北京非首都功能为“牛鼻子”和重要抓手，明确疏解对象、疏解原则、疏解方法和疏解方式，确立“2+4+46”个产业承接平台，北京非首都功能疏解成效显著，北京“大城市病”得到明显缓解。

与此同时，北京非首都功能疏解也存在公共服务和行政功能疏解进展缓慢、产业承接平台过多过散且同质化竞争严重、疏解对象内生动力不足、承接地吸引力和承载力不强等一系列亟待解决的突出问题。因此，北京产业功能疏解思路要从“北京减量—津冀承接”向“北京低端产业升级转移—高端产业异地扩张—津冀精准有序集中承接”转变，公共服务和行政功能要从“政府主导—行政命令”

向“政府因势利导—分类施策—增强内生动力”转变。要建立“三地四方”合作机制，通过政府和市场协同发力，汇聚起疏解地的推力、承接地的拉力、疏解对象的动力和相关部门的助力，形成疏解合力，确保疏解对象“转得出、留得住、发展得好”。

雄安新区作为北京非首都功能疏解的集中承载地，已经从高起点规划转向高标准建设和高质量发展的新阶段。目前，北京援建的“三校一院”交钥匙项目进展顺利，中关村企业在雄安设立分支机构142家，首批入驻雄安市民服务中心的高端高新企业中90%来自北京。同时，雄安新区在承接北京非首都功能时也存在公共服务落差大、产业配套不完善、科技创新能力不足、疏解功能与承接需求错位、承接吸引力不够强等现实困境，需要更好发挥政府作用实现精准有序承接。

立足区域功能定位发挥各自比较优势

主持人：协同发展涉及资源配置、区域分工、利益格局的战略性调整，各区域功能科学定位是推动京津冀协同发展的重要前提和基本遵循。当前，三省市距离定位还有哪些差距？应当如何推进？

叶堂林：京津冀总体发展目标是打造以首都为核心的世界级城市群、区域整体协同发展改革引领区、全国创新驱动经济增长新引擎、生态修复环境改善示范区。北京定位是“四个中心”（全国政治中心、文化中心、国际交往中心、科技创新中心），天津是“一基地三区”

（全国先进制造研发基地、北方国际航运核心区、金融创新运营示范区、改革开放先行区），河北是“三区一基地”（全国现代商贸物流重要基地、产业转型升级试验区、新型城镇化与城乡统筹示范区、京津冀生态环境支撑区）。

现在京津冀三地都在努力实现其功能定位，但与最终目标仍有很大的差距。比如首都“大城市病”突出问题还没有得到根本缓解，京津冀地区没有形成生态环境质量改善、产业联动发展和公共服务共建共享的有效机制等。

武义青：7 年来，京津冀三地紧紧围绕区域整体功能定位和各自功能定位，坚持“一张图”规划、“一盘棋”建设和“一体化”发展，初步形成功能互补、产业分工、空间优化、互利共赢的区域经济布局。但与此同时，三省市距离功能定位仍有不小差距。以河北为例，由于历史原因和传统产业发展的路径依赖，河北产业结构以重工业为主，推进产业转型、改善生态环境叠加新冠疫情影响，对经济增速和财政收入造成一定程度的影响，对“三区一基地”建设形成挑战。

未来，京津冀三地一方面要立足各自功能定位，发挥各自比较优势，走出一条合理分工、优化发展的新路，实现基础设施互联互通、产业发展互补互促、资源要素对接对流、公共服务共建共享和生态环境联防联控。另一方面，要把北京的“减量发展”和“辐射带动”结合起来，在区域整体层面形成“以首都为核心的世界级城市群、区域整体协同发展改革引领区、全国创新驱动经济增长新引擎、生态修复环境改善示范区”。

统筹谋划整体布局实现一体化发展

主持人：当前，京津冀协同发展工作重心由交通、产业、生态3个率先突破，正在向区域产业链集群、公共服务、协同创新、体制机制等方面一体化转变。如何进一步破除区域资源流动障碍？

武义青：京津冀地区行政配置资源的特征明显，国有企业占比较高，市场配置资源的决定性作用尚未得到充分发挥。北京作为首都和直辖市，集聚了大量行政功能和优质公共服务资源，对周边地区的人才、劳动力、资本、技术等要素形成明显的“虹吸效应”。同长三角、珠三角地区相比，京津冀统一的商品和要素市场建设相对滞后，市场一体化水平相对较低。

随着京津冀协同发展向纵深推进，需要进一步打破行政干预带来的市场分割和地方保护，消除歧视性、隐蔽性的区域市场壁垒，破除制约要素自由流动和资源优化配置的体制机制障碍，形成区域统一开放、竞争有序的商品和要素市场。对于人才流动，既要制定鼓励人才跨地区、跨行业、跨部门自由有序流动的政策措施，也要防范京津对河北人才的“虹吸效应”，在户籍制度、高考政策、社会保障等方面出台一揽子配套政策，切实增强河北对高端创新人才的吸引力。要在高等教育、科技创新、产业发展等领域实行统筹谋划、整体布局和一体化发展，促进教育链、人才链与创新链、产业链、市场链、政策链无缝对接，实现到2030年“京津冀区域一体化格局基本形成”的远期目标。

叶堂林：进一步破除京津冀区域资源流动障碍，应着重从以下几个方面发力。

一是构建网络化综合交通运输体系，疏通区域内资源要素的流动渠道。在交通路网建设规划方面，依托现有的京、津、石、保、唐等中心节点城市和三条主轴的交通骨架，重点加强北京新机场、雄安新区、张家口、冀中南地区的交通枢纽站建设。

在交通拥堵治理方面，将小型智能轨道交通融入现有的交通运输体系，依托大数据和卫星遥感技术，构建区域交通路网协同治理平台，实现一体化应急联动，提升三地间的交通协同治理水平。

二是构建区域内全产业链体系，以产业协同助推资源要素流动。建议科学制定基于产业链分工的产业协同发展专项规划；完善政府间产业协作联动机制；优化企业结构，营造良好的区域产业生态。

三是构建基于自然资源产权化的跨区域生态补偿机制，推动资源要素向生态涵养区流动。

一方面，在明确自然资源产权化基础上，研究生态资源的生态价值，在京津冀地区率先实施生态资源有偿使用。

另一方面，借助冬奥会等重大契机，明确各级政府的补偿边界、资金分成及分工，加快完善京津冀三地政府间横向财政转移支付制度。

四是构建跨区域协同创新共同体，推动人才、技术等关键要素流动。完善政府层面的资金联合投入机制；完善三地科技政策对接机制；围绕重点产业链布局创新链。

五是构建多元化公共服务供给模式，以公共服务均等化促进资源要素流动。合理划分中央和地方政府在公共服务配置中的权责；构建公共服务多元供给主体合作机制；形成区域性公共服务多元主体协作治理的常态化保障机制。

肖金成：为推动京津冀高质量协同发展，提出以下建议：

构建产业协作平台，推动产业转移对接。京津冀与周边地区应积极构建产业合作平台，推进产业转移承接。一是鼓励毗邻城市成立园区合作联盟，建立常态化协作联动机制，共享项目信息，共同举办招商推介活动，打造双向承接产业转移平台，以联合出资、项目合作、资源互补、技术支持等多种方式共建跨区域产业园区；二是加强对区域整体产业发展的引导，支持各地优势产业加快发展，以都市为核心建立产业链上下游联动机制，不断深化各城市产业分工合作，明确产业转移与承接的重点领域、适宜地区和操作路径；三是充分发挥行业协会、商会的桥梁和纽带作用，沟通信息，协助企业开辟合作渠道。

同时，鼓励各地区探索多元合作方式。一是完善各市利益分配机制，产业项目收益由合作各方分享，探索建设项目税收分配办法。二是探索建立跨地区基础设施、公共服务和生态环境建设项目成本分担机制。建立区域合作基金，用于公共事务支出，可根据各市GDP或财政收入的一定比例缴纳，市长联席会议决定支出事项。三是充分发挥行业协会在产业发展中的积极作用，形成跨地区行业联盟，共同制定行业发展规划和市场规则，探索各类市场资源的对接和整合。

原载 2021 年 7 月 13 日《经济日报》

建设高端产业集群是战略选择
——探索京津冀高质量协同发展有效（下）

本期嘉宾

首都经济贸易大学特大城市发展研究院副院长　叶堂林

北京市社会科学院副院长、北京市习近平新时代中国特色社会主义思想研究中心特约研究员　赵弘

天津财经大学经济学院教授　丛屹

主持人

经济日报社编委、中国经济趋势研究院院长　孙世芳

10 智库 2021年7月17日 星期六 经济日报

智库圆桌（第十七期）

建设高端产业集群是战略选择

——探索京津冀高质量协同发展有效路径（下）

在"京津冀高质量协同发展"智库圆桌专家会上，学者们在肯定京津冀协同发展取得明显成效的同时，也认为该区域距离实现京津冀区域一体化、打造世界级城市群的目标仍有不小差距。推进京津冀向更深层次、更高质量协同发展，深化产业对接合作，打造优势产业集群是重中之重。

主持人 经济日报社编委、中国经济趋势研究院院长 孙世芳

产业链与创新链需要高度融合

把产业对接合作作为重中之重

重点发展先进制造业产业集群

在“京津冀高质量协同发展”智库圆桌专家会上，学者们在肯定京津冀协同发展取得明显成效的同时，也认为该区域距离实现京津冀区域一体化、打造世界级城市群的目标仍有不小差距。推进京津冀向更深层次、更高质量协同发展，深化产业对接合作、打造优势产业集群是重中之重。

产业链与创新链需要高度融合

主持人：京津冀协同发展取得显著成效的同时，距离发展目标仍有不小差距。“十四五”时期，推动该区域高质量协同发展面临哪些问题，有哪些着力点？

叶堂林：“十四五”及未来一段时期，京津冀协同发展将紧紧围绕总体发展目标逐步推进，最终实现打造以首都为核心的世界级城市群、区域整体协同发展改革引领区、全国创新驱动经济增长新引擎和生态修复环境改善示范区。当前，该区域发展取得重大进展，但距离总目标仍然有一些差距，比较突出的问题有两个。

一是京津冀产业和创新整体结构发展不均衡，产业链和创新链融合发展仍有较大提升空间。研究发现，与长三角、珠三角和成渝地区双城经济圈城市群相比，京津冀城市群创新能力协同不够，城市间存在较大差距，不利于城市群产业链与创新链的有效融合。

二是创新能力差距大，北京对京津冀区域的辐射带动能力有待提升。在创新投入方面，2019 年，北京 R&D 经费投入强度（6.31%）

是河北的6倍；在创新产出方面，北京国内三种专利申请授权数（131716件）是河北的2.3倍，其中，发明专利授权数（53127件）是河北的10.4倍。创新能力差距大，导致三地在新产品研发、产品更新换代等方面参差不齐，制约了北京科技成果在津冀的落地转化。加之缺乏有效的创新成果转化与对接机制，相关产业基础及产业配套不足，导致北京的技术在津冀地区的转化不够。2019年北京输出津冀的技术合同成交额仅占流向京外地区的7.8%。

建设世界级城市群离不开产业集群，实现区域整体协同发展和创新驱动更需要产业提供有力支撑。为了更好实现总体发展目标，“十四五”及未来一段时间，推动京津冀协同发展迈上新台阶需要铸强其产业内“核”。

一方面，充分释放北京科技研发潜力，推动津冀传统产业转型升级。搭建专业化的科技成果供需对接平台，支持北京研发机构面向津冀传统产业改造需求开展关键技术研发与示范应用。支持北京各类研发机构与津冀产业集聚的园区共建技术创新服务平台。支持中关村专业园区在津冀地区设立特色产业领域的创新中心、孵化器等各类创新平台。

另一方面，要鼓励重点产业链与主要创新链深度融合发展，提升区域整体发展水平。

一要研究区域内需要布局的重点产业链。以北京高精尖产业和区域内战略性新兴产业为重点，围绕新一代信息技术、人工智能及智能装备制造重点产业在区域内布局产业链；采取“政府政策＋龙头企业+融资担保+产业链中小企业”的模式，培育一批具有国际竞争力的中小企业。

二要强调重点产业链的强链、补链和延链。通过重点园区推动产业链在区域内布局，实现强链；针对重点产业链中缺失或薄弱的环节，进行产业链招商引资，吸引国内外龙头企业落地，发挥龙头企业或关键企业的集聚效应，实现补链；增强重点产业链的科技含量，通过科技创新实现重点产业链两端向高附加值环节延伸，实现延链。

把产业对接合作作为重中之重

主持人：区域协同发展需要产业协同作为支撑，当前京津冀产业结构区位差异明显。您认为如何进一步优势互补，加快产业协同发展？

赵弘：当前，国内外形势正在发生深刻复杂变化，世界处于百年未有之大变局，我国进入高质量发展新阶段。“十四五”是贯彻新发展理念、构建新发展格局的关键时期，京津冀协同发展向更深层次、更高质量、更高水平推进，必须进一步筑牢产业根基。

“十四五”期间，要把打造京津冀高端产业集群上升到战略高度。打造京津冀高端产业集群是构建新发展格局、保障产业链供应链安全稳定的战略选择，是支撑区域创新能力建设、实现科技自立自强的客观要求，是发展高能级总部经济、提升区域话语权和控制力的重要手段，是深化京津冀协同发展、建设以首都为核心的世界级城市群的重要支撑。

京津冀协同发展仍面临诸多制约，不平衡、不充分问题依然突出，产业升级和经济高质量发展任务尤为紧迫。未来，必须把打造具有全球竞争力的世界级产业集群作为重要支撑，把产业对接合作作为重中之重，将存量疏解和增量培育结合起来。加快打造京津冀高端产业集群应着力做好以下工作。

第一，突出国家战略性产业布局需求，构建“创新链带动产业链、产业链完善创新链”的双链互动格局。京津冀区域打造高端产业集群，应把服务国家战略摆在首要地位，瞄准国家战略性产业布局的需求，打造一批具有国际竞争力的高端产业集群。

聚焦战略性产业前沿领域，加速培育“硬核”产业，跨区域构建创新链与产业链的双链互动格局。京津冀科技创新优势独特，生物技术、集成电路、新能源等新兴产业发展处于全国前列，具备引领国家战略性产业发展的基础，但部分产业上下游断层、高端制造配套不足、企业关联度不高。新形势下，京津冀要瞄准前沿领域，加强创新链产业链的补链、延链和强链，打造具有前瞻性、战略性、全局性的世界级高端产业集群。

从京津冀区域来看，北京在绿色技术、绿色产业发展方面基础优势明显，新能源、清洁能源、节能减排服务等领域集聚了一批有影响力的创新主体和行业龙头；天津、河北传统产业仍占有相当大的比重，绿色转型升级的任务仍然比较艰巨。京津冀未来要强化绿色技术创新突破，推动绿色产业高端集群建设，使之成为中国走出去服务全球生态环境治理的重要战略性产业。

第二，聚焦重点区域，以点带面示范辐射京津冀产业全面转型升级。2017 年 12 月京津冀联合出台《关于加强京津冀产业转移承接重点平台建设的意见》，明确构建“2+4+N”产业合作格局。如今，北京城市副中心与雄安新区两个集中承载地建设加快，四大战略合作功能区一批重点项目相继落地，N 个专业化特色化承接平台建设有序推进。未来，京津冀打造高端产业集群，应在建设“2+4+N”产业承接平台的基础上再聚焦，突出重点，强化特色，力争尽快形成一批京津冀产业深度融合的核心承载平台和示范性区域，辐射带动区域产业实现整体转型升级。

一方面，立足区域内北京、天津、石家庄等现代化都市圈建设，紧密结合京雄城际、石雄城际、京唐城际、京滨城际等重大交通设施规划布局，统筹中关村国家自主创新示范区、天津滨海新区等国家级科技园区的辐射带动，高标准规划建设若干个高端产业集群载体空间，形成“以交通链串起园区链、用园区链促进产业链”的新发展格局。

另一方面，聚焦新能源汽车、生命健康、集成电路等京津冀具有较好发展基础和竞争优势的产业领域，加快推进国家智能汽车与智慧交通（京冀）示范区亦庄基地、雄安新区大数据产业研发创新及成果转化引领区等重点项目建设，强化链条延伸、产业集聚和生态培育，打造一批“专而精、精而强、小而美”的特色产业园区或基地。

第三，将高端产业集群与现代化都市圈、世界级城市群建设有机融合，实现产业服务与城市服务相匹配。从世界级城市群发展看，往往在由核心城市辐射带动周边区域形成的都市圈内部，依托其更为紧密的通勤交通条件和公共服务领域率先一体化，成为城市群培育高端产业集群建设的重要空间载体。京津冀打造高端产业集群，要坚持产业发展与都市圈布局相结合，实现产业与城市功能的空间融合。

对于北京、天津、石家庄、唐山等超大城市和大城市，要把推进京津冀高端产业集群建设与完善现代化都市圈功能体系、空间格局及治理“城市病”统筹协调起来。通过建设分散化、组团式、多中心的都市圈结构，构建干线铁路、城际铁路、市郊铁路、地铁“四网融合”的轨道交通体系，优化公共服务资源配置等综合方式，引导与核心城市关联紧密的高端产业在都市圈重要节点区域发展布局，打造一批产城融合、职住平衡的城市新空间。

对于邯郸、沧州、保定等其他城市，要在主动融入区域现代化都市圈、京津冀世界级城市群建设的同时，把培育特色产业集群，融入京津冀高端产业集群建设作为重要内容来抓。在功能空间布局时，要按照组团式布局的思路，将产业资源布局与城市功能组团相结合，促进产业服务和城市服务有机融合，积极营造生态、绿色、人文、高品质的宜居宜业环境，不断增强这些城市对高端产业资源、高素质人才的吸引力。

第四，以新阶段更高层次改革开放为动力，为京津冀高端产业集群赋能。我国实施新一轮高水平对外开放战略以来，天津、河北、北京相继获批自贸试验区，京津获批国家服务业扩大开放综合试点，为区域协同发展特别是产业开放合作带来重要机遇。在京津冀打造高端产业集群过程中，要充分发挥三地自贸试验区和京津服务业扩大开放综合试点的先行先试优势，探索突破性政策创新，破解协同发展面临的要素流动、政策衔接、体制机制等方面的瓶颈制约。

一是积极争取三地自贸区政策、京津服务业扩大开放试点政策，向区域内具备条件的高科技园区、高端产业功能区、共建产业园区等推广复制，实现政策互联互通。

二是深化贸易自由化便利化政策，在三地通关一体化基础上，联合申报“京津冀自由贸易港”，推进贸易体系共建共享。同时，要深化三地空铁联运等创新机制，以首都机场、大兴机场为引领，构建“双核心 + 双辅助 + 多节点”三级机场梯队，为高端产业集群建设提供有力支撑。

三是在北京城市副中心与廊坊北三县、大兴国际机场临空经济区等一批重点先行先试区域，率先开展部分行政审批权限下放和跨区域审批改革试点，力争实现“区域的事区域办”，进一步优化区域营商环境，增强对高端产业资源的吸引力。

重点发展先进制造业产业集群

主持人：对标世界级的产业集群，您认为如何加快京津冀产业协同发展？

从屹：当前，京津冀协同发展处于“滚石上山、爬坡过坎、攻坚克难”的关键时期，有不少需要破解的难题。其中，作为衡量经济区域发展的重要指标，产业集群的发展水平极其关键，未来，三地需要下大力气推进世界级产业集群建设。而打造世界级产业集群，关键在体制机制的创新与突破。

世界级产业集群的建设，需要以区域的科创能力和应用转化能力为支撑。从数据上看，京津冀区域的总体科技创新能力不弱，但发展不均衡，北京作为全国科技创新中心的优势尚未在邻近的津冀两地充分发挥出来。

为了更好发挥比较优势，未来，京津冀打造世界级产业集群，重点下功夫的领域应该是先进制造业产业集群。近年来，北京率先向外疏解部分制造业，相关部委积极落实财税和其他配套政策，但津冀两地的实际承接能力尤其是对高端制造业的承接能力较弱，出现部分迁出的先进制造企业流向长三角、珠三角的现象。这种现象背后的主要原因还是三地之间产业发展水平存在巨大差距。目前，津冀两地的制造业仍属于规模经济为主的“工业 2.0”模式。未来，要加速推进“工业 3.0”的信息化、自动化、工业工程、精益制造等进程，充分考虑“工业 4.0”智能化的要求，逐步向先进制造研发、高端制造为主的产业结构转型。

高质量推进三地的产业集群化发展，关键在协同创新体制机制的深化改革，要破除制约协同发展的行政壁垒和体制机制障碍，构建促进协同发展、高质量发展的制度保障。不仅要依靠政府，也要充分调动全社会和市场的创造力和活力。

首先，协同创新体制机制的建立是一个系统性工程，需要有久久为功的定力，更要有担当作为的勇气。不仅要打破行政区划的“一亩三分地”的“块”式壁垒，更要深入破除部门间的“条式分割”，加强政府职能部门之间的协同协作，从顶层设计到基层实践，打破条块分割的体制性壁垒，彻底破除“本位主义”的思维影响。

其次，要把“政府有为”和“市场有效”统一起来，扩大市场开放，充分提高公共产品和公共服务领域的资源配置效率，通过市场化改革路径，深化“放、管、服”改革，规范并大力发展行会、商会、协会等社会组织，调动和发挥好“第三部门”的作用。政府在集中精力做好政策引导和市场监管的同时，对社会和市场失灵的领域，要切实担负起政府的主体责任。

最后，要继续向着提高开放水平、优化营商环境的方向深化行政体制改革，降低“体制性成本”。政府的研究决策能力、服务意识和水平，往往是优化营商环境的关键。京津冀区域仍需在政府服务意识、工作作风上不断改进，不断提高学习和研究能力，在体制环境中形成尊重创新、服务创新的氛围，为规范创新提供必要的政策支持。

原载 2021 年 7 月 17 日《经济日报》

以改革释放发展潜能
——东北如何实现全面振兴新突破（上）

本期嘉宾

中国国际经济交流中心副理事长　韩永文

中国建设银行原董事长、东北亚经济研究院院长　王洪章

东北财经大学党委副书记、校长　吕炜

中央党校（国家行政学院）国际战略研究院原副院长　周天勇

主持人

经济日报社编委、中国经济趋势研究院院长　孙世芳

10 智库　2021年7月20日　星期二　经济日报

以改革释放发展潜能

——东北如何实现全面振兴新突破（上）

作为我国重要的工业与农业基地，东北全面振兴在国家发展全局中占有举足轻重的地位。"十四五"规划和2035年远景目标纲要提出，推动东北振兴取得新突破。与其他区域相比，东北依然拥有良好的产业基础、巨大的存量资产和较为完整的基础条件，在这样的条件与现状下，如何推动东北振兴取得新突破？智库圆桌邀请四位专家进行了深入探讨。

智库圆桌（第十八期）

本期嘉宾	中国国际经济交流中心副理事长	韩永文
	中国建设银行原董事长、东北亚经济研究院院长	王洪章
	东北财经大学党委副书记、校长	吕　炜
	中央党校（国家行政学院）国际战略研究院原副院长	周天勇
主持人	经济日报社编委、中国经济趋势研究院院长	孙世芳

用好比较优势　激活东北发展潜力

主持人： 全面振兴东北事关国家高质量发展的大局。从基础条件和资源禀赋来看，东北经济发展具有哪些优势？当前还面临哪些困难和问题？

韩永文： 一个区域的发展，需要立足自身比较优势，还需要借助国家乃至全球发展大环境、大趋势，因势利导借用和创造新的比较优势。东北的基础条件和资源禀赋是很好的，其发展优势包括以下几个方面。

改善营商环境　提升企业内在动力

优化结构布局　培育高端绿色产业

《中华人民共和国国民经济和社会发展第十四个五年规划和2035年远景目标纲要》提出，推动东北振兴取得新突破

从维护国家国防、粮食、生态、能源、产业安全的战略高度，加强政策统筹，实现重点突破

加快转变政府职能，深化国有企业改革攻坚，着力优化营商环境，大力发展民营经济

打造辽宁沿海经济带，建设长吉图开发开放先导区，提升哈尔滨对俄合作开放能级

加快发展现代农业，打造保障国家粮食安全的"压舱石"

改造提升装备制造等传统优势产业，培育发展新兴产业，大力发展寒地冰雪、生态旅游等特色产业，打造具有国际影响力的冰雪旅游带，形成新的均衡发展产业结构和竞争优势

加大生态资源保护力度，筑牢祖国北疆生态安全屏障

2016年

《中共中央国务院关于全面振兴东北地区等老工业基地的若干意见》出台，强调抓好新一轮东北老工业基地振兴，重点要在4个方面着力：一是着力完善体制机制；二是着力推进结构调整；三是着力鼓励创新创业；四是着力保障和改善民生

2003年

中共中央、国务院发布《关于实施东北地区等老工业基地振兴战略的若干意见》，明确实施东北老工业基地振兴战略的战略意义、指导思想、方针任务和政策措施

作为我国重要的工业与农业基地，东北全面振兴在国家发展全局中占有举足轻重的地位。“十四五”规划和2035年远景目标纲要提出，推动东北振兴取得新突破。与其他区域相比，东北依然拥有良好的产业基础、巨大的存量资产和较为完整的基础条件，在这样的条件与现状下，如何推动东北振兴取得新突破？智库圆桌邀请四位专家进行了深入探讨。

用好比较优势　激活东北发展潜力

主持人：全面振兴东北事关国家高质量发展的大局。从基础条件和资源禀赋来看，东北经济发展具有哪些优势？当前还面临哪些困难和问题？

韩永文：一个区域的发展，需要立足自身比较优势，还需要借助国家乃至全球发展大环境、大趋势，因势利导借用和创造新的比较优势。东北的基础条件和资源禀赋是很好的，其发展优势包括以下几个方面。

一是雄厚的工业基础。东北地区工业发展始于19世纪末。中华人民共和国成立后，中央和东北地方政府大力开展工业化建设，第一个五年计划的156个重大工业项目中有54个在东北。100多年来的工业发展使得东北三省工业基础扎实、技术沉淀雄厚、产业聚集度高，建立起了涵盖装备制造、煤炭、钢铁、石油、化工等重大工业项目的全面工业体系。截至目前，在高端数控机床、大型工业设备制造、石油化工、冶金工业设备制造等领域，东北仍占据国内市场主导或领先地位。

二是丰富多元的自然资源和创新资源优势。东北地区地域广袤，地理资源和经济资源多样。区域内拥有吉林大学、哈尔滨工业大学等一大批重点高校以及中国科学院光机所、大连化物所等国家顶级科研机构，这都是东北地区实现创新驱动，构建现代化科研创新体系和现代化经济体系的重要基础和条件。

但是，东北优势和发展潜力还没有充分发挥出来。政策优势尚未完全转化为解放生产力、发展生产力的现实势能与动能；工业基础优势没有得到有效发挥、创新资源没有被有效激活；经济发展活力不足，缺乏新产业、新业态、新模式与市场有效结合的机制，导致部分地区产业结构单一，经济发展水平相对滞后。

王洪章：首先要肯定东北振兴战略自2003年实施以来取得的成效，在2007年至2011年，东北三省年均经济增速达到18%以上，超过全国经济平均增速。在一系列政策部署和战略推动下，东北在经济总量、产业升级、体制改革、对外开放、社会民生等方面均取得了一定成果。

但也要看到，在我国经济高质量转型发展和产业链现代化建设的要求下，东北发展离全面振兴目标仍有差距。一是市场经济活力不足。国有经济现代企业制度不健全，民营经济发展缓慢，是东北经济发展面临的主要问题。二是产业发展存在结构性矛盾等问题。东北的农业、工业基础良好，是全国最大的商品粮基地、最重要的工业基地，但是基础产业优势没有最大程度得到利用，产业供给能力和产业链水平有待提升，尤其是以生产性服务业为代表的上下游产业链条延伸不足。

吕炜：东北地区的体制与环境，是计划经济时期优先发展重工业战略的结果，是资源集中投入，并以体制加以保障的典型代表。应通过战略布局来缓解东北地区的振兴困境，这种战略性布局是从国家长远发展需求着眼，将能够充分发挥东北地区比较优势的战略性、超前性改革率先布局在此地。比如，东北地区承担着维护国家国防安全、粮食安全、生态安全、能源安全、产业安全的战略使命，增强这五大安全的维护能力，建议在东北地区布局相应的重大项目。宏观政策上，一方面要在战略布局上重塑东北地区独具特色的战略定位，另一方面要发挥全国性资源引导的信号灯、指挥棒作用，促使更多的外部资源流入，让市场重新看到东北地区的竞争优势和发展潜力。

周天勇：我认为东北具有国土资源再利用和再开发优势。一是过去工矿用地、城市国企用地、各级产业园区用地等，在产业结构调整过程中，出现了不同程度的闲置和低效利用现象，可以根据中央和国务院推进土地要素市场化配置的意见，重新规划、流转盘活、加快利用。二是对东北三省西部，包括内蒙古东部，一些干旱土壤和盐碱地，按照“十四五”全国建设水网的规划，建设水利工程，调水与改土相结合，改造干旱和盐碱未利用土地，形成耕地、生态用地和建设用地，并向南部和东部经济发达地区跨省市提供建设用地占补平衡指标，促进东北地区与其他经济发达地区的互补和协同发展。

改善营商环境 提升企业内在动力

主持人：传统国企是东北经济的重要载体，新发展阶段，如何理顺政府与市场关系，促进国企与民企交融发展？

吕炜：在我国区域发展版图中，东北地区的发展动力仍显不足，并有要素外流趋势。要改变这一趋势，关键是加快提高东北地区的资源配置效率。一方面应加快壮大市场力量，充分发挥市场配置资源的作用，加大市场对资源配置效率提升的边际贡献。另一方面，要增强政府配置公共资源、引导市场资源的能力，让市场主体感受到效率的提升。

东北地区应以更大努力持续优化营商环境，全面激发市场主体活力和创造力。要总结“放管服”改革经验，找准下一步优化营商环境的着力点。要健全营商环境评价制度，基于企业活力、企业效益、产品竞争力、员工收益等维度优化营商环境评价指标体系。要加快推动官员考核体系变革，实现考核指标体系向企业效益、地区就业、科技创新等方面转变，推动官员政绩观念转变。要推进落实主要领导常态化联系服务企业机制、重大项目领导分包机制，全力服务好重点项目建设和企业发展。要用法治思维统领营商环境各项工作，增强决策科学性和透明度。

周天勇：东北要有全面振兴新格局，即高质量振兴，意味着不再走大投入和摆项目、增长持续时间短、未形成内生动力的老路。要以效率突破为导向，转变观念，促进体制改革和机制转变。东北经济发展不是要速度，而是要效率。在提高效率的基础上，稳定和加快经济内生增长速度。

政府管理要向科学治理和服务转轨，提高政府管理效率。培养效率意识，减少审批和其他事项环节，简化标准清单，规定办结时间，推进群众投诉、奖惩制度等；推行数字化办公，让数据多跑路，群众少跑腿；大幅清理各种不利于营商环境和为民办事的规定；严禁对管理和执法擅自加码、扩大化和“一刀切”；不搞形式主义，不谋求部门和机构利益。

韩永文：改革开放以来的实践证明，民营经济是市场竞争活力所在，也是市场经济发展活力所在。东北民营经济发展不足、地位不高、活力不够是一大短板。要千方百计创造民营经济发展的环境，引进外资、引进民营经济，形成“鲇鱼效应”，这应该是激发东北市场与经济活力的重要举措。要在引进民营经济、培育民营经济、发展壮大民营经济方面进行更多的改革与创新。

激活东北发展潜力，既要有航母级的央企、国企，更需要数以万计的民营企业。加速培育民营企业，一是继续深化改革，不断完善市场经济体制、优化营商环境，破除阻碍民营经济发展的行业壁垒，实现市场主体多元化。二是鼓励民营企业积极参与国企改革，推进国有企业股份制改造，大力发展混合所有制经济。三是重点培育

“专精特新”企业，在拓宽融资渠道、提升创新能力、开拓市场等方面予以扶持，争取在优势行业领域打造一批“小巨人”和“单项冠军”企业。四是大力弘扬市场意识强、竞争和创新意识强、社会责任感强的企业家精神。在营造更公平的市场环境、出台更宽松政策的基础上，鼓励民营企业家抢抓挑战中蕴藏的机遇。

王洪章：推动政府职能转变和国企改革，关键是强化制度创新。政府部门要进一步发挥作用，推动建设土地改革试验区、人口政策试验区以及国有企业和地方经济融合发展试验区，将成功模式复制推广。企业改革中，政府要将管理和运营决策权交给企业，企业要转变经营理念，树立公平竞争意识。

改善营商环境，要做好两方面改革。一是行政改革，在“放管服”上多做文章，特别是在“放”和“服”上，要有切实措施。“放”要彻底，服务要优质，让企业在宽松的市场化环境中经营和发展；“管”要实行严格的负面清单制度，以门槛是否更低、效率是否更高、办事是否更简洁，来判断行政管理的科学性和行政管理是否有效率。二是法律改革，落实和完善保护投资者合法权益的法律制度。切实保护企业家创业积极性，以良好的营商环境促进经济快速发展。

推动民营经济发展，主要从三个层面着手。第一，民营企业发展要与国有企业股份制改革结合起来。民营企业和国有企业形成良性互动的切入点是建立产业链关系，主动引入经济发达地区的民企参与国企混改，衔接价值链，延长价值链。第二，在法律、制度、营商环境、政府服务、金融支持等方面，一视同仁，为民营企业生产经营提供良好社会环境。第三，东北现有的经济结构，包括民营经济结构均以传统产业为主，新产业、新业态等较为缺乏，要用机制和政策吸引新业态在东北落地生根，并着力培育民营、国有企业面向新兴产业发展的态势。

优化结构布局 培育高端绿色产业

主持人：东北振兴，产业结构问题最为关键。如何释放独特优势，为传统优势产业注入新动力，形成新的均衡发展和竞争优势？

韩永文：推进新时代东北全面、全方位振兴，要着力提升东北服务国内市场需求的高质量供给能力。

一是应加快构建区域内有机分工、协调发展的自主科技创新体系，按照区域比较优势和需求导向，调动激发理工科研优势。将较好的理工教育、应用科研资源与区域内产业发展有效结合起来，服务于本区域和全国制造业高级化发展和产业链现代化进程，创造新增长点。既要抓住新一轮产业革命机遇，推动东北传统优势制造业向智能制造、数字经济等高科技产业转型；又要致力于巩固传统制造业基础，扩大产品和服务供给市场，做强制造业优势。

二是要注重培养、发展先进服务业。东北的先进服务业，尤其是现代生产服务业发展相对不足。东北应该在发展高端服务业方面，探索实施“弯道超车”战略，加快补上生产性服务业发展不足这块“短板”。政府应该强化规划引领、政策扶持，注重市场引导，运用现代数字信息技术，推进产学研企一体化发展，加快培育形成市场创新、技术创新、产品创新等前端生产性服务业发展机制；培育形成推进科研成果加速推广转化的中端生产性服务业体系；加速建设延长制成品市场开拓、产后与销后服务链条，积极拓展现代化生产性服务业增值空间。

三是进一步发挥东北在保障国家粮食、能源、生态、国防等方面的安全屏障功能。要特别重视黑土地等“土地中的大熊猫”的独特性，稳定提升粮食生产能力，扩大规模效益，拓展深加工产业链、提高附加值。能源安全保障方面，应着力于利用好东北地区的自有资源和国际能源市场多元化优势，在能源储备能力、能源资源深度加工利用上加大投资建设力度，大力拓展、深化军民产业融合发展。

吕炜：“十四五”时期，东北地区要取得振兴新突破，就必须央地合力，提前布局下好先手棋，以更大力度更强举措解决发展定位和战略规划、探索关键核心技术攻关新型举国体制等问题。

东北地区应谋划好适合自身发展的战略定位。要认真研究产业、教育、科技布局的发展规律，并对各项政策的实施效果进行科学评估。要立足战略使命和责任，充分发挥比较优势，勇挑国防安全重担，建设好国家大粮仓，促进绿色发展转型，提升能源保障能力，构建现代化产业链，提升维护国家“五大安全”的能力。要重视在装备制造、原材料生产等领域长期积累形成的核心技术、生产工艺、生产与管理人才等工业基础资源，加大盘活存量资源力度，优化存量资源配置，以存量资源吸引各类增量资源。要尽快摸清产业数据家底，做好数据资源的挖掘、清洗、服务及数据开发基础设施、重大装置的建设，制定有针对性的发展规划和保障措施，以最大化地发挥东北产业数字化的场景资源优势和数字产业化的数据资源优势。

东北地区应探索关键核心技术攻关新型举国体制的东北路径。东北要应科技创新需求，主动而为推进制度创新，更大力度发挥好政府在制度改革与创新方面的作用。要落实创新关键技术攻关“揭榜挂帅”制度，充分激发各类创新主体的积极性，加快推动关键核心技术的突破创新，切实提高创新链的整体效能。要建立健全基础研究的多元化投入机制，拓宽社会投入渠道，加大对基础研究的支持力度。

王洪章：东北要发挥基础产业优势，推动基础产业向高端化、智能化、绿色化发展转型。为优势产业注入新动力，使基础产业更好适应并支持全产业链高质量发展要求。

一是以“高端化”作为产出目标，增加科技投入。增加农产品和工业产成品附加值，瞄准更高端的市场需求。实现产出高端化，强化产学研相结合，重点加强对核心关键技术的研发攻坚。东北中小企业创新研发是短板，要提供更多政策倾斜，包括建立创投基金，使金融和信贷投放与底层企业的创新需求场景相融合。

二是以“智能化”为生产引擎，促进生产效率提升。抓住数字化发展机遇，利用前沿技术推动基础产业生产方式革新。用工业互联网联通产业链、创新供应链，促进基于数据跨区域、分布式生产和运营，提升全产业链资源要素配置效率。搭建工业云平台，推进制造技术软件化提升，根据技术需求进行软件化创新。

三是以“绿色化”作为续航保障，推动农业生态化和工业清洁化生产。抓住“碳达峰、碳中和”机遇，支持产业绿色升级。政策方面，由政府牵头推动绿色环保项目投入，建立奖惩机制，引导市场行为。技术方面，学习推广国家首批绿色产业改革试验区的经验技术，鼓励加强绿色产品核心技术研发。资金方面，发展绿色金融，设立专项贷款，促进社会资本流向绿色产业。

同时，充分发挥东北自然资源优势，发展生态旅游等特色产业。最大限度开发服务业资源发展潜力，建立集经济、旅游、文化三大要素为一体的特色文化产业集聚区。

周天勇：东北产业结构调整的任务，一是对传统工业体系进行数字化、智能化和网络化改造升级。要按照社会生产和消费需求变化，调整产业、行业和产品生产结构，提高产品质量、增强产品功能性、增加产品品种。二是资源枯竭城市和地区的转型，其核心任务是传统资源产业的替代转型，重新布局、发育和壮大新的主导产业。

东北产业结构调整升级，从经济主体看，一是要加快国有经济的混合所有制改革，使国有企业增强市场竞争意识。二是依照本地优势和条件，由各类经济主体按照其对市场的感知和判断，进行投资、建设和经营。符合市场需要的，蓬勃发展壮大，不符合市场需要的、没有竞争优势的，逐步缩小或者被淘汰，由市场选择、留住、发展和形成本地区的主导产业和产业结构。

原载 2021 年 7 月 20 日《经济日报》

以开放优化发展环境
——东北如何实现全面振兴新突破（下）

本期嘉宾

中国国际经济交流中心副理事长　韩永文

中国建设银行原董事长、东北亚经济研究院院长　王洪章

东北财经大学党委副书记、校长　吕炜

国务院参事室国际战略研究中心研究员　柴海涛

主持人

经济日报社编委、中国经济趋势研究院院长　孙世芳

10 智库　2021年7月22日　星期四　经济日报

深度开放是东北实现全面振兴的重要动力来源，在立足新发展阶段、贯彻新发展理念、构建新发展格局的背景下，如何抓住这一历史机遇，形成对外开放新格局，促进东北全面振兴取得新突破？围绕东北地区对外开放相关问题，智库圆桌邀请四位专家进行深入探讨

智库圆桌（第十九期）

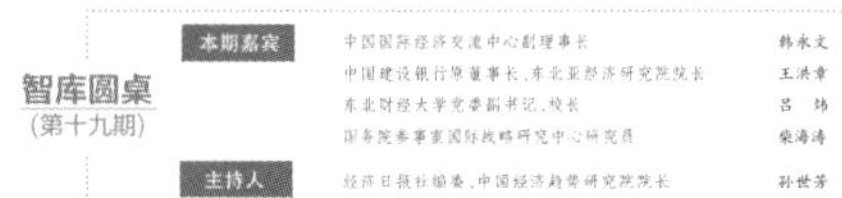

本期嘉宾
中国国际经济交流中心副理事长　韩永文
中国建设银行原董事长、东北亚经济研究院院长　王洪章
东北财经大学党委副书记、校长　吕炜
国务院参事室国际战略研究中心研究员　柴海涛
主持人
经济日报社编委、中国经济趋势研究院院长　孙世芳

以开放优化发展环境

——东北如何实现全面振兴新突破（下）

内外着力　打造共同发展新优势

主持人：“十四五”规划和2035年远景目标纲要提出，打造辽宁沿海经济带，建设长吉图开发开放先导区，提升哈尔滨对俄合作开放能级。在对外开放方面，东北面临哪些机遇和挑战？

韩永文：东北地区对外开放整体水平较低，2019年东北地区进出口总额占全国的3.3%，2018年实际外资利用金额为全国的8.6%。

抓住机遇　构建东北亚经济核心带

六大行业　全面开展对外经贸合作

黑龙江
2020年
全省实现进出口总值 1537.0亿元
其中
出口 360.9亿元
进口 1176.1亿元
全省外商投资新设立企业 113个
全省新签约千万元及以上利用内资项目 1080个
比上年增长89.5%

吉林
2020年
全省实现货物进出口总额 1280.12亿元
其中
出口 290.80亿元
进口 989.32亿元
全省实际利用外资额增长 9.4%（按人民币计）

辽宁
2020年
全省进出口总额 6544.0亿元
其中
出口 2652.2亿元
进口 3891.8亿元
全省实际利用外资 174.4亿元

数据来源：
黑龙江省统计局
吉林省统计局
辽宁省统计局

深度开放是东北实现全面振兴的重要动力来源，在立足新发展阶段、贯彻新发展理念、构建新发展格局的背景下，如何抓住这一历史机遇，形成对外开放新格局，促进东北全面振兴取得新突破？围绕东北地区对外开放相关问题，智库圆桌邀请四位专家进行深入探讨。

内外着力　打造共同发展新优势

主持人：“十四五”规划和2035年远景目标纲要提出，打造辽宁沿海经济带，建设长吉图开发开放先导区，提升哈尔滨对俄合作开放能级。在对外开放方面，东北面临哪些机遇和挑战？

韩永文：东北地区对外开放整体水平较低。2019年东北地区进出口总额占全国的3.3%，2018年实际外资利用金额为全国的8.6%。

一方面，国家高度重视东北地区振兴发展的政策优势。批复建立了哈尔滨、长春、大连金普、沈抚四个国家级新区以及长吉图开发开放先导区，大连东北亚国际航运中心等多个开发开放平台，辽宁和黑龙江自贸片区等，东北的振兴发展享受了很多政策红利。

另一方面，东北地区具备“一带一路”倡议的区位优势。东北位于环渤海经济圈，是东北亚地区的核心地带，沿边沿海，毗邻俄罗斯、蒙古国和朝鲜半岛，与日本隔海相望，和俄罗斯有长达4300公里的边境线，是中国内地赴俄远东地区的必经之地，也是中国面向东北亚其他国家和地区开放的重要窗口，是对外开放的前沿。同时，东北地区土地比较肥沃、能源供给比较丰厚，技术性劳动力基础很好。

柴海涛：东北面临的机遇有三。第一，东北地区在对外经贸合作方面具有明显优势。一是区位与物流优势突出。东北地区处于东北亚地理中心，具有区位交通优势，是联通朝韩日俄蒙的重要枢纽以及东北亚各国合作的重要区域。“通道经济”、“枢纽经济”、中欧班列叠加，进一步放大了交通枢纽优势。中蒙俄经济走廊、中欧班列开通，成为日韩企业联通欧洲市场的重要选择。现在“长满欧”“长珲欧”班列已是韩国三星、LG、现代等公司电子电器产品陆路运输到欧洲的重要通道。

二是要素禀赋互补的优势。东北工业化基础好，产业工人储备多，同时煤炭、石油、铁矿石、林业、土地等自然资源富集，对能源资源较为匮乏的日韩有吸引力。

三是具备与日韩合作的传统优势。东北与日韩经贸往来有良好的合作基础和传统。2019 年，东北三省对日、韩进出口额占整个地区进出口总额的 10.7% 和 6.5%。辽宁省在东北地区对日韩贸易中占比较高。2020 年上半年，吉林省对日进出口额逆势增长，其中出口增长 2.5%，进口增长高达 38.8%。日、韩在大连投资企业累计分别超过 4800 家和 2890 家。辽宁省和吉林省分别是日本和韩国入境旅游第一大客源地，黑龙江省是日、韩入境第三、第二大客源地。

第二，《区域全面经济伙伴关系协定》（RCEP）签署给东北对外开放带来重大利好。一方面，维护和巩固了我国在亚洲地区产业链供应链的核心地位。疫情加速改变全球产业链供应链格局，各国从经济安全考虑，更多地把经济主动权掌握在自己手里。北美、欧洲、亚洲三大区域，构建“三足鼎立”产业链供应链的动力正在增强。在此形势下，RCEP 对我国战略意义更为重要。另一方面，全面提高了我国主动对外开放的水平。RCEP 是全球最大的自贸区，人口、经济体量、贸易总额都约占全球 30%。通过多边框架，事实上建立了中日、日韩两对重要国家间的自贸关系，这对东北地区的对外经贸合作非常重要。

第三，新发展格局为东北发展带来新机遇。新发展格局把延续我国全球化红利和战略机遇期作为重要目标，通过内外两方面着力，塑造我国国际经济合作和竞争新优势。近几年我国在扩大开放方面，推出了许多重大举措。《中华人民共和国外商投资法》全面实施；扩大金融等服务业开放；对标高标准国际经贸规则，推进各地自贸试验区和海南自贸港建设。RCEP 协定签署、如期结束中欧投资协定谈判、对外宣布“积极考虑加入全面与进步跨太平洋伙伴关系协定（CPTPP）”等，一系列战略意在依托我国大市场的优势，建设更高水平的开放型经济新体制。一是国内巨大市场规模形成经济推动效应。以前拉动经济靠国际大循环以外促内，现在逐步走向依靠国内大循环以内促外。预计未来 15 年，我国潜在货物和服务贸易进口需求约达 40 万亿美元。双循环模式将通过国际贸易渠道增加世界总需求，给世界经济增添强大动力。二是继续推动我国经济与世界深入融合共同发展。新发展格局将推动中国产业链供给侧，以及国内市场需求侧，共同形成一个国内国际双循环相互促进的大市场，这对东北而言是难得的机遇。

抓住机遇　构建东北亚经济核心带

主持人： 新发展阶段，东北地区应如何抓住战略优势，发挥沿边沿海优势，打造对外开放新前沿？如何以深度开放促进振兴取得新突破？

吕炜： 要充分发挥区位优势、行业优势和资源优势，打造更加开放的发展环境，以更宽广的视野、更高的目标要求、更有力的举措推动全面开放，加快发展更高层次的开放型经济，吸引全球范围尤其是东北亚地区的要素资源集聚。要以制度创新为核心，以政策创新为支撑，加快推动辽宁、黑龙江自贸试验区新一轮改革试验，加强东北亚区域开放合作形式创新，激发东北亚区域开放合作的内生动力。要加快构建国际物流大通道，一方面，借鉴海南自由贸易港的发展经验，支持大连以辽宁港口整合为契机，探索建设自由贸易港；另一方面，对标国际物流货运需求，加快推动东北地区中欧班列提速扩线，全力打通“一带一路”东北亚物流大通道。

韩永文： 加快融入“一带一路”倡议，打造对外开放新高地。东北亚是我国“一带一路”倡议的重点延伸区域，面向东北亚，加强与日、韩、俄在科研、技术、制造业等方面的交流合作，将东北打造成贯通东北亚与“一带一路”经济联系的桥梁和纽带，拓展东北对外开放空间。东北应该深度融入“一带一路”建设，充分利用东北亚国家链接“一带一路”共建国家两个市场、两种资源，多措并举推进东北地区与东北亚各国、东北腹地与开放前沿之间互联互通，多层次开展与周边国家经贸合作，努力打造辐射“一带一路”共建国家的对外开放新局面。

近两年尤其是新冠疫情暴发以来，不少研究认为“全球产业链东移加速”，我国与包括日本、韩国在内的东亚、东南亚国家之间形成的全球重要制造业基地，是此次疫情中率先迅速实现稳定的地区。这一区域一端连接制造业零部件及半成品来源，另一端连接世界石油、矿物燃料等重要产地，中心则是强大的制造业加工区域。“全球产业链东移加速”会使这一区域从全球加工制造基地转变为全球市场。

东北应该积极用好老工业基地特别是制造业基地的优势，发挥更大作用。要用好区域经贸协定，推进我国产业链、供应链与区域内国家及地区合作。RCEP 签订推动东北亚经济一体化，可以给东北振兴带来新机遇。东北各省应该积极深化与日韩等国家的经贸合作，打造东北亚合作循环路径，吸引和利用外来技术及资金发展技术密集型产业，调整优化区域产业结构，带动其他产业全面发展。

以更高层次开放为抓手，大力优化营商环境，打造市场化、法治化、国际化的新东北。东北应十分重视并切实解决好“投资不过山海关”问题。从统计数据看，近些年东北对外开放的步伐落后于东部地区，也落后于南方地区。作为制造业比较发达的地区，东北利用外资的比重不高。加快开放步伐，用好国际市场，既是东北发挥国际贸易地缘优势、扩大市场规模的重要举措，又是东北缓解发展资金不足、市场活力不够、更新观念解放思想的重要途径。

目前，我国服务业吸收外资占利用外资总量的70%以上。东北应该通过优化招商环境加大对外开放力度，特别是加大服务业对外开放，既要解决服务业比重偏低的问题，又要解决服务业与现代制造业融合发展不足的问题。

可以探索通过新的开放平台建设，加快营商环境优化升级。新区、自贸试验区、内陆开放型经济试验区等平台是我国新形势下对外开放的重要载体和制度创新平台，也是东北借势推进全方位、高层次改革开放的新平台和新抓手，其核心内涵就是要对标国际高水平贸易规则，通过开放倒逼改革，通过营造国际化、法治化的营商环境，探索实现从依靠要素红利向制度红利转变的路径。借助这些新的开放平台，坚持高标准、高质量、全方位对外开放以及对国内其他地区和市场开放，进一步改善全区域营商环境。

打造优势互补、合作共赢的产业链和供应链网络。双循环新发展格局要求东北更紧密地与国内其他区域以及东北亚其他国家有机融合发展，共同构建合作紧密的现代化产业链、供应链网络。

一是可以考虑将劳动密集型产业向国内西部地区以及俄罗斯远东或蒙古国进行转移，在做大、做强、做精核心产业和具有比较优势产业的基础上，推动东北地区企业研发和营销升级。二是利用土地资源丰富、理工教育科研和人才资源优势吸引东部发达地区制造业进入，承接日、韩、俄相对先进的产业转移，积极培育发展新兴产业，加快发展服务业特别是加快发展生产性服务业。三是要加强与日本、韩国等周边发达经济体共同构建以软件、电子信息、智能产品为主的高技术产业链。四是利用东北雄厚的工业基础和技术沉淀，以及东北亚、欧洲等“一带一路”共建国家的资源和市场，共同构建资本密集型、技术密集型产业链。

王洪章：与长三角、粤港澳大湾区等区域相比，东北各地区间协同发展相对不足，在东北整体规划布局中，区域内合作层次低，缺乏竞争环境，削弱了竞争优势，较难形成区域发展合力。同时，与全国其他区域在产业发展方面交流合作较少。在对外开放方面，重点突破不够，没有成为东北亚经济圈的核心地带，大连东北亚国际航运中心的价值未能得到充分利用和显现。

建议建立东北（包括内蒙古）经济区，与东北亚实现整体联动。在国家已批准的各类对外开放区、圈、群、中心基础上，扩大政策范围，延伸政策深度，建立以东北区域经济一体化为目标的经济区，使东北真正成为东北亚经济圈的核心地带，增强东北在东北亚区域内的竞争力。

另外，城市在经济发展中的带动作用巨大，东北城市综合竞争力较弱，沈阳、长春、哈尔滨、大连综合竞争力在全国城市排名有待提升。提升这四个城市的发展水平，可以带动三省其他地区快速发展。四个城市 GDP 占东北三省 GDP 的 30% 以上，城镇化率约 90%。在“哈长城市群”建设和“沈大双核”区域发展格局基础上，可先行实施“沈长哈大”四城市协调发展机制，依托中心城市的集约，快速突破，建成现代化都市圈，带动东北全面振兴与发展。

六大行业　全面开展对外经贸合作

主持人：东北地区在对外开放合作中有哪些重点领域值得关注？

柴海涛：RCEP 是我国签署的对外开放力度最大的自贸协定，除了 90% 以上的商品零关税之外，开放领域更加广阔。在 RCEP 协定框架下，东北地区有六大行业可作为对外开放合作的重点。

一是高附加值制造业。依托东北装备制造业优势，与日韩加强高端制造与智能制造领域合作，推动面向欧洲与日韩市场的高端产品在东北生产，带动周边企业参与供应链配套。充分利用毗邻国家的能矿资源优势，利用出境加工复运进境、过境加工、保税加工维修等新型贸易方式，发展附加值较高的矿产资源精深加工、电子产品制造、绿色高端食品、高档服装鞋帽等轻工产品加工，培育东北加工制造业。

二是数字经济产业。发挥跨境电商综合试验区先行先试作用，加快抚顺、营口、盘锦、吉林、珲春、绥芬河、黑河等新设跨境电商综合试验区发展，打造数字贸易示范项目，建设北方地区对日韩数字贸易基地。依托自贸试验区、国家级新区等平台，在 5G、大数据、云计算、区块链等领域扩大对日韩开放，提高数字产业合作水平。在沈阳、大连、长春、哈尔滨等重点城市加强与日韩智慧城市合作，提升东北地区数字化、智慧化水平。

三是优质特色农业。日韩两国由于土地资源有限，对农林产品需求量较大。引进日韩农业生产标准及食品农产品安全标准，发展农产品精深加工，打造高标准农产品出口基地。可以探索建立中日、中韩农业合作示范区，开展良种培育、绿色有机、智慧农业等联合研发。吸引日韩企业农业投资，打造以东北为原产地的优质农产品品牌。日韩对中医药认可度较高，积极推动东北地区中药材种植养殖、生产加工规范化，引入日韩检疫检测标准，促进中药材出口。推动东北地区人参、鹿茸等特色药材精深加工，开发中药保健食品、化妆品、日用品等，提升东北中药材的综合利用率和附加值。

四是医疗康养产业。日韩康养产业较为发达，东北养老服务市场潜力较大。充分利用 RCEP 协定，扩大医疗、养老等服务业开放，将康养与医疗、旅游、休闲、地产等融为一体。与日韩企业共建康养产业园、医疗康复机构，共同开发智慧康养平台、医疗保健及康养护理用品等，提升东北医疗康养服务水平。

五是冰雪旅游产业。以 2022 年冬奥会为契机，积极发展冰雪产业尤其是冰雪旅游业，积极吸引日韩投资者参与，推动东北地区“冰雪 + 体育 + 文化 + 旅游”发展模式，增强对国内外游客的吸引力。同时，支持哈尔滨、长春、吉林、黑河等更多东北城市实施 144 小时过境免签政策，借鉴京津冀、长三角模式，允许国外游客过境后在东北所有行政区域免签停留，便利与日韩等国拓展旅游合作。

六是文化创意产业。东北地区是我国朝鲜族主要聚居区，而且日语人才也比较丰富。依托沈阳、大连、长春、吉林、哈尔滨等服务贸易出口基地，加强与日韩在文化创意领域的对接，借助新技术、新媒体，在信息服务、动漫游戏、设计服务、影视传媒等领域深度合作，积极承接日韩软件、设计等服务外包，提高服务贸易附加值。

原载 2021 年 7 月 22 日《经济日报》

畅通创业融资渠道

本期嘉宾

中央财经大学经济学院教授　戴宏伟

北京市长城企业战略研究所副所长　武文生

中国社会科学院财经战略研究院副研究员　蒋震

中科创星（中国科学院西安光机所创业孵化平台）创始合伙人　米磊

主持人

经济日报社编委、中国经济趋势研究院院长　孙世芳

10 智库　2021年7月27日　星期二　经济日报

畅通创业融资渠道

随着传统产业加速升级以及新兴产业蓬勃兴起，市场环境对初创企业的发展节奏有了更高要求，而投资行为趋于理性、投资热点领域出现阶段性变化是当前创业企业必须面对的新课题。"十四五"规划和2035年远景目标纲要提出，畅通科技型企业国内上市融资渠道，提升创业板服务成长型创新创业企业功能，鼓励发展天使投资、创业投资，更好发挥创业投资引导基金和私募股权基金作用。为了掌握创业融资最新情况，应对融资"卡脖子"问题，本期智库圆桌邀请四位专家共同研讨，为畅通创业企业融资渠道建言献策。

智库圆桌（第二十期）

本期嘉宾	中央财经大学经济学院教授	戴宏伟
	北京市长城企业战略研究所副所长	武文生
	中国社会科学院财经战略研究院副研究员	蒋震
	中科创星（中科院西安光机所创业孵化平台）创始合伙人	米磊
主持人	经济日报社编委、中国经济趋势研究院院长	孙世芳

创投市场聚焦"硬科技"

主持人： 当前，我国创业企业投融资市场呈现哪些特点？

戴宏伟： 我国创投市场经过前几年的蓬勃发展期，开始进入整合期。总体来说，我国现阶段的创业投融资市场呈现出以下三个特点：

资金供需存在不匹配

主持人： 新环境下，制约创业企业融资的瓶颈有哪些？

戴宏伟： 从创业企业自身条件看，创业企业产业优势不明显，市场目标不明确等问题仍然突出。

构建专业化服务体系

主持人： 对于改善融资市场环境，提高创业企业在资本市场融资效率方面有哪些建议？

戴宏伟： 一是推进中小企业银行建设，进一步拓宽融资渠道。

创业企业融资目的

市场扩展	42.18%
技术研发	23.8%
企业收购	7.97%
服务采购	9.74%
其他融资目的	16.31%

创业企业首次融资方式

债权融资	股权融资	私人借贷	众筹	天使投资	政府支持	其他
3.50%	18.07%	8.57%	3.15%	29.34%	4.07%	33.31%

知识产权质押融资需求增加

创业企业调查数据深度研究课题组

一线调查

数据来源：经济日报社创新创业调查（二期）

随着传统产业加速升级以及新兴产业蓬勃兴起，市场环境对初创企业的发展节奏有了更高要求，而投资行为趋于理性、投资热点领域出现阶段性变化是当前创业企业必须面对的新课题。“十四五”规划和2035年远景目标纲要提出，畅通科技型企业国内上市融资渠道，提升创业板服务成长型创新创业企业功能，鼓励发展天使投资、创业投资，更好发挥创业投资引导基金和私募股权基金作用。为了掌握创业融资最新情况，应对融资“卡脖子”问题，本期智库圆桌邀请四位专家共同研讨，为畅通创业企业融资渠道建言献策。

创投市场聚焦“硬科技”

主持人：当前，我国创业企业投融资市场呈现哪些特点？

戴宏伟：我国创投市场经过前几年的蓬勃发展期，开始进入整合期。总体来说，我国现阶段的创业投融资市场呈现出以下三个特点：

第一，资金向头部企业集中。各行业的头部企业基于品牌影响力、过往优秀业绩等原因更易获得资金方的青睐，越来越多的资金向优质企业和优质项目集中；大量腰部及以下企业融资难度不断增大，因此对中小微企业融资困难需给予更多关注。

第二，民间资本表现亮眼，“云服务”开始发力。随着双创的不断深入，大量民间资本进入创业市场，天使投资、创业投资、互联网金融等投融资服务快速发展。市场化、专业化的民营创业孵化机构不断涌现，为创业企业提供投资路径、交流推介、培训辅导、技术转移等增值服务。疫情期间，很多众创空间还借助互联网、大数据等新技术，为创业企业提供“云上”服务。

第三，战略性新兴产业投资热度持续上升。近年来，高端制造、新能源、新材料、节能环保等国家大力发展的战略性新兴产业持续受到资本青睐。此外，科创板的开板为科创企业带来红利，提高了机构的投资积极性和资金的流转效率，吸引了更多资本服务高科技企业的成长与发展。

武文生：现阶段创业投融资服务呈现出制度不断创新、投资主体多元、创业服务增值等特点。

制度创新方面，在国家政策推动下，若干试点城市开展了科技金融融合创新实践，通过“创投提供反担保、担保提供增信、银行提供低成本资金”方式建立了投保贷联动机制，促进贷款业务和创业投资业务更加紧密结合。上交所设立科创板并试点注册制、深交所深化创业板改革并试点注册制，持续探索提升服务科技创新企业的能力。中国银保监会加强对商业银行小微企业金融服务工作开展的监管评价，从信贷投放、机构准入、资金募集、监管指标、贷款服务方式、风险管理等方面出台多项措施，推动小微企业金融外部环境的改善。

创业投融资市场参与主体更加多元。伴随着天使投资的兴起，一批成功的民营企业家转型做了投资人，成为天使投资的生力军，互联网平台企业也成为创业投融资市场的重要主体。

“孵化 + 创投”成为创业服务机构发展的重要方向。创业服务机构通过提供专业资源对接、搭建天使投资网络等方式持续强化服务能力，实现自我“造血”功能，成为支持创业企业发展的专业力量。

米磊：总体来看，受新冠疫情的影响，投资市场自2019年以来持续降温，各大机构出手变得愈发谨慎。市场中还活跃的、能投资的机构数量及总体投资的项目都有所下降，这让企业获得融资的机会变少了。

另一个变化是前期热点投资领域有所降温，新兴投资热点出现。随着互联网红利消减，模式创新也不再被资本追捧。在保障国家战略安全、促进产业链自主可控发展、加快关键技术环节国产化替代步伐的背景下，“硬科技”成为各大投资机构的重点关注名单，“硬科技”企业成为资本追寻的对象。同时，各地政府也加大对“硬科技”项目或企业的扶持力度，以投资牵引落地、以政策吸引落地，通过土地配套、厂房代建、人才补助等多种方式予以支持。

资金供需存在不匹配

主持人：新环境下，制约创业企业融资的瓶颈有哪些？

戴宏伟：从创业企业自身条件看，创业企业产业优势不明显，市场目标不明确等问题仍然突出。

据调查，当前多数创业企业在产业内不具备明显优势，在企业规模、市场占有率、技术研发等方面处于不利地位。此外，部分企业还存在对所在领域的市场集中度、产业行情、技术前景等调研不够的问题，部分企业内控制度不健全，财务管理不规范，不能向投资机构提供真实、准确、完整的信息，更难获得银行及其他投资机构的青睐。

从政策支持方面看，财税政策的扶持效果不明显。国家虽然对创业企业的发展高度重视，但针对性的政策不多，且部分出台的支持政策与创业企业的融资需求不完全对称，能够真正享受到服务的创业企业比例很小。进一步来说，政府的财政补贴仅仅是企业辅助性的融资方式，不能从根本上满足企业的融资需求。另外，由于征信系统不开放，非银行借贷方式的信审成本过高，影响了创业企业的到款速度，提高了手续费。

蒋震：从调研情况来看，主要包括三个方面问题。

一是创业企业在全生命周期不同阶段的融资结构需要优化，当前市场普遍存在创业投融资机构偏好“投后不投前”的问题。企业在不同阶段面临的风险和收益是严重不平衡的，在产品或技术研发的初创期，风险大、收益小甚至无收益，最需要支持的时候却最难以获得融资；在产品或技术已经被市场广泛认可的成长期或成熟期，收益增长迅速、规模可观，备受金融机构青睐，众多机构跟着投、抢着投。这在一定程度上存在资金的浪费。

二是当前融资体系以有形资产作为主要融资担保依据，成为创业企业融资“痛点”。创业企业存在有形资产规模小、人力资本和知识产权密集的特点，一般来说，企业无法在创业前期提供足额有形资产担保，而通过知识产权进行质押融资或者信用融资的需求又难以得到满足。

三是投资机构短期业绩诉求和创投企业长期资金需求存在矛盾。创业企业的成功往往是中长期积累过程，而部分金融机构的业绩考核倾向在短期内出成果，资金供给短期化倾向较为明显，与创业企业的长期资金需求形成“错配”。

米磊：当前，科技领域成为投资关注热点，但缺乏专业科技服务机构是制约该领域投融资的一个突出问题。

对科技型创业企业来说，初创人员基本都是科研学者，不善于分辨机构、识别条款、厘清投资目的等细节问题，需要专业人员协助。同时，科技型创业者普遍存在对市场认知不完备，难以准确表达技术应用与市场产品之间联系，对契合自身的商业模式比较模糊等问题，就更难以取信于投资机构。

从投资机构角度来看，目前多数投资机构并不具备对技术前沿与发展方向的分析判断能力，无法把握科技型创业企业的发展趋势；同时，投资机构现有对收益的考核模式难以匹配科技型创业企业的营收发展路径。

构建专业化服务体系

主持人：对于改善融资市场环境，提高创业企业在资本市场融资效率方面有哪些建议？

戴宏伟：一是推进中小企业银行建设，进一步拓宽融资渠道。创业企业是整个企业体系中比较特殊的部分，银行体系应该提供更具针对性的服务。如福建福州市人社局、财政局联合中国邮政储蓄银行共同推出融资服务，加大创业担保贷款投放力度，为贷款对象提供“一站式”服务，帮助创业人员解决资金困难，符合条件的个人最高可申请30万元创业担保贷款，小微企业最高可申请500万元，个人可享受财政全额贴息，小微企业享受50%财政贴息，类似的经验值得推广。另外，在部分地区进行创业企业银行及中小企业银行试点，进一步探索多元化的融资渠道。

二是搭建创业企业投融资信息平台。鉴于投融资双方信息不对称的情况，国家应基于互联网技术与大数据，搭建创业企业与投资方的信息平台，推动信息共享，加强信息沟通，增强投融资效率。

三是推进企业信用体系建设。依托国家企业信用信息公示系统和小微企业名录，建立完善小微企业数据库以及企业信用档案，按照企业信用等级给予相应补贴；完善个人和企业征信系统，为创业投融资提供方便快捷的查询服务；构建守信激励、失信惩戒的信用约束机制，增强中小企业信用意识。

四是推动科技型企业知识产权质押融资。政府应加强对知识产权的宏观管理进而规范市场，为知识产权应用提供便利。科技型创业企业应重视知识产权管理及运用，在对专利的评估和交易环节，加大企业核心技术人员和高层管理人员的参与程度，以提升行业管理部门的评估质量、交易效率等。

五是利用产业园区效应开展融资。目前，多个省市建立了科学技术产业园区，利用园区的集群效应，可以吸引更多的投资机构入驻开展业务。同时，推动银行等金融机构对园区内创业企业出台针对性授信方案、贷款政策，降低创业企业申请贷款的难度。

蒋震：应坚持政府正确引导、市场有效运作、政策精准支持的基本理念，推动有效市场和有为政府更好结合。

一方面，更好地平衡创业企业全生命周期不同阶段的风险和收益，促进融资、财税等政策形成合力。鼓励各级政府和国有企业设立创业投融资补偿基金，加大针对创业企业初创期的风险补偿投资力度。补偿基金的效果发挥需要经历较长过程，因此要对基金实施特别考核办法，拉长考核周期、鼓励“试错”；同时加大企业所得税的亏损弥补力度，并适度延长创业企业以前年度亏损弥补后期利润的时期长度。鼓励创业企业再投资，按照再投资规模来减免所得税或者进行退税。

另一方面，政府要支持构建科技创新专业化服务体系。越来越多的创业企业源于高校或科研机构，很多创业者本身就长期从事研究，如果金融机构想做到“去伪存真”、精准提供融资服务，必须要从源头了解科技创新成果、创业项目的形成过程，甚至向前延伸至基础创新环节。做到这一点，仅仅依靠金融机构自身是难以胜任的，因此需要支持构建科技创新专业化服务体系，作为创业企业融资的前置环节，让专业的人去做专业的事。

武文生：建议鼓励面向创业型、科技型、实体型企业提供特色服务的民营银行、科技支行等金融机构发展。建议支持资金实力较强的企业向科技型中小企业投资，在赋能创业企业成长的同时，加快新业务的培育，实现传统业务的换道超车。建议针对不同阶段创业企业条件、特点和融资需求，创新多样化金融产品。发挥好创业投资引导资金、天使投资对于初创期企业融资的作用，并制定创业投资企业风险补贴政策。针对商业模式清晰、快速成长企业的融资需求，通过搭建贷款担保平台、组织发行企业债券、开展信用贷款试点等方式破除担保难、贷款难问题。

米磊：针对科技创业企业，在顶层设计上应打造成果转化的“运河体系”来连接技术和资本，推动“创新链、产业链、资本链”三链融合。

从政府角度建议发挥银行、保险、国家大基金大体量的优势，支持、扶持例如中国科学院科技成果转化母基金、科技类专项基金等，再由这些专业化的基金投向“硬科技”创业企业。同时，为企业顺利将“科技创新”转化为“产业成果”创造条件，如政策加强专利权保护；引入保险基金来支持关键核心产业链的下游企业采用国产材料、设备进行替代生产等。

原载 2021 年 7 月 27 日《经济日报》

东西联动　南北协调靠中部

——中部地区高质量发展开新局（上）

本期嘉宾

中央政策研究室经济局原副局长　白津夫

中国区域科学协会理事长　肖金成

中国区域经济学会副会长兼秘书长　陈耀

国家信息中心学术委员会秘书长、中国区域发展研究院执行院长　周毅仁

中国人民大学教授、中国区域经济 50 人论坛成员　孙久文

主持人

经济日报社编委、中国经济趋势研究院院长　孙世芳

10 智库 2021年8月3日 星期二 经济日报

中部崛起是我国区域经济协调发展战略的重要组成部分，在经济、政治和社会发展等方面都具有十分重要的战略意义。我国实施中部崛起战略以来，中部六省发展速度明显加快，产业发展迈出了实质性步伐。2021年，《中共中央国务院关于新时代推动中部地区高质量发展的意见》发布，“中部崛起”再次成为焦点。不过，中部地区发展不平衡不充分问题依然突出。围绕相关话题，智库圆桌特邀五位专家学者进行深入探讨。

智库圆桌（第二十一期）

本期嘉宾

中央政策研究室经济局原副局长 白津夫
中国区域科学协会理事长 肖金成
中国区域经济学会副会长兼秘书长 陈耀
国家信息中心学术委员会秘书长、中国区域发展研究院执行院长 周毅仁
中国人民大学教授、中国区域经济50人论坛成员 孙久文

主持人

经济日报社编委、中国经济趋势研究院院长 孙世芳

东西联动 南北协调靠中部

——中部地区高质量发展开新局（上）

发挥纽带作用 增强内外联动辐射效应

主持人：中部地区承东启西、连南接北，资源丰富，产业基础较好，发展潜力很大，如何理解中部地区高质量发展在构建新发展格局中的战略意义？

陈耀：首先，中部地区高质量发展是畅通国内大循环的关键。构建以国内大循环为主体、国内国际双循环相互促进的新发展格局，其主体是畅通国内大循环，战略基点是扩大内需，我国中部地区独特的区位交通条件、大规模的潜在内需市场以及雄厚的产业技术基础，使其在我国新发展格局中处于核心环节。

中部地区“居中”的区位和四通八达、便捷高效的综合交通网络，不仅在东西联动、南北协调、产业梯度转移等方面发挥着桥梁纽带功能，在促进跨区域资本、人才、技术、信息等要素自由流动，物资商品流通与分配配置中也具有关键作用。如果这一桥梁纽带和关键环节出现“堵塞”或“梗阻”，就可能影响到国内经济大循环和国内市场的稳定。

同时，中部六省常住人口约占全国总人口的四分之一，拥有长江中游和中原两大城市群，武汉和郑州两个国家中心城市，以及武汉、长沙、郑州、合肥四个“万亿俱乐部”城市，城市密度高，但区域整体城镇化率尚低于全国平均水平，消费市场潜力大。中部地区通过高质量发展，提升城镇化水平，增加城乡居民收入，形成中部消费中心，无疑会成为拉动国内需……

产业均衡增长 科技链产业链深度融合

主持人：中部崛起战略实施以来，取得了哪些重大成就？

白津夫：中部崛起取得了新进展，其特点既非东部地区那样锦上添花、亮点纷呈，也非西部那样重点跨越，极具标志性。中部崛起的特点是平均化提升、整体性进步、持续性发展，没有出现大起大落的失衡现象。一是产业均衡增长，三次产业都有一定发展；二是区域协调发展，地区差异没有拉大，保持平均水平增长；三是经济社会平衡发展，发展水平整体抬升，幸福指数保持高位。

值得关注的是，中部地区发展较好实现了创新链与产业链深度融合。

一是科技创新与实体经济深度融合，把创新驱动发展落到实处，创新中心作用明显增强，形成若干创新高地并逐步形成科技集群，武汉光谷、合肥创新中心、郑洛新自创区、长株潭自创区发挥了明显的辐射带动作用，创新成果市场化明显。二是产业创新成果明显，先进制造业形成了明显优势，促进各类创新要素向企业集聚，产业创新取得实效。三是主导产……

突出资源优势 在产业链现代化上发力

主持人：拥有明显区位优势、突出资源优势的中部地区，整体上仍与先进地区存在差异，随着内陆经济开放性扩大，未来中部地区发展面临哪些机遇和挑战？

白津夫：与东部和西部个别地区相比，中部发展有一定落差。这与发展格局有一定关联，在构建新发展格局之前，因为曾过度追求经济虚拟化、市场外部化，过度强调出口导向、产业外移，客观上抑制了先进制造优势的发挥。中部地区发展面临的问题和挑战，一是与其他地区开放落差效应放大，沿边沿海开放走得更远，如何形成中部开放的后发优势？二是面临制造规模优势与数字化转型的压力，如何在发挥优势的同时加快数字化转型？

在构建新发展格局的背景下，中部地区崛起有了新机遇，就是要立足产业规模优势、配套优势和部分领域的先发优势，加大战略产业布局，进一步提升中部地区发展水平，全面实现中部地区崛起。紧围绕中部地区高质量发展和高水平开放谋篇布局，着力在产业基础高级化和产业链现代化上持续发力，……

2021年

《中共中央国务院关于新时代推动中部地区高质量发展的意见》发布，围绕着力构建以先进制造业为支撑的现代产业体系，着力增强城乡区域发展协调性，着力建设绿色发展的美丽中部，着力推动内陆高水平开放，着力提升基本公共服务保障水平，着力改革完善体制机制六方面推动中部地区加快崛起

2012年

国务院常务会议讨论通过《关于大力实施促进中部地区崛起战略的若干意见》，指出要继续大力实施促进中部地区崛起战略，更加注重转型发展和协调、可持续发展，着力激发中部地区内需潜能，进一步拓展发展空间，努力实现中部地区全面崛起

2009年

国务院常务会议讨论并原则通过《促进中部地区崛起规划》，明确要积极发展现代农业，巩固和提升重要能源原材料基地地位，建设现代装备制造业及高技术产业基地，强化综合交通运输枢纽地位，加快形成沿长江、陇海、京广和京九“两横两纵”经济带，推进老工业基地振兴和资源型城市转型，发展循环经济，完善社会保障体系，加快改革开放和体制机制创新

2006年

《中共中央国务院关于促进中部地区崛起的若干意见》正式出台，提出了促进中部地区崛起的总体要求、基本原则和主要任务，明确了中部地区全国重要粮食生产基地、能源原材料基地、现代装备制造及高技术产业基地和综合交通运输枢纽的定位

2004年

2004年《政府工作报告》首次明确提出促进中部地区崛起

本版编辑 谢慧 秦悦 美编 高妍

中部崛起是我国区域经济协调发展战略的重要组成部分，在经济、政治和社会发展等方面都具有十分重要的战略意义。我国实施中部崛起战略以来，中部六省发展速度明显加快，产业发展迈出了实质性步伐。2021 年，《中共中央 国务院关于新时代推动中部地区高质量发展的意见》发布，“中部崛起”再次成为焦点。不过，中部地区发展不平衡不充分问题依然突出。围绕相关话题，智库圆桌特邀五位专家学者进行深入探讨。

发挥纽带作用　增强内外联动辐射效应

主持人：中部地区承东启西、连南接北，资源丰富，产业基础较好，发展潜力很大，如何理解中部地区高质量发展在构建新发展格局中的战略意义？

陈耀：首先，中部地区高质量发展是畅通国内大循环的关键。构建以国内大循环为主体、国内国际双循环相互促进的新发展格局，其主体是畅通国内大循环，战略基点是扩大内需，我国中部地区独特的区位交通条件、大规模的潜在内需市场以及雄厚的产业技术基础，使其在我国新发展格局中处于核心环节。

中部地区“居中”的区位和四通八达、便捷高效的综合交通网络，不仅在东西联动、南北协调、产业梯度转移等方面发挥着桥梁纽带功能，在促进跨区域资本、人才、技术、信息等要素自由流动、物资商品流通与合理配置中也具有关键作用。如果这一桥梁纽带和关键环节出现“堵塞”或“梗阻”，就可能影响国内经济大循环和国内市场的稳定。

同时，中部六省常住人口约占全国总人口的1/4，拥有长江中游和中原两大城市群，武汉和郑州两个国家中心城市，以及武汉、长沙、郑州、合肥四个“万亿俱乐部”城市，城市密度高，但区域整体城镇化率尚低于全国平均水平，消费市场潜力大。中部地区通过高质量发展，提升城镇化水平，增加城乡居民收入，形成中部消费中心，无疑会成为拉动国内需求的重要动力源。由于交通运输通达性强、物流成本和交易成本相对较低，也使得中部地区成为产业集聚及优化布局的优选之地，对于全国产业链、供应链的安全稳定具有不可替代的作用。

其次，中部高质量发展是提升内陆高水平开放的重要条件。我国高水平对外开放要求从以往商品和要素流动型开放向规则、管理、标准等制度型开放转变。《中共中央 国务院关于新时代推动中部地区高质量发展的意见》明确提出，中部地区要形成内陆高水平开放新体制。这不仅是对中部地区高质量发展的要求，而且从客观上看，中部高水平开放也是我国内陆融入国内国际双循环新发展格局、利用两种资源两个市场加快自身发展、提升国际竞争优势的新契机。

加快推进内陆中部地区高水平开放进程，特别是推进贸易和投资自由化便利化，建设吸引高质量外资的营商环境和外向型经济新体制，有利于形成我国全方位陆海内外联动、东西双向互济的高水平开放格局。

作为全国大市场的重要组成部分和空间枢纽，中部地区要主动适应新阶段新理念新格局的要求，立足内陆比较优势，找准定位，补齐短板，统筹推进、建设、用好各类开放平台，打造开放层次更高、营商环境更优、辐射效应更强的内陆开放新高地。尤其要以已有的安徽、河南、湖北、湖南四个自贸试验区为主要抓手，赋予这些国家级开放平台更大改革自主权，不断深化首创性、集成化、差别化改革探索。要发挥中部各省资源、产业和交通运输枢纽优势，以中欧班列、陆海联运、跨境电商、空中丝路为依托，积极参与“一带一路”国际合作，创造不靠海不沿边的内陆高水平开放新模式。

中部高质量发展要着力建设绿色发展的美丽中部，要坚持走绿色低碳发展新路，加强能源资源的节约集约利用，加强生态建设和治理，实现中部绿色崛起。要始终坚持生态优先、绿色发展，不断优化中部地区空间开发保护格局，加大生态环保突出问题的整治力度，加强生态环境系统保护修复，切实保护好山水林田湖草，让良好生态环境成为中部高质量发展的支撑点，让绿水青山变成造福百姓的金山银山。

周毅仁：中部地区承东启西、连南接北，是我国新一轮工业化、城镇化、信息化和农业现代化的重点区域，是扩大内需、提升开放水平最具潜力的区域，也是支撑我国经济高质量发展的重要区域，在全国区域发展格局中占有举足轻重的战略地位。

进入新时代，立足新发展阶段，贯彻新发展理念，构建新发展格局，坚持统筹发展和安全，努力营造推动中部地区高质量发展的良好环境，共同推进中部地区高质量发展，事关我国改革开放和现代化建设全局，事关中华民族伟大复兴中国梦的实现，是构建全国统一大市场、推动形成东中西区域良性互动协调发展的客观需要，是优化国民经济结构、保持经济持续健康发展的战略举措，是应对世界百年未有之大变局的战略选择，是构建国内国际双循环新发展格局的必然要求。

产业均衡增长　科技链产业链深度融合

主持人：中部崛起战略实施以来，取得了哪些重大成就？

白津夫：中部崛起取得了新进展，其特点既非东部地区那样锦上添花、亮点纷呈，也非西部那样重点跨越，极具标志性。中部崛起的特点是平均化提升、整体性进步、持续性发展，没有出现大起大落的失衡现象。一是产业均衡增长，三次产业都有一定发展；二是区域协调发展，地区差异没有拉大，保持平均水平增长；三是经济社会平衡发展，发展水平整体抬升，幸福指数保持高位。

值得关注的是，中部地区发展较好实现了创新链与产业链深度融合。

一是科技创新与实体经济深度融合，把创新驱动发展落到实处，创新中心作用明显增强，形成若干创新高地并逐步形成科技集群，武汉光谷、合肥创新中心、郑洛自创区、长株潭自创区发挥了明显的辐射带动作用，创新成果市场化明显。二是产业创新成果明显，先进制造业形成了明显优势，促进各类创新要素向企业集聚，产业创新取得实效。三是主导产业成为拉动地区经济增长的重要引擎，并加速形成区域经济的整体优势。

肖金成：中部崛起战略实施以来，中部地区经济社会发展取得重大成就，粮食生产基地、能源原材料基地、装备制造及高技术产业基地和综合交通枢纽地位更加巩固，尤其是在承接东部地区产业转移和扩大开放方面，成效十分明显。

国家批准安徽省设立皖江经济带承接产业转移示范区，批准晋陕豫黄河金三角承接产业转移示范区，改善了营商环境，吸引了东部沿海地区企业到中部地区投资发展产业。继渝新欧之后，郑州、武汉、长沙、合肥、南昌、太原等均积极推动中部地区的中欧班列开通，形成连通中亚和欧洲的铁路货运大通道。在此期间，中央批准设立了武汉城市圈和长株潭城市群“两型社会（资源节约型和环境友好型）”综合配套改革试验区，批准了《中原经济区规划》。郑州作为核心城市迅猛发展，产业集中、人口集聚，引领中原城市群各市发挥优势，分工合作，一体化程度加强。国务院还相继批准设立了湘江新区、赣江新区，成为产业发展的平台和重要载体，不仅有利于基础设施更加完善，而且促进了体制机制创新。2019 年 5 月，中共中央全面深化改革委员会审议通过了《关于在山西开展能源革命综合改革试点的意见》，对于发挥山西在推进能源革命中的示范引领作用，促进山西实现经济转型和高质量发展具有重大意义。这些战略性举措和政策支持使中部地区开放程度提高，经济发展速度加快。

周毅仁：促进中部地区崛起战略实施以来，特别是党的十八大以来，中部地区经济社会发展取得重大成就，经济总量占全国的比重进一步提高，科教实力显著增强，基础设施明显改善，社会事业全面发展，在国家经济社会发展中发挥了重要支撑作用。中部地区以10.7%的国土面积承接了全国26.6%的常住人口、30.1%的粮食产量，占全国GDP的比重由2005年的18.8%提高到2020年的22.2%，城镇化率从36.5%提高到58%左右，2019年社会消费品零售总额达9.78万亿元，占全国的24%，近十年来解决了近5000万贫困人口的脱贫问题。

孙久文：中部崛起战略实施以来成效显著。一是经济实力显著增强。在国家的政策支持和中部六省的共同努力下，中部地区经济实力显著增强，在拉动内需方面的作用越来越明显。

二是产业结构逐步优化。2013年中部地区三次产业结构为11.8∶52.1∶36.1，2020年调整为9.04∶40.62∶50.34，表明中部地区产业的服务化和高级化进程十分明显。

三是科技创新发展较快。随着中部崛起战略的推进，中部地区创新能力显著增强。2012年中部地区专利授权数13.3万件，2019年达到37.3万件，增加了180%；发明专利授权2012年为1.58万件，2019年为4.96万件，增加了214%；2012年规模以上工业企业研究与试验发展（R&D）经费支出为1150亿元，2019年达到2823亿元，增加了145%。

四是城市化进程快速推进。中原城市群、长江中游城市群、太原都市圈等中部城市群加速崛起，郑州、武汉、长沙、南昌、太原、合肥等中心城市实力不断增强，洛阳、南阳、襄阳、湘潭等大中城市发展迅速，小城市和小城镇功能不断提升。2012 年中部地区的城市化率为 47.19%，2019 年提高至 56.8%。

五是人民生活水平持续提高。中部地区城乡居民收入水平大幅提高，增速高于东部地区。与 2012 年相比，2019 年中部地区城镇居民人均可支配收入增加约 75%。

六是生态环境日益改善。例如，河南省重点抓黄河生态修复，按照中游“治山”、下游“治滩”、受水区“织网”思路，实施山水林田湖草沙系统保护修复，完成黄河干支流生态廊道造林 3.66 万亩，率先实现郑汴洛段全境贯通，开展农业面源污染、工业污染、城乡生活污染以及矿区生态环境“3+1”综合治理等。

突出资源优势　在产业链现代化上发力

主持人：拥有明显区位优势、突出资源优势的中部地区，整体上仍与先进地区存在差异，随着内陆经济开放性扩大，未来中部地区发展面临哪些机遇和挑战？

白津夫：与东部和西部个别地区相比，中部发展有一定落差。这与发展格局有一定关联，在构建新发展格局之前，因为过度追求经济虚拟化、市场外部化，过度强调出口导向、产业外移，客观上抑制了先进制造优势的发挥。中部地区发展面临的问题和挑战，一是与其他地区开放落差效应放大，沿边沿海开放走得更远，如何形成中部开放的后发优势？二是面临制造规模优势与数字化转型的压力，如何在发挥优势的同时加快数字化转型？

在构建新发展格局的背景下，中部地区崛起有了新机遇，就是要立足产业规模优势、配套优势和部分领域的先发优势，加大战略产业布局，进一步提升中部地区发展水平，全面实现中部地区崛起。要围绕中部地区高质量发展和高水平开放谋篇布局，重点在产业基础高级化和产业链现代化上持续发力，实现产业新突破，形成发展新优势，为国内国际双循环提供强有力支撑。

肖金成：中部地带原有九个省和自治区，六省之外，还包括内蒙古、吉林和黑龙江。自从内蒙古划入西部，吉林和黑龙江划入东北之后，中部就剩下湖北、湖南、安徽、江西、河南、山西六省，成为地地道道的内陆地区，是中原地区的扩大版，具有区位优势、资源优势、产业优势、空间优势等，但与东部地区存在较大的落差。国家实施西部大开发战略之后，西部各省份在国家政策和资金支持下，补基础设施薄弱的短板，发展速度加快。东北振兴战略的实施，在不同程度上解决了资源型城市的棚户区改造、产业转型、下岗职工再就业等问题。而中部地区发展速度下滑，在全国中的占比下降，经济发展水平低的原因是工业化水平低并导致城镇化水平低，中部多数省份的城镇化水平低于全国平均水平。这是国家实施中部崛起战略的背景。

目前来看，扩大国内市场需求是国内大循环的重要环节，中部地区消费潜力巨大。中部地区人口比较密集，随着消费水平提高，市场需求将成倍增长。劳动力资源丰富也是中部地区很大的优势，一方面，能够吸引更多劳动密集型产业向中部地区聚集，进而推动城市规模扩大；另一方面，中部地区城镇化水平相对较低，多数地区低于全国平均水平，通过承接东部沿海地区的产业转移，增加就业岗位，城市经济也将迈向高质量发展。

周毅仁：中部地区目前城镇化率偏低，与全国平均水平相比还有较大差距。中部地区城市群还处于规划引导阶段，城市群内部以各小城市群或都市圈独立发展为主，整体尚未形成完整意义的城市群，城市群一体化发展的空间结构形态和现代交通网络，城市规模和分工体系，城际发展联系、制度框架和政策体系等还在构建和培育发展过程中。此外，中部地区中心城市总体上都仅是较小空间尺度的区域性中心，对其他地区的辐射带动效应不强，在省域内的城市首位度高，但吸引力不强，对周边地区的带动作用较弱。从三次产业结构看，我国东、中、西、东北地区三次产业结构分别为4.6 ： 38.9 ： 56.5、8.2 ： 41.8 ： 50.0、11.0 ： 37.9 ： 51.1、13.2 ： 34.4 ： 52.4，中部地区三产比重最低，二次产业比重最高。

中部地区区位优势独特，内需潜力巨大，但目前对外开放依然相对滞后，2020 年中部地区进出口总额占全国的比重仅为 6.9%，社会消费品零售额 9.78 万亿元，占全国比重为 24%。整体来看，中部地区发展不平衡不充分问题依然比较突出，内陆开放水平有待提高，制造业创新能力有待增强，生态绿色发展格局有待巩固，公共服务保障特别是应对公共卫生等重大突发事件能力有待提升。

孙久文：中部崛起战略实施以来，中部 GDP 总量占全国比重基本上保持在 21% 至 22% 之间，并略有上升。在东部地区发展强劲，东北地区占比大幅度下降的情况下，中部地区能够保持这样的比重，就是了不起的成就。当然，由于中部六省地域辽阔、情况各异，开创“中部崛起”的新局面确实有一定困难，各省有自己的发展思路，可以开展多方面的区域经济联系与合作，甚至是一体化发展。例如，山西与京津冀城市群的合作、安徽融入长三角以及实现一体化的进程、湖南和江西对接粤港澳大湾区，这对于各方面的发展都是有益的。

原载 2021 年 8 月 3 日《经济日报》

向高水平开放与产业链升级要未来

——中部地区高质量发展开新局（下）

本期嘉宾

中央政策研究室经济局原副局长　白津夫

中国区域科学协会理事长　肖金成

中国区域经济学会副会长兼秘书长　陈耀

国家信息中心学术委员会秘书长、中国区域发展研究院执行院长　周毅仁

中国人民大学教授、中国区域经济 50 人论坛成员　孙久文

主持人

经济日报社编委、中国经济趋势研究院院长　孙世芳

10 智库 2021年8月5日 星期四 经济日报

“十四五”规划和2035年远景目标纲要提出，着力打造重要先进制造业基地、提高关键领域自主创新能力、建设内陆地区开放高地、巩固生态绿色发展格局，推动中部地区加快崛起。2021年，《中共中央国务院关于新时代推动中部地区高质量发展的意见》发布，“中部崛起”再次成为焦点。作为新一轮工业化、城镇化、信息化和农业现代化的重点区域，中部地区如何找准定位，精准发力？智库圆桌特邀五位专家提出对策建议。

智库圆桌（第二十二期）

本期嘉宾	中央政策研究室经济局原副局长	白津夫
	中国区域科学协会理事长	肖金成
	中国区域经济学会副会长兼秘书长	陈耀
	国家信息中心学术委员会秘书长、中国区域发展研究院执行院长	周毅仁
	中国人民大学教授、中国区域经济50人论坛成员	孙久文
主持人	经济日报社编委、中国经济趋势研究院院长	孙世芳

向高水平开放与产业链升级要未来

——中部地区高质量发展开新局（下）

快速增长更要提质增效

主持人：新发展阶段，推进中部崛起总体思路是什么？

从内陆经济走向开放前沿

构建先进制造业产业体系

2020年

山西
全省全部工业增加值 6733.92亿元 ▲比上年增长5.3%
全省规模以上工业中，装备制造业增加值 ▲比上年增长5.7%

安徽
全省全部工业增加值 11662.2亿元 ▲比上年增长5.1%
规模以上工业中，高新技术产业增加值 ▲比上年增长16.4%

江西
全省规模以上工业增加值 ▲比上年增长4.6%
战略性新兴产业增加值 ▲比上年增长6.6%

河南
全省规模以上工业增加值 ▲比上年增长0.4%
规模以上工业中，五大主导产业增加值 ▼比上年下降0.9%

湖北
全省规模以上工业增加值 ▼比上年下降6.1%
高技术制造业增加值 ▲比上年增长4.1%

湖南
全省规模以上工业增加值 ▲比上年增长8.3%
高加工度工业增加值 ▲比上年增长13.1%

“十四五”规划和2035年远景目标纲要提出，着力打造重要先进制造业基地、提高关键领域自主创新能力、建设内陆地区开放高地、巩固生态绿色发展格局，推动中部地区加快崛起。作为新一轮工业化、城镇化、信息化和农业现代化的重点区域，中部地区如何找准定位，精准发力？智库圆桌特邀五位专家提出对策建议。

快速增长更要提质增效

主持人：新发展阶段，推进中部崛起总体思路是什么？

肖金成：中部地区承东启西，连南贯北，处于交通枢纽的位置，过去认为中部地区地处内陆，对外开放不占优势，现在这种区位劣势正在转变。我国推进“丝绸之路经济带”建设，加大力度向西开放，借助长江黄金水道和新亚欧大陆桥，中部地区具有双向开放优势。湖北、湖南、河南三省位于京广交通线上，“十四五”时期定会集中发力。安徽已被纳入长三角经济带，江西向东对接长三角、向南融入粤港澳大湾区，山西与京津冀联系很密切，未来也将融入环渤海经济区。

各省发展基础良好，下一步在高质量发展过程中，要在快速增长的同时提质增效。

一是产业结构要升级。随着工业化和城镇化的快速推进，产业结构也会发生变化，中部地区相对全国来说，一产比重较大，二产和三产比重需要提高，产业结构优化将带来效率的提高，从而实现高质量发展。

二是城市要高质量发展。目前除武汉外，大部分中部地区省会城市规模都不大，但首位度比较高，说明省会以外的城市规模比较小，要和省会城市相互协调，发展区域性中心城市是中部地区高质量发展的关键。此外，中部地区的城市规模虽然不大，但数量较多，已形成中原城市群、长江中游城市群、江淮城市群、长株潭城市群等，随着城市规模的扩大，城市功能也会加强、质量得到提高，从而带动周边地区发展。

三是推动乡村振兴，实现农业高质量发展。中部地区很多县域以农业为主，人口多、人均土地少、人均收入低。随着城镇化水平的提高，人口转移到城市，留在农村的人口收入也将得到明显提高。

白津夫：中部崛起要贯彻新发展理念，坚持协同思维，促进深度融合，实现共享发展。要在构建新发展格局中强化中部地区市场一体化发展，构筑国内国际双循环的经济体系和机制，更好发挥连南接北、承东启西作用。在新的起点上推动东中西部协同发展，推动区域产业链合理布局和持续优化，促进产业在国内有序转移。同时，要深度融入国家重大区域战略、城市群、都市圈战略，加大融合发展力度，提高协调发展水平。

陈耀：推动中部地区的高质量发展，需要重点做好“三大体系”的建设和空间布局的优化。

第一，加快建设中部地区“三大体系”，提升产业链供应链现代化水平。

一是着力构建以先进制造业为支撑的现代产业体系。中部地区产业基础雄厚，产业体系相对完整，产业配套能力强，但大多处于中低端水平。要以先进制造业为支撑，推进产业基础高级化、产业链现代化，提高质量效益和核心竞争力，要以战略性新兴产业为引领，推进产业集群化、数字化和生态化，提升科技和管理能力。中部地区要充分发挥装备制造、电子信息、能源材料等重点领域的科技优势，依托中部国家自创区和高新区，开展制造业基础前沿、关键共性和战略高技术研究创新，选择传统优势制造业中的重点行业、高端产品、关键环节进行数字智能技术改造，促进向价值链高端拓展，建设一批在全国具有影响力的制造业创新中心。

二是加快建设现代化基础设施体系。中部地区居中的区位条件，使得加快建设现代化的交通、能源、科技、水利、信息、城乡公共设施等基础设施，更具全局性、关键性和紧迫性。要统筹谋划，打造适应高质量发展要求的设施优势。在郑州、武汉、合肥、长沙等中心城市建设现代综合交通中心，全面提升中部地区互联互通的水平和在全国的枢纽地位；建设“西能中送”的特高压和重载通道，优化电煤生产和输送布局，加快油气管网和储备工程建设，为推动高质量发展和高品质生活提供充足的能源保障；加快5G移动通信、大数据中心等建设，争取布局更多的大科学装置，为科技创新和先进制造业提供高层次基础研究平台。

三是加快建设现代流通体系。把握好扩大内需这个战略基点，发挥并强化中部交通物流枢纽的配置功能，着力打通堵点、连接断点、疏通痛点。要完善现代商贸流通体系，培育一批具有全球竞争力的现代流通企业，改造升级关系居民日常生活的商贸流通设施，加快推进重要产品追溯体系和支付结算等金融设施建设。尤其要提升中部高铁货运和国际航空货运能力，重点打造郑州和武汉国际物流中心，发挥其在中部地区的辐射带动作用。

第二，优化中部地区空间布局，以“两群两圈一廊”引领高质量发展。所谓“两群”指长江中游城市群和中原城市群，“两圈”指合肥都市圈和太原都市圈，“一廊”指“郑洛西科创走廊”。中心城市、都市圈和城市群是优质高端要素集聚的城市化地区，既是城乡区域协调发展的带动者，也是区域高质量发展的引领者。对于中部地区而言，建议将“两群两圈一廊”作为高质量发展的重点来布局，其中“长江中游城市群”是以武汉城市圈、环长株潭城市群、环鄱阳湖城市群为主体形成的特大型城市群，覆盖了中部三省的 31 个城市，面积约 32.61 万平方公里。2020 年三省总人口 1.75 亿，地区生产总值约 10 万亿元，是中部崛起的重要力量。中原城市群以河南为主体延及周边，覆盖 5 省 30 座地级市，面积 28.7 万平方公里，总人口 1.6 亿，正努力打造中国经济发展新增长极、重要的先进制造业和现代服务业基地、中西部地区创新创业先行区、内陆地区双向开放新高地和绿色生态发展示范区。

从内陆经济走向开放前沿

主持人：面对当前区域一体化加快发展、内陆开放高地加快建设的机遇，中部地区如何发挥自身比较优势和资源优势？

周毅仁：在全球经济增速放缓、竞争优势重塑、经贸规则重建、力量格局重构的背景下，我国区域经济发展格局可能产生新变化。在我国经济发展长期向好、区域发展逐步从东部引领迈向多极支撑、开放发展格局从沿海向内陆沿边拓展、区域经济发展的重心不断向城市群转移、中心城市和城市群正成为承载发展要素的主要空间形式背景下，中部地区将迎来重大发展机遇，有望走向开放前沿。

中部地区要顺应新时代新要求，找准定位，发挥优势，主动融入国家区域重大战略，加强城市群内部城市间的融合互动、融通互补，以全面深化改革创新为动力，推动完善开发合作、互利共赢、共建共享的一体化发展机制，积极探索科学发展、和谐发展、转型发展、合作发展新路径和新模式，打造内陆开放合作新高地、提升产业链供应链水平的重要基地、拓展内陆市场的重要腹地，推动中部地区综合实力和竞争力再上新台阶，开创全面崛起新局面。

一是坚持走新型城镇化道路，促进城乡统筹协调发展。中部地区人口众多，劳动力资源丰富，是我国新型城镇化的重点地区。要健全新型城镇化机制，努力吸引农民工返乡创业就业，同步推进市民化进程，积极探索就地就近城镇化道路。要以基础设施互联互通、公共服务共建共享为重点，加强长江中游城市群、中原城市群内城市间合作。要充分发挥中心城市辐射带动作用，推动城市组团融合发展，形成多中心网络化发展格局。要强化武汉、郑州、长沙、合肥、南昌、太原等中心城市地位，进一步增强要素聚集、科技创新和服务功能，引领带动相关都市圈、城市群协调互动发展，形成大中小城市和小城镇合理分工、联动发展的格局。要建立以中心城市引领城市群发展、城市群带动区域发展新模式，推动区域板块之间的融合互动发展。

二是推进高水平双向开放，打造内陆高水平开放新高地。中部地区要牢牢抓住推进“一带一路”建设的重大机遇，加强与京津冀协同发展、长江经济带发展、粤港澳大湾区建设、长三角一体化发展、黄河流域生态保护和高质量发展等区域重大战略互促共进。要实施更加积极主动的开放战略，充分利用国内国际两个市场两种资源，打造开放型经济新高地。要加快内陆开放通道建设，坚持先行先试，高标准建设自由贸易试验区、国家级新区、临空经济示范区等高水平开放平台。要持续优化市场化法治化国际化营商环境，推进高水平双向开放，构建全方位、多层次、宽领域的开放发展新格局。

三是高度重视民生事业发展，提高基本公共服务供给能力。要加强公共卫生体系建设，推动基本医疗保险信息互联共享，建立统一的公共就业信息服务平台，支持农民工、高校毕业生和退役军人等人员返乡入乡就业创业，建立健全基本公共服务标准体系并适时进行动态调整。要加强和创新社会治理，特别是中部地区要结合国家发展的实际以及自身比较优势，大力发展现代高等职业教育，加快建设国家职业教育改革试验区，建设一批高水平职业院校和骨干专业。

肖金成：在充分认识优势和发展机遇的同时，也要认识到中部地区具有同质性，也就是结构趋同，要处理好竞争与合作的关系。中部地区的每个省应和周边地区加强合作，如安徽要面向长三角，江西南部应该面向粤港澳大湾区，与大湾区融合发展，江西东北地区包括上饶、景德镇、鹰潭、南昌、九江，应该面向长三角，赣西要面向武汉和长株潭。湖北和湖南位于长江中游，是长江经济带的一部分，要顺江而下，和长三角地区实现融合发展。河南和江西有相像之处，南部面向武汉，北部面向京津冀。山西要面向京津冀，和京津冀融合发展，山西的能源和京津冀有强烈的互补性，也和山东有互补性。山西和内蒙古将成为泛渤海（京津冀、山东、山西、内蒙古）的重要组成部分，和京津冀及山东实现一体化发展。

构建先进制造业产业体系

主持人：《中共中央 国务院关于新时代推动中部地区高质量发展的意见》提出，构建以先进制造业为支撑的现代产业体系，中部地区如何实现产业新突破？

白津夫：要充分认识在百年未有之大变局中，中部地区发展的战略安全意义，加大战略产业布局，重点在产业基础高级化和产业链现代化上持续发力，形成发展新优势，全面实现中部地区崛起。

一是巩固壮大实体经济根基，全面提升产业基础能力。要“实施产业基础再造工程”，构建系统完备、高效实用、智能绿色、安全可靠的现代基础设施体系。要推动传统产业高端化、智能化、绿色化，发展现代产业体系。要从三个层面提升产业链供应链现代化水平，第一，推动产业链供应链多元化，推进传统产业与新兴产业发展相结合，发展先进适用技术和产业，促进多产业、多业态融合；第二，加快新服务发展，进一步放大产业链的功能，增强产业链的活力；第三，推进新场景开发，从更深层次推进传统产业链的重组和再造。

二是建设内陆开放高地。一方面，高标准建设内陆地区开放平台，包括设立内陆自贸区、探索自贸港，从比照自贸区、模拟自贸港起步，创造条件并促进加快落地。另一方面，加快对外开放通道建设，发挥“一带一路”、中欧班列互通效应，实现联动性开放和穿透式开放，打破区域界限和瓶颈，促进供需贸易直达。

三是加快数字化发展。中部地区要实现跨界整合、平台互动，构建数字化产业发展体系、数字化区域协同机制，破除市场壁垒、区域壁垒，打开产业边界，强化产业链的共生效能。推动数字经济和实体经济深度融合，加快数字化、网络化、智能化技术在各领域的应用，大力发展工业互联网、云平台、工业 App，推动企业“上云用数赋智”。

肖金成：中部地区的共同任务是提高工业化和城镇化水平，关键是要提高工业化水平，中部地区人口多，劳动力丰富，未来要大力发展制造业。制造业有三大特点，第一是劳动密集型产业，需要丰富的劳动力；第二是技术密集型产业，需要有技术支撑，有利于技术创新和人才聚集；第三是资本密集型产业，资金需求量较大，有利于更多经济要素聚集。制造业本身也是一个绿色产业，不需消耗大量资源，也没有太多排放，对生态环境不会产生太大影响。

孙久文：当前，中部地区制造业发展正受益于国家重要战略的支持。作为我国现代制造业基地之一，中部地区制造基础雄厚、产业体系完备、行业门类齐全、发展势头良好，形成了化学工业、食品工业、机械制造等多点支撑的产业规模优势和体系优势。同时，先进制造业从东部向中部地区转移是高质量发展的必然趋势。产业转移更趋于区域集中，包括化纤、纺织、钢铁、多元化工等在内的传统制造业逐渐向更有效率和成本优势的地区集聚，中部核心城市成为产业转移的集中承接地。

“十四五”时期，新兴制造业如半导体、通信设备、电子元件等，都将不同程度地从北京、上海、广东等一线城市向中西部地区的核心城市转移。随着高铁网络逐渐完善，空铁联运等运输方式将大大降低中西部地区的空间劣势，中高端制造业将在中部区域的核心城市崛起。

“十四五”时期，加快建设国家先进制造业基地是中部地区的首要任务。推动中部地区制造业高质量发展，要充分发挥区位优势、区域联动优势、人口优势。

一是加快制造业数字化、智能化、绿色化转型升级。产业转移不是原有基础上的简单重复，要加强工业互联网创新，推动国家战略性项目的建设和成果的应用。要紧抓数字经济战略机遇，推进以数字技术为依托的行动计划，打造一批促进制造业创新发展平台。要引导中部地区制造产业链上下游有效对接，加强研发设计、市场开拓与物流运输、售后服务等生产性服务业的衔接。

二是促进先进制造业与现代服务业深度融合发展。要建设制造业高效服务体系，围绕制造业集群构建区域服务体系，搭建集研发设计、知识产权、商贸物流等于一体的综合服务平台，形成产业共生、资源共享的互动发展格局。

三是健全配套保障措施。要优化创新环境，鼓励研发创新，提高对科技成果转化和高新技术新产品的奖励和补助，促使企业的研发投入有效转化为有用的科技成果。要培育龙头企业，重视行业龙头企业的带动作用。

原载 2021 年 8 月 5 日《经济日报》

为文化添翼　为旅游铸魂
——促进文化和旅游产业深度融合（上）

本期嘉宾

北京第二外国语学院中国文化和旅游产业研究院院长　邹统钎

北京联合大学旅游学院旅游管理系主任　孙业红

浙江外国语学院文化和旅游学院副教授　蒋艳

中国旅游研究院入境旅游项目主管　刘祥艳

主持人

经济日报社编委、中国经济趋势研究院院长　孙世芳

10 智库　2021年8月31日　星期二　经济日报

为文化添翼　为旅游铸魂

——促进文化和旅游产业深度融合(上)

乡村露营、红色文化目的地、影视小镇、虚拟沉浸式场景等旅游形式成为市场"新宠"，丰富而独特的感官体验令人印象深刻，业态创新、数字技术仿佛让中华文明"活"了起来，游客在休闲中享受到了文化之美和精神之悦。文化是旅游产业升级转型的核心资源，旅游是展示传播文化的重要载体。《"十四五"文化和旅游发展规划》提出，坚持以文塑旅、以旅彰文。本期智库圆桌邀请专家共同探讨如何更好将文化内容、符号、故事融入旅游各个环节，为推动文旅深度融合、创新发展建言献策。

智库圆桌(第二十三期)

嘉宾
北京第二外国语学院中国文化和旅游产业研究院院长　邹统钎
北京联合大学旅游学院旅游管理系主任　孙业红
浙江外国语学院文化和旅游学院副教授　蒋　艳
中国旅游研究院入境旅游项目主管　刘祥艳

主持人
经济日报社编委、中国经济趋势研究院院长　孙世芳

融合趋于表面深度远远不够

主持人：在旅游中适宜地融入文化元素，可以提升旅游项目生命力，促进旅游业可持续发展，可以更好满足人们精神文化需求，增强文化自信。我国文化与旅游产业融合现状如何，还存在哪些问题？

打造内涵与形式共美的新业态

数字技术引领融合走向深远

建设世界级文化旅游目的地

破除壁垒助产业相融

张金山

乡村露营、红色文化目的地、影视小镇、虚拟沉浸式场景等旅游形式成为市场“新宠”，丰富而独特的感官体验令人印象深刻，业态创新、数字技术仿佛让中华文明“活”了起来，游客在休闲中享受到了文化之美和精神之悦。文化是旅游产业升级转型的核心资源，旅游是展示传播文化的重要载体。《“十四五”文化和旅游发展规划》提出，坚持以文塑旅、以旅彰文。本期智库圆桌邀请专家共同探讨如何更好将文化内容、符号、故事融入旅游各个环节，为推动文旅深度融合、创新发展建言献策。

融合趋于表面深度远远不够

主持人：在旅游中适宜地融入文化元素，可以提升旅游项目生命力，促进旅游业可持续发展，可以更好满足人们精神文化需求，增强文化自信。我国文化与旅游产业融合现状如何，还存在哪些问题？

孙业红：文旅融合战略自2018年提出以来，已成为我国文化和旅游产业发展的共识。文旅融合一直强调“宜融则融，能融尽融”，然而，在旅游产品和项目的具体开发过程中，仍然存在片面理解问题。

一方面，融合趋于表面。很多旅游产品和项目缺乏对于文化内涵的深入理解，仅将文化作为一个符号简单附加到旅游产品中，起博眼球的作用，无法实现传播文化内涵的目的。比如，一些乡村旅游项目，由于不恰当地植入外来文化，破坏了游客对于美丽乡村的印象，更谈不上传播我国历史悠久的农耕文明，不利于旅游目的地的可持续发展。文化根植于生活，和人们生活的方方面面紧密相连。因此，要提倡旅游发展主客共享理念，只有充分尊重本地居民的生活文化和利益诉求，才能更好地将本土文化自然地传递给游客，建立游客和目的地之间长久的联系。

另一方面，文旅融合过程中，传统文化的传承与创新关系尚未理顺。当前，旅游市场受效益驱动，屈从旅游者的口味，对传统文化、民俗进行快餐式、连锁式开发，久而久之，容易引发传统文化的弱化、同质化等问题。平衡传统文化的传承与创新，要重视发掘传统文化精华，尊重文化内核，不能无限创新，远离文化根基；同时也要加强传承中的创新，尤其注重把传统文化和现代人的生活相结合，走出文化固化的误区。

刘祥艳：当前，我国文旅融合尚处于初级阶段，融合深度远远不够。已有的文旅融合项目集中体现为文化和旅游资源的共用共享，例如将文化遗产用于旅游开发，对特色文化内容挖掘不够，缺少精品项目。此外，推动文旅深度融合缺乏复合型专业人才支撑。比如，文化领域人才容易忽略市场需求，开发出的产品、项目缺乏商业活力。又比如，在生态环境脆弱地区，文旅融合发展还需要掌握生态保护知识的专业人才参与。

蒋艳：文化发展具有滞后性。近年来，我国的文化产业发展迅速，但较之应有的经济体量，仍有差距。一个直观感受是，当前文化旅游产品和项目的文化品位不够高，审美相对缺乏，部分旅游景观设计缺乏美感，对国宝级文物进行毁坏式修复的现象仍然时有发生。文化和审美的培育是个过程。建议加强文化和美学教育来提升大众对文化和美的感知，同时着重培养可以创造美的人才。

邹统钎：在国外，文化和旅游一般强调从下而上协同发展，中小企业与社区自发参与其中。而在我国，很长时间是由政府主导文旅融合，在政府强有力的推动下，政府管理主体融合，文旅公共政策融合，基础设施与公共服务建设领域均取得重要成绩，也出现了一批如华侨城、中青旅、复星、融创、长隆、宋城、今典、曲江之类的文旅企业，以及西安、乌镇、横店、横琴岛之类的文旅产业聚集区。目前，文旅融合的主要问题是政府政策推动强，市场主体力量弱；文旅融合项目习惯性依赖文旅地产运营模式，文旅业务经营惨淡。

未来，应坚持“政府引导、市场运作、企业主体、社会参与、群众受益、永续利用”原则，推动文旅深度融合。政府着力加强文化遗产和知识产权保护，提升市场监管和公共服务水平，聚焦创建市场驱动的文旅融合体制机制，特别是为激活文旅企业发挥好市场主体力量营造良好环境。市场主体则通过文化物态化、活态化、业态化手段，让文化活化为旅游产品，丰富文化旅游业态。

打造内涵与形式共美的新业态

主持人：新型业态不断涌现是文旅融合活力迸发的重要表现之一。相比传统旅游方式，新业态围绕特定文化主题进行情感设计、氛围设计和活动设计，注重更好地满足游客个性化、体验性需求。未来，如何进一步加快文旅融合的业态创新？

刘祥艳：旅游演艺是近来相对较成熟的文旅融合新业态样式。令游客记忆深刻的作品不仅有“又见”系列、“印象”系列等大型实景演出，还有在景区中巧妙植入的“小而美”的演艺活动。比如，苏州园林将昆曲、苏剧、评弹、舞剑等各类传统艺术表演融入园林景观，成功烘托了景区的文化氛围，丰富游客体验。

下一步，促进文化旅游新业态发展，建议不断改善政策环境，降低新型业态的进入门槛，对有利于农村就业和美丽乡村建设的乡村文化旅游业态，可适当在用地、税收、信用贷款等方面给予政策扶持。此外，建议加强复合型人才培养。为高校人文历史或艺术专业的学生提供商科和旅游管理方面的课程及实践机会；同时，通过课程和实践活动，提升旅游专业学生在人文、历史及美学方面的修养。

孙业红：一种创新业态出现初期，往往对游客具有很强的吸引力，但如果这种创新缺乏对地方文化的深刻理解，缺少对精神内涵的深度挖掘，或者游客对于创新认可度不高，其生命力就不会持久。目前，旅游演艺、遗产旅游等许多创新形式深受游客喜爱，即使不是严肃的文化游客，也很容易在旅途中对文化内容产生兴趣。因此，业态创新要加强对特色文化资源内涵的挖掘整理、合理利用，精准、恰当地使用文化符号；同时，要重视文化资源解说，不断提升讲故事能力，将文化内涵通过科学、有趣的形式解说出来，便于游客接受。

蒋艳：推动文旅融合深度发展的一项重要举措，就是通过打造新业态来创造新供给、引领新需求。打造文化旅游新业态，有以下几个关键点。第一，推动现代生活方式与传统文化有机结合，平衡文化传承与创新。第二，深入挖掘本地文化特色元素，全方位真实呈现文化风貌。第三，提高文化产品审美，为旅游者提供美好的旅游体验。第四，鼓励更多社区居民参与，让当地人充分感受本地文化的魅力和价值。第五，在旅游新业态设计时考虑可逆性，降低试错成本。第六，在文化类产业所在地，构建美好文化氛围，推行更高标准的行为准则，增加文化吸引力。

数字技术引领融合走向深远

主持人：当越来越多游客是“一部手机走天下”的互联网原住民，数字技术逐步成为推动文旅要素资源深度融合、产品服务创新的核心力量。当前，有哪些数据技术运用的尝试？效果如何？

邹统钎：放眼全球，文化的数字化拓展，诸如动漫化、游戏化、影视化，正在加速促进文化的旅游产品化。墨西哥正在尝试应用新技术开发新体验，利用数据技术来提升文化旅游产品的附加值，促销文化遗产与周边产品。我国云南省以数字技术为手段，以文化数字化为切入口，推出“一部手机游云南”智慧平台，以数字技术创新旅游服务、管理、营销和体验，推动互联网、云计算、大数据、人工智能同文化旅游实体经济深度融合。

数字技术促进文旅融合主要有两条重要路径：第一，数字技术辅助文旅融合产品的沉浸式体验。文化的可视性生产是游客体验文化的基础。并非所有文化都具有可视性，文化符号需要经过技术实现可视化与体验化转换，才能成为消费品。随着人工智能、VR、AR、5G和物联网等技术的发展成熟，数字化的虚拟世界和真实世界的三维空间走向融合，新业态和新消费模式也将由此产生。第二，数字技术辅助文旅产品营销。越来越多地方由政府引导，企业参与，各部门间信息资源共享，产业上游下游渠道联通，深耕目的地智慧服务。把线下内容转化为线上，通过平台个性化推荐，引导旅游消费转型升级，推动数字化转型，构建文化和旅游数字生态共同体。在推进过程中，建议智慧旅游目的地建设需要避免以往长期存在的以技术为中心的做法，大量的投资、时髦的设备换来的却是低下的功能，智慧旅游要转向以用户为中心。

孙业红：智慧旅游使得游客们可以更加方便地获取旅行信息和游览资源，更加便捷地进行各种服务的预订，也让更多有文化品位的产品和服务在互联网平台获得更高的关注度。在文旅融合过程中，需要重视高品级文化资源的智能化表现，比如通过数字信息技术提升博物馆、世界遗产等文化形态的生命力，将一些距离游客认知较远的文化资源通过实景娱乐、游戏等年轻人喜爱的方式进行智能化和数字化产品创新。此外，有些文化旅游产品通过科技分享也能加强分享者与被分享者的参与感，进而提升产品的体验价值，使得更多人愿意关注并传播。

刘祥艳：文旅融合发展的智慧化要以游客需求为中心，解决游客旅行中的痛点，基于信息技术，为游客提供简便、快捷的服务。例如，在当前景区普遍推广的扫码入园技术基础上，可叠加电子语音讲解、周边客流实时信息等必要服务，但也要避免过度推送带来的游客信息负担。可定期开展市场调研，跟踪游客反馈，不断提高智慧化产品和服务质量。旅游企业也要不断提升智慧化管理水平。基于信息技术提高内部管理效率，基于游客到访、轨迹等数据，定期形成客户分析，推陈出新，提高游客满意度。

建设世界级文化旅游目的地

主持人：《“十四五”文化和旅游发展规划》提到，要建设一批富有文化底蕴的世界级旅游景区和度假区，应当如何发力？

邹统钎：打造世界级的旅游景区和旅游度假区需要有世界级的文化基因、世界级的旅游度假资源与世界级的服务。建设不能遍地开花，应该选择具有突出的普遍价值、国家文化标志意义或者杰出休闲度假价值的地方，比如世界遗产地、国家公园、国家文化公园、国家级风景名胜区、国家历史文化名城、国家旅游度假区等。此外，高质量的旅游景点需要一流旅游服务作为配套，可以借鉴迪士尼、地中海俱乐部等景点经验，推动服务更加国际化、精细化、便利化、个性化和智慧化。其中，国际化服务既要符合国际标准，又要突出地方特色，还要满足游客个性化需要。在我国成为世界第一出境旅游国的今天，要将中国的服务标准与国际标准接轨，也要在国际标准中体现更多的中国元素。

孙业红：我国打造了不少A级景区、国家级度假区的品牌，受到社会广泛认可。在已有的基础上建设世界级旅游景区和度假区，可以从两个关键点入手。第一，从产品到服务，向世界顶尖的景区和度假区看齐。第二，充分将当地文化要素融入景区和度假区的建设中。像美国的夏威夷、墨西哥的坎昆等世界知名度假区，除了在基础设施上强调高品质，在产品和服务上都能够充分体现当地的文化特色，给游客留下深刻的文化印象。

除了加强目前区域的A级景区和国家级度假区的品牌建设，还要重视区域内世界自然遗产、世界文化遗产、非物质文化遗产、人与生物圈计划等相关的高品质旅游资源，将这些资源和目前已有的景区和度假区进行资源整合，借鉴国际经验，开发高品质的观光和度假产品，扩大国际影响。

刘祥艳：充分挖掘地方节事或相关影视作品的文化魅力也是一种提升旅游品牌影响力的重要方式。当前，不少富有当地文化特色的节事成为目的地的重要标签，如法国戛纳电影节造就了小城戛纳的繁荣，英国爱丁堡艺术节吸引无数文艺旅游者争相打卡。影视文化力量也不容忽视，例如，作为电影《魔戒》和《霍比特人》的重要拍摄地，新西兰玛塔玛塔小镇的霍比特村已成为世界热门的旅游景点。

原载 2021 年 8 月 31 日《经济日报》

高质量建设国家文化公园
——促进文化和旅游产业深度融合（下）

本期嘉宾

北京第二外国语学院中国文化和旅游产业研究院院长　邹统钎

湖南师范大学旅游学院院长　王兆峰

河南大学文化产业与旅游管理学院院长、国家社科基金重大项目“建设黄河国家文化公园研究”首席专家　程遂营

北京第二外国语学院中国文化和旅游大数据研究院副教授　李艳

主持人

经济日报社编委、中国经济趋势研究院院长　孙世芳

10 智库　2021年9月2日　星期四　经济日报

高质量建设国家文化公园

——促进文化和旅游产业深度融合（下）

智库圆桌（第二十四期）

国家文化公园是国家文化形象的塑造地和国家文化软实力的展示地。如何建设好国家文化公园，是文旅融合实践中值得关注的问题。近日，长城、大运河、长征国家文化公园建设保护规划出台，为推进国家文化公园建设提供了科学引领。本期智库圆桌邀请四位专家以四个文化公园为例，探究国家文化公园建设在体制机制、区域整合、文化遗产保护以及数字化发展等方面的问题和对策，为新时代高质量建设国家文化公园出谋划策。

主持人　经济日报社编委、中国经济趋势研究院院长　孙世芳

主持人：当前我国国家文化公园建设存在哪些问题？如何进一步破除体制机制障碍，推进公园建设？

创新体制机制补齐短板

邹统钎（北京第二外国语学院中国文化和旅游产业研究院院长）：国家文化公园实施公园化管理运营，相较于国家文物保护单位具有辐射范围的广域性、管理主体多元性以及功能多元性的特点。国家文物保护单位向国家文化公园管理体制转型，实现国家文化公园的整体性保护与融合性发展面临着管理粗放、资金匮乏、法律缺位和产品同质等方面的挑战。

首先，要实现整体性保护，还缺失强有力的协调机制和稳定的管理机构。以长城国家文化公园为例，其涉及范围广，权属复杂，跨省和跨部门协调机制尚未健全。目前的管理机构多为临时抽调人员组成的办公室、"专班"机构，没有编制，兼职性、流动性和临时性强。其次，资金缺乏保障，投资机制模糊。一是文化项目体量大，前期建设与后期运营所需的资金难以保障。二是文化工程注重社会性与公益性，投资回报时间长，短期内难以形成新的文化经济增长点。三是缺乏资金投入的政策指导和长效机制，企业投资以何种方式参与公园经营等问题尚未达成共识。再次，立法司法缺位，监督监管失位。例如长城沿线各省市虽然出台了保护条例，但都是纲领性文件，保护立法和司法实践工作仍存在不匹配、不适应、不完善等突出问题。另外还有文化挖掘略浅，融合性发展不足。如长城文化公园，忽视对长城文化的深入挖掘，导致公众对长城的历史文化价值和时代赋予的现实价值认识不足。此外，长城文旅融合形式大体相同，产品品牌辨识度低，存在同质化和低端化问题。

针对以上问题，有如下几点建议。

第一，建立稳定的管理机构，强化协调联动机制。建议按照"编随事转，人随编走"原则，从相关机构现有编制中调整划转建立长城国家文化公园组织机构，落实机构编制人员和"三定"（定机构、定编制、定职能）方案，以减少人员的流失。此外，应将长城国家文化公园工作领导小组和办公室做实，由临时性协调机构转变为有专门编制和相应权责的固定机构。

建立有效协调机制。加强跨地区跨部门的协调协商，形成上下联动、整体推进的工作合力。加强资源整合和信息共享，在政策、资金等方面为地方创造条件，形成一批可复制可推广的成果经验，为全面推进国家文化公园建设创造良好条件。

第二，建立多元化资金保障机制。建议中央设置专项资金，省级设置配套资金。中央财政设置的专项资金，应重点投向长城国家文化公园的基础设施、公共服务建设以及重大标志性项目建设，并对经济欠发达省份的上述建设予以重点倾斜。各省（自治区、直辖市）应设置省级国家文化公园建设配套资金，用于长城国家文化公园相关的文物保护、传承和利用。

积极拓展融资渠道，构建"债券+基金"的社会资本投入机制。建议相关部门在地方专项债券中增设国家文化公园类，以专项债券支持长城国家文化公园建设。建议各地增设长城国家文化公园发展基金，以政府资金撬动社会资本参与长城国家文化公园建设。

逐步完善捐赠机制，扩大社会捐赠资金规模。建议由长城国家文化公园管理机构设专门部门统一接受企业、非政府组织、个人等社会捐赠资金，不断壮大长城国家文化公园建设资金规模。

第三，坚持园区与社区融合，实现全民共建共享。建立面向公众的长城保护教育和社区共同参与的长效机制。一方面，通过宣传长城保护理念，举办长城科普讲座，激发公众保护长城的意识。另一方面，要广泛动员长城沿线群众参与保护工作，加强长城保护志愿者队伍建设。引导社会力量参与公园建设，坚持全民共建共享。通过特许经营的方式将长城国家文化公园的经营权出让给相关企业和其他经营者，充分调动社会各界参与长城国家文化公园保护、管理、开发和运营的积极性，凝聚更多的发展共识与创新智慧。

第四，完善长城保护立法，建立系统性长效监管机制。借鉴国内外国家公园立法经验，推动长城国家文化公园管理法制化、规范化。深化长城沿线文化遗产保护的法律问题研究和立法建议论证，推动保护、传承、利用理念入法入规。建立公益诉讼制度和警察制度，加强执法力度。支持检察机关依法开展公益诉讼。此外，借鉴国际上国家公园"园警"执法制度，建立我国的长城国家文化公园警察制度，保证法律有效执行，威慑犯罪。

- 《国家"十三五"时期文化发展改革规划纲要》中首次提出规划建设一批国家文化公园
- 2019年12月中共中央办公厅、国务院办公厅印发《长城、大运河、长征国家文化公园建设方案》，强调到2023年底基本完成建设任务
- 十九届五中全会提出的"十四五"规划建议将黄河国家文化公园建设也列入其中，形成了"四大"国家文化公园布局
- 《中共中央关于制定国民经济和社会发展第十四个五年规划和二〇三五年远景目标的建议》指出建设长城、大运河、长征、黄河等国家文化公园，加强世界文化遗产、文物保护单位、考古遗址公园、历史文化名城名镇名村保护

主持人：四大国家文化公园均涉及多个区域，如长征文化公园，涉及沿线15个省区。如何加强区域资源整合，发挥整体合力？如何在文旅融合过程中促进乡村旅游发展？

优化区域合作实现多赢

王兆峰（湖南师范大学旅游学院院长）：国家文化公园文旅融合发展不能仅限于各县市内的资源整合与利用，还应通过优化区域文旅资源和产业之间的空间配置，提高整体各要素配置的空间耦合效率，共同打造跨区域、全方位、多领域的合作新平台。以长征文化公园为例，目前长征湖南段沿线各县市内文旅资源整合能力仍待加强，整体文旅融合进程有待加快。具体有以下几个建议。

一是建立健全区域合作机制。各县市政府需打破行政壁垒，厘清区域协调合作中"谁来管、管什么、怎么管"的问题，理顺跨区域公园建设的管理体制，以区域整体规划统筹长征国家文化公园跨区域建设，同时充分考虑各县市长征文化文物资源的特色，拟定差别化政策措施，通过充分调动各地政府、企业和居民的积极性，实现长征国家文化公园各个园区的合作共赢，差异化特色化发展的新局面。

二是加快推进区域间文旅资源整合工作。各县市需将具有重要意义的长征文化文物资源作为核心展示区，以此为落点，集聚周边省、县、市文化资源，形成集中红色文化展示带。充分发挥以点促线带面的辐射效应，构建文旅资源共享网络，突出区域长征文化品牌，打造红色文化旅游产业集群，以协调联动牵引长征国家文化公园高质量发展。

三是重视区域配套设施的跨区域合作和统筹。国家文化公园具有鲜明的公共服务性质，因此长征国家文化公园的跨区域合作不能盲目一味地只关注文旅资源的整合，要基于区域整体规划和自身资源开发的需要，完善好旅游基础设施建设、公共文化设施建设，以保障区域间长征国家文化公园的合作高质量发展。近年来，湖南省积极开展湘赣边、湘鄂以及湘鄂川黔片区区域合作，其中着力打造红色文化品牌是其建设的重要内容之一。

此外，拓展产业带动功能，打造长征文化与乡村旅游、民俗旅游等业态相结合的文化旅游产品。如湖南省汝城县沙洲村是"半条被子"的发源地，是红色旅游实现脱贫的典型案例地。沙洲村以"半条被子"故事为主线，对周围环境进行艺术再造，将红色资源转变为红色景区，实现快速脱贫。借鉴沙洲村脱贫模式，各县市需以长征文化为地域品牌特色，通过提炼红色村落历史文化价值和景观价值，推动长征文化与乡村旅游发展相融合，以文旅融合发展推动地区整体产业经济效益的提高，以产业振兴实现乡村振兴。

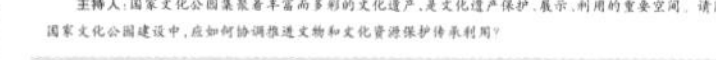

主持人：国家文化公园集聚着丰富而多彩的文化遗产，是文化遗产保护、展示、利用的重要空间。请问在国家文化公园建设中，应如何协调推进文物和文化资源保护传承利用？

实现保护与开发相结合

程遂营（河南大学文化产业与旅游管理学院院长，国家社科基金重大项目"建设黄河国家文化公园研究"首席专家）：保护好、传承好、利用好文化遗产，是国家文化公园建设的核心任务。国家文化公园文化遗产保护应把握前瞻性、科学性、系统性、连续性和针对性原则。在此基础上，国家文化公园的文化遗产保护宜采取以下路径。

第一，主题突出，重点保护。国家文化公园要围绕重大文化议题展开，突出重要文化主题，彰显民族文化特色，塑造国家文化形象。以黄河国家文化公园为例，要突出黄河文化根魂主题，讲好重要的黄河文化遗产故事，包括黄河变迁史、黄河治理史和黄河文化交流史，黄河河工设施、黄河古都遗址、黄河农耕非遗等重要遗产故事。

第二，主次分明，分类保护。国家文化公园可根据文化遗产的等级、种类、数量、规模、聚集度、组合形态等情况，分清文化遗产的主次，实施文化遗产梯度分级保护。国家文化公园应以最具中国特色、最具正能量引导、最具文化感召力的文化遗产为主，形成多区域、多层次、多类型文化遗产有序组合的保护格局。以黄河国家文化公园为例，要以黄河河道本体遗产和黄河沿线聚落文化遗产为主。针对黄河沿线的物质文化遗产与非物质文化遗产进行分类保护，如对物质文化遗产中的不可移动文物和可移动文物进行分类保护，对不同类型的非遗采取不同的保护措施。

第三，主体带动，集聚保护。以世界文化遗产、全国重点文物保护单位、大型考古遗址、国家级非物质文化遗产以及文化遗产保护试点为核心，聚集一批可移动文物和非物质文化遗产，形成文化遗产集群并进行整体保护。以黄河国家文化公园为例，可以发挥黄河古都大遗址的主体带动作用，保护和展示黄河古都文化。

第四，主角彰显，活态保护。既要维系国家文化公园中的文化遗产与社区居民、非遗传承者、遗产爱好者的密切关系，也要增进文化遗产与当地的遗产陌生者、当地的新生代、外来的游客之间的密切关系，让文化遗产与他者之间建立生活联系、社交联系、情感联系等多种联系，推进文化遗产的活态保护。

国家文化公园文化遗产的旅游利用应遵循创意化、生活化、IP化、智慧化、共享化原则。在遵循以上原则的基础上，国家文化公园文化遗产的旅游利用宜采取如下路径。

第一，文化遗产融入旅游标识体系。国家文化公园要提取一些具有代表性的文化遗产符号，将这些文化符号充分融入到国家文化公园及周边区域的旅游标识体系之中。例如，在河南黄河国家文化公园建设中，可以在二里头遗址、隋唐洛阳城遗址、北宋东京城遗址等遗址遗产中提取文化符号，融入到国家文化公园的LOGO、IP标识、交通指示牌、全景图、导览图、景物介绍牌以及其他旅游服务设施标识等。

第二，文化遗产进入旅游景观序列。国家文化公园的文化遗产本体可以成为旅游休闲者直接观赏的原真性景观，也可以通过创意转化为建构性旅游景观。文化遗产景观要在最大程度上保持原真性，构成国家文化公园的持久魅力。而文化遗产创意转化为旅游景观，要结合旅游者的审美需求和时尚元素，在景观颜色、线条、结构、规模、载体、文化要素等方面，符合当下和未来的旅游审美潮流。

第三，文化遗产转入旅游体验项目。文化遗产要充分利用创意设计和科技手段进行"活化"，为旅游休闲者提供融旅游多要素于一身和集视觉、听觉、嗅觉、味觉、触觉体验于一体的旅游体验项目。例如，在黄河国家文化公园建设中，可以将黄河埽工、黄河号子等遗产转化为旅游体验项目，让旅游者体验黄河埽工制作和吟诵黄河号子，在体验中感受文化遗产的切实价值和文化魅力。

第四，文化遗产嵌入旅游多元业态。国家文化公园文化遗产的旅游利用要考虑游客的多元需求，要充分融入旅游产业的多元业态。例如，以物质文化遗产为投影载体的灯光秀，以物质文化遗产为实景背景或仿实场景的沉浸式演艺，将非遗融入场景的服务旅游、旅游民宿等业态，都可以成为国家文化公园文化遗产的旅游利用形式。

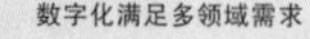

主持人：数字化建设对于促进文化遗产数字资源创新利用，加深文化和旅游的融合具有重要意义。请问数字化建设过程中要注意哪些问题？

数字化满足多领域需求

李艳（北京第二外国语学院中国文化和旅游大数据研究院副教授）：文化遗产资源的数字化，是实现文化遗产数字化传承、保护和利用的基础。国家文化公园建设涉及边界、保护、教育、遗产、娱乐和旅游等多领域，文化资源的数字化也应充分考虑多角度、多领域需求。

第一，高站位统筹规划，促使数字文化资源系统化。国家文化公园数字工程是在数字基础设施建设的基础上，建设国家文化公园官方网站和数字云平台，实现文物和文化资源的数字化展示和数字化管理。作为数字平台数据支撑的数字文化资源，必须系统化构建，以满足文化景观规划、文化遗产陈列和展示、文化遗产内涵挖掘、文化遗产旅游演绎、管理等多领域需求。以大运河国家文化公园数字平台建设为例，数字平台建设在非遗数字化展示和利用、研学、数智赋能、服务体系标准化管理等多维应用的基础上，进一步挖掘大运河文化内容与旅游空间的关联、历史遗存与当代价值的关联、文旅资源与人类情感的关联，实现多时空维度、多空间尺度、多要素资源的集成。

第二，彰显文化新高度，促进数字博物馆集群化发展。数字博物馆将成为优秀传统文化与现代人的精神纽带，丰富传统博物馆的多元价值，为国家文化公园文化遗产的利用和传播提供了新的方式和手段。例如，自2019年开始进行大运河国家文化公园建设以来，我国目前建成中国京杭大运河博物馆、中国大运河博物馆、大运河翰林博物馆、洛阳隋唐大运河博物馆、淮北隋唐大运河博物馆等多家大运河主题博物馆。这些博物馆分布在浙江杭州、江苏扬州、北京、河南洛阳、安徽淮北等地，从大运河历史阶段、水系特征和分段、流域、文化、旅游以及经济等多视角展示大运河景观、遗址、文物和文化。

第三，挖掘新时代文化，促进数字文化创新多元化发展。建议挖掘国家文化公园的文化符号，将富有文化历史底蕴的文化遗产与高新技术和智慧化社会相链接，实现文化遗产与文化产业融合发展，在生产、销售等环节中使文化遗产走进社会大众的生活中，实现文化遗产创新性利用和"自我造血"。结合大数据、人工智能技术深入挖掘国家文化公园在新时代的文化符号和文化内涵，开发文化IP，促进文化遗产成为新潮元素，形成文化创意产业集群，拓展文化创意IP产业链，构建新的产业增长极。例如开发数字动漫和衍生游戏，创作相关文创产品，进行线上线下展销，焕发文化遗产新时代活力。开拓文化遗产文化创意产品市场，同时传播传统文化遗产，促进更多人以更加多元方式了解国家文化公园的文化遗产。5G大运河《中国大运河史诗图卷》在数字空间里呈现运河风貌，展现运河文化的创新创造。去年11月发布的国航专属游戏《云伴旅程》是挖掘大运河IP和数字跨界赋能的典型文创案例。浙江杭州拱宸桥建筑考古研究与复原性展示项目，利用三维建模技术为考古研究、教育开发、公众展示等提供支撑，活化拱宸桥的同时，也为文创提供文物素材和数据。

第四，创造沉浸式体验，推动文化旅游深度融合。国家文化公园的数字化建设可以从文学、艺术、文物、美食等角度与受众交互，集教育、旅游、休闲等功能于一体，数字化展现国家文化公园古今风貌。在文化资源数字化、文创数字创新的基础上，将更多的文化资源融入旅游产品和路线中。如利用虚拟现实技术对历史村镇和文化街区不同时代、不同业态的生活情景进行虚拟修复和再现，活态展示相关历史故事和非物质文化遗产。同时，基于大数据技术对游客行为进行模式分析、口碑分析、旅游热门路线分析等，推动国家文化公园的服务提升、优化和创新。例如，数字文化关注大运河文化旅游产品文化属性、教育功能的开发，面向青少年群体开发研学旅游产品，传承大运河文化，促进大运河文化形象宣传和投射。数字旅游有效整合文旅企业，促进文化旅游景区、酒店智慧化管理，健全企业形象推广和营销体系，提高文旅企业综合运营能力。

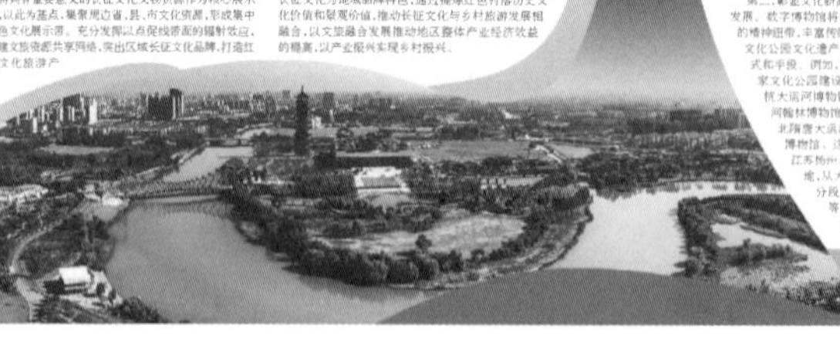

本版编辑　袁文　美编　高妍

国家文化公园是国家文化形象的塑造地和国家文化软实力的展示地。如何建设好国家文化公园，是文旅融合实践中值得关注的问题。近日，长城、大运河、长征国家文化公园建设保护规划出台，为推进国家文化公园建设提供了科学引领。本期智库圆桌邀请四位专家以四个文化公园为例，探究国家文化公园建设在体制机制、区域整合、文化遗产保护以及数字化发展等方面的问题和对策，为新时代高质量建设国家文化公园出谋划策。

创新体制机制补齐短板

主持人：当前我国国家文化公园建设存在哪些问题？如何进一步破除体制机制障碍，推进公园建设？

邹统钎：国家文化公园实施公园化管理运营，相较于国家文物保护单位具有辐射范围的广域性、管理主体多元性以及功能多元性的特点。国家文物保护单位向国家文化公园管理体制转型，实现国家文化公园的整体性保护与融合性发展面临着管理粗放、资金匮乏、法律缺位和产品同质等方面的挑战。

首先，要实现整体性保护，还缺少强有力的协调机制和稳定的管理机构。以长城国家文化公园为例，其涉及范围广，权属复杂，跨省和跨部门协调机制尚未健全。目前的管理机构多为临时抽调人员组成的办公室、“专班”机构，没有编制，兼职性、流动性和临时性强。其次，资金缺乏保障，投资机制模糊。一是文化项目体量大，前期建设与后期运营所需的资金难以保障。二是文化工程注重社会性与公益性，投资回报时间长，短期内难以形成新的文化经济增长点。三是缺乏资金投入的政策指导和长效机制，企业投资以何种方式参与公园经营等问题尚未达成共识。最后，立法司法缺位，监督监管失位。例如长城沿线各省市虽然出台了保护条例，但都是纲领性文件，保护立法和司法实践工作仍存在不匹配、不适应、不完善等突出问题。另外还有文化挖掘略浅，融合性发展不足。如长城文化公园，忽视对长城文化的深入挖掘，导致公众对长城的历史文化价值和时代赋予的现实价值认识不足。此外，长城文旅融合形式大体相同，产品品牌辨识度低，存在同质化和低质化问题。

针对以上问题，有如下几点建议。

第一，建立稳定的管理机构，强化协调联动机制。建议按照“编随事转，人随编走”原则，从相关机构现有编制中调整划转建立长城国家文化公园组织机构，落实机构编制人员和“三定”（定机构、定编制、定职能）方案，以减少人员的流失。此外，应将长城国家文化公园工作领导小组和办公室做实，由临时性协调机构转变为有专门编制和相应权责的固定机构。

建立有效协调机制。加强跨地区跨部门的协同协商，形成上下联动、整体推进的工作合力。加强资源整合和信息共享，在政策、资金等方面为地方创造条件，形成一批可复制可推广的成果经验，为全面推进国家文化公园建设创造良好条件。

第二，建立多元化资金保障机制。建议中央设置专项资金，省级设置配套资金。中央财政设置的专项资金，应重点投向长城国家文化公园的基础设施、公共服务建设以及重大标志性项目建设，并对经济欠发达省份的上述建设予以重点倾斜。各省（直辖市、自治区）应设置省级国家文化公园建设配套资金，用于长城国家文化公园相关的文物保护、传承和利用。

积极拓展融资渠道，构建“债券＋基金”的社会资本投入机制。建议相关部门在地方专项债券中增设国家文化公园细类，以专项债券支持长城国家文化公园建设。建议各地增设长城国家文化公园发展基金，以政府资金撬动社会资本参与长城国家文化公园建设。

逐步完善捐赠机制，扩大社会捐赠资金规模。建议由长城国家文化公园管理机构设专门部门统一接受企业、非政府组织、个人等社会捐赠资金，不断壮大长城国家文化公园建设资金规模。

第三，坚持园区与社区融合，实现全民共建共享。建立面向公众的长城保护教育和社区共同参与的长效机制。一方面，通过宣传长城保护理念，举办长城科普讲座，激发公众保护长城的意识。另一方面，要广泛动员长城沿线群众参与保护工作，加强长城保护志愿者队伍建设。引导社会力量参与公园建设，坚持全民共建共享。通过特许经营的方式将长城国家文化公园的经营权出让给相关企业和其他经营者，充分调动社会各界参与长城国家文化公园保护、管理、开发和运营的积极性，凝聚更多的发展共识与创新智慧。

第四，完善长城保护立法，建立系统性长效监管机制。借鉴国内外国家公园立法经验，推动长城国家文化公园管理法治化、规范化。

深化长城沿线文化遗产保护的法律问题研究和立法建议论证，推动保护、传承、利用理念入法入规。建立公益诉讼制度和警察制度，加强执法力度。支持检察机关依法开展公益诉讼。此外，借鉴国际上国家公园“园警”执法制度，建立我国的长城国家文化公园警察制度，保证法律有效执行，威慑犯罪。

优化区域合作实现多赢

主持人：四大国家文化公园均涉及多个区域，如长征文化公园，涉及沿线 15 个省区。如何加强区域资源整合，发挥整体合力？如何在文旅融合过程中促进乡村旅游发展？

王兆峰：国家文化公园文旅融合发展不能仅限于各县市内的资源整合与利用，还应通过优化区域文旅资源和产业之间的空间配置，提高整体各要素配置的空间耦合效率，共同打造跨区域、全方位、多领域的合作新平台。以长征文化公园为例，目前长征湖南段沿线各县市内文旅资源整合能力仍待加强，整体文旅融合进程有待加快。具体有以下几个建议。

一是建立健全区域合作机制。各县市政府需打破行政壁垒，厘清区域协同合作中“谁来管、管什么、怎么管”的问题，理顺跨区域公园建设的管理体制，以区域整体规划统筹长征国家文化公园跨区域建设，同时充分考虑各县市长征文化文物资源的特色，拟定差别化政策措施，通过充分调动各地政府、企业和居民的积极性，开创长征国家文化公园各个园区的合作共赢，差异化特色化发展的新局面。

二是加快推进区域间文旅资源整合工作。各县市需将具有重要意义的长征文化文物资源作为核心展示区，以此为基点，集聚周边省、县、市文化资源，形成集中红色文化展示带。充分发挥以点促线带面的辐射效应，构建文旅资源共享网络，突出区域长征文化品牌，打造红色文化旅游产业集群，以协同联动牵引长征国家文化公园高质量发展。

三是重视区域配套设施的跨区域合作和统筹。国家文化公园具有鲜明的公共服务性质，因此长征国家文化公园的跨区域合作不能一味地只关注文旅资源的整合，要基于区域整体规划和自身资源开发的需要，完善好旅游基础设施建设、公共文化设施建设，以保障区域间长征国家文化公园的合作高质量发展。近年来，湖南省积极开展湘赣边、湘鄂以及湘鄂川黔片区区域合作，其中着力打造红色文化品牌是其建设的重要内容之一。

此外，拓展产业带动功能，打造长征文化与乡村旅游、民俗旅游等业态相结合的文化旅游产品。如湖南省汝城县沙洲村是“半条被子”精神的发源地，是红色旅游实现脱贫的典型案例地。沙洲村以“半条被子”故事为主线，对周围环境进行艺术再造，将红色资源转变为红色景区，实现快速脱贫。借鉴沙洲村脱贫模式，各县市需以长征文化为地域品牌特色，通过提炼红色村落历史文化价值和景观价值，推动长征文化与乡村旅游发展相融合，以文旅融合发展推动地区整体产业经济效益的提高，以产业振兴实现乡村振兴。

实现保护与开发相结合

主持人：国家文化公园集聚着丰富而多彩的文化遗产，是文化遗产保护、展示、利用的重要空间。请问在国家文化公园建设中，应如何协调推进文物和文化资源保护传承利用？

程遂营：保护好、传承好、利用好文化遗产，是国家文化公园建设的核心任务。国家文化公园文化遗产保护应把握前瞻性、科学性、系统性、连续性和针对性原则。在此基础上，国家文化公园的文化遗产保护宜采取以下路径。

第一，主题突出，重点保护。国家文化公园要围绕重大文化议题展开，突出重要文化主题，彰显民族文化特色，塑造国家文化形象。以黄河国家文化公园为例，要突出黄河文化根魂主题，讲好重要的黄河文化遗产故事，包括黄河变迁史、黄河治理史和黄河文化交流史，黄河河工设施、黄河古都遗址、黄河农耕非遗等重要遗产故事。

第二，主次分明，分类保护。国家文化公园可根据文化遗产的等级、种类、数量、规模、聚集度、组合形态等情况，分清文化遗产的主次，实施文化遗产梯度分类保护。国家文化公园应以最具中国特色、最具正能量引导、最具文化感召力的文化遗产为主，形成多区域、多层次、多类型文化遗产有序组合的保护格局。以黄河国家文化公园为例，要以黄河河道本体遗产和黄河沿线聚落文化遗产为主。针对黄河沿线的物质文化遗产与非物质文化遗产进行分类保护，如对物质文化遗产中的不可移动文物和可移动文物进行分类保护，对不同类型的非遗采取不同的保护措施。

第三，主体带动，集聚保护。以世界文化遗产、全国重点文物保护单位、大型考古遗址、国家级非物质文化遗产以及文化遗产保护试点为核心，聚集一批可移动文物和非物质文化遗产，形成文化遗产集群并进行整体保护。以黄河国家文化公园为例，可以发挥黄河古都大遗址的主体带动作用，保护和展示黄河古都文化。

第四，主角彰显，活态保护。既要维系国家文化公园中的文化遗产与社区居民、非遗传承者、遗产爱好者的密切关系，也要增进文化遗产与当地的遗产陌生者、当地的新生代、外来的游客之间的密切关系，让文化遗产与他者之间建立生活联系、社交联系、情感联系等多种联系，推进文化遗产的活态保护。

国家文化公园文化遗产的旅游利用应遵循创意化、生活化、IP化、智慧化、共享化原则。在遵循以上原则的基础上，国家文化公园文化遗产的旅游利用宜采取如下路径。

第一，文化遗产融入旅游标识体系。国家文化公园要提取一些具有代表性的文化遗产符号，将这些文化符号充分融入国家文化公园及周边区域的旅游标识体系之中。例如，在河南黄河国家文化公园建设中，可以在二里头遗址、隋唐洛阳城遗址、北宋东京城遗址等遗址遗产中提取文化符号，融入国家文化公园的LOGO、IP标识、交通指示牌、全景图、导览图、景物介绍牌以及其他旅游服务设施标识等。

第二，文化遗产进入旅游景观序列。国家文化公园的文化遗产本体可以成为旅游休闲者直接观赏的原真性景观，也可以通过创意转化为建构性旅游景观。文化遗产景观要在最大程度上保持原真性，构成国家文化公园的持久魅力。而文化遗产创意转化为旅游景观，要结合旅游者的审美需求和时尚元素，在景观颜色、线条、结构、规模、载体、文化要素等方面，符合当下和未来的旅游审美潮流。

第三，文化遗产转入旅游体验项目。文化遗产要充分利用创意设计和科技手段进行“活化”，为旅游休闲者提供融旅游多要素于一身和集视觉、听觉、嗅觉、味觉、触觉体验于一体的旅游体验项目。例如，在黄河国家文化公园建设中，可以将黄河埽工、黄河号子等遗产转化为旅游体验项目，让旅游者体验黄河埽工制作和吟诵黄河号子，在体验中感受文化遗产的切实价值和文化魅力。

第四，文化遗产嵌入旅游多元业态。国家文化公园文化遗产的旅游利用要考虑游客的多元需求，要充分融入旅游产业的多元业态。例如，以物质文化遗产为投影载体的灯光秀，以物质文化遗产为实景背景或仿真场景的沉浸式演艺，将非遗融入场景的康养旅游、旅游民宿等业态，都可以成为国家文化公园文化遗产的旅游利用形式。

数字化满足多领域需求

主持人：数字化建设对于促进文化遗产数字资源创新利用，加深文化和旅游的融合具有重要意义。请问数字化建设过程中要注意哪些问题?

李艳：文化遗产资源的数字化，是实现文化遗产数字化传承、保护和利用的基础。国家文化公园建设涉及边界、保护、教育、遗产、娱乐和旅游等多领域，文化资源的数字化也应充分考虑多角度、多领域需求。

第一，高站位统筹规划，促使数字文化资源系统化。国家文化公园数字工程是在数字基础设施建设的基础上，建设国家文化公园官方网站和数字云平台，实现文物和文化资源的数字化展示和数字化管理。作为数字平台数据支撑的数字文化资源，必须系统化构建，以满足文化景观规划、文化遗产陈列和展示、文化遗产内涵挖掘、文化遗产旅游演绎和管理等多领域需求。以大运河国家文化公园数字平台建设为例，数字平台建设在非遗数字化展示和利用、研学、数智赋能、服务体系标准化管理等多维应用的基础上，进一步挖掘大运河文化内容与旅游空间的关联、历史遗存与当代价值的关联、文旅资源与人类情感的关联，实现多时空维度、多空间尺度、多要素资源的集成。

第二，彰显文化新高度，促进数字博物馆集群化发展。数字博物馆将成为优秀传统文化与现代人的精神纽带，丰富传统博物馆的多元价值，为国家文化公园文化遗产的利用和传播提供了新的方式和手段。例如，自 2019 年开始进行大运河国家文化公园建设以来，我国目前建成中国京杭大运河博物馆、中国大运河博物馆、大运河翰林博物馆、洛阳隋唐大运河博物馆、淮北隋唐大运河博物馆等多家大运河主题博物馆。这些博物馆分布在浙江杭州、江苏扬州、北京、河南洛阳、安徽淮北等地，从大运河历史阶段、水系特征和分段、流域、文化、旅游以及经济等多视角展示大运河景观、遗址、文物和文化。

第三，挖掘新时代文化，促进数字文化创新多元化发展。建议挖掘国家文化公园的文化符号，将富有文化历史底蕴的文化遗产与高新技术和智慧化社会相链接，实现文化遗产与文化产业融合发展，在生产、销售等环节中使文化遗产走进社会大众的生活中，实现文化遗产创新性利用和“自我造血”。结合大数据、人工智能技术深入挖掘国家文化公园在新时代的文化符号和文化内涵，开发文化 IP，促进文化遗产成为新潮元素，形成文化创意产业集群，拓展文化创意 IP 产业链，构建新的产业增长极。例如开发数字动漫和衍生游戏，创作相关文创产品，进行线上线下展销，焕发文化遗产新时代活力。开拓文化遗产文化创意产品市场，同时传播传统文化遗产，促进更多人以更加多元的方式了解国家文化公园的文化遗产。5G 大运河《中国大运河史诗图卷》在数字空间里呈现运河风貌，展现运河文化的创新创造。去年 11 月发布的国航专属游戏《云伴旅程》是挖掘大运河 IP 和数字跨界赋能的典型文创案例。浙江杭州拱宸桥建筑考古研究与复原性展示项目，利用三维建模技术为考古研究、教育开发、公众展示等提供支撑，活化拱宸桥的同时，也为文创提供文物素材和数据。

第四，创造沉浸式体验，推动文化旅游深度融合。国家文化公园的数字化建设可以从文学、艺术、文物、美食等角度与受众交互，集教育、旅游、休闲等功能于一体，数字化展现国家文化公园古今风貌。在文化资源数字化、文创数字创新的基础上，将更多的文化资源融入旅游产品和路线中。如利用虚拟现实技术对历史村镇和文化街区不同时代、不同业态的生活情景进行虚拟修复和再现，活态展示相关历史故事和非物质文化遗产。同时，基于大数据技术对游客行为进行模式分析、口碑分析、旅游热门路线分析等，推动国家文化公园的服务提升、优化和创新。例如，数字文化关注大运河文化旅游产品文化属性、教育功能的开发，面向青少年群体开发研学旅游产品，传承大运河文化，促进大运河文化形象宣传和投射。数字旅游有效整合文旅企业，促进文化旅游景区、酒店智慧化管理，健全企业形象推广和营销体系，提高文旅企业综合运营能力。

原载 2021 年 9 月 2 日《经济日报》

智库圆桌

下

孙世芳◎主编

经济日报出版社
北 京

目录
CONTENTS

上　册

下 册

平台经济如何行稳致远

本期嘉宾

商务部国际贸易经济合作研究院数字贸易研究中心副主任　崔艳新

中国社会科学院金融研究所支付清算研究中心主任　杨涛

北京交通大学服务经济与新兴产业研究所所长　冯华

国家会计学院金融系副教授　黄波涛

主持人

经济日报社编委、中国经济趋势研究院院长　孙世芳

10 智库 2021年9月4日 星期六 经济日报

平台经济如何行稳致远

近年来，我国以互联网技术为基础的平台经济快速发展，新模式、新业态不断涌现。中央财经委员会第九次会议强调，要着眼长远、兼顾当前，补齐短板、强化弱项，营造创新环境，解决突出矛盾和问题，推动平台经济规范健康持续发展。"十四五"规划纲要提出，促进共享经济、平台经济健康发展，进一步明确了发展平台经济的战略和使命。如何解决平台经济遇到的发展和治理难题，不断为高质量发展和高品质生活提供活力动力，同时抓住数字化转型机遇，推动平台经济行稳致远？本期特邀四位专家深入研讨。

智库圆桌（第二十五期）

嘉宾
商务部国际贸易经济合作研究院数字贸易研究中心副主任 崔艳新
中国社会科学院金融研究所支付清算研究中心主任 杨涛
北京交通大学服务经济与新兴产业研究所所长 冯华
国家会计学院金融系副教授 黄波涛

主持人
经济日报社编委、中国经济趋势研究院院长 孙世芳

平台经济融入寻常百姓家

平台经济治理遇到新课题

发展规范并重 提升治理效能

数字化推动"智能+"产业蓬勃发展

近年来，我国以互联网技术为基础的平台经济快速发展，新模式、新业态不断涌现。中央财经委员会第九次会议强调，要着眼长远、兼顾当前，补齐短板、强化弱项，营造创新环境，解决突出矛盾和问题，推动平台经济规范健康持续发展。“十四五”规划纲要提出，促进共享经济、平台经济健康发展，进一步明确了发展平台经济的战略和使命。如何解决平台经济遇到的发展和治理难题，不断为高质量发展和高品质生活提供活力动力，同时抓住数字化转型机遇，推动平台经济行稳致远？本期特邀四位专家深入研讨。

平台经济融入寻常百姓家

主持人：当前平台经济发展呈现哪些特点，对经济社会发展起到了怎样的作用？

崔艳新：平台经济是基于互联网信息技术，由数据驱动、平台支撑、网络协同的经济活动单元所构成的新经济系统。当前平台经济发展特点有三个：一是业态日益丰富，平台经济的网络效应与外部效应进一步提升；二是主体更为多元，平台运行规则的公共品属性日益突出；三是数据价值凸显，围绕数据的价值创造与增值形成全新的数据价值链理论，并不断应用深化。

平台经济在经济社会发展全局中的地位和作用日益凸显。一是提高全社会资源配置效率，促进价值链各环节的集约化管理。二是推动技术和产业变革，经济社会朝着信息化、数字化、智能化方向加速演进。三是提升现代化治理水平，国家治理的智能化、全域化、个性化、精细化水平得以提升。

杨涛：平台经济的典型特点，一是外部性，平台经济具有“网络外部性”的特殊性质。比如，支付清算组织就是典型的平台经济模式，其中支付消费者越多，支付终端对于商户的价值就越大；而安装支付终端机的商户越多，支付产品对消费者的价值也就越大。二是多归属行为，如果平台没有实施排他性交易行为，消费者可以购买多个竞争性平台的产品或服务。三是定价策略，在平台经济的双边市场中，定价的焦点是将用户的网络外部性内部化，为交易平台的双边吸引尽可能多的用户，从而实现共赢。

冯华：平台经济本质是利用网络信息技术为双边市场用户或者多边市场用户服务的生态型产业组织，具有准公共物品的属性。其商业模式的关键是流量入口和数据变现的组合，商业竞争形态总体上是维度竞争。近几年，人们已习惯使用互联网平台来满足日常生活中的各种需求，在全球产业链加速重组的背景下，大力发展平台经济是提高我国国际竞争力和推动经济社会高质量发展的重要战略举措。

黄波涛：平台的技术特征体现为大数据、人工智能、移动互联网、云计算以及区块链技术的深度耦合与协同。平台本身并不生产产品，但可以促成买卖双方或多方之间的交易，实现供给与需求的智能化匹配。从供给端看，各行业产业链、供应链的组织方式正在快速平台化，专业化分工体系的撮合越来越高效，大大加速了从技术、创意、设计到产品化、货币化的进程。从需求端看，互联网平台通过不断拓展广度和深度满足了各类消费需求，提高了全社会资源的配置效率。

平台经济治理遇到新课题

主持人：平台经济高速发展的同时，也出现了一些新问题，如何进一步提升平台经济治理效果？

黄波涛：随着平台经济的高速发展，我们在享受“数据红利”的同时，也面临“数据风险”与“平台垄断”的挑战。主要表现在三个方面：一是科学界定数据这一生产要素的产权问题；二是控制数据泄露和滥用风险，进一步打通政府数据、企业数据及社会数据堵点，有效实现数据共享问题；三是对平台企业尤其是头部企业的反垄断治理问题。

杨涛：从理论层面看，平台经济的前沿研究不足，概念边界存在模糊性。在实践中，一是市场竞争治理。去年底欧盟委员会公布了《数字服务法案》及《数字市场法案》草案，旨在进一步限制美国科技巨头的反竞争行为，规范欧盟数字市场秩序。我国诸多数字平台企业快速崛起，在大幅改善经济效率、增进社会福利的同时，也带来新的反垄断与治理挑战。二是社会责任治理。事实上，基于平台经济的数字化变革更应该充分体现出社会责任、可持续性等特点，从而弥补传统经济模式的治理缺失，然而事实并非总是如此。只有不断找出问题，加强治理，才能使平台经济充分发挥外部性、多归属性、定价等方面的比较优势。

冯华：当前平台经济发展的难题，一是平台垄断造成竞争短板。规模经济、数据驱动等优势在增进平台企业效率的同时，也可能造成强者愈强的马太效应。二是信用短板制约健康发展。共享平台的用户信息安全、搜索平台的信息真实度等诚信缺失现象迭出，其背后是信用短板。构建守信激励失信惩罚的社会信用体系，前提是有作为社会信用的公共品与基础设施的数据共享平台，目前覆盖各地区各部门、各类市场主体的信用信息“一张网”还未形成，科学合理界定责任主体成为迫切要求。三是法规体系滞后导致监管短板。平台企业跨界多元经营、跨界动态竞争的特征，使得平台经济领域的反垄断法规面临更加繁复的类型化场域界分与适用方法匹配的问题，需要监管部门协同联动，推动反垄断规制有序有效展开。

崔艳新：当前我国平台经济发展存在的短板，一是公平竞争的市场秩序有待强化；二是信用体系有待健全，在信息安全、数据开放共享等方面还缺乏相应的技术规范标准；三是治理能力有待提升，目前部门化、条块化、属地化的监管模式难以有效发挥作用。数字平台在极大降低交易成本、提高资源配置效率的同时，也带来了资源重组与权力重构，其中超大型平台反垄断是全球数字经济发展面临的共同难题。一是垄断行为如何认定，市场支配、算法共谋等更多隐形垄断行为很难界定方法与获得证据；二是如何防止超大型平台垄断地位的传导。拥有数据与流量优势的超大型平台，很有可能将其在某单一市场的支配地位传导至其他市场；三是如何防范数据垄断和滥用对市场竞争产生负面影响。

发展规范并重 提升治理效能

主持人： 我国平台经济发展正处于关键时期，在实践和治理上都亟须同步跟进，如何推动平台经济规范健康持续发展？

冯华： 发展平台经济要改进监管体制机制，构建鼓励创新与有效监管并重的新型政府与市场互动关系。要坚持规范发展的原则。明确反垄断监管的核心理念，围绕垄断行为取证、垄断规制工具等重点问题形成新的框架。

要构建强有力的配套保障体系。加强信息基础设施建设，提高光纤宽带的覆盖率；加快软件和信息技术服务业尤其是物联网等新技术的应用；培育和引进与平台经济发展相配套的金融中介服务机构，提升服务能力；加快推进物流基础设施与物联网技术的应用结合，对仓储、装卸设备等信息进行整合，提升流通效率。

要加快培育数据要素市场，明确数据资源确权、加强个人隐私保护。规范数据市场主体活动，明确进行数据收集、处理、共享开放等数据活动以及治理应遵循的规定。鼓励数据要素市场主体参与公共管理，建立数据资源资产化和数据流通交换体系。确立数据安全管理规范，解决数据收集、共享、销毁等整个数据生命周期中可能产生的数据安全问题。

杨涛：首先是微观层面，要高度关注数据、算法、算力的治理。一方面，数据要素治理既要打破“数据孤岛”，充分发挥数据要素的价值，又要避免数据滥用，加强数据信息保护。另一方面，算法也需要探讨治理问题。在实践中，无论是互联网平台的“大数据杀熟”，还是面向金融投资者的“算法陷阱”，都要进一步加强治理约束。此外，还有算力的治理。近年来我国算力资源迎来爆发式增长，但创新与协同治理能力仍较弱，资源布局仍有诸多不合理。

其次，从宏观来看，更需要构建有助于平台经济与数字经济健康发展的制度环境。反垄断只是非常态化机制，要在逐渐形成理论、政策与实践共识基础上，推动政府、市场、社会、企业形成合力，不断提升综合治理能力与效率。

黄波涛：一方面，要坚持发展与规范并重，探索平台经济的弹性监管和柔性治理模式。首先，加强对重要数据的有效保护，明确数据平台企业的责任、数据权利的建构、数据治理规则的确立等，确保国家数据安全。其次，积极推进数据资源的开发利用，保障数据依法有序地自由流动，鼓励平台企业不断优化自身业务，加快攻关关键核心技术。最后，要防范平台企业滥用市场支配地位，引导公平有序竞争，为创新营造良好环境。

另一方面，要妥善处理好拓宽融资渠道与防止资本无序扩张之间的关系。要继续发挥国家大基金在平台企业投融资过程中的领投作用，为平台企业发展提供资金支持。同时，将平台企业监管融入证券市场发行机制，将平台企业 IPO 时的前置审查、从严打击证券违法活动与维护国家安全、有效防范化解风险结合起来。

崔艳新：一是坚持发展与监管相协同，优化生态格局。在风险可控的前提下，推动建立平台经济跨界及新兴产业包容审慎监管机制，不断适应数字经济领域制度创新需求。当前平台经济面临的最大挑战是如何兼顾强化反垄断监管和促进创新发展，要强化平台分类分级监管，引导平台经营者将更多资源用于技术研发与革新，使科技创新成为反垄断重要价值取向。二是坚持创新监管模式，提升治理效能。充分发挥平台经济和社群经济去中心化、规模化优势，利用和引导社会力量参与治理，形成有效的监管正反馈机制。突出平台企业的自律性和监管主体的多元性，要求具有引领作用的平台经济核心企业起带头作用，更好履行对平台及关联企业监管责任。三是完善平台经济治理法律法规体系。加强反垄断法律体系建设，做好反垄断法、数据安全法等的统筹协调和有机衔接，出台平台经济领域反垄断规范文件和配套细则，增加超级平台的新型基础设施地位条款。针对互联网平台免费服务的特征，将流量、算法等新的互联网关键要素对产业发展的影响，以及动态竞争等综合因素，纳入到反垄断分析判断中。

数字化推动“智能 +”产业蓬勃发展

主持人：平台经济与数字化建设的衔接点在哪里？未来将给哪些行业和技术创新带来机遇？

杨涛：未来主要可关注以下几个方面。一是数据要素市场的快速发展。数据要素价值的逐渐体现，不仅给传统生产要素带来深刻影响，更是改变着要素综合利用的生态环境与组合模式。数据要素的发掘、应用、确权、交易、流转等，将是平台经济与数字化变革的重要基础。二是数字产业的蓬勃兴起。平台经济已经成为推动数字经济与产业发展的重要力量，国家统计局发布的《数字经济及其核心产业统计分类（2021）》中，其范围就包括数字产品制造业、数字产品服务业、数字技术应用业、数字要素驱动业、数字化效率提升业5大类，前4类是数字产业化，第5类是产业数字化。三是数字金融的规范发展。去年下半年欧盟发布了数字金融一揽子计划，与之相应数字金融概念引起新的关注。数字金融的一个重要创新方向就是平台化、开放化的金融生态，需要在合规与效率之间把握好。

崔艳新：平台经济依托数字技术实现劳动力、资本、技术、数据等生产要素的集约化投入，促进研发、设计、营销等各环节的数字化与智能化管理。基础设施由自建数据中心向依托云网端转变，技术群落从IT（信息技术）向DT（数字技术）转变，运行逻辑从竞争逻辑向共生逻辑转变。平台经济的发展将促进5G、人工智能、边缘计算等新兴技术的日趋成熟，推动"智能+"产业的蓬勃发展，尤其是产业互联网平台日益成长壮大，将推动智能制造、智慧物流、个性设计、定制研发等新模式、新业态的快速发展。

黄波涛：平台经济以数据作为关键生产要素、以现代网络作为重要载体，催生了电子信息、商贸物流、高端装备等行业大规模的技术创新，既包括提升网络宽度、深度和效率的5G移动通信、虚拟现实、人工智能等领域的创新，也包括平台独特的、具有专利性的算法模型等的再创新。目前，我国的消费型平台处于全球领先地位，但是生产型平台并不多，未来要着力推动平台经济从消费型平台向生产型平台转变，让企业利用平台的新型配置方式高效率、低成本、精准化地获取生产要素，通过研发设计、生产制造、经营管理、市场服务等环节实现全产业链协同转型，重塑产业发展体系。

冯华：平台经济建立在数字技术发展的基础之上，一是芯片技术，二是高速移动互联网、物联网等通信技术，三是大数据、云计算等算法语言技术，四是把基础层面和应用层面结合起来的人工智能技术。平台经济与数字化建设带来的新一轮发展机遇，包括电商平台、搜索引擎平台、金融互联网平台等，正在深刻改变全球产业格局。平台经济为企业创新提供了新场景，供求双边的信息更加透明、对称，市场竞争更为激烈。在这种环境下，企业一方面要充分发挥核心竞争力，将不具备比较优势的模块外包出去，从而将很大一部分资源用于单一流程的改善升级；另一方面要在不具备成本优势的情况下通过改善工艺流程，提升商品品质，以赢得市场。

原载2021年9月4日《经济日报》

提升农产品品质　助推农业转型升级

本期嘉宾

中国人民大学农业与农村发展学院副院长　郑风田

中国宏观经济研究院产业经济与技术经济研究所副所长、研究员　姜长云

河北农业大学副校长　赵邦宏

中国农业科学院农业经济与发展研究所副所长、研究员　孙东升

主持人

经济日报社编委、中国经济趋势研究院院长　孙世芳

10 智库 2021年9月11日 星期六 经济日报

智库圆桌(第二十七期)

提升农产品品质 助推农业转型升级

一个国家农业强不强，归根到底得用质量来衡量。农产品质量事关农业产业发展、事关公众身体健康。"十四五"规划和2035年远景目标纲要提出，要深化农业结构调整，深入推进优质粮食工程，推进农业绿色转型。本期智库圆桌邀请四位专家，为提升农产品品质、推动农业绿色转型、强化农业科技支撑、促进农业产业提质增效建言献策。

主持人 经济日报社编委、中国经济趋势研究院院长 孙世芳

高品质农产品生产水平亟待提升

主持人： 现阶段，我国高质量农产品生产情况如何？各类农业经营主体绿色发展以及品牌建设状况如何？

郑风田（中国人民大学农业与农村发展学院副院长）：根据《国家质量兴农战略规划（2018-2022年）》的要求，结合《经济日报社新型农业经营主体调查（三期）》调查结果，调研组从优质农产品发展的角度来分析高品质农产品的生产情况，具体从"三品一标"（无公害产品、绿色产品、有机产品、农产品地理标志）的认证与销售情况以及新品种、新设备、新技术引进情况等方面，对新型主体和普通农户的情况进行对比介绍。

总体而言，现阶段我国高质量农产品生产水平亟待提升，"三品一标"产品生产的比例以及"三品一标"产品的销售额均不是太高。新型农业经营主体是高品质农产品生产的主力军，对高品质农产品的生产热情有趋涨之势，其中龙头企业的生产热情最高，农产品质量安全水平高于其他新型农业经营主体，但除龙头企业外其他新型农业经营主体的高品质农产品销售呈现疲软态势。

同时，新型农业经营主体也是新品种、新设备、新技术引进与研发的主力军，但是不同类型的新型农业经营主体的偏好侧重略有不同，其中合作社更倾向于引进新品种和新技术，家庭农场和专业大户对新品种和新设备的引进较多，龙头企业对新技术的引进最多。

此外，从绿色化发展方面看，新型农业经营主体与普通农户在化肥、农药、农膜等化学品方面的投入均呈现下降趋势。新型农业主体在绿色技术采纳以及农业废弃物利用方面均优于普通农户。各类绿色化发展方式对于农产品质量安全水平均具有一定的提升作用，但是新型农业经营主体对于一些能够明显提升农产品质量安全水平的手段采纳较少，需要进一步改善与优化。其中合作社需要继续发展节水灌溉技术，家庭农场需要继续推进农业有机废弃物再利用与牲畜粪便再利用，专业大户需要着重发展节水灌溉技术、农业有机废弃物再利用与牲畜粪便再利用。

从品牌建设看，目前新型农业经营主体和普通农户的品牌建设总体水平不高，对"三品一标"产品的生产缺乏足够的推动力量，不少新型农业经营主体的品牌建设尚未达到高质量农产品生产所要求的水平，需要进一步加强。新型农业经营主体品牌建设水平高于普通农户，其中龙头企业与合作社是品牌建设的主力军。调查数据显示，相对于普通农户，新型经营主体拥有自主品牌的概率更高，高出普通农户25个百分点，但是总体而言，新型农业经营主体品牌建设力量不足，拥有自主品牌的主体仅占两成。

多元共治破解农产品质量提升难题

主持人： 近年来，农产品质量问题频频成为社会热议话题。您认为阻碍农产品质量提升的原因有哪些？下一步应如何推进质量升级？

綦长云（中国宏观经济研究院产业经济与技术经济研究所副所长、研究员）：提升农产品品质很早就引起我国政府部门的高度重视。阻碍该问题解决的因素有如下几点。

第一，高质量农产品的供给不能满足需求。长期以来，我国为提高农产品质量采取了很多措施，农产品质量总体上不断提高。但是，随着收入水平的提高，社会对农产品质量的要求也不断提高。总体而言，高质量农产品的供给与需求之间存在落差。

第二，社会对农产品质量的要求加快分化。收入水平的提高，不仅会带动社会对农产品质量的要求不断提高，还导致社会对农产品质量要求加快分化。收入水平越提高，这种需求分化进程往往越快。因此，如果不重视对社会需求分化趋势的研究，维持固有思维，很可能导致农产品供给质量提高的路线与社会对农产品质量需求分化的轨迹不在一个频道，出现农产品质量提高的供求错位。比如，水果作为鲜果和加工用果，对质量的要求明显不同。

第三，优质难以优价导致提升农产品质量缺乏内生动力。为鼓励提高农产品质量，应该让优质农产品实现较高价格，以此激发生产者或供给者增加优质农产品供给的积极性。但是，农产品优质优价往往难以实现，普通农产品尤其如此。究其原因主要是我国农产品分级体系不发达，单个农户农产品生产规模有限，加剧了农产品混种、混收、混储情况，导致优质优价难以实现。

第四，优质化与标准化、品牌化的矛盾与协同。为切实提高农产品质量，近年来许多地方采取了一些切实有效的措施，推进农产品生产标准化、品牌化就是重要举措。但是，农产品优质化、标准化、品牌化往往是以较高的投入和成本作为支撑。如果通过推进农产品标准化、品牌化，让农产品实现优质化，但农产品价格上不去，生产者、经营者推进标准化、品牌化就容易失去动力。近年来有些地方通过推进农产品标准化、品牌化，确实提高了农产品价格竞争力。但是，许多地方以村或合作社为单位分散、小规模地推进农产品标准化、品牌化，虽然农产品质量真正提高了，但在品牌建设上相当于相互之间"打消耗战"。

第五，许多优质农产品辨识度低。农产品质量不仅体现在外形上，还体现在营养、风味等方面。但营养、风味等往往看不见、摸不着，影响优质优价的实现。许多优质农产品市场准入壁垒低，消费者辨识难，难以与假冒伪劣产品有效区分。加之许多农产品单价低，导致打击假冒伪劣产品难。

基于上述原因，提高农产品质量要注意分类施策、多元共治。一是既要重视提高农产品质量的紧迫性，又要对此保持必要的历史耐心，科学积极地看待农产品质量提高的进程。二是要鼓励农产品生产经营者之间通过深化区域合作、产业链合作，联合打造区域品牌或产业链品牌，提升品牌影响力，推动品种培优、品质提升、品牌打造和标准化生产协同互动、落实落地。三是要鼓励农产品生产经营者结合包装、消费者参与或数字化手段，提高优质农产品市场准入壁垒或辨识度，为促进优质优价创造条件。

以绿色发展优化农业供给结构

主持人： 绿色是农业的本色，推进绿色发展是优化农业供给结构、提升农产品质量的必由之路。请问应如何发展绿色农业？

赵邦宏（河北农业大学副校长）：近年来，农业绿色发展总体水平显著提高，农业产地环境治理成效不断显现。但应客观认识农业绿色发展的长期性和艰巨性，目前农业绿色发展仍存在一些短板。

一是农业绿色发展的政策支持体系有待完善。以绿色生态为导向的农业支持体系政策目标具有复杂性，需要发挥各部门的协同机制，但目前各政策之间的协调性不足，政策的精准性有待加强，政策工具有待丰富。

二是农业生产观念和生产方式滞后。传统"大水漫灌"的惯性生产意识和生产方式，造成灌溉用水、化肥、农药等投入品用量居高不下，农业废弃物回收与资源化利用仍存在治理难点。

三是优质安全的绿色农产品供给不足与常规农产品过剩矛盾突出。优质产品不能体现优质优价，损害农民与消费者利益，阻碍农民增收。

四是支撑绿色农业发展的科技创新体系尚不完善。在关键技术上仍存在一些"卡脖子"技术难题，缺乏健全的绿色科技服务体系，技术转化推广率不高。

因此，必须以绿色理念为引领，鼓励各主体共同参与农业绿色发展，推进农业绿色转型向更高层次、更深领域发展。

巩固绿色发展的制度基础。推动体制机制创新，形成激励有效、约束有力的绿色发展制度环境。应推动建立类别齐全、覆盖面广、彼此衔接、相互配套的政策体系，以形成政策合力，最大限度地发挥政策的组合效应和综合效能，创新政策工具，加强对农业绿色发展的引导、激励、补偿和惩罚机制。

坚持生产方式的绿色转型。持续推进农业清洁生产，继续推动有机肥替代化肥行动以及农药使用量零增长行动，促进农业节本增效。大力推行高效生态循环的种养模式，探索建立农业废弃物回收和资源化利用模式。大规模实施农业节水工程，建设现代化灌区，深入实施土壤污染防治行动计划，支持土壤改良，增加土壤有机质。

加强科技创新的支撑作用。应加大对以绿色农业为导向的科技研发投入，重视农业生物基础研究，建立种质资源全国性协作网络，鼓励发展绿色种源，激励农业面源污染源头控制、节水灌溉、有机栽培等领域的技术研发，吸引社会资本参与农业绿色科技创新，引导企业育种协同创新，建立绿色农业科技精准扶持机制，加速绿色成果推广转化。

坚持市场的主导地位。以市场为导向调整种养结构，因地制宜发展特色优质农产品，扩大中高端绿色有机农产品供给。围绕市场需求抓好结构调整和品质提升，强化品牌建设，搞好营销推介，激发各类主体内生动力，引导农业绿色发展走良性可持续之路，建立健全农民、合作社和企业之间的利益联结机制。

加强政府的监督管理。各级政府应把好农产品入市关口。加强顶层设计，构建绿色认证、监管、服务全产业链的管控体系，规范绿色生产投入品供应、施用和废弃物的处理，提升农业生产经营主体安全意识，抓好过程监测，构建"从田间到餐桌"的农产品质量安全追溯体系。

净化绿色农产品市场环境，严厉打击各种假冒行为，严厉惩罚违法违规添加行为，提升绿色食品、有机农产品和农产品地理标志等认证的公信力和权威性，提高优质农产品溢价能力。

数字农业助力农产品质量提升

主持人： 农业农村数字化发展是大势所趋，我国已进入加快发展数字农业农村的新阶段。请问如何加快数字赋能助推农业高质量发展？

孙东升（中国农业科学院农业经济与发展研究所副所长、研究员）：推进农业农村数字化发展是当前和未来推动农业高质量发展和实现乡村振兴的重要举措。大力发展数字农业，已经成为我国推动乡村振兴的重要组成部分。

提升农产品质量是重要的兴农富民工程、民生民心工程，从"吃不饱"到"吃得饱"到"吃得健康"再到"吃得幸福"，农产品市场在变化，农产品消费在升级，供需两端都对提升农产品质量提出了迫切的要求。为此，要在坚持农业绿色发展的同时，加快农业农村数字化发展，助力符合市场和消费升级需求的农产品质量提升。

数字化正在成为我国高质量发展的重要推动力，也为我国提升农产品质量提供了新的路径。数字农业技术可以实现农业发展新旧动能转换，促进农业要素供给与需求有效耦合，提升农产品供给与需求匹配效率。数字农业技术的应用还可以提高土地产出率、劳动生产率、资源利用率，并有助于提升农产品质量和农业经营效率。

比如，腾讯为农产品定制专属"身份证"，提升农产品价值；京东搭建农产品流通数字化平台，打通农业产业链及现代流通体系。这些数字农业应用场景带来了农业全方位的优化与转型，不仅促进了小农户与大市场衔接，更成为引领农产品质量提升的新路径。

农业数字化技术应用有助于实现农产品优质优价。通过大数据手段，打造数字化的特色农业生产体系、绿色农业特色产业体系、农业经营体系、农业服务体系。通过现代信息技术的集成应用，构建农产品质量数字化、智能化监管服务体系，可以有效提高农业生产和农产品流通数字化追溯管理的便利性，凸显有合格证、追溯码、"三品一标"等农产品的质量保障，通过农产品优质优价市场机制，推动农产品质量提升。

数字农业发展要以市场为导向。要以市场和消费需求为导向，加快推进种植业、畜牧业、渔业、农产品加工业等领域的产业数字化、农产品数字化、交易数字化、供应链数字化、监管数字化，提升农业数字化生产力，加快赋予农业发展新动能，全面提升农业绿色化、优质化、特色化、品牌化发展水平。

发展数字农业需要全社会形成合力。政府、企业和农户，都要加快适应农业数字化，加快农业生产数字化、流通数字化、消费数字化等，缩小农业农村数字鸿沟。要以农业农村数字化为发展主线，建设农业数字化的基础数据资源体系，加快农业农村生产经营、管理服务的数字化改造，以数字化深化农业供给侧结构性改革，为实现乡村全面振兴提供有力支撑。

发展数字农业要立足我国农业农村实际和涉农实体经济发展需求。农业数字化与涉农实体经济的关系是皮和毛的关系，涉农实体经济发展需要农业数字化赋能助力，但离开了实体经济的商品生产和服务提供，也就没有了数字化基础。同时，发展数字农业要坚持问题导向，针对制约农产品质量提升的突出问题，来到风险检测、网上发现、线下检查、跨域协查、惩处到位，实现线上线下一体化监管，助力农产品质量提升。

高品质就是高价值

乔金亮

民以食为天。从全面小康到全面现代化，人民对美好生活的向往总体上已从"有没有"转向"好不好"，对优质农产品的消费逐渐从少数群体转向社会大众，越来越多的人注重农产品的绿色、安全、品质和营养价值。可以说，提升农产品品质成为农业高质量发展的关键一招。

在人们印象里，高质量农产品具有绿色安全、特色鲜明、品牌美誉、效益良好等特点。提升农产品品质，就要增加优质、绿色和特色农产品供给。从工作抓手而言，要从两个"三品一标"视角来审视。在产品方面，发展绿色、有机、地理标志农产品，推行食用农产品达标合格证制度。在生产方式上，推动品种培优、品质提升、品牌打造和标准化生产。

此前，农业领域已有"三品一标"概念，指无公害农产品、绿色食品、有机农产品和农产品地理标志。不过，无公害农产品如今成为上市农产品的底线要求，无公害概念已无存在的必要。农业农村部于2019年在全国试行食用农产品合格证制度，规定由生产者在自控自检的基础上自主开具合格证，承诺其符合国家农药兽药残留限量强制性标准。这完成了"三品一标"概念在产品产出方面的一次升级。

2020年底召开的中央农村工作会议提出，推动品种培优、品质提升、品牌打造和标准化生产。今年3月，农业农村部启动实施农业生产"三品一标"提升行动，提出到2025年，打造国家级农产品区域公用品牌300个、企业品牌500个、农产品品牌1000个，绿色食品、有机农产品、地理标志农产品数量达到6万个以上，食用农产品达标合格证制度试行取得积极成效。这完成了"三品一标"概念在生产方式方面的一次升级。

从以上视角来看，农产品品质大体可以分为两大类。一是自身属性。这是评价农产品优劣的核心，也是消费者最在意的地方。比如，口感是影响消费者购买水果的最重要因素，新鲜、外观、营养等因素也不可或缺。二是外部属性。产地、认证、品牌、可追溯等都是外部属性。其不是产品的内在物理组成部分，而是在生产过程中被赋予的外部特性，旨在解决生产者和消费者的信息不对称问题。

对享受型消费的高质量农产品，消费者在追求其高品质的同时，也愿意探究其文化属性。我国有悠久的农耕文化，很多地方的农产品也不缺文化元素，难点是要让文化元素具有市场价值。因此，市场主体要讲好品牌故事，追溯发展渊源：深挖历史文化，增加人文厚度；深挖饮食文化，宣传绿色健康；深挖民俗文化，还原产地魅力。而地方政府部门可以收集农耕文化资源，打造区域公用品牌，搭建地域展示平台。

总体来看，当前，我国农业产业链条短，质量效益仍偏低，市场竞争力不强。发展高质量农产品，既要推动农业走绿色生态道路，实现投入品减量化、生产清洁化、产业模式生态化，又要推动农业走全产业链之路，形成人才、服务、科技、物流等要素在特色产业中的集聚，最终构建起现代农业产业体系、生产体系、经营体系。

不同类型的新型农业经营主体生产"三品一标"产品的比例存在差异

专业大户	家庭农场	合作社	龙头企业
18.48%	29.33%	47.12%	87.44%

采用绿色生产技术对"三品一标"产品生产的影响

获得"三品一标"认证的概率

采用节水灌溉技术的主体	50%
采用病虫害绿色防控技术的主体	30%
进行农业废弃物再利用的主体	34%

数据来源：《经济日报社新型农业经营主体调查（三期）》

本版编辑 袁文 美编 高妍

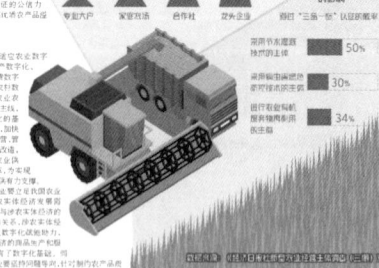

一个国家农业强不强，归根到底得用质量来衡量。农产品质量事关农业产业发展，事关公众身体健康。“十四五”规划和2035年远景目标纲要提出，要深化农业结构调整、深入推进优质粮食工程、推进农业绿色转型。本期智库圆桌邀请四位专家，为提升农产品品质、推动农业绿色转型、强化农业科技支撑、促进农业产业提质增效建言献策。

高品质农产品生产水平亟待提升

主持人：现阶段，我国高质量农产品生产情况如何？各类农业经营主体绿色发展以及品牌建设状况如何？

郑风田：根据《国家质量兴农战略规划（2018—2022年）》的要求，结合《经济日报社新型农业经营主体调查（三期）》调查结果，调研组从优质农产品发展的角度来分析高品质农产品的生产情况，具体从“三品一标”（无公害产品、绿色产品、有机产品、农产品地理标志）的认证与销售情况以及新品种、新设备、新技术引进情况等方面，对新型主体和普通农户的情况进行对比介绍。

总体而言，现阶段我国高质量农产品生产水平亟待提升，“三品一标”产品生产的比例以及“三品一标”产品的销售额均不是太高。新型农业经营主体是高品质农产品生产的主力军，对高品质农产品的生产热情有趋涨之势，其中龙头企业的生产热情最高，农产品质量安全水平高于其他新型农业经营主体，但除龙头企业外其他新型农业经营主体的高品质农产品销售呈现疲软态势。

同时，新型农业经营主体也是新品种、新设备、新技术引进与研发的主力军，但是不同类型的新型农业经营主体的偏好侧重略有不同，其中合作社更倾向于引进新品种和新技术，家庭农场和专业大户对新品种和新设备的引进较多，龙头企业对新技术的引进最多。

此外，从绿色化发展方面看，新型农业经营主体与普通农户在化肥、农药、农膜等化学品方面的投入均呈现下降趋势。新型农业主体在绿色技术采纳以及农业废弃物利用方面均优于普通农户。各类绿色化发展方式对于农产品质量安全水平均具有一定的提升作用，但是新型农业经营主体对于一些能够明显提升农产品质量安全水平的手段采纳较少，需要进一步改善与优化。其中合作社需要继续发展节水灌溉技术，家庭农场需要继续推进农业有机废弃物再利用与牲畜粪便再利用，专业大户需要着重发展节水灌溉技术、农业有机废弃物再利用与牲畜粪便再利用。

从品牌建设看，目前新型农业经营主体和普通农户的品牌建设总体水平不高，对“三品一标”产品的生产缺乏足够的推动力量，不少新型农业经营主体的品牌建设尚未达到高质量农产品生产所要求的水平，需要进一步加强。新型农业经营主体品牌建设水平高于普通农户，其中龙头企业与合作社是品牌建设的主力军。调查数据显示，相对于普通农户，新型经营主体拥有自主品牌的概率更高，高出普通农户 25 个百分点，但是总体而言，新型农业经营主体品牌建设力量不足，拥有自主品牌的主体仅占两成。

多元共治破解农产品质量提升难题

主持人： 近年来，农产品质量问题频频成为社会热议话题。您认为阻碍农产品质量提升的原因有哪些？下一步应如何推进质量升级？

姜长云： 提升农产品品质很早就引起我国政府部门的高度重视。阻碍该问题解决的因素有如下几点。

第一，高质量农产品的供给不能满足需求。长期以来，我国为提高农产品质量采取了很多措施，农产品质量总体上不断提高。但是，随着收入水平的提高，社会对农产品质量的要求也不断提高。总体而言，高质量农产品的供给与需求之间存在落差。

第二，社会对农产品质量的要求加快分化。收入水平的提高，不仅会带动社会对农产品质量的要求不断提高，还导致社会对农产品质量要求加快分化。收入水平越提高，这种需求分化进程往往越快。因此，如果不重视对社会需求分化趋势的研究，维持固有思维，很可能导致农产品供给质量提高的路线与社会对农产品质量需求分化的轨迹不在一个频道，出现农产品质量提高的供求错位。比如，水果作为鲜果和加工用果，对质量的要求明显不同。

第三，优质难以优价导致提升农产品质量缺乏内生动力。为鼓励提高农产品质量，应该让优质农产品实现较高价格，以此激发生产者或供给者增加优质农产品供给的积极性。但是，农产品优质优价往往难以实现，普通农产品尤其如此。究其原因主要是我国农产品分级体系不发达，单个农户农产品生产规模有限，加剧了农产品混种、混收、混储情况，导致优质优价难以实现。

第四，优质化与标准化、品牌化的矛盾与协同。为切实提高农产品质量，近年来许多地方采取了一些切实有效的措施，推进农产品生产标准化、品牌化就是重要举措。但是，农产品优质化、标准化、品牌化往往以较高的投入和成本为支撑。如果通过推进农产品标准化、品牌化，让农产品实现优质化，但农产品价格上不去，生产者、经营者推进标准化、品牌化就容易失去动力。近年来有些地方通过推进农产品标准化、品牌化，确实提高了农产品价格竞争力。但是，许多地方以村或合作社为单位分散、小规模地推进农产品标准化、品牌化，虽然农产品质量真正提高了，但在品牌建设上相当于相互之间“打消耗战”。

第五，许多优质农产品辨识度低。农产品质量不仅体现在外形上，还体现在营养、风味等方面。但营养、风味等往往看不见、摸不着，影响优质优价的实现。许多优质农产品市场准入壁垒低，消费者辨识难，难以与假冒伪劣产品有效区分。加之许多农产品单价低，导致打击假冒伪劣产品难。

基于上述原因，提高农产品质量要注意分类施策、多元共治。一是既要重视提高农产品质量的紧迫性，又要对此保持必要的历史耐心，科学积极地看待农产品质量提高的进程。二是要鼓励农产品生产经营者之间通过深化区域合作、产业链合作，联合打造区域品牌或产业链品牌，提升品牌影响力，推动品种培优、品质提升、品牌打造和标准化生产协同互动、落实落地。三是要鼓励农产品生产经营者结合包装、消费者会员或数字化手段，提高优质农产品市场准入壁垒或辨识度，为促进优质优价创造条件。

以绿色发展优化农业供给结构

主持人：绿色是农业的本色，推进绿色发展是优化农业供给结构、提升农产品质量的必由之路。请问应如何发展绿色农业？

赵邦宏：近年来，农业绿色发展总体水平显著提高，农业产地环境治理成效不断显现。但应客观认识农业绿色发展的长期性和艰巨性，目前农业绿色发展仍存在一些短板。

一是农业绿色发展的政策支持体系有待完善。以绿色生态为导向的农业支持体系政策目标具有复杂性，需要发挥各部门的协同机制，但目前各政策之间的协调性不足，政策的精准性有待加强，政策工具有待丰富。

二是农业生产观念和生产方式滞后。传统“大水漫灌”的惯性生产意识和生产方式，造成灌溉用水、化肥、农药等投入品用量居高不下，农业废弃物回收与资源化利用仍存在治理难点。

三是优质安全的绿色农产品供给不足与常规农产品过剩矛盾突出。优质产品不能体现优质优价，损害农民与消费者利益，阻碍农民增收。

四是支撑绿色农业发展的科技创新体系尚不完善。在关键技术上仍存在一些“卡脖子”技术难题，缺乏健全的绿色科技服务体系，技术转化推广率不高。

因此，必须以绿色理念为引领，鼓励各主体共同参与农业绿色发展，推进农业绿色转型向更高层次、更深领域发展。

巩固绿色发展的制度基础。推动体制机制创新，形成激励有效、约束有力的绿色发展制度环境。应推动建立类别齐全、覆盖面广、彼此衔接、相互配套的政策体系，以形成政策合力，最大限度地发挥政策的组合效应和综合效能，创新政策工具，加强对农业绿色发展的引导、激励、补偿和惩罚机制建设。

坚持生产方式的绿色转型。持续推进农业清洁生产，继续推动有机肥替代化肥行动以及农药使用量零增长行动，促进农业节本增效。大力推行高效生态循环的种养模式，探索建立农业废弃物回收和资源化利用模式，大规模实施农业节水工程，建设现代化灌区，深入实施土壤污染防治行动计划，支持土壤改良，增加土壤有机质。

加强科技创新的支撑作用。应加大对以绿色农业为导向的科技研发投入，重视农业生物基础研究，建立种质资源全国性协作网络，鼓励发展绿色种源，激励农业面源污染源头控制、节水灌溉、有机栽培等领域的技术研发，吸引社会资本参与农业绿色科技创新，引导企业育种协同创新，建立绿色农业科技精准扶持机制，加速绿色成果推广转化。

坚持市场的主导地位。以市场为导向调整种养结构，因地制宜发展特色优质农产品，扩大中高端绿色有机农产品供给。围绕市场需求抓好结构调整和品质提升，强化品牌建设，搞好营销推介，激发各类主体内生动力，引导农业绿色发展走良性可持续之路，建立健全农民、合作社和企业之间的利益联结机制。

加强政府的监督管理。各级政府应把好农产品入市关口。加强顶层设计，构建绿色认证、监管、服务全产业链的管控体系，规范绿色生产投入品供应、施用和废弃物的处理，提升农业生产经营主体安全意识，抓好过程监测，构建“从田间到餐桌”的农产品质量安全追溯体系。

净化绿色农产品市场环境，严厉打击各种假冒行为，严厉惩罚违法违规添加行为，提升绿色食品、有机农产品和农产品地理标志等认证的公信力和权威性，提高优质农产品溢价能力。

数字农业助力农产品质量提升

主持人：农业农村数字化发展是大势所趋，我国已进入加快发展数字农业农村的新阶段。请问如何加快数字赋能助推农业高质量发展？

孙东升：推进农业农村数字化发展是当前和未来推动农业高质量发展和实现乡村振兴的重要举措。大力发展数字农业，已经成为我国推动乡村振兴的重要组成部分。

提升农产品质量是重要的兴农富民工程、民生民心工程，从“吃不饱”到“吃得饱”到“吃得健康”再到“吃得幸福”，农产品市场在变化，农产品消费在升级，供需两端都对提升农产品质量提出了迫切的要求。为此，要在坚持农业绿色发展的同时，加快农业农村数字化发展，助力符合市场和消费升级需求的农产品质量提升。

数字化正在成为我国高质量发展的重要推动力，也为我国提升农产品质量提供了新的路径。数字农业技术可以实现农业发展新旧动能转换，促进农业要素供给与需求有效耦合，提升农产品供给与需求匹配效率。数字农业技术的应用还可以提高土地产出率、劳动生产率、资源利用率，并有助于提升农产品质量和农业经营效率。

比如，腾讯为农产品定制专属“身份证”，提升农产品价值；京东搭建农产品流通数字化平台，打通农业产业链及现代流通体系。这些数字农业应用场景带来了农业全方位的优化与转型，不仅促进了小农户与大市场衔接，更成为引领农产品质量提升的新路径。

农业数字化技术应用有助于实现农产品优质优价。通过大数据手段，打造数字化的特色农业生产体系、绿色农业特色产业体系、农业经营体系、农业服务体系。通过现代信息技术的集成应用，构建农产品质量数字化、智能化监管服务体系，可以有效提高农业生产和农产品流通数字化追溯管理的便利性，凸显有合格证、追溯码、“三品一标”等农产品的质量保障，通过农产品优质优价市场机制，推动农产品质量提升。

数字农业发展要以市场为导向。要以市场和消费需求为导向，加快推进种植业、畜牧业、渔业、农产品加工业等领域的产业数字化、农产品数字化、交易数字化、供应链数字化、监管数字化，提升农业数字化生产力，加快赋予农业发展新动能，全面提升农业绿色化、优质化、特色化、品牌化发展水平。

发展数字农业需要全社会形成合力。政府、企业和农户，都要加快适应农业数字化，加快农业生产数字化、流通数字化、消费数字化等，缩小农业农村数字鸿沟。要以农业农村数字化为发展主线，建设农业数字化的基础数据资源体系，加快农业农村生产经营、管理服务的数字化改造，以数字化深化农业供给侧结构性改革，为实现乡村全面振兴提供有力支撑。

发展数字农业要立足我国农业农村实际和涉农实体经济发展需求。农业数字化与涉农实体经济的关系是皮和毛的关系，涉农实体经济发展需要农业数字化赋能助力，但离开了实体经济的商品生产和服务提供，也就没有了数字化基础。同时，发展数字农业要坚持问题导向，针对制约农产品质量提升的突出问题，做到风险监测、网上发现、线下检查、跨域协查、惩处到位，实现线上线下一体化监管，助力农产品质量提升。

原载 2024 年 9 月 11 日《经济日报》

推动中欧班列持续健康发展

本期嘉宾

国家发展改革委“一带一路”推进中心主任　翟东升

中国国际经济交流中心世界经济部部长　徐占忱

中国宏观经济研究院运输所交通技术发展中心主任　王杨堃

苏州新城投资发展有限公司党委书记、董事长　陈建斌

主持人

经济日报社编委、中国经济趋势研究院院长　孙世芳

中欧班列是我国打造国际陆海贸易新通道、深化与沿线国家经贸合作的重要载体，自2011年首列班列开行以来，开行数量迅猛增长，运输覆盖范围不断扩大。“十四五”规划纲要提出，要推进中欧班列集结中心建设，提高中欧班列开行质量，推动国际陆运贸易规则制定。如何推动中欧班列持续健康发展，更好服务“一带一路”建设，为国际贸易和世界经济发展带来更多动力和亮色，本期智库圆桌特邀四位专家深入研讨。

中欧班列统一品牌5年来，铺画线路73条，通达欧洲23个国家168个城市，形成了贯通欧亚大陆的国际贸易大动脉

推动中欧班列持续健康发展

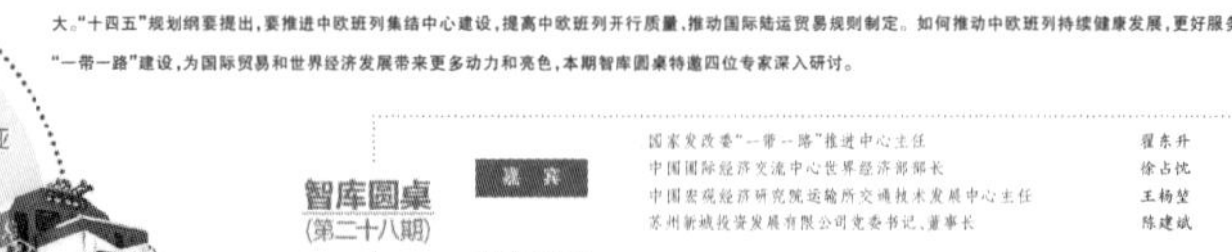

智库圆桌（第二十八期）

嘉宾	国家发改委“一带一路”推进中心主任	翟东升
	中国国际经济交流中心世界经济部部长	徐占忱
	中国宏观经济研究院运输所交通技术发展中心主任	王杨堃
	苏州新城投资发展有限公司党委书记、董事长	陈建斌
主持人	经济日报社编委、中国经济趋势研究院院长	孙世芳

量质齐升　促进欧亚互联互通

主持人：中欧班列是“一带一路”建设和走出去战略的重要举措，已成为“一带一路”建设中的一大品牌，且影响力不断增强。自2011年开行以来，中欧班列取得了哪些突出成就？

翟东升：中欧班列经过10年的发展，尤其是建立统一品牌5年来的快速发展，运营规模和质量稳步提升，在对外经贸合作、“一带一路”建设中发挥了引领示范作用，对欧亚互联互通的促进作用和国际影响力日渐增强，可以说取得了举世瞩目的成就。

一是运营量质齐升。虽受疫情影响，中欧班列去年仍然逆势增长，年开行达1.24万列，同比增长50%，有力支撑了我国对外经贸持续发展。中欧班列统一品牌5年来，累计开行3.8万列、运送货物343万标箱，年均分别增长约64%、67%。与此同时，运营质量水平稳步提升。通过软硬件技术改造和改革创新，班列运输效率大幅度提高，全程运行时间从过去24天缩短至最短12天。通过市场开拓和加强管理，班列货源更加丰富多元，重箱率、回程比也大幅度提升，运输成本明显下降。

二是运行网络越织越密。中欧班列从起初重庆到德国的杜伊斯堡，发展到国内通达城市81个，国外通达欧亚国家的160多个城市，形成了阿拉山口、霍尔果斯、二连浩特、满洲里、绥芬河五大出境口岸，重庆、成都、西安、郑州、乌鲁木齐五大集结中心。在巩固既有主通道的同时，探索开辟了途经里海、黑海和中东欧地区等新地域的路线，扩大了辐射范围，也提升了市场竞争力和抗风险能力。这是中欧班列量质齐升的重要原因。

三是有力促进了中欧经贸合作和“一带一路”共建。重庆开行中欧班列，其动因是打通欧洲物流通道，从而吸引电子信息生产企业投资建厂。这关键一招，不但成就了重庆电子信息产业，也催生了中欧班列这一新物流业态。而反过来，中欧班列也有力促进了双方经贸合作快速发展。以班列为牵引，中欧多国企业正在沿线布局建设产业园区。同时中欧班列的开行为共建“一带一路”作出了探索，之后快速发展壮大，目前已成为我国与班列沿线国家共建品牌项目。

徐占忱：中欧班列联结东亚和西欧全球两大经济圈，其快速发展反映了共建“一带一路”倡议顺应时代需求和本身具有的内在动力，成为“一带一路”的标志性工程。中欧班列的发展主要表现在四个方面：一是开行班列数量快速增长，国内开通、国外到达国家和城市不断增多，线路不断加密。二是货物品类不断增加。从早期的电子产品到红酒、花卉等各种生活用品，大量中间品物流稳定了全球产业链供应链，为国内和欧洲节点城市的产业注入了新动力。三是发展中的创新。中欧班列开创了运输国际邮包的先河，成都、重庆等运营城市开展了多式联运“一单制”创新，赋予国际铁路联运的多式联运提单物权属性。四是时效性、安全性优势明显。受疫情影响，全球海运、空运和公路运输出现大面积停运，中欧班列以其运量大、用时较短、人员接触少、安全可靠的优势，为稳定国际产业链供应链作出了重大贡献。

王杨堃：经过10年的建设发展，中欧班列的开行规模不断壮大，运行质量稳步提升，已成为国际贸易运输体系不可或缺的组成部分。自2011年以来，年开行列数由不足20列发展到突破1.2万列，年均增速达108%。截至目前，累计开行列数已超过4万列，运送集装箱近400万TEU（国际标准箱单位），货物值近2000亿美元，去程班列的重箱率基本达到100%，综合重箱率近98%，月度开行方案兑现率总体在70%以上，回程去程比超80%，运行速度达到日行1300公里，国内段开行仅58个小时，全程运输时间较早期缩短12%至20%，全程费用较早期下降约30%。

陈建斌：苏州中欧班列于2012年11月首次开行，现已发展成进出口双向7条线路，班列可抵达波兰华沙、俄罗斯莫斯科、越南河内等“一带一路”沿线城市，初步形成集中欧、中亚、中俄进出口班列为一体的国际铁路货运体系，在服务“一带一路”、长三角一体化、苏州自贸片区建设等方面发挥了积极作用。一是推动苏州更好融入“一带一路”建设。截至目前，苏州企业累计在“一带一路”沿线37个国家投资项目超过550家，中方协议投资额近80亿美元。2020年苏州对“一带一路”沿线国家和地区的进出口额为697.55亿美元，占全市进出口总额的21.6%。二是保障企业更好融入全球产业链、供应链、价值链。为保障制造业和外资外贸企业复工复产，苏州在全国率先开行中欧班列自贸区专列，精准响应苏州自贸片区外资外贸企业的需求。三是打通疫情防控“补给线”。去年苏州中欧班列全球化采购各类生产、生活物资以及防疫物资总价值600万美元。

共建共享　发挥产业互补优势

主持人：随着内陆城市陆续探索新线路，中欧班列覆盖的国内外地区更加广阔，推动其快速发展的主要因素有哪些？

徐占忱：中欧班列快速发展，东亚和西欧的产业互补是客观基础。中欧班列反映了中国和世界紧密相连深度依赖的经济关系。中欧班列从“渝新欧”开始，是经济发展内在驱动使然。多年来欧盟是我国第一大贸易伙伴，2020年东盟成为第一大贸易伙伴。RCEP（区域全面经济伙伴关系协定）生效后，更多的商品实现零关税，为跨境货物贸易物流发展创造了新空间，跨境电商“海外仓”业务快速发展。中欧班列释放了亚欧陆路物流和贸易潜能，也为亚欧发展创造了新空间。

中欧班列真正推进了互联互通。中欧班列是在原来各国原有铁路“联”的基础上“通”起来的，各国间的“软联通”十分重要，体现了铁路、海关、口岸等方面的协同，体现了“一带一路”政策沟通、设施联通、贸易畅通、民心相通等发展要求，是共商共建共享理念的生动体现。同时，中欧班列原来的陆路物流交通运输通道，变成横跨亚欧大陆的“大陆桥”。中欧班列优势不断显现，尤其对于价值相对较高、对时间要求较高的货物，有其特殊优势。目前日本、韩国以及东南亚等国一些货物也开始走中欧班列，将形成从太平洋到大西洋、太平洋到印度洋的跨国、跨洲陆路大通道，成为连接亚欧大陆的主要桥梁和大型物流网络。此外，中欧班列将推动形成全球陆运规则体系。目前，中欧班列正在推动“一单制”+供应链平台、区块链、内外贸联动等模式落地，打造新的国际多式联运标准体系。

中欧班列取得巨大成就的原因，一是外部环境好。中欧外交关系总体良好，经济联系紧密，促进了互联互通、互利合作。二是各国高度重视。中欧班列的发展体现了全国一盘棋的制度优势，从中央到各部门、相关央企和地方政府，出台了许多政策措施，持续加强规范化管理，同时相关部门和国铁集团与班列沿线国家对口部门建立了国际协调合作机制，保障班列持续健康发展。共建“一带一路”倡议提出以来，我国和班列沿线国家把中欧班列发展作为双方共建的重要内容，合作更上一层楼。

王杨堃：中欧班列的建设发展彰显了作为国际公共产品的地位和作用，构建了沿线国家互利共赢的桥梁纽带，开创了亚欧陆路运输新篇章，带动了沿线通道经济快速发展，为推动共建“一带一路”高质量发展提供了有力支撑。能够形成这样良好的发展态势，有五个主要因素：一是坚持对标对表，牢牢把握住服务共建“一带一路”高质量发展这一战略使命，始终沿着正确方向推进；二是坚持共商共建共享原则，注重通过构建和完善国际协调合作机制，凝聚多方共识，共建重大项目，共享发展成果；三是坚持统筹协作，注重顶层设计和基层探索相结合，通过打造统一品牌、优化开行布局、推动有序竞争等举措，提升规模经济和发展合力；四是坚持创新发展，注重在运行模式、技术装备、配套规则、业态融合等方面积极创新探索，不断注入发展活力；五是坚持底线思维，注重统筹发展与安全，充分研判各类风险，果断采取针对性措施，有效防范化解风险。

陈建斌：从苏州中欧班列的发展来看，主要得益于以下几个方面。一是比较的区位优势。苏州是长三角城市群中重要的中心城市之一，同时位于“一带一路”、长江经济带、长三角一体化、自贸区等多个国家战略交汇叠加区，发挥着“向东扩大开放，向西引领开放的核心节点城市”作用。二是雄厚的产业优势。2020年全市地区生产总值迈上2万亿元新台阶，规模以上工业总产值3.48万亿元。三是持续扩大的开放优势。截至2020年底，全市拥有1.7万多家外资企业，156家世界500强企业在苏州投资设立了400多个项目。今年上半年实际使用外资60.9亿美元，同比增长35.2%。

从“通”到“顺”　推动经贸合作高质量发展

主持人：目前中欧班列发展进入转型升级关键期，从“增量”转向“提质”，推动中欧班列高质量发展的突破口在哪里？

徐占忱：中欧班列是在已有各国铁路基础上通过创新合作形成的横跨整个亚欧大陆的庞大物流系统，是一个从“联”到“通”的过程。中欧班列的高质量发展，是一个从“通”到“顺”的过程。

一是加强“卡点”“堵点”设施改造和能力建设。加快对国内霍尔果斯、二连浩特口岸的扩能改造，国外新场站建设，提高口岸的通过能力。解决好集装箱回运不足“一箱难求”问题，提高不同轨距段换装效率，不断降低运行成本。二是推进“集”“疏”平衡。国内段要加快集结中心建设，形成有层级的集货网络体系，欧洲端要在集货方面进一步开拓市场。中欧班列目标不是对海运的替代而是补充，是开拓新的运输形式、提升运输质量，改善中欧货运结构。目前来看开发回程货源还不够深入，要明确“附加值较高、有一定运量规模、有适当运时要求”的细分市场定位。三是推进中欧班列数字化建设。要推进中欧班列发展的“软联通”，通过指挥数字化平台，实现铁路、海关、集装箱和客户信息的快速交换和共享，推进单、证、货、信息标准化。四是推动平台公司向综合物流服务公司转变。要转变重铁路运输、轻国际物流组织的倾向，推进铁路、公路、海运等多式联运一体化全过程物流服务。在现有的货物承运平台基础上，从现有的“站到站”扩展为“门对门”“门对仓”服务，做好前后“1公里”无缝衔接，实现“一次委托、一口报价、一单到底、一票结算”。五是未来在疫情得到控制的条件下，在现有货物运输基础上开创旅游班列，推进亚欧各国间文明互鉴，实现民心相通。

王杨堃：中欧班列正处在巩固稳定良好发展态势的关键期，也处于提档升级的重要窗口期、机遇期。应对国际国内形势发展变化，必须完整准确全面贯彻新发展理念，围绕服务支撑加快构建新发展格局的要求，精准对接国际国内供应链产业链发展需要，大幅提升中欧班列发展的整体质量和综合效益。中欧班列高质量发展的阶段性目标，就是在深化供需适配性的基础上，着力推动国际陆运贸易规则制定，助力亚欧大陆国际陆海贸易新通道建设。“十四五”时期，中欧班列在发展规模和效益上还会继续得到巩固和提升，在资源配置方面，要继续秉持“市场运作、企业主体、政府引导”的原则，坚持政府引导下的市场化运作方式，在运输服务支撑保障能力方面，持续大力破解各类“堵点”“卡点”，同时进一步统筹相关领域协同化发展，共同推进中欧班列安全稳定健康可持续发展。

陈建斌：苏州中欧班列未来的发展方向，是积极抢抓“一带一路”、长三角一体化等发展机遇，推动以中欧班列为核心的国际多式联运物流服务网络建设。即重点推进上港集团ICT（苏州）项目（ICT：内陆集装箱中心）建设运营，叠加发挥江苏（苏州）国际铁路物流中心多式联运枢纽功能，主动融入上海国际航运中心集疏运体系建设，共同打造国际性综合交通枢纽，推动现代物流领域长三角一体化和沪苏同城化。

目前，上港集团ICT（苏州）项目已实现与16家大型船公司空箱调拨，开通“苏州—上海芦潮—洋山港”海铁联运马士基专列。同时，已初步形成苏州模式及ICT系统架构复制方案，解决苏州及周边区域与上海港之间集疏运体系的痛点难点。江苏（苏州）国际铁路物流中心将借助“一站式+一键式”物流信息平台，充分发挥水路公路铁路多式联运功能，进一步整合业务模式，从中欧班列枢纽节点发展成为区域性多式联运物流枢纽，向西（铁路运输）连接中东欧，向东（海运）辐射日韩，往内（铁路、内河运输）服务长江经济带与扬子江城市群，实现陆海内外联动、东西双向开放，从而推动现代化的开放体系构建。

翟东升：推动中欧班列高质量发展，一是要进一步完善班列沿线基础设施，打通瓶颈制约。我国正在对五大出入境口岸和五大集结中心进行扩能改造，还要引导帮助相关国家加强班列过境基础设施建设，尤其是提高关键物流站点的通过能力和效率。二是要充分利用信息化智能化技术手段，提升班列通关效率、货物换装分拨效率和安全跟踪监督。三是要进一步优化拓展新的运输通道。我国作为中欧班列货运起点和终点，一定程度上受到沿线国家制约。建议多开辟出入境口岸，多设计运输通道，使口岸、线路竞争更加充分，提高对过境运输价格的谈判能力。运输线路优化后，将大幅缩短运输时间、降低成本，提升班列的市场竞争力和运输能力。四是要深化国际合作。综合运用外交、国际法、经济手段，以中欧班列为纽带，使班列沿线各相关方成为利益共同体，齐心协力保障班列安全高效运行。五是要稳步推进中欧班列市场化运营。关键要解决好地方财政补贴、个别地方无序恶性竞争两个问题，在促进班列高质量发展中推动实现多方共赢。

数据来源：商务部

中欧班列是我国打造国际陆海贸易新通道、深化与沿线国家经贸合作的重要载体，自2011年首列班列开行以来，开行数量迅猛增长，运输覆盖范围不断扩大。“十四五”规划纲要提出，要推进中欧班列集结中心建设，提高中欧班列开行质量，推动国际陆运贸易规则制定。如何推动中欧班列持续健康发展，更好服务“一带一路”建设，为国际贸易和世界经济发展带来更多动力和亮色，本期智库圆桌特邀四位专家深入研讨。

量质齐升　促进欧亚互联互通

主持人： 中欧班列是“一带一路”建设和走出去战略的重要举措，已成为“一带一路”建设中的一大品牌，且影响力不断增强。自2011年开行以来，中欧班列取得了哪些突出成就？

翟东升： 中欧班列经过10年的发展，尤其是建立统一品牌5年来的快速发展，运营规模和质量稳步提升，在对外经贸合作、“一带一路”建设中发挥了引领示范作用，对欧亚互联互通的促进作用和国际影响力日渐增强，可以说取得了举世瞩目的成就。

一是运营量质齐升。虽受疫情影响，中欧班列去年仍然逆势增长，年开行达1.24万列，同比增长50%，有力支撑了我国对外经贸持续发展。中欧班列统一品牌5年来，累计开行3.8万列、运送货物343万标箱，年均分别增长约64%、67%。与此同时，运营质量水平稳步提升。通过软硬件技术改造和改革创新，班列运输效率大幅度提高，全程运行时间从过去 24 天缩短至最短 12 天。通过市场开拓和加强管理，班列货源更加丰富多元，重箱率、回程比也大幅度提升，运输成本明显下降。

二是运行网络越织越密。中欧班列从起初重庆到德国的杜伊斯堡，发展到国内通达城市 81 个，国外通达欧亚国家的 160 多个城市，形成了阿拉山口、霍尔果斯、二连浩特、满洲里、绥芬河五大出境口岸，重庆、成都、西安、郑州、乌鲁木齐五大集结中心，在巩固既有主通道的同时，探索开辟了途经里海、黑海和中东欧地区等新地域的路线，扩大了辐射范围，也提升了市场竞争力和抗风险能力。这是中欧班列量质齐升的重要原因。

三是有力促进了中欧经贸合作和“一带一路”共建。重庆开行中欧班列，其动因是打通欧洲物流通道，从而吸引电子信息生产企业投资建厂。这关键一招，不但成就了重庆电子信息产业，也催生了中欧班列这一新物流业态。而反过来，中欧班列也有力促进了双方经贸合作快速发展。以班列为牵引，中欧多国企业正在沿线布局建设产业园区。同时中欧班列的开行为共建“一带一路”作出了探索，之后快速发展壮大，目前已成为我国与班列沿线国家共建品牌项目。

徐占忱：中欧班列联结东亚和西欧全球两大经济圈，其快速发展反映了共建“一带一路”倡议顺应时代需求和本身具有的内在动力，成为“一带一路”的标志性工程。中欧班列的发展主要表现在四个方面：一是开行班列数量快速增长，国内开通、国外到达国家和城市不断增多，线路不断加密。二是货物品类不断增加。从早期的电子产品到红酒、花卉等各种生活用品，大量中间品物流稳定了全球产业链供应链，为国内和欧洲节点城市的产业注入了新动力。三是发展中的创新。中欧班列开创了运输国际邮包的先河，成都、重庆等运营城市开展了多式联运“一单制”创新，赋予国际铁路联运的多式联运提单物权属性。四是时效性、安全性优势明显。受疫情影响，全球海运、空运和公路运输出现大面积停运，中欧班列以其运量大、用时较短、人员接触少、安全可靠的优势，为稳定国际产业链供应链作出了重大贡献。

王杨堃：经过 10 年的建设发展，中欧班列的开行规模不断壮大，运行质量稳步提升，已成为国际贸易运输体系不可或缺的组成部分。自 2011 年以来，年开行列数由不足 20 列发展到突破 1.2 万列，年均增速达 108%，截至目前，累计开行列数已超过 4 万列，运送集装箱近 400 万 TEU（国际标准箱单位），货物值近 2000 亿美元，去程班列的重箱率基本达到 100%，综合重箱率近 98%，月度开行方案兑现率总体在 70% 以上，回程去程比超 80%，运行速度达到日行 1300 公里，国内段开行仅 58 个小时，全程运输时间较早期缩短 12% ~ 20%，全程费用较早期下降约 30%。

陈建斌：苏州中欧班列于 2012 年 11 月首次开行，现已发展成进出口双向 7 条线路，班列可抵达波兰华沙、俄罗斯莫斯科、越南河内等“一带一路”共建国家的城市，初步形成集中欧、中亚、中俄进出口班列为一体的国际铁路货运体系，在服务“一带一路”、长三角一体化、苏州自贸片区建设等方面发挥了积极作用。一是推动苏州更好融入“一带一路”建设。截至目前，苏州企业累计在“一带一路”37个共建国家投资项目超过550个，中方协议投资额近80亿美元。2020年苏州对“一带一路”共建国家和地区的进出口额为697.55亿美元，占全市进出口总额的21.6%。二是保障企业更好融入全球产业链、供应链、价值链。为保障制造业和外资外贸企业复工复产，苏州在全国率先开行中欧班列自贸区专列，精准响应苏州自贸片区外资外贸企业的需求。三是打通疫情防控“补给线”。去年苏州中欧班列全球化采购各类生产、生活物资以及防疫物资总价值600万美元。

共建共享　发挥产业互补优势

主持人：随着内陆城市陆续探索新线路，中欧班列覆盖的国内外地区更加广阔，推动其快速发展的主要因素有哪些？

徐占忱：中欧班列快速发展，东亚和西欧的产业互补是客观基础。中欧班列反映了中国和世界紧密相连深度依赖的经济关系，中欧班列从“渝新欧”开始，是经济发展内在驱动使然，多年来欧盟是我国第一大贸易伙伴，2020年东盟成为第一大贸易伙伴。RCEP（区域全面经济伙伴关系协定）生效后，更多的商品实现零关税，为跨境货物贸易物流发展创造了新空间，跨境电商“海外仓”业务快速发展。中欧班列释放了亚欧陆路物流和贸易潜能，也为亚欧发展创造了新空间。

中欧班列真正推进了互联互通。中欧班列是在原来各国原有铁路“联”的基础上“通”起来的，各国间的“软联通”十分重要，体现了铁路、海关、口岸等方面的协同，体现了“一带一路”政策沟通、设施联通、贸易畅通、民心相通等发展要求，是共商共建共享理念的生动体现。同时，中欧班列原来的陆路物流交通运输通道，变成横跨亚欧大陆的“大陆桥”。中欧班列优势不断显现，尤其对于价值相对较高、对时间要求较高的货物，有其特殊优势。目前日本、韩国以及东南亚等国一些货物也开始走中欧班列，将形成从太平洋到大西洋、太平洋到印度洋的跨国、跨洲陆路大通道，成为连接亚欧大陆的主要桥梁和大型物流网络。此外，中欧班列将推动形成全球陆运规则体系。目前，中欧班列正在推动“一单制”+供应链平台、区块链、内外贸联动等模式落地，打造新的国际多式联运标准体系。

中欧班列取得巨大成就的原因，一是外部环境好。中欧外交关系总体良好，经济联系紧密，促进了互联互通、互利合作。二是各国高度重视。中欧班列的发展体现了全国一盘棋的制度优势，从中央到各部门、相关央企和地方政府，出台了许多政策措施，持续加强规范化管理，同时相关部门和国铁集团与班列沿线国家对口部门建立了国际协调合作机制，保障班列持续健康发展。共建“一带一路”倡议提出以来，我国和班列沿线国家把中欧班列发展作为双方共建的重要内容，合作更上一层楼。

王杨堃：中欧班列的建设发展彰显了作为国际公共产品的地位和作用，构建了沿线国家互利共赢的桥梁纽带，开创了亚欧陆路运输新篇章，带动了沿线通道经济快速发展，为推动共建“一带一路”高质量发展提供了有力支撑。能够形成这样良好的发展态势，有五个主要因素：一是坚持对标对表，牢牢把握住服务共建“一带一路”高质量发展这一战略使命，始终沿着正确方向推进；二是坚持共商共建共享原则，注重通过构建和完善国际协调合作机制，凝聚多方共识，共建重大项目，共享发展成果；三是坚持统筹协作，注重顶层设计和基层探索相结合，通过打造统一品牌、优化开行布局、推动有序竞争等举措，提升规模经济和发展合力；四是坚持创新发展，注重在运行模式、技术装备、配套规则、业态融合等方面积极创新探索，不断注入发展活力；五是坚持底线思维，注重统筹发展与安全，充分研判各类风险，果断采取针对性措施，有效防范化解风险。

陈建斌：从苏州中欧班列的发展来看，主要得益于以下几个方面。一是优越的区位优势。苏州是长三角城市群中重要的中心城市之一，同时位于“一带一路”、长江经济带、长三角一体化、自贸区等多个国家战略交汇叠加区，发挥着“向东扩大开放，向西引领开放的核心节点城市”作用。二是雄厚的产业优势。2020 年全市地区生产总值迈上 2 万亿元新台阶，规模以上工业总产值 3.48 万亿元。三是持续扩大的开放优势。截至 2020 年底，全市拥有 1.7 万多家外资企业，156 家世界 500 强企业在苏州投资设立了 400 多个项目。今年上半年实际使用外资 60.9 亿美元，同比增长 35.2%。

从“通”到“顺” 推动经贸合作高质量发展

主持人：目前中欧班列发展进入转型升级关键期，从“增量”转向“提质”，推动中欧班列高质量发展的突破口在哪里？

徐占忱：中欧班列是在已有各国铁路基础上通过创新合作形成的横跨整个亚欧大陆的庞大物流系统，是一个从“联”到“通”的过程。中欧班列的高质量发展，是一个从“通”到“顺”的过程。

一是加强“卡点”“堵点”设施改造和能力建设。加快对国内霍尔果斯、二连浩特口岸的扩能改造，国外新场站建设，提高口岸的通过能力。解决好集装箱回运不足“一箱难求”问题，提高不同轨距段换装效率，不断降低运行成本。二是推进“集”“疏”平衡。国内段要加快集结中心建设，形成有层级的集货网络体系，欧洲端要在集货方面进一步开拓市场。中欧班列目标不是对海运的替代而是补充，是开拓新的运输形式、提升运输质量，改善中欧货运结构。目前来看开发回程货源还不够深入，要明确“附加值较高、有一定运量规模、有适当运时要求”的细分市场定位。三是推进中欧班列数字化建设。要推进中欧班列发展的“软联通”，通过搭建数字化平台，实现铁路、海关、集装箱和客户信息的快速交换和共享，推进单、证、货、信息标准化。四是推动平台公司向综合物流服务公司转变。要转变重铁路运输、轻国际物流组织的倾向，推进铁路、公路、海运等多式联运一体化全过程物流服务。在现有的货物承运平台基础上，从现有的“站到站”扩展为“门对门”“门对仓”服务，做好前后“1 公里”无缝衔接，实现“一次委托、一口报价、一单到底、一票结算”。五是在疫情得到控制的条件下，在现有货物运输基础上开创旅游班列，推进亚欧各国间文明互鉴，实现民心相通。

王杨堃：中欧班列正处在巩固稳定良好发展态势的关键期，也处于提档升级的重要窗口期、机遇期。应对国际国内形势发展变化，必须完整准确全面贯彻新发展理念，围绕服务支撑加快构建新发展格局的要求，精准对接国际国内供应链产业链发展需要，大幅提升中欧班列发展的整体质量和综合效益。中欧班列高质量发展的阶段性目标，就是在深化供需适配性的基础上，着力推动国际陆运贸易规则制定，助力亚欧大陆国际陆海贸易新通道建设。“十四五”时期，中欧班列在发展规模和效益上还会继续得到巩固和提升，在资源配置方面，要继续秉持“市场运作、企业主体、政府引导”的原则，坚持政府引导下的市场化运作方式，在运输服务支撑保障能力方面，持续大力破解各类“堵点”“卡点”，同时进一步统筹相关区域协同化发展，共同推进中欧班列安全稳定健康可持续发展。

陈建斌：苏州中欧班列未来的发展方向，是积极抢抓“一带一路”、长三角一体化等发展机遇，推动以中欧班列为核心的国际多式联运物流服务网络建设。即重点推进上港集团 ICT（苏州）项目（ICT：内陆集装箱中心）建设运营，叠加发挥江苏（苏州）国际铁路物流中心多式联运枢纽功能，主动融入上海国际航运中心集疏运体系建设，共同打造国际性综合交通枢纽，推动现代物流领域长三角一体化和沪苏同城化。

目前，上港集团ICT（苏州）项目已实现与16家大型船公司空箱调拨，开通“苏州—上海芦潮—洋山港”海铁联运马士基专列。同时，已初步形成类苏州模式及ICT系统架构复制方案，解决苏州及周边区域与上海港之间集疏运体系的痛点难点。江苏（苏州）国际铁路物流中心将借助“一站式+一键式”物流信息平台，充分发挥水路公路铁路多式联运功能，进一步整合业务模式，从中欧班列枢纽节点发展成为区域性多式联运物流枢纽，向西（铁路运输）连接中东欧，向东（海运）辐射日韩，往内（铁路、内河运输）服务长江经济带与扬子江城市群，实现陆海内外联动、东西双向开放，从而推动现代化的开放体系构建。

翟东升：推动中欧班列高质量发展，一是要进一步完善班列沿线基础设施，打通瓶颈制约。我国正在对五大出入境口岸和五大集结中心进行扩能改造，还要引导帮助相关国家加强班列过境基础设施建设，尤其是提高关键物流站点的通过能力和效率。二是要充分利用信息化智能化技术手段，提升班列通关效率、货物换装分拨效率和安全跟踪监督。三是要进一步优化拓展新的运输通道。我国作为中欧班列货运起点和终点，一定程度上受到沿线国家制约，建议多开辟出入境口岸，多设计运输通道，使口岸、线路竞争更加充分，提高对过境运输价格的谈判能力。运输线路优化后，将大幅缩短运输时间、降低成本，提升班列的市场竞争力和运输能力。四是要深化国际合作。综合运用外交、国际法、经济手段，以中欧班列为纽带，使班列沿线各相关方成为利益共同体，齐心协力保障班列安全高效运行。五是要稳步推进中欧班列市场化运营。关键要解决好地方财政补贴、个别地方无序恶性竞争两个问题，在促进班列高质量发展中推动实现多方共赢。

原载 2021 年 9 月 16 日《经济日报》

完善数据要素市场　激发经济新动能

本期嘉宾

中国互联网络信息中心主任　曾宇

中国通信工业协会区块链专委会轮值主席　于佳宁

国务院发展研究中心信息中心研究员　李广乾

中国信息通信研究院政策与经济研究所副所长　何伟

主持人

经济日报社编委、中国经济趋势研究院院长　孙世芳

6 智库 2021年9月20日 星期一 经济日报

完善数据要素市场 激发经济新动能

随着信息技术快速发展，数据已成为基础性战略资源，对生产、分配、流通、消费以及经济运行机制、社会生活方式和国家治理能力产生重要影响。2020年，《中共中央国务院关于构建更加完善的要素市场化配置体制机制的意见》发布，首次将数据与土地、劳动力、资本、技术等传统要素并列为生产要素，明确提出加快培育数据要素市场，包括推进政府数据开放共享、提升社会数据资源价值、加强数据资源整合和安全保护等内容。"十四五"规划和2035年远景目标纲要提出，要充分发挥海量数据和丰富应用场景优势，建立健全数据要素市场规则。如何加快完善数据要素市场，全面提升数据要素价值？本期邀请四位专家进行探讨。

智库圆桌（第二十九期）

嘉宾

中国互联网络信息中心主任	曾宇
中国通信工业协会区块链专委会轮值主席	于佳宁
国务院发展研究中心信息中心研究员	李广乾
中国信息通信研究院政策与经济研究所副所长	何伟

主持人

经济日报社编委、中国经济趋势研究院院长	孙世芳

比较优势明显 数字经济发展动力强劲

主持人：当前，我国进入数字经济与实体经济融合发展新阶段，在数据要素方面，我国具备哪些独特优势？

曾宇：一是大国市场优势。"后疫情时代"在线应用高速增长，我国网民数量巨大，拥有全球最大的信息消费群，个人互联网应用具备很大发展潜力，互联网企业发展迅速，平台型企业数量庞大。这使我国在数据获取、积累和开发等方面具有得天独厚的优势。

二是数字丝绸之路建设将推动大量数据资源跨境流动。随着双边和多边经贸合作协议的签订以及与"一带一路"沿线国家贸易关系的紧密发展，我国双边和多边跨境数据流动将持续上升。

三是我国已建立起具有国际竞争力的国家数据资源管理体系、治理框架和较为完善的配置监测手段。数据资源将为我国数字经济的腾飞提供强劲有力的信息引擎。

四是我国当前数据要素生产、采集、存储、加工、传输、交易、分析、计算等相关技术都比较成熟，完全可满足我国数据要素参与社会生产、分配、交换、消费各环节的自主可控需求。

李广乾：数字经济与实体经济的深度融合……数据要素受到各国的高度重视，多年来我国……已建立起显著的比较优势。

把握数据要素特点 提升数据融合能力

主持人：数据要素与传统生产要素相比，呈现出哪些新特点？如何更好把握这些新特点？

曾宇：数据资源是数字经济发展的主要驱动，和其他要素比，数据要素具有下述特点。

权属界定尚不清晰 安全防护存在漏洞

构建安全保障体系 充分挖掘数据要素价值

随着信息技术快速发展，数据已成为基础性战略资源，对生产、分配、流通、消费以及经济运行机制、社会生活方式和国家治理能力产生重要影响。2020 年，《中共中央 国务院关于构建更加完善的要素市场化配置体制机制的意见》发布，首次将数据与土地、劳动力、资本、技术等传统要素并列为生产要素，明确提出加快培育数据要素市场，包括推进政府数据开放共享、提升社会数据资源价值、加强数据资源整合和安全保护等内容。“十四五”规划和 2035 年远景目标纲要提出，要充分发挥海量数据和丰富应用场景优势，建立健全数据要素市场规则。如何加快完善数据要素市场，全面提升数据要素价值？本期邀请四位专家进行探讨。

比较优势明显　数字经济发展动力强劲

主持人：当前，我国进入数字经济与实体经济融合发展新阶段，在数据要素方面，我国具备哪些独特优势？

曾宇：一是大国市场优势。“后疫情时代”在线应用高速增长，我国网民数量巨大，拥有全球最大的信息消费群，个人互联网应用具备很大发展潜力，互联网企业发展迅速，平台型企业数量庞大。这使我国在数据获取、积累和开发等方面具有得天独厚的优势。

二是数字丝绸之路建设将推动大量数据资源跨境流动。随着双边和多边经贸合作协议的签订以及与“一带一路”共建国家贸易关系的紧密发展，我国双边和多边跨境数据流动将持续上升。

三是我国已建立起具有国际竞争力的国家数据资源管理体系、治理框架和较为完善的配套监测手段。数据资源将为我国数字经济的腾飞提供强劲有力的信息引擎。

四是我国当前数据要素生产、采集、存储、加工、传输、交易、分析、计算等相关技术都比较成熟，完全可满足我国数据要素参与社会生产、分配、交换、消费各环节的自主可控需求。

李广乾：数字经济与实体经济的深度融合使数据成为一种生产要素。数据要素受到各国的高度重视，多年来我国在发展数据要素方面已建立起显著的比较优势。

我国已构建了有关数据要素的系统性认识。可以说，数据要素论是对多年来我国有关国家信息化与信息资源建设理论的升华。我国构建了比较完善的促进数据要素市场建设的环境。在促进大数据发展的同时，也在为数据要素的健康发展营造条件，先后出台了一系列法律法规，规范数据要素市场的健康有序运行。此外，网络安全审查、工业数据分类分级管理等制度的建立和完善，为数据要素市场建设提供有效保障。我国具备发展数据要素市场的数字经济基础。近年来，我国工业互联网发展迅速，涌现出全球最多的工业互联网平台。在 5G 部署方面进展迅速，目前，我国 5G 基站已超过 80 万个，居全球首位，这将加快我国智慧医疗、无人驾驶等新兴产业发展。

何伟：数据是数字经济发展的关键生产要素，我国在数据规模和应用场景方面具备两大优势：

第一，数据资源丰富。一方面，我国网民规模巨大，截至 2020

年底，网民规模达9.89亿，互联网普及率为70.4%，庞大用户群体基于互联网办公、购物、社交、娱乐等活动，产生了海量数据资源。另一方面，伴随新一代信息技术的发展，基于“泛在连接”、智能感知的机器设备将产生大量数据。

第二，数据融合应用市场广阔。数据要素与传统产业广泛深度融合，将释放出巨大价值和潜能。数据要素的融合应用正在从电信业、金融业，扩展到健康医疗、工业、交通物流、能源、教育文化等行业。

把握数据要素特点　提升数据融合能力

主持人：数据要素与传统生产要素相比，呈现出哪些新特点？如何更好把握这些新特点？

曾宇：数据资源是数字经济发展的主要驱动，和其他要素比，数据要素具有下述特点。

一是丰富性。数据要素种类繁多、来源广泛，基于数据要素的生态体系呈现开放、异构、融合、协同、共享等特点。随着新一代信息技术渗透到经济社会的方方面面，数据资源供给规模呈现指数级增长。二是非独占性。数据资源既可以被重复使用，也可以被众多主体拥有，使用和拥有数据要素的边际成本很低，而且不存在效用递减等问题。三是支撑融合性。数据要素和其他要素相比有更好的支撑融合作用。在生产、分配、交换和消费环节，数据要素往往和技术、劳动等其他要素融合在一起，发挥强大的支撑效应，特别是和技术要素融合，可以提升全要素生产率。把握数据要素和传统要素的这些区别，可以更好推动数据要素的价值化、市场化和安全化。

李广乾：可以从以下几个方面比较数据要素与传统生产要素的差别。一是认知。数据是一种非物质存在，数据本身并不像土地、劳动力、资本等传统生产要素那样，可以表现为具体的实物个体价值。二是价值实现。数据要素的价值实现过程比较复杂，少量数据本身并没有价值，一般来说，数据要素的价值形成过程通过所谓的“数据—信息—知识—智慧”递阶过程得以实现。三是权属安排。传统生产要素有明晰的产权安排，但是，对数据要素来说，确权却是一个不容易实现的问题。

于佳宁：数据要素的特点和其他实物要素有较大不同，数据的生产者、管理者、整合者、使用者等角色之间的边界存在一定交叉，导致大量数据滥用的情况发生，阻碍了数据要素的生产和流通。因此，数据确权是数据要素流通交易、实现市场化配置的重要前提。在数据使用过程中，区块链是较为关键的技术。区块链为数据资源提供极低成本的确权服务，并在实现确权后打通交易，形成市场价格，使数据真正成为一种资产。

何伟：与传统生产要素相比，数据在要素主体、价值、流转、融合等方面均呈现出新的特点。

从要素主体来看，数据具有易收集、可复制、非排他性的特点，要素主体比较繁杂，包含数据产生者、存储者、处理者、应用者等。

须在合理保障主体权利基础上，激励各主体对数据要素进行开发利用。

从要素价值来看，数据具有分散性、稀疏性的特点，数据聚合才能充分发挥价值。推动数据资源的集聚，对激活数据资源价值具有重要意义。

从要素流转来看，数据具有强动态性及非排他性，权属流转较为复杂。比如对于企业数据来说，既包括自身运营的原始数据，也有对外部数据开发后的衍生数据，这些数据衍生产品的权属尚不清晰。

从要素融合来看，数据具有强外部性，能够与其他生产要素不断组合迭代和交叉融合。如数据要素与劳动力、资本、技术等传统要素深度融合，催生出智能机器人等“新劳动力”、金融科技等“新资本”、人工智能等“新技术”。须准确把握并提升数据融合能力，形成数据驱动创新发展的新模式。

权属界定尚不清晰　安全防护存在漏洞

主持人：作为一种新型生产要素，我们对数据要素市场化配置规律的认识还处于探索期，我国目前在数据的产权界定、市场配置机制、安全保护等方面还存在哪些问题亟须完善？

何伟：我国已在数据要素市场建设方面开展了积极探索，但仍存在许多短板亟待突破。

第一，数据权属界定尚不清晰。一方面，数据确权的相关法律制度不完善，未对数据权属问题给出明确答案。另一方面，对于数据权属的认知有时会存在差异，目前尚未形成具有共识性的数据确权行业实践。第二，数据市场配置机制有待改善。交易平台方面，未形成成熟的数据采集、加工、分析和应用链条，不同数据交易平台之间的资源难以有效整合。数据定价方面，尚未形成统一的数据定价规则和标准。第三，数据安全保护具体制度有待细化完善。随着数据价值凸显，围绕数据的侵害事件、违法活动大幅上升。《中华人民共和国数据安全法》对数据分类分级、重要数据目录、数据安全风险评估、数据跨境流动管理等重点制度仅作了原则性规定，亟须加快制定配套的实施细则。

曾宇：数据要素的市场化配置主要包括确权、定价、交易、服务运营、监管等诸多环节。在产权界定方面，当前，数据资源产权边界不清晰，缺乏相关法律法规对其进行明确界定。在数据共享、流通方面，我国数据资源的价值化尚未充分释放，流通不顺畅。各级政府部门的大量数据没有有效开发和共享，大量互联网平台数据没有充分价值化。在加强数据流通监管方面，我国数据流通相关规范尚未出台，存在部分数据资源的使用过程不透明，算法滥用问题。在数据资源安全防护等方面，近年来，全球网络犯罪频繁发生，极端民族主义和宗教极端势力出现国际化趋势，并与网络空间融合。基于人工智能的网络攻击技术发展迅猛，针对互联网基础设施的攻击频繁，数据泄露事件不断。

目前，须从四个方面强化数据安全防护、加大数据治理力度。一是加大国际宣传力度，宣传我国的治网理念、治网模式和数字治理模式。二是贯彻落实《中华人民共和国网络安全法》《中华人民共和国数据安全法》《中华人民共和国个人信息保护法》等法律法规，加强个人信息保护监督执法，完善数据分级分类安全管理等配套政策法规。三是要进一步强化互联网关键基础设施和数据资源的网络安全防护，确保不发生数据泄露事件。四是积极研发数据资源安全防护新技术，如基于区块链的数据资源安全流通技术、新型加解密技术等，积极参与数据资源有关国际标准制定。

于佳宁：互联网时代用户生成数据，但用户的数据在实践中很难实现隐私保护、确权存储、合理定价等问题，甚至用户的隐私数据被认为是换取服务的“对价”。数据权益无法得到充分保护，隐私泄露成为常态，虚假信息泛滥。要搭建数据要素市场化交易平台，解决数据要素确权定价困难、数据要素交易成本过高，“暗网黑市”等问题。数据安全方面，如何以保护数据不外泄为前提，实现数据分析隐私计算成为亟待解决的问题。

构建安全保障体系　充分挖掘数据要素价值

主持人：为推动完善数据市场化配置，使数据要素成为推动经济高质量发展的新动能，您有什么建议？

李广乾：建议从三个方面提升数据要素价值、完善数据市场化配置。政府数据方面，统筹建设政府数据资源管理体系。基于国家主数据管理要求，实现自然人、法人、自然资源和空间地理等国家基础数据库的共享开放。建设完善各大主题数据库，推进各地互联互通。建立完善政府数据交易中心，推进政府数据的共享开放与开发利用。

产业和数据市场建设方面，加快数据要素市场建设，加强数字经济与实体经济融合。加强个人信息和隐私保护，加强数据全生命周期规范管理，以平台治理和反垄断为抓手，确保数据安全。加强工业大数据发展，依托工业互联网平台，促进智能制造，推进企业数字化改造。

跨境数据流动方面，尽快形成有效的跨境数据流动战略。基于“一带一路”、自贸区建设等，构建由我国主导的跨境数据流动区域框架。从跨境电子商务、工业互联网、智慧城市建设、智慧医疗等重点领域出发，通过双边、多边机制，逐步拓展我国跨境数据流动的国际空间。

曾宇：一是高度重视互联网异构标识解析数据资源的掌握、开发和利用，建立互联网基础资源数据库。当前，互联网林林总总的异构标识解析技术、系统，以及海量异构标识解析数据，大部分都存储在国外，这正如人的身份信息一样，属于重要战略资源。研究并掌握完全自主可控互联网标识解析技术，掌握当前种类繁多的标识解析数据资源，可从根本上确保我国标识解析领域的技术主导权、标识资源管理的自主可控和数据安全，从而确保我们进一步掌握网络空间数据主权。要高效采集、有效整合和深度利用互联网基础资源在注册、解析及应用支撑等各环节中产生的数据。高质量建设互联网基础资源信息库，为加强网络内容管理、促进信息资源共享、提升互联网安全水平等提供强有力支撑。

二是进一步推动数字化消费主体增长，弥合数字鸿沟。随着上网门槛的持续降低、上网场景的日益丰富，我国网民规模有望于今年突破 10 亿。要推动互联网进一步向农村地区及边远地区渗透，与农业生产、农村建设、农民生活加速融合。

三是进一步推动全球数据跨境流动、积极参与全球数字治理。需在建设人类“网络空间命运共同体”理念下积极推动全球数据跨境流动，积极参与全球数字治理有关组织、标准、规则建设和制定，把握全球数字治理的话语权和主动权。

于佳宁：一是用好新一代数字技术，提前布局“元宇宙”时代，让数据价值实现最大化。元宇宙将实现数字世界和物理世界的彻底融合，而数据也将在其中成为核心资源。二是基于隐私计算等技术，实现数据利用与隐私保护两不误，让社会各界放心共享数据、交易数据。三是在全社会普及推广“数据要素思维”。只有社会各界真正意识到数据是重要的资产，树立正确的数据权益理念，让各行业都能重视数据、用好数据，才能唤醒大量沉睡数据，让“数字石油”真正流动起来。

何伟：为充分挖掘数据要素价值，塑造数字经济时代的发展新优势，可以从资源体系、流通体系、安全体系三个方面入手，着力构建数据要素市场。

第一，完善数据要素资源体系。破除政府、公共机构、企业等不同主体内部及主体之间的数据壁垒，推动数据资源交互。加快建设国家数据统一开放平台，确立政府数据开放的基本原则和框架性规则，建立数据开放机制。建立健全政务数据共享协调机制，加快推进数据资源有序共享，打破部门信息壁垒，进一步发挥政务数据共享在促进经济社会发展、服务企业和人民群众等方面的重要作用。

第二，建立数据交易流通体系。研究制定数据确权基本框架，明确数据权利类型，试点“数据可用不可见”的数据要素流通范式。探索建立准确衡量数据价值的数据资产价值评估模型和数据定价规则，为数据交易提供定价依据。建立数据交易市场化机制，搭建包括数据交易撮合、登记结算、资产评估、争议仲裁在内的市场运营体系。

第三，构建更加完善的数据安全保障体系。严格落实数据安全保护相关法律法规要求，进一步完善数据安全保障体系，鼓励各地区、各行业根据自身管理需求和产业发展特色，制定本地区本领域的数据安全保护规定，切实保护数据安全。同时，为有效应对更加复杂的数据安全风险挑战，还需要强化数据安全技术研发，围绕数据全生命周期的安全保护要求，加快数据安全相关技术攻关，有效提升技术保障能力。

原载 2021 年 9 月 20 日《经济日报》

在新发展格局中加快城市群建设

本期嘉宾

中共浙江省委党校（浙江行政学院）经济学教研部副主任、教授　包海波

中央党校（国家行政学院）经济学教研部政府经济管理教研室副主任　汪彬

国家发展改革委国土开发与地区经济研究所区域政策室副主任　张燕

主持人

经济日报社编委、中国经济趋势研究院院长　孙世芳

12 智库 2021年10月9日 星期六 经济日报

在新发展格局中加快城市群建设

加快城市群建设是构建双循环新发展格局的重要路径。"十四五"规划和2035年远景目标纲要提出，建立健全城市群一体化协调发展机制，以中心城市和城市群等经济发展优势区域为重点，带动全国经济效率整体提升。本期邀请三位专家探讨城市群在新发展格局中的功能定位，为推动城市群一体化进程、畅通经济循环建言献策。

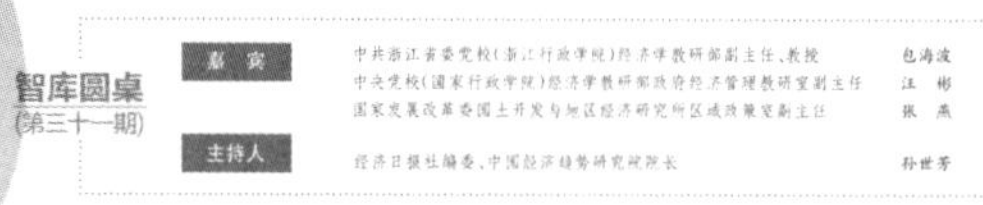

智库圆桌（第三十一期）

嘉宾：
中共浙江省委党校（浙江行政学院）经济学教研部副主任、教授 包海波
中央党校（国家行政学院）经济学教研部政府经济管理教研室副主任 汪彬
国家发展改革委国土开发与地区经济研究所区域政策室副主任 张燕

主持人：
经济日报社编委、中国经济趋势研究院院长 孙世芳

开拓高质量发展的重要动力源

主持人：城市群不仅是地理上相邻的若干城市，其实质是分工协作、功能互补、有机联系的城市组团，重点在于相互协同，获得协作收益。城市群在服务构建新发展格局中应发挥什么功能？

张燕：研究分析城市群在新发展格局中的功能角色，首先需要深刻认识城市群在全国高质量发展、现代化建设中的重要地位。城市群是我国人口和经济要素集聚的重要承载地，是带动全国经济效率整体提升、支撑高质量发展的战略空间。

"十三五"时期，国家推动重点建设的19个城市群GDP、人口占全国的比重分别由2010年的87.5%和79.3%提升到2019年的88.3%和80.4%。据初步匡算，到2030年我国新增2亿城镇人口的80%也将分布在城市群区域，其中京津冀、长三角、粤港澳大湾区及成渝地区双城经济圈的人口规模将达到6亿，有望贡献我国GDP增长的73%及城市人口增长的50%。

在新发展格局中，城市群应充分发挥人口、发展要素集聚的综合优势，在推动高质量发展、现代化建设方面发挥引领作用，在国家科技自立自强、产业链供应链安全、释放内需潜力、畅通经济循环等方面发挥战略支撑功能。

包海波：城市群的重要功能体现在以下几个方面。

一是集聚功能。国内大循环的核心要义是扩大内需。城市群作为核心空间尺度，可以不断促进经济要素集聚，依托自身产业基础和强大消费市场，率先形成需求牵引供给、供给创造需求的更高水平的动态平衡，进而辐射和带动全国产业结构和消费结构升级，促进国民经济良性循环。

二是一体化功能。城市群一体化是拓宽城市群空间、促进内部循环的重要抓手。城市群通过一体化破除行政壁垒和市场壁垒，推动城市群产业分工和市场分工，逐步构成先进制造业集群和超大规模市场，提高经济循环质量和发展水平。

三是创新驱动功能。城市群的优质公共服务能力有利于创新人才集聚和高新技术产业集群培育，促进补链供应链和产业链。城市群合作可以加速城市创新网络拓展和创新飞地分工合作。

四是国际化功能。我国城市群快速发展，成为参与全球竞争和高水平国际分工的重要地域。我国主动参与国际大循环的能力不断提升，不仅可以加强更高层次、更大密度的全球功能性网络体系建设，同时，北京、上海、深圳等引领的城市群在国际经济、贸易、金融、科技合作中发挥更大作用，提供全球经济社会循环的稀缺"公共服务"，有利于将出口型全球化战略转变成基于国内市场内需的全球化战略。

构建具有国际竞争力的现代产业体系

主持人：在服务构建新发展格局中如何利用好城市群的经济优势，重点在哪里？

汪彬：城市群是人口聚集、产业集聚、科技创新和对外开放的主要功能平台，畅通循环的关键在于推动城市群一体化发展。

一是把城市群打造为内需消费中心。要发挥城市群扩大内需、促进消费的引领作用。提升传统消费，破除制约消费的体制机制障碍，比如特大城市的汽车限购政策，要推动汽车等消费品由购买管理向使用管理转变。培育新型消费，运用大数据、人工智能等新技术融合产业发展，鼓励发展定制、体验、智能、时尚消费等新业态新模式。大力发展服务消费，大城市公共服务的数量与质量仍然是短板，教育培训、医疗健康、养老托育、文旅体育等消费需求旺盛，发展潜力巨大，需要提质扩容。

同时，要发挥城市群建设在促进投资方面的关键性作用，统筹推进基础设施协调布局。加快补齐城市基础设施、市政工程、公共安全、生态环保、公共卫生和防灾减灾等领域短板，完善铁路、公路、桥梁等传统基建。同时，大力发展5G、人工智能、大数据中心、新能源汽车充电桩等新型基础设施，在城市群、都市圈适度超前布局和建设基础设施。建设新型智慧城市，统一规划建设物联网感知设施、通信系统等公共基础设施，推进市政公用设施、建筑等物联网应用和智能化改造。

二是把城市群打造为科技创新中心。城市群是国家创新基地、科研院所、高等学校和企业科技力量的聚集地。要把具有人力资源、产业基础和科技创新等优势条件的城市群打造成为创新的策源地，成为我国实现科技自立自强的战略支撑。

三是把城市群打造为现代物流中心。要深化流通体制改革，畅通商品服务流通渠道，打通阻碍城市群内部、城市群之间、城市群与非城市群之间商品要素流通的堵点、痛点，提高流通效率。

四是把城市群打造为对外开放中心。实行更加开放的人才政策，构筑集聚国内外优秀人才的科研创新高地。加强国际城市间的经贸交流，积极发挥展会平台功能，上海、广州、北京三大城市要办好中国国际进口博览会、中国进出口商品交易会、中国国际服务贸易交易会三大展会。充分调动微观主体的积极性，以高水平双向投资高效利用全球资源要素和市场空间。一方面，打造市场化、法治化、国际化的营商环境，全面优化外商投资服务，支持外资加大对中高端制造、高新技术、传统制造转型升级、现代服务等领域投资。另一方面，为国内企业走出去提供强大支持，完善境外生产服务网络和流通体系，加快生产性服务业国际化发展，推动中国产品、服务、技术、品牌、标准走出去，支持企业融入全球产业链供应链。

张燕：全面构建新发展格局要实现更高水平的自立自强，创造更高水平的供需平衡，以强大的科技创新能力为牵引构建具有国际竞争力的现代产业体系，建立能够自我循环发展、统筹兼顾世界经济的经济体系最为关键。

城市群作为经济发展的优势地区，人才、资金、技术、大数据等优势发展要素汇聚，具备科技创新引领、产业跃升发展的能力和条件，应在提升创新链、产业链能级上有更大作为，增强抵御外部风险的能力。

一是引领增强产业链供应链自主可控能力。以京津冀、长三角、粤港澳大湾区为重点，协同成渝地区双城经济圈和长江中游、关中平原、哈长等区域，科学布局综合性国家科学中心、国际科技创新中心、区域科技创新中心等重大创新平台建设，聚焦突破"卡脖子"技术，强化科技成果转移转化，围绕创新链布局产业链，保障供应链，构筑产业安全防线。

二是提升优势产业领域国际竞争力。在高铁、电力装备、通信设备、新能源、数字经济等优势领域，锻造一批"杀手锏"技术，形成全产业链优势，增强全球布局能力，带动规则、标准、技术规范走出去，提升中国创新和中国制造在全球的影响力。

三是积极抢占未来科技产业制高点。面向全球面向未来，协同发挥政府、企业等主体作用，推动重大理论创新，加强基础研究、原始创新研究，超前布局前沿技术和颠覆性技术研发，研究布局建设一批未来产业基地，积极参与和引领全球科技革命和产业变革。

形成畅通国民经济循环的统一大市场

主持人：目前掣肘城市群一体化发展的关键是什么，城市群建设应如何与其他地区强化互动，促进全国经济循环畅通？

包海波：从目前进展来看，城市群一体化仍存在着制约条件。

一是体制机制不畅。城市群一体化需要使地方政府在合作红利和竞争红利之间更加偏好于前者，关键是打破地区之间的行政壁垒，但从当前运作来看，政策畅通层面有待加强，尤其是在公共资源领域，需要有效衔接。

二是发展动力不足。城市群一体化的利益空间并未对各地区形成强有力的吸引，城市群发展的合作机制还不健全。

三是内部需求结构相对不平衡。从区域看，东部地区发展相对较快，西部地区相对较慢，西部地区存在收入水平较低、公共服务不健全、人才流失等问题，一定程度上导致了国内市场分割。同时，城市群内部中心城市与边缘城市的需求也存在结构性不平衡。

从近年来城市群一体化推进的实践来看，城市群一体化需要破解三个难题。一是制定跨区域规划难。城市群一体化涉及多个区域主体，"谁"来统筹大家的合作，成本和利益如何在平等主体之间公平分配难以解决。二是要素市场一体化难。要素市场分割比商品和服务市场分割更明显，土地、人才、资金等要素跨区域流动存在困难。三是公共服务一体化难。公共服务一体化的目标是标准化、均衡化，而支持公共服务的财政资金却存在差别，教育、医疗、社保等公共服务是城市的核心利益，可能是城市群一体化中较难攻克的堡垒。

汪彬：要推进经济社会活动在城市内部、城市群内部、城市群之间、城市群与非城市群之间、国内与国外城市群之间的畅通循环，形成国民经济循环的统一大市场。

一是推进单个城市内部的畅通循环。在统一的行政管辖内，城市内部的畅通循环相对简单。[illegible]城市空间中要素配置[illegible]。因此，要[illegible]城市空间布局，根据要素分布合理布局公共服务和基础设施。

二是推进城市群内部的畅通循环。受制于国内"行政区经济"和"经济功能区"的冲突，城市群一体化推进存在困难。要针对传统行政管理体制、财税体制和官员晋升考核机制进行体制机制创新与改革，推动城市间由竞争关系转向合作关系。

三是推进城市群之间的畅通循环。国外城市群发展经验表明，促进跨城市群间的联动已经成为重要发展方向。从国内大循环视角，畅通国民经济循环就是要加强京津冀、长三角、珠三角、成渝地区的四大城市群的协调发展，依据各自区位条件、资源禀赋和产业特色的优势，充分发挥其吸引投资、拉动消费、引领创新、创造就业、对外开放的核心功能，加快形成分工合理、功能互补、协调合作的城市群发展新格局。

四是推动城市群与非城市群之间的畅通循环。要促进城乡经济畅通循环，同步推进新型城镇化和乡村振兴，以工补农、以城带乡，深化基础性制度改革，尤其是户籍制度、土地制度改革，促进城乡要素双向流动。同时，要促进不同能级城市间经济畅通循环。积极培育大、中、小不同的城市主体"内生动力源"，以中心城市、超特大城市为核心，带动周边的中小城市发展，发挥其示范引领作用。

五是推动国内与国外城市群的畅通循环。推进城市群的开放战略，深化国内外区域合作，构建全方位开放发展新格局。京津冀、长三角与粤港澳大湾区三大城市群，要加强与东京都市圈、纽约大都市圈、旧金山湾区、欧洲大都市圈的交流与合作，对标对表，寻找差距，谋取合作。中西部地区的城市群，如中原城市群、成渝城市群等，要全面融入"一带一路"建设，以陆桥通道为主轴，依托国家铁路和公路主通道，加强与沿线城市和沿海港口群的联系，形成连接"一带一路"的东西双向南北纵横战略通道。

张燕：城市群一体化发展，包括基础设施互联互通、创新链产业链协作、生态环境共保、公共服务共建共享、协同对外开放合作等方面，只有各领域发展形成区域合力，才有利于提升城市群的整体实力和综合竞争力，才能够在抱团发展中实现共赢。建议通过建立健全城市群一体化发展协调机制和成本共担、利益共享机制，提高城市群治理能力，率先在城市群层面破除要素流动障碍，提高资源优化配置能力，促进经济畅通循环，为全国经济畅通大循环提供支撑和示范。

从全国范围看，除了城市群这样的经济优势区域，还有农业地区、能源资源地区、生态地区、边境地区等，这些地区在新发展格局中同样具有重要战略地位和功能作用。因此，要全国一盘棋布局加快构建新发展格局，一是积极推动中心城市引领城市群、城市群带动区域的发展模式，发挥城市群对更大范围区域的支撑带动作用；二是增强城市群区域与农业地区、能源资源地区、生态地区和边境地区之间的联系，强化区域之间要素转移和市场对接。

在这个过程中，应积极推动建立创新链、产业链、供应链跨区域协同机制，深化要素市场化配置改革，打破行政壁垒，破除行业垄断，打通市场阻隔，在全国范围内促进要素有序高效流动，提高资源配置能力。

通『渠』引『水』促要素流动

冯苏京

要素如水，制度为渠。城市之间的分工协作经由无数的市场交易完成，需要完善制度以降低交易成本。需紧扣"一体化"和"高质量"两个关键词，以一体化的思路和举措打破行政壁垒、提高政策协同性，让要素在更大范围畅通流动。

完善促进生产要素自由流动的制度机制，推动形成区域统一市场。让市场驱动资源要素配置，以平等互利的自由交易为基础，按市场的逻辑布局和延展产业分工协作。政府可以出台城市群规划、产业支持政策进行统筹和引导。

比如，充分利用信息技术成果，推进金融、类金融市场一体化；逐步实现联网交易、统一信息发布和披露、交易凭证互认，推进水、矿产、森林等资源使用权跨省交易；发展城市群一体化土地市场、跨地区的知识产权交易中介服务等。

完善促进产业分工协作的制度机制，营造区域产业生态。中心城市扩容是制度创新的一大亮点。大城市扩容直接打破了行政区的阻碍，便利了资源流动和要素配置，可以在更大范围内规划产业布局，也给周边的小城市带来发展契机。要加强对区域整体产业发展的统筹和引导，明确产业转移与承接的重点领域、适宜地区和操作路径。建立产业转移区域合作机制，积极探索承接产业转移新模式。

提升不同行政区的衔接协同，推进公共服务和社会治理共建共享共治。跨越行政区界线，推进公共服务和社会治理由单个城市自治向城市群协同转变，提高一体化水平，优化公共资源分布。如继续稳步推进社会保障卡在城市群通用和医保基金跨省结算；推进教育医疗卫生等资源合作共享、跨区配置；以大气污染联防联治、流域上下游协同治理、水资源保护及共建城市群生态空间为重点，实行城市群生态环境保护统一规划、统一标准、一体监测、联合评估，共同应对区域性生态环境问题。

建立纵向公平机制，克服城市竞争中的不平等。探索建立公共资源配置的纵向公平机制，将教育和医疗等公共资源配置与常住人口挂钩，不再按城市的行政等级配置。通过更高层级的政策协调化解城市之间的利益之争。

建立横向补偿机制，促进区域内利益平衡。城市群可以探索建立跨区域基础设施、公共服务和生态环境建设项目的成本分担、收益分享机制，以及社会保障跨区统筹后的财政分担机制。如探索多样化的矿产资源开发和流域水环境生态补偿方式；探索在产业移出地和移入地之间建立横向财政转移支付制度，实行税收两地分成。

此外，加大推进力度，建立与城市群发展相适应的政府绩效管理制度，对已实施的政策进行效果评估、修订完善，推动城市群发展进入新阶段。

"十四五"规划和2035年远景目标纲要提出：
推动城市群一体化发展

加快城市群建设是构建双循环新发展格局的重要路径。“十四五”规划和2035年远景目标纲要提出，建立健全城市群一体化协调发展机制、以中心城市和城市群等经济发展优势区域为重点，带动全国经济效率整体提升。本期邀请三位专家探讨城市群在新发展格局中的功能定位，为推动城市群一体化进程、畅通经济循环建言献策。

开拓高质量发展的重要动力源

主持人：城市群不仅是地理上相邻的若干城市，其实质是分工协作、功能互补、有机联系的城市组团，重点在于相互协同，获得协作收益。城市群在服务构建新发展格局中应发挥什么功能？

张燕：研究分析城市群在新发展格局中的功能角色，首先需要深刻认识城市群在全国高质量发展、现代化建设中的重要地位。城市群是我国人口和经济要素集聚的重要承载地，是带动全国经济效率整体提升、支撑高质量发展的战略空间。

“十三五”时期，国家推动重点建设的19个城市群GDP、人口占全国的比重分别由2010年的87.5%和79.3%提升到2019年的88.3%和80.4%。据初步匡算，到2030年我国新增2亿城镇人口的80%也将分布在城市群区域，其中京津冀、长三角、粤港澳大湾区及成渝地区双城经济圈的人口规模将达到6亿，有望贡献我国GDP增长的75%及城市人口增长的50%。

在新发展格局中，城市群应充分发挥人口、发展要素集聚的综合优势，在推动高质量发展、现代化建设方面发挥引擎作用，在国家科技自立自强、产业链供应链安全、释放内需潜力、畅通经济循环等方面发挥战略支撑功能。

包海波：城市群的重要功能体现在以下几个方面。

一是集聚功能。国内大循环的核心要义是扩大内需，城市群作为核心空间尺度，可以不断促进经济要素集聚，依托自身产业基础和强大消费市场，率先形成需求牵引供给、供给创造需求的更高水平的动态平衡，进而辐射和带动全国产业结构和消费结构升级，促进国民经济良性循环。

二是一体化功能。城市群一体化是拓宽城市群空间、促进内部循环的重要抓手，城市群通过一体化破除行政壁垒和市场壁垒，推动城市群产业分工和市场分工，逐步构成先进制造业集群和超大规模市场，提高经济循环质量和发展水平。

三是创新驱动功能。城市群的优质公共服务能力有利于创新人才集聚和高新技术产业集群培育，促进补强供应链和产业链。城市群合作可以加速城市创新网络拓展和创新飞地分工合作。

四是国际化功能。我国城市群快速发展，成为参与全球竞争和高水平国际分工的重要地域。我国主动参与国际大循环的能力不断提升，不仅可以加强更高层次、更大密度的全球功能性网络体系建设，同时，北京、上海、深圳等引领的城市群在国际经济、贸易、金融、科技合作中发挥更大作用，提供全球经济社会循环的稀缺“公共服务”，有利于将出口型全球化战略转变成基于国内市场内需的全球化战略。

构建具有国际竞争力的现代产业体系

主持人：在服务构建新发展格局中如何利用好城市群的经济优势，重点在哪里？

汪彬：城市群是人口聚集、产业集聚、科技创新和对外开放的主要功能平台，畅通循环的关键在于推动城市群一体化发展。

一是把城市群打造为内需消费中心。要发挥城市群扩大内需、促进消费的引领作用。提升传统消费，破除制约消费的体制机制障碍，比如特大城市的汽车限购政策，要推动汽车等消费品由购买管理向使用管理转变。培育新型消费，运用大数据、人工智能等新技术融合产业发展，鼓励发展定制、体验、智能、时尚消费等新业态新模式。大力发展服务消费，大城市公共服务的数量与质量仍然是短板，教育培训、医疗健康、养老托育、文旅体育等消费需求旺盛，发展潜力巨大，需要提质扩容。

同时，要发挥城市群建设在促进投资方面的关键性作用，统筹推进基础设施协调布局。加快补齐城市基础设施、市政工程、公共安全、生态环保、公共卫生和防灾减灾等领域短板，完善铁路、公路、桥梁等传统基建。同时，大力发展5G、人工智能、大数据中心、新能源汽车充电桩等新型基础设施，在城市群、都市圈适度超前布局和建设基础设施。建设新型智慧城市，统一规划建设物联网感知设施、通信系统等公共基础设施，推进市政公用设施、建筑等物联网应用和智能化改造。

二是把城市群打造为科技创新中心。城市群是国家创新基地、科研院所、高等学校和企业科技力量的聚集地，要把具有人力资源、产业基础和科技创新等优势条件的城市群打造成为创新的策源地，成为我国实现科技自立自强的战略支撑。

三是把城市群打造为现代物流中心。要深化流通体制改革，畅通商品服务流通渠道，打通阻碍城市群内部、城市群之间、城市群与非城市群之间商品要素流通的堵点、淤点，提高流通效率。

四是把城市群打造为对外开放中心。实行更加开放的人才政策，构筑集聚国内外优秀人才的科研创新高地。加强国际城市间的经贸交流，积极发挥展会平台功能，上海、广州、北京三大城市要办好中国国际进口博览会、中国进出口商品交易会、中国国际服务贸易交易会三大展会。充分调动微观主体的积极性，以高水平双向投资高效利用全球资源要素和市场空间。一方面，打造市场化、法治化、国际化的营商环境，全面优化外商投资服务，支持外资加大对中高端制造、高新技术、传统制造转型升级、现代服务等领域投资。另一方面，为国内企业走出去提供强大支持，完善境外生产服务网络和流通体系，加快生产性服务业国际化发展，推动中国产品、服务、技术、品牌、标准走出去，支持企业融入全球产业链供应链。

张燕：全面构建新发展格局要实现更高水平的自立自强，创造更高水平的供需平衡，以强大的科技创新能力为牵引构建具有国际竞争力的现代产业体系，建立能够自我循环发展、统筹兼顾世界经济的经济体系最为关键。

城市群作为经济发展的优势地区，人才、资金、技术、大数据等优势发展要素汇聚，具备科技创新引领、产业跃升发展的能力和条件，应在提升创新链、产业链能级上有更大作为，增强抵御外部风险的能力。

一是引领增强产业链供应链自主可控能力。以京津冀、长三角、粤港澳大湾区为重点，协同成渝地区双城经济圈和长江中游、关中平原、哈长等区域，科学布局综合性国家科学中心、国际科技创新中心、区域科技创新中心等重大创新平台建设，聚焦突破“卡脖子”技术，强化科技成果转移转化，围绕创新链布局产业链、保障供应链，构筑产业安全防线。

二是提升优势产业领域国际竞争力。在高铁、电力装备、通信设备、新能源、数字经济等优势领域，锻造一批“杀手锏”技术，形成全产业链优势，增强全球布局能力，带动规则、标准、技术规范走出去，提升中国创新和中国制造在全球的影响力。

三是积极抢占未来科技产业制高点。面向全球面向未来，协同发挥政府、企业等主体作用，推动重大理论创新，加强基础研究、原始创新研究，超前布局前沿技术和颠覆性技术研发，研究布局建设一批未来产业基地，积极参与和引领全球科技革命和产业变革。

形成畅通国民经济循环的统一大市场

主持人：目前掣肘城市群一体化发展的关键是什么，城市群建设应如何与其他地区强化互动、促进全国经济循环畅通？

包海波：从目前进展来看，城市群一体化仍存在着制约条件。

一是体制机制不畅。城市群一体化需要使地方政府在合作红利和竞争红利之间更加偏好于前者，关键是打破地区之间的行政壁垒，但从当前运作来看，政策畅通层面有待加强，尤其是在公共资源领域，需要有效衔接。

二是发展动力不足。城市群一体化的利益空间并未对各地区形成强有力的吸引，城市群发展的合作机制还不健全。

三是内部需求结构相对不平衡。从区域看，东部地区发展相对较快，西部地区相对较慢，西部地区存在收入水平较低、公共服务不健全、人才流失等问题，一定程度上导致了国内市场分割。同时，城市群内部中心城市与边缘城市的需求也存在结构性不平衡。

从近年来城市群一体化推进的实践来看，城市群一体化需要破解三个难题。一是制定跨区域规划难。城市群一体化涉及多个区域主体，“谁”来统筹大家的合作，成本和利益如何在平等主体之间公平分配难以解决。二是要素市场一体化难。要素市场分割比商品和服务市场分割更明显，土地、人才、资金等要素跨区域流动存在困难。三是公共服务一体化难。公共服务一体化的目标是标准化、均衡化，而支持公共服务的财政资金却存在差别，教育、医疗、社保等公共服务是城市的核心利益，可能是城市群一体化中较难攻克的堡垒。

汪彬：要推进经济社会活动在城市内部、城市群内部、城市群之间、城市群与非城市群之间、国内与国外城市群之间的畅通循环，形成国民经济循环的统一大市场。

一是推进单个城市内部的畅通循环。在统一的行政管辖内，城市内部的畅通循环相对简单。然而，限制城市内部畅通循环的根本问题是单一城市空间中要素禀赋有限情况下的供需体系不平衡。因此，要采取有针对性的措施，优化城市空间布局，根据要素分布合理布局公共服务和基础设施。

二是推进城市群内部的畅通循环。受制于国内“行政区经济”和“经济功能区”的冲突，城市群一体化推进存在困难。要针对传统行政管理体制、财税体制和官员晋升考核机制进行体制机制创新与改革，推动城市间由竞争关系转向合作关系。

三是推进城市群之间的畅通循环。国外城市群发展经验表明，促进跨城市群间的联动已经成为重要发展方向。从国内大循环视角，畅通国民经济循环就是要加强京津冀、长三角、珠三角、成渝地区的四大城市群的协同发展，依据各自区位条件、资源禀赋和产业特色的优势，充分发挥其吸引投资、拉动消费、引领创新、创造就业、对外开放的核心功能，加快形成分工合理、功能互补、协调合作的城市群发展新格局。

四是推动城市群与非城市群之间的畅通循环。要促进城乡经济畅通循环。同步推进新型城镇化和乡村振兴，以工补农、以城带乡，深化基础性制度改革，尤其是户籍制度、土地制度改革，促进城乡要素双向流动。同时，要促进不同能级城市间经济畅通循环。积极培育大、中、小不同的城市主体“内生动力源”，以中心城市、超特大城市为核心，带动周边的中小城市发展，发挥其示范引领作用。

五是推动国内与国外城市群的畅通循环。推进城市群的开放战略，深化国内外区域合作，构建全方位开放发展新格局。京津冀、长三角与粤港澳大湾区三大城市群，要加强与东京都市圈、纽约大都市圈、旧金山湾区、欧洲大都市圈的交流与合作，对标对表，寻找差距，谋取合作。中西部地区的城市群，如中原城市群、成渝城市群等，要全面融入“一带一路”建设，以陆桥通道为主轴，依托国家铁路和公路主通道，加强与沿线城市和沿海港口群的联系，形成连接“一带一路”的东西双向、南北纵横战略通道。

张燕：城市群一体化发展，包括基础设施互联互通、创新链产业链协作、生态环境共保、公共服务共建共享、协同对外开放合作等方面，只有各领域发展形成区域合力，才有利于提升城市群的整体实力和综合竞争力，才能够在抱团发展中实现共赢。建议通过建立健全城市群一体化发展协调机制和成本共担、利益共享机制，提高城市群治理能力，率先在城市群层面破除要素流动障碍、提高资源优化配置能力、促进经济畅通循环，为全国经济畅通大循环提供支撑和示范。

从全国范围看，除了城市群这样的经济优势区域，还有农业地区、能源资源地区、生态地区、边境地区等，这些地区在新发展格局中同样具有重要战略地位和功能作用。因此，要全国一盘棋布局加快构建新发展格局，一是积极推动中心城市引领城市群、城市群带动区域的发展模式，发挥城市群对更大范围区域的支撑带动作用；二是增强城市群区域与农业地区、能源资源地区、生态地区和边境地区之间的联系，强化区域之间要素转移和市场对接。

在这个过程中，应积极推动建立创新链、产业链、供应链跨区域协同机制，深化要素市场化配置改革，打破行政壁垒，破除行业垄断，打通市场阻隔，在全国范围内促进要素有序高效流动、提高资源配置能力。

原载 2021 年 10 月 9 日《经济日报》

向制度集成创新要改革效应
——推动海南自由贸易港建设（上）

本期嘉宾

中华全国律师协会监事长、国浩律师事务所首席执行合伙人　吕红兵

中国南海研究院创始院长　吴士存

海南省委党校党委书记、常务副校长　王和平

上海金融与发展实验室副主任、丝路研究院（海口）院长　张湧

主持人

经济日报社编委、中国经济趋势研究院院长　孙世芳

10 智库 2021年10月16日 星期六 经济日报

向制度集成创新要改革效应

——推动海南自由贸易港建设（上）

自由贸易港是当今世界最高水平的开放形态。在海南建设自由贸易港，是党中央着眼于国内国际两个大局、为推动中国特色社会主义创新发展作出的一项重大战略决策，是我国新时代改革开放进程中的一件大事。2020年中共中央、国务院印发《海南自由贸易港建设总体方案》，一年多来，海南积极落实各项政策，创造了一个个“第一”。2021年6月，《中华人民共和国海南自由贸易港法》审议通过，该法第一次赋予海南制定涉及中央事权的法规的权力；8月，我国首张跨境服务贸易负面清单正式在海南施行……

本期邀请四位专家围绕当前海南自由贸易港建设的重大任务展开研讨，共同为推动海南高水平对外开放出谋划策。

智库圆桌（第三十二期）

嘉宾	中华全国律师协会监事长、国浩律师事务所首席执行合伙人	吕红兵
	中国南海研究院创始院长	吴士存
	海南省委党校党委书记、常务副校长	王和平
	上海金融与发展实验室副主任、丝路研究院（海口）院长	张　湧
主持人	经济日报社编委、中国经济趋势研究院院长	孙世芳

自贸港建设步伐加快

主持人：自《海南自由贸易港建设总体方案》印发以来，海南着重推进了哪些工作？进展如何？

吕红兵：总体方案印发以来，海南统筹常态化疫情防控和自由贸易港建设取得了一系列进展，自贸港建设步伐明显加快。

逐步建立了自由贸易港制度体系。一年多来，海南省围绕总体方案累计出台130多份政策文件。推动加工增值货物内销免征关税、部分进口商品零关税等重要政策落地实施。推动外商投资准入负面清单缩减为27项。推动全国首张跨境服务贸易负面清单率先在海南实施，在跨境服务贸易方面对境内外服务提供者实行平等准入，服务贸易开放度、透明度、可预见度明显提高。推进人员跨境流动自由便利，开放境外人员参加职业资格考试近40项，单向认可境外职业资格200余项。

营商环境不断优化。2020年底，海南出台《海南自由贸易港制度集成创新行动方案（2020—2022年）》，截至目前，累计发布13批123项制度创新案例，其中4项被国务院肯定并向全国推广，在优化营商环境方面成果丰富。比如，深入推进“放管服”改革，设立国际投资“单一窗口”，压缩审批时限近七成，极简审批成为全国标杆。完善多元化商事纠纷解决机制，设立海南自由贸易港知识产权法院，成立海南仲裁中心等。

加快形成现代化产业体系，提高经济发展质量。2021年上半年，海南省GDP同比增长17.5%，居全国第二。非房地产投资增长21.8%，占总投资比重提升至62.2%；社会消费品零售总额增长46.4%，货物和服务贸易总额分别增长46.1%和81.2%。分产业来看，2021年上半年，全省实现旅游收入819.8亿元，两年同期平均增速达到29.3%；全省新认定高新技术企业167家、迁入22家，高新技术企业总数增至1027家；医疗健康等现代服务业创新发展，博鳌乐城国际医疗旅游先行区上半年接待医疗旅游4.8万人次。

积极完善海南自由贸易港法治保障体系。推动《中华人民共和国海南自由贸易港法》出台，为法律法规施行营造社会氛围。按照急用先立的原则加强立法项目统筹，审议通过了《海南自由贸易港国际船舶条例》《海南自由贸易港社会信用条例》《海南自由贸易港优化营商环境条例》《海南自由贸易港公平竞争条例》等一批地方性法规。

张湧：海南自贸港建设有两方面成绩突出。一是税制安排等重大改革成效突出。企业所得税和个人所得税“两个15%”实施细则出台，鼓励类产业目录颁布，600多家企业和近5000名个人汇算清缴2020年收入时享受到了低税率优惠。四张零关税清单已经颁布了三张，飞机、船舶等交通运输工具进口实施正面清单，零部件和原辅料进口实施正面清单，企业自用设备进口实施负面清单，岛内居民消费品进口的正面清单即将出台。离岛免税政策升级版在疫情期间对吸引境外消费回流发挥重要作用。

二是重点区域发展取得明显突破。自贸港建设初期成果一个看洋浦，一个看博鳌。洋浦保税港区先行先试，入境加工增值达到30%即可享受免关税输出到内地的原产地政策，成为西部陆海新通道上重要的国际集装箱枢纽港，2020年顺利完成100万标箱的规划目标，近30艘国际航行船舶在洋浦注册，内外贸同船运输船舶加注保税燃油等政策让企业得到实惠。博鳌乐城国际医疗旅游先行区成为欧美医药和医疗器械头部企业进入中国的第一站，境外特效药械特许使用的范围不断扩大，“带药离岛”等政策对打造先行区医疗领域开放新高地具有重要意义。

增强制度创新系统性、集成性

主持人：高标准建设自由贸易港要把制度集成创新摆在突出位置，汇集使用全国各地探索权利，对标国际先进水平和通行规则，结合自身实际需要进行自主探索。海南制度集成创新有哪些成果？下一步如何推进？

吴士存：制度创新尤其是制度集成创新是海南自贸港建设的“牛鼻子”。随着自贸港建设推进，开展制度创新面临一些亟待突破的难点。由于海南发展基础相对薄弱，深入开展制度集成创新的任务多、头绪多、压力大。此外，开展制度集成创新的难度正在加大。近年来，我国各自贸试验区均将制度创新作为发力点，取得丰硕成果，继续突破则面临授权不足、法律调整滞后、容错和激励机制缺失等问题，对统筹协调能力提出了更高的要求。

深入推进制度集成创新，要主动适应国际经贸规则重构的新趋势，坚持对标世界最高水平开放形态，学习借鉴国际成熟自由贸易港的先进管理方法和制度安排，聚焦规则、规制、管理、标准等领域的制度型开放。在具体改革和创新举措上，不能满足于“挤牙膏”式单项创新，要瞄准我国高水平对外开放的堵点，找准“对外开放试验田”“扩大开放压力测试平台”的定位，突出各项制度创新的互补性、耦合度和匹配度，在系统性、集成性创新上下功夫，出台更多“一揽子”制度创新。

张湧：对海南来说，制度安排必须综合集成，才能产生更大的“化学反应”，发挥更好的改革效应。

首先，要打好低税率、零关税组合拳，增强对企业主体的吸引力。企业在海南落地，可以享受进口原材料免税、进口自用设备免税、原材料和产成品无限期保税仓储、加工增值达30%后产成品输入内地免关税等税收优惠，生产的消费品同步供应离岛免税店。此外，企业在符合条件的情况下还能享受企业所得税、个人所得税“两个15%”政策。如果企业打算以海南为基地到境外直接投资，返程利润可以免征所得税。多项税制安排综合应用，能大大降低企业制度性交易成本。

其次，制度集成创新要聚焦免税购物、国际医疗和“留学”海南三大优势项目，不断增强对人才的吸引力。离岛免税可以解决国内居民出境购物难、境内购物贵问题；岛内消费品免税可以为本岛居民提供更丰富更实惠的全球消费品。境外特效药械在境内注册完成前以特许方式入岛使用，叠加药械零关税、全程保税监管、境外医师药师护师备案准入等政策，可以为居民治疗疑难杂症开辟一条绿色通道。允许境外理工农医类大学和职业院校来海南独立办学，吸引全球学子汇聚海南。

此外，制度集成创新在航空等领域也有丰富的应用场景。按照当前政策，飞机作为交通工具可以零关税进口注册在海南，进出海南岛的航班可加注保税航油，而且国家批准海南率先开放第五航权和第七航权，如果再叠加融资租赁等金融创新举措，海南将形成发展航空产业的独特优势。

王和平：推动海南自由贸易港制度集成创新，需要从以下四个方面下功夫。第一，处理好部门之间关系。制度集成创新是一项系统性工程，要求各部门之间积极合作，打破界限和壁垒。第二，把握好推进改革的速度。在确保管得住的前提下，抓住制度创新的机遇期和窗口期，按照2025年、2035年和本世纪中叶3个时间节点，分步骤、分阶段推进海南自由贸易港建设，稳扎稳打、行稳致远。第三，处理好敢闯敢试和风险防控的关系。加大推动以贸易自由便利、投资自由便利、跨境资金流动自由便利、人员进出自由便利、运输往来自由便利和数据安全有序流动为重点的制度集成创新。同时，对各类潜在风险要精准识别，提前防控，坚决防范各类系统性风险发生。第四，处理好法治与改革的关系。法治是最好的营商环境，要坚持立法与改革政策相衔接，以立法促进制度集成创新。同时，全面推进法治政府建设，完善政府治理体系，用法治理念规范行政决策程序，加速政府职能转变。

构建法治体系把握中国特色和高水平两个方向

主持人：法治在海南自贸港建设进程中发挥引领、规范和保障作用。在《中华人民共和国海南自由贸易港法》颁布实施的背景下，如何用好法规制定权提升改革整体效益？

吕红兵：对于自贸港法律体系建设，出台《中华人民共和国海南自由贸易港法》仅仅是第一步。接下来，制定法规是基本性、常态性工作，也是确保《中华人民共和国海南自由贸易港法》功能充分发挥的必备性、保障性工作。

海南的立法权资源非常丰富。根据立法法和《中华人民共和国海南自由贸易港法》的规定，海南省人大及其常委会为自由贸易港制定法规的权力可以分成三个层次，即地方性法规的制定权、经济特区法规的制定权和海南自由贸易港法规的制定权。

用好法规制定权要把握两个方向。一个是“中国特色”，一个是“高水平”。“中国特色”是原则和前提，“高水平”是内容和目标，两者缺一不可，彼此赋能。用好法规制定权要从多个角度展开。对标世界高水平开放形态，制定有利于实现贸易与投资自由便利，有利于人员进出、运输来往自由和有利于数据安全有序流动等多个方面的法律规范。

王和平：建议分阶段构建自贸港法治体系的“四梁八柱”。用好改革自主权、立法权及协调机制，制定海南自由贸易港建设配套法规，特别要围绕自由贸易港“五大自由便利+数据安全有序流动”制度安排及“零关税、简税制、低税率”特殊税制安排，加快推进相关立法工作，不断提高立法质量、丰富立法形式，加快构建与自由贸易港建设相适应的法律法规体系和科学合理高效的立法机制，加快调法调规进程。

加快营造有利于自由贸易港建设的法治环境。建立以《中华人民共和国海南自由贸易港法》为基础，以地方性法规和商事纠纷解决机制为重要组成的自由贸易港法治体系，一体化建设法治海南、法治政府、法治社会。

促进法治与改革有机结合，为全岛封关运作打好基础。按照法律规定，结合自由贸易港建设进展，组织相关方系统调研口岸规划建设、非设关地监管、人员设施配备、管理体制创新等重大问题，抓紧制定任务清单，明确责任单位，设定完成时限，确保海南自由贸易港如期顺利封关。

吴士存：提升法治与改革的整体效益，要对自由贸易港经济社会发展趋势做好预判，统筹考虑立法配套，科学制定法律法规体系建设的时间表和路线图。对即将要推动制定的重要法律，建议分为封关前和封关后两个阶段进行设计。

就程序而言，要拉长以“论证－起草－颁布－实施－评估”为主要环节的立法链条。将立项论证作为法规起草的前提，以专家学者和专业机构的评估作为重要支撑，对立法项目的必要性、可行性，以及立法主要思路、预期效果等内容进行全方位的评估和论证。法规制定实施后，立法机构与其他专业机构还需要定期对法规执行效果进行评估，及时合理修订法规。此外，建议多从小切口立法入手，增强法规的时效性和实用性。当前，金融法规比较欠缺，建议从金融主体进入、退出机制等方面进行完善。推进贸易自由便利化方面，可通过制定公平竞争、破产、商事注销等法规条例，完善民商法律的重要实施细则，保障市场主体的进入、退出机制率先与国际接轨。

海关监管特殊区域既要放得开也要管得住

主持人：总体方案中，首次出现了一个特殊的表述，那就是将海南自贸港整体界定为海关监管特殊区域，这种提法与国内其他地区的海关特殊监管区域存在怎样的不同？海南在谋划这种特殊制度安排时应当注意什么？

张湧：海关监管特殊区域与一般性海关特殊监管区域存在显著不同，是对海关监管体制的整体性创新。

其一，一般性海关特殊监管区域的基本功能是保税，对进口货物、物品进入区内时以保证复出口为前提暂时不征收进口税，货物、物品在区内消费或转为进口需要照章征收进口税；而海南自贸港实行的是零关税政策，货物、物品在岛内使用和消费不需要征收进口税。其二，在目前我国设立的海关特殊监管区域内，通常仅有贸易、工业及其生产性服务业等经济活动；而海南建设全岛封关运作的海关监管特殊区域，不仅开展经济活动，还有人员进出、社会运行和居民消费，在进口税制度和海关监管内容安排上与其他地区完全不同。

建设全岛封关运作的海关监管特殊区域要做到统筹兼顾。一是要高水平建设智慧海南，统筹促进人流、物流、资金流、数据流有序畅通，高标准建设口岸基础设施，统筹保障口岸公共卫生、生物、食品、商品质量安全。二是既要确保货物、物品自由进入，又要拦住禁止、限制类货物、物品。三是既要实施低干预、高效能的海关监管，又要防范外来物种入侵，防止境外废物入境，确保发展与安全、生态的平衡。四是既要对外资准入、市场准入、跨境服务贸易实行负面清单管理模式，又要加强对外资进行安全审查、反垄断审查，防止资本无序扩张。五是既要对外国人就业实行负面清单，对境外职业资格实行单向认可，又要确保海南人民充分就业，从自贸港发展中得到实惠。

吕红兵：海关监管特殊区域建设应当把握两个核心原则。一是分步骤实施、分阶段推进，在洋浦保税港区等具备条件的区域率先实行符合海关监管特殊区域建设要求的管理制度，为封关后全岛推行打好基础。二是要创造性地把握“一线”放开、“二线”管住的监管原则，实行分线管理、分类监管的新模式。“一线”放开，指海南自贸港进出口的货物、物品，除禁止、限制的外，货物免征进口关税，实行零关税政策。“一线”放开要在守牢监管红线前提下进行。“二线”管住，指货物从海南自贸港进入内地，原则上按进口规定办理相关手续，照章征收关税和进口环节税，但要避免一刀切地管死。总体上，要结合“放管服”改革，真正实现高效监管、物畅其流、人便于行。

吴士存：海南自贸港建设还处于起步阶段，人、货物、资金、信息等流量不足的问题比较突出，吸引、做大流量是当前重点发展任务。但也要清醒认识到，只有管得住才能放得开，海南必须建立与高水平开放相匹配的风险防控体系，防范和化解各类可能出现的重大风险。

一方面，瞄准重点领域，做好风险预警、防范和处置，时刻紧绷风险防控之弦，围绕贸易、投资、金融、人员往来、数据流动等重点领域，制定针对性的风险防控预案。构建完善的风险监测、预警、防控系统，着力提升风险识别能力，加强事中事后监管能力。

另一方面，应用现代技术手段来提升风险防控能力。深入推进智慧海南建设，发挥好系统平台的作用，打通数据共享的壁垒，充分利用大数据、人工智能、区块链等技术手段，在提高通关效率的同时，使投资者可以享受到便捷、安全的服务。

本版编辑　郭文鹃　美　编　高　妍

自由贸易港是当今世界最高水平的开放形态。在海南建设自由贸易港，是党中央着眼于国内国际两个大局、为推动中国特色社会主义创新发展作出的一项重大战略决策，是我国新时代改革开放进程中的一件大事。2020年中共中央、国务院印发《海南自由贸易港建设总体方案》，一年多来，海南积极落实各项政策，创造了一个个“第一”。2021年6月，《中华人民共和国海南自由贸易港法》审议通过，该法第一次赋予海南制定涉及中央事权的法规的权力；8月，我国首张跨境服务贸易负面清单正式在海南施行……

本期邀请四位专家围绕当前海南自由贸易港建设的重大任务展开研讨，共同为推动海南高水平对外开放出谋划策。

自贸港建设步伐加快

主持人：自《海南自由贸易港建设总体方案》印发以来，海南着重推进了哪些工作？进展如何？

吕红兵：总体方案印发以来，海南统筹常态化疫情防控和自由贸易港建设取得了一系列进展，自贸港建设步伐明显加快。

逐步建立了自由贸易港制度体系。一年多来，海南省围绕总体方案累计出台130多份政策文件。推动加工增值货物内销免征关税、部分进口商品零关税等重要政策落地实施。推动外商投资准入负面清单缩减为27项。推动全国首张跨境服务贸易负面清单率先在海南实施，在跨境服务贸易方面对境内外服务提供者实行平等准入，服务贸易开放度、透明度、可预见度明显提高。推进人员跨境流动自由便利，开放境外人员参加职业资格考试近40项，单向认可境外职业资格200余项。

营商环境不断优化。2020年底，海南出台《海南自由贸易港制度集成创新行动方案（2020—2022年）》，截至目前，累计发布13批123项制度创新案例，其中4项被国务院肯定并向全国推广，在优化营商环境方面成果丰富。比如，深入推进“放管服”改革，设立国际投资“单一窗口”，压缩审批时限近七成，极简审批成为全国标杆。完善多元化商事纠纷解决机制，设立海南自由贸易港知识产权法院，成立海南仲裁中心等。

加快形成现代化产业体系，提高经济发展质量。2021年上半年，海南省GDP同比增长17.5%，居全国第二。非房地产投资增长21.8%，占总投资比重提升至62.2%；社会消费品零售总额增长46.4%，货物和服务贸易总额分别增长46.1%和81.2%。分产业来看，2021年上半年，全省实现旅游收入819.8亿元，两年同期平均增速达到29.3%；全省新认定高新技术企业167家、迁入22家，高新技术企业总数增至1027家；医疗健康等现代服务业创新发展，博鳌乐城国际医疗旅游先行区上半年接待医疗旅游4.8万人次。

积极完善海南自由贸易港法治保障体系。推动《中华人民共和国海南自由贸易港法》出台，为法律法规施行营造社会氛围。按照急用先立的原则加强立法项目统筹，审议通过了《海南自由贸易港国际船舶条例》《海南自由贸易港社会信用条例》《海南自由贸易港优化营商环境条例》《海南自由贸易港公平竞争条例》等一批地方性法规。

张湧：海南自贸港建设有两方面成绩突出。一是税制安排等重大改革成效突出。企业所得税和个人所得税“两个15%”实施细则出台，鼓励类产业目录颁布，600多家企业和近5000名个人汇算清缴2020年收入时享受到了低税率优惠。四张零关税清单已经颁布了三张，飞机、船舶等交通运输工具进口实施正面清单，零部件和原辅料进口实施正面清单，企业自用设备进口实施负面清单，岛内居民消费品进口的正面清单即将出台。离岛免税政策升级版在疫情期间对吸引境外消费回流发挥重要作用。

二是重点区域发展取得明显突破。自贸港建设初期成果一个看洋浦，一个看博鳌。洋浦保税港区先行先试，入境加工增值达到30%即可享受免关税输出到内地的原产地政策，成为西部陆海新通道上重要的国际集装箱枢纽港，2020年顺利完成100万标箱的规划目标，近30艘国际航行船舶在洋浦注册，内外贸同船运输船舶加注保税燃油等政策让企业得到实惠。博鳌乐城国际医疗旅游先行区成为欧美医药和医疗器械头部企业进入中国的第一站，境外特效药械特许使用的范围不断扩大，“带药离岛”等政策对打造先行区医疗领域开放新高地具有重要意义。

增强制度创新系统性、集成性

主持人：高标准建设自由贸易港要把制度集成创新摆在突出位置，汇集使用全国各地探索权利，对标国际先进水平和通行规划，结合自身实际需要进行自主探索。海南制度集成创新有哪些成果？下一步如何推进？

吴士存：制度创新尤其是制度集成创新是海南自贸港建设的“牛鼻子”。随着自贸港建设推进，开展制度创新面临一些亟待突破的难点。由于海南发展基础相对薄弱，深入开展制度集成创新的任务多、头绪多、压力大。此外，开展制度集成创新的难度正在加大。近年来，我国各自贸试验区均将制度创新作为发力点，取得丰硕成果，继续突破则面临授权不足、法律调整滞后、容错和激励机制缺失等问题，对统筹协调能力提出了更高的要求。

深入推进制度集成创新，要主动适应国际经贸规则重构的新趋势，坚持对标世界最高水平开放形态，学习借鉴国际成熟自由贸易港的先进管理方法和制度安排，聚焦规则、规制、管理、标准等领域的制度型开放。在具体改革和创新举措上，不能满足于“挤牙膏”式单项创新，要瞄准我国高水平对外开放的堵点，找准“对外开放试验田”“扩大开放压力测试平台”的定位，突出各项制度创新的互补性、耦合度和匹配度，在系统性、集成性创新上下功夫，出台更多“一揽子”制度创新。

张湧：对海南来说，制度安排必须综合集成，才能产生更大的

“化学反应”，发挥更好的改革效应。

首先，要打好低税率、零关税组合拳，增强对企业主体的吸引力。企业在海南落地，可以享受进口原材料免税、进口自用设备免税、原材料和产成品无限期保税仓储、加工增值达30%后产成品输入内地免关税等税收优惠，生产的消费品同步供应离岛免税店。此外，企业在符合条件的情况下还能享受企业所得税、个人所得税“两个15%”政策。如果企业打算以海南为基地到境外直接投资，返程利润可以免征所得税。多项税制安排综合应用，能大大降低企业制度性交易成本。

其次，制度集成创新要聚焦免税购物、国际医疗和“留学”海南三大优势项目，不断增强对人才的吸引力。离岛免税可以解决国内居民出境购物难、境内购物贵问题；岛内消费品免税可以为本岛居民提供更丰富更实惠的全球消费品。境外特效药械在境内注册完成前以特许方式入岛使用，叠加药械零关税、全程保税监管、境外医师药师护师备案准入等政策，可以为居民治疗疑难杂症开辟一条绿色通道。允许境外理工农医类大学和职业院校来海南独立办学，吸引全球学子汇聚海南。

此外，制度集成创新在航空等领域也有丰富的应用场景。按照当前政策，飞机作为交通工具可以零关税进口注册在海南，进出海南岛的航班可加注保税航油，而且国家批准海南率先开放第五航权和第七航权，如果再叠加融资租赁等金融创新举措，海南将形成发展航空产业的独特优势。

王和平： 推动海南自由贸易港制度集成创新，需要从以下四个方面下功夫。第一，处理好部门之间关系。制度集成创新是一项系统性工程，要求各部门之间积极合作，打破界限和壁垒。第二，把握好推进改革的速度。在确保管得住的前提下，抓住制度创新的机遇期和窗口期，按照2025年、2035年和21世纪中叶3个时间节点，分步骤、分阶段推进海南自由贸易港建设，稳扎稳打、行稳致远。第三，处理好敢闯敢试和风险防控的关系。加大推动以贸易自由便利、投资自由便利、跨境资金流动自由便利、人员进出自由便利、运输往来自由便利和数据安全有序流动为重点的制度集成创新。同时，对各类潜在风险要精准识别、提前防控，坚决防范各类系统性风险发生。第四，处理好法治与改革的关系。法治是最好的营商环境，要坚持立法与改革政策相衔接，以立法促进制度集成创新。同时，全面推进法治政府建设，完善政府治理体系，用法治理念规范行政决策程序，加速政府职能转变。

构建法治体系把握中国特色和高水平两个方向

主持人： 法治在海南自贸港建设进程中发挥引领、规范和保障作用。在《中华人民共和国海南自由贸易港法》颁布实施的背景下，如何用好法规制定权提升改革整体效益？

吕红兵： 对于自贸港法律体系建设，出台《中华人民共和国海南自由贸易港法》仅仅是第一步。接下来，制定法规是基本性、常态性工作，也是确保《中华人民共和国海南自由贸易港法》功能充分发挥的必备性、保障性工作。

海南的立法权资源非常丰富。根据立法法和《中华人民共和国海南自由贸易港法》的规定，海南省人大及其常委会为自由贸易港制定法规的权力可以分成三个层次，即地方性法规的制定权、经济特区法规的制定权和海南自由贸易港法规的制定权。

用好法规制定权要把握两个方向。一个是“中国特色”，另一个是“高水平”。“中国特色”是原则和前提，“高水平”是内容和目标，两者缺一不可，彼此赋能。用好法规制定权要从多个角度展开。对标世界高水平开放形态，制定有利于实现贸易与投资自由便利，有利于人员进出、运输来往自由和有利于数据安全有序流动等多个方面的法律规范。

王和平：建议分阶段构建自贸港法治体系的“四梁八柱”。用好改革自主权、立法权及协调机制，制定海南自由贸易港建设配套法规，特别要围绕自由贸易港“五大自由便利＋数据安全有序流动”制度安排及“零关税、简税制、低税率”特殊税制安排，加快推进相关立法工作，不断提高立法质量、丰富立法形式，加快构建与自由贸易港建设相适应的法律法规体系和科学合理高效的立法机制，加快调法调规进程。

加快营造有利于自由贸易港建设的法治环境。建立以《中华人民共和国海南自由贸易港法》为基础、以地方性法规和商事纠纷解决机制为重要组成的自由贸易港法治体系，一体化建设法治海南、法治政府、法治社会。

促进法治与改革有机结合，为全岛封关运作打好基础。按照法律规定，结合自由贸易港建设进展，组织相关方系统调研口岸规划建设、非设关地监管、人员设施配备、管理体制创新等重大问题，抓紧制定任务清单，明确责任单位，设定完成时限，确保海南自由贸易港如期顺利封关。

吴士存：提升法治与改革的整体效益，要对自由贸易港经济社会发展趋势做好预判，统筹考虑立法配套，科学制定法律法规体系建设的时间表和路线图。对即将要推动制定的重要法律，建议分为封关前和封关后两个阶段进行设计。

就程序而言，要拉长以“论证—起草—颁布—实施—评估”为主要环节的立法链条。将立项论证作为法规起草的前提，以专家学者和专业机构的评估作为重要支撑，对立法项目的必要性、可行性，以及立法主要思路、预期效果等内容进行全方位的评估和论证。法规制定实施后，立法机构与其他专业机构还需要定期对法规执行效果进行评估，及时合理修订法规。此外，建议多从小切口立法入手，增强法规的时效性和实用性。当前，金融法规比较欠缺，建议从金融主体进入、退出机制等方面进行完善。在推进贸易自由便利化方面，可通过制定公平竞争、破产、商事注销等法规条例，完善民商法律的重要实施细则，保障市场主体的进入、退出机制率先与国际接轨。

海关监管特殊区域既要放得开也要管得住

主持人：总体方案中，首次出现了一个特殊的表述，那就是将海南自贸港整体界定为海关监管特殊区域，这种提法与国内其他地区的海关特殊监管区域存在怎样的不同？海南在谋划这种特殊制度安排时应当注意什么？

张湧：海关监管特殊区域与一般性海关特殊监管区域存在显著不同，是对海关监管体制的整体性创新。

其一，一般性海关特殊监管区域的基本功能是保税，对进口货物、物品进入区内时以保证复出口为前提暂时不征收进口税，货物、物品在区内消费或转为进口需要照章征收进口税；而海南自贸港实行的是零关税政策，货物、物品在岛内使用和消费不需要征收进口税。其二，在目前我国设立的海关特殊监管区域内，通常仅有贸易、工业及其生产性服务业等经济活动；而海南建设全岛封关运作的海关监管特殊区域，不仅开展经济活动，还有人员进出、社会运行和居民消费，在进口税制度和海关监管内容安排上与其他地区完全不同。

建设全岛封关运作的海关监管特殊区域要做到统筹兼顾。一是要高水平建设智慧海南，统筹促进人流、物流、资金流、数据流有序畅通，高标准建设口岸基础设施，统筹保障口岸公共卫生、生物、食品、商品质量安全。二是既要确保货物、物品自由进入，又要拦住禁止、限制类货物、物品。三是既要实施低干预、高效能的海关监管，又要防范外来物种入侵，防止境外废物入境，确保发展与安全、生态的平衡。四是既要对外资准入、市场准入、跨境服务贸易实行负面清单管理模式，又要加强对外资进行安全审查、反垄断审查，防止资本无序扩张。五是既要对外国人就业实行负面清单，对境外职业资格实行单向认可，又要确保海南人民充分就业，从自贸港发展中得到实惠。

吕红兵：海关监管特殊区域建设应当把握两个核心原则。一是分步骤实施、分阶段推进，在洋浦保税港区等具备条件的区域率先实行符合海关监管特殊区域建设要求的管理制度，为封关后全岛推行打好基础。二是要创造性地把握“一线”放开，“二线”管住的监管原则，实行分线管理、分类监管的新模式。“一线”放开，指海南自贸港进出口的货物、物品，除禁止、限制的外，货物免征进口关税，实行零关税政策，“一线”放开要在守牢监管红线前提下进行。“二线”管住，指货物从海南自贸港进入内地，原则上按进口规定办理相关手续，照章征收关税和进口环节税，但要避免一刀切地管死。总体上，要结合“放管服”改革，真正实现高效监管、物畅其流、人便于行。

吴士存：海南自贸港建设还处于起步阶段，人、货物、资金、信息等流量不足的问题比较突出，吸引、做大流量是当前重点发展任务。但也要清醒认识到，只有管得住才能放得开，海南必须建立与高水平开放相匹配的风险防控体系，防范和化解各类可能出现的重大风险。

一方面，瞄准重点领域，做好风险预警、防范和处置。时刻紧绷风险防控之弦，围绕贸易、投资、金融、人员往来、数据流动等重点领域，制定针对性的风险防控预案。构建完善的风险监测、预警、防控系统，着力提升风险识别能力，加强事中事后监管能力。

另一方面，应用现代技术手段来提升风险防控能力。深入推进智慧海南建设，发挥好系统平台的作用，打通数据共享的壁垒，充分利用大数据、人工智能、区块链等技术手段，在提高通关效率的同时，使投资者可以享受到便捷、安全的服务。

原载2021年10月16日《经济日报》

对标世界高水平开放形态
——推动海南自由贸易港建设（下）

本期嘉宾

中国（海南）改革发展研究院院长、海南省中国特色社会主义理论体系研究中心特约研究员　迟福林

中国（海南）改革发展研究院副院长、海南省中国特色社会主义理论体系研究中心特约研究员　张飞

海南自由贸易港建设专家咨询委员会委员、国务院发展研究中心对外经济研究部原部长　赵晋平

中国特色自由贸易港研究院秘书长、海南省中国特色社会主义理论体系研究中心特约研究员　郭达

主持人

经济日报社编委、中国经济趋势研究院院长　孙世芳

9 智库 2021年10月19日 星期二 经济日報

对标世界高水平开放形态

——推动海南自由贸易港建设(下)

智库圆桌
(第三十三期)

海南是我国最大的经济特区，具有实施全面深化改革和试验高水平开放政策的独特优势。如何加快推进制度型开放、打造一流营商环境、推进服务贸易自由化便利化、建设具有国际竞争力的海关监管特殊区域，围绕这些问题，本期邀请专家进行探讨。

主持人 经济日报社编委、中国经济趋势研究院院长 孙世芳

2021年1—8月
海南全省实际利用外资
190697万美元
同比增长
388.1%
进出口总额
1034.40亿元
同比增长
60.3%
其中
货物进出口总额
864.52亿元
同比增长59.5%
服务进出口总额
169.88亿元
同比增长64.3%
数据来源：海南省统计局

打造制度型开放新高地

主持人：建设海南自由贸易港是探索和推进更高水平开放的战略选择。请问应如何建立与高水平自由贸易港相适应的政策制度体系？

迟福林[中国(海南)改革发展研究院院长、海南省中国特色社会主义理论体系研究中心特约研究员]：建设海南自由贸易港，要主动适应国际经贸规则重构的新趋势，充分学习借鉴国际自由贸易港的先进经营方式、管理方法和制度安排，加快推进规则、规制、管理、标准等制度型开放，构建具有国际竞争力的开放制度，增强区域辐射带动作用。

一是主动对接国际高水平经贸规则。对接国际高水平经贸规则，需要把握由"边境上"向"边境内"拓展的基本趋势。从开放趋势看，其不仅涵盖关税、配额、海关监管、投资准入等"边境上"的贸易投资自由化便利化措施，而且涉及竞争政策、知识产权保护等"边境内"规则。海南自由贸易港要以贸易投资自由化便利化为重点，全面强化竞争政策的基础性地位，细化并落实准入前后的国民待遇标准，加强公平竞争审查，打造公开、透明、可预期的市场环境；要制定海南自由贸易港知识产权保护规则，制定高标准环境保护标准，开展知识产权保护与环境保护领域的国际合作；在一些条件暂不具备的领域，通过过渡性、长远性及原则性的相关安排以实现对接国际高水平经贸规则的实质性突破。

二是把服务贸易作为高水平制度型开放的突破口。形成与国际相衔接的服务业规则、规制、管理、标准等制度体系，是我国构建新发展格局的重大任务，也是建立开放型经济新体制的重要举措。海南自由贸易港建设以来，外商投资准入负面清单、放宽市场准入特别措施、跨境服务贸易负面清单等相继发布，在放宽内外资服务业市场准入、破除跨境服务贸易壁垒等方面取得一定进展。

未来，海南自由贸易港服务贸易自由化便利化水平仍有较大提升空间。建议进一步加大金融、教育、医疗、商务服务、航运服务等领域服务贸易开放的压力测试，借鉴自由贸易港发展国际经验，创新实施与跨境服务贸易配套的资金支付与转移制度，实行更加便利的出入境管理政策。制定海南服务贸易"认可经济营运商"认证标准，实施对发达经济体人才专业资格单向认可制度，在更多领域实行"标准制+承诺制"。率先实现在医疗健康与免税购物领域引入国际先进服务管理标准，并以此促进海南自由贸易港服务标准、管理、人才、平台等服务体系建设。适应数字服务贸易快速发展大趋势，创新性落实数据安全有序流动的政策与制度安排，积极开展电子商务规则的先行先试，为我国参与全球数字服务贸易规则制定探索经验。

三是在高水平制度型开放中拓展区域合作新空间。打造重要开放门户的重大任务是推进海南自由贸易港与东南亚国家交流合作。东盟在我国开放发展格局中的地位和作用日益突出。2020年，中国与东盟首次互为最大贸易伙伴，预计到2030年，东盟将成为全球第四大经济体。依托海南自由贸易港独特的区位优势，要做好自由贸易港与RCEP(区域全面经济伙伴关系协定)政策制度叠加文章，努力成为国内国际双循环的重要交汇点。例如：参考RCEP灵活、便利的原产地规则，进一步细化和创新海南自由贸易港加工增值货物内销免征关税政策，加快征税商品目录制定工作，及时调整海南自由贸易港"零关税"清单；强化海南自由贸易港在投资准入行政程序、行政措施、行政决定及产权保护、市场监管等规则对接。此外，在高水平制度型开放中实现区域性市场建设的重要突破。例如：在区域内旅游服务、市场体系对接中建立面向东盟的双边、多边旅游经济合作网络；在海南建立面向东盟的热带农产品、文物艺术品等商品交易所；筹建区域性金融市场，全面引入国际通行规则，提高海南自由贸易港对促进区域内要素流动及资源优化配置的能力。

四是用好改革开放自主权，打造制度型开放新高地。充分利用《中华人民共和国海南自由贸易港法》赋予海南的改革开放自主权、特殊立法权与协调机制。明确海南自由贸易港法规制定权的权限边界，用好海南自由贸易港法规制定权，借鉴国际自由贸易港的一般特征，在本法框架下，推进行政、立法、司法体制创新。加快对知识产权保护、数字经济、服务贸易、海关监管等领域开展变通性立法，在坚持现行法律基本原则的前提下最大限度与国际高水平经贸规则接轨。

营造世界一流营商环境

主持人：《海南自由贸易港建设总体方案》(以下简称《总体方案》)提出，到2025年，营商环境总体达到国内一流水平，到2035年，营商环境更加优化。请问对标世界高水平开放形态，在优化营商环境方面应如何发力？

张飞[中国(海南)改革发展研究院副院长、海南省中国特色社会主义理论体系研究中心特约研究员]：当前，国家、地区之间经济竞争的实质是营商环境的竞争。海南自由贸易港要以制度集成创新为核心，加快打造法治化、国际化、便利化的营商环境。

近年来，海南连续发布优化营商环境行动计划，并取得初步成效。例如，2020年，新设市场主体数量翻番，增速全国第一；人才引进规模翻番；实际利用外资连续3年翻番等。但是，市场流量偏少已成为制约海南自由贸易港建设的突出短板。2020年海南对外贸易依存度为16.9%，低于31%的全国平均水平。从国际经验看，新加坡、迪拜等自由贸易港最显著的特征在于拥有良好的营商环境能够集聚市场流量。因此，加快推进海南自由贸易港建设，关键之举在于通过营造世界一流营商环境集聚和扩大市场流量。

一是按照税种结构简单科学、税制要素充分优化、税负水平明显降低、收入归属清晰、财政收支基本均衡的原则，结合国家税制改革方向，健全海南自由贸易港税制体系。

二是以原产地规则创新形成扩大贸易投资流量的突出优势。积极对接东南亚大市场，全岛封关前加快将加工增值政策实施范围拓展至洋浦经济开发区及海口综合保税区、海口空港综合保税区等区域，不断扩大产业涵盖范围，放宽配额管理。

三是适应离岸贸易发展推进跨境贸易资金结算自由化便利化。以跨境贸易资金结算自由化便利化为重点，突破新型离岸贸易发展的体制瓶颈，带动金融业开放取得实质性进展，构建与离岸经济相适应的金融服务体系。

四是将行政体制改革作为营造法治化营商环境的重大任务。按照海南自由贸易港法的要求推进行政体制改革，加快形成高效、专业的行政体制。

同时，把提升政务服务效率作为优化营商环境的重要保障。从国际经验看，新加坡营商环境之所以持续位居全球前列，一个重要原因就在于"互联网+政务服务"的快速发展，为各类市场主体和公众提供了高效便捷的政务服务。

对于提升政务服务效率有四点建议。一是以数字政务为载体提升政务服务效率。例如尽快将全省及各市县的政务服务事项全部纳入"海南省政务服务网"平台办理，不断完善国际贸易、国际投资"单一窗口"，推广移动政务，开通微信、移动客户端、自助服务端等多元化网上政务服务渠道。

二是推动跨部门数据共享互认。加快打破部门信息、数据壁垒，推进省政务信息资源共享采集平台中各部门的数据资源整合、共享、开放，实现数据资源跨部门、跨层级、跨地区、无障碍、全时空联通共享。

三是推进政务服务线上线下深度融合。加快推动政务服务平台与便民服务站点向乡镇(街道)、村(社区)延伸，真正实现政务服务便利化。

四是利用数字监管提升政府监管效能。充分运用大数据、人工智能等现代信息技术手段，实现对往来海南的信息流、资金流、货物流等基础数据的"全归集、全打通、全共享、全利用"，建立异常数据流动适时预警机制。

促进服务贸易自由化便利化

主持人：服务贸易自由便利是海南自由贸易港制度与政策体系的重要组成部分。对标世界高水平开放形态，下一步就服务贸易自由化便利化制度集成创新有哪些建议？

赵晋平(海南自由贸易港建设专家咨询委员会委员、国务院发展研究中心对外经济研究部原部长)：推进服务贸易自由化便利化，既要对标国际先进规则和成功经验做好顶层设计，又要着力解决制度建设中存在的实际问题，其中增强制度集成创新能力至关重要。

从国际规则和经验来看，实现高水平服务贸易自由便利需要具备以下制度条件。一是实行各类商业服务主体完全一致的服务贸易市场准入制度，形成公平、规范、有效、法治化的市场竞争环境。二是实行高水平的外商服务业投资准入和准入后管理制度，集聚服务贸易市场主体。三是实行和服务业有关投资设备、耗材的进口零关税、零壁垒制度，形成自贸港内服务提供商的低成本、高效能竞争优势。四是实行资本项目可兑换和资金跨境自由流动制度，显著增强跨境结算支付和服务消费的自由便利性。五是实行自然人跨境自由移动和人才自由执业管理制度，开放专业技术服务市场。六是实行交通运输工具往来自由便利制度，促使物流和运输服务快捷高效。七是实行数据有序安全跨境流动管理，保障信息传输顺畅通达。

推进服务贸易自由便利涉及《总体方案》制度设计的大多数领域，服务贸易制度建设和其他各项制度建设之间相互关联，甚至互为条件，凸显了协同推进自贸港制度建设的重要性。

推进服务贸易制度集成创新需着力解决下述几个重点问题。

一是中央与地方协调存在困难。医疗、教育、文化、旅游、电信、运输、金融、科技等重要服务贸易管理权限分散在国家各相关部门，海南需要与职能部门分别协商，中央和地方之间、政府各部门之间的协调工作压力较大。

二是海南自贸港法规制度和营商规则体系不健全。海南自由贸易港法颁布实施为海南自贸港建设提供了基础性、原则性法律依据，但大量具体制度和政策的制定实施还需要由海南省承担，短期内完成的工作难度较大。

三是必要的制度建设不同步。按照不同领域分别进行对接协调的工作方式，容易造成"挤牙膏"式政策授权，导致政策举措的"碎片化"。

四是早期阶段的压力测试力度不够。部分重点园区试行的贸易投资自由便利政策与全岛封关运作后自贸港建设和风险防控经验的需要相比存在一定差距。

五是对服务业投资准入开放和内容监管相互关系的科学认识不足。对教育、文化、旅游服务、医疗健康、信息服务等服务业扩大开放存在畏难情绪。

对于加强服务贸易制度集成创新有四点建议。

第一，实行更高水平的服务业投资准入和市场准入政策。大幅度缩短涉及服务业的投资准入负面清单，参照全面与进步跨太平洋伙伴关系协定(CPTPP)标准优化跨境服务贸易负面清单，在内外资一致的原则基础上加强服务贸易内容监管，防范可能出现的安全风险。

第二，着力推动服务贸易自由便利制度建设系统集成。落实服务贸易制度建设要求，必须将服务贸易和货物贸易、投资、交通运输工具、人员以及数字移动制度建设紧密关联，加强不同管理部门之间的统筹协调和联合作业，协同推进和服务贸易有关的制度与政策建设。建议国家牵头设立服务贸易制度建设专班，科学制定时间表、路线图和实施方案，并进行常态化督导。

第三，加强海南自由贸易港立法工作创新。海南省要根据海南自由贸易港法的规定和全国人大、国务院授权，根据自贸港建设实际需要，做好贸易和投资领域的地方立法工作，并在有效发挥自贸港立法咨询委员会各领域专家作用、开展相关法规的预研究和论证、吸收第三方法律机构提供法规预案、建立常态化立法信息平台广泛征求社会意见等方面进行创新。

第四，加大早期阶段的压力测试力度。建议适度扩大洋浦保税港区"一线"放开、"二线"管住和原产地管理政策试点范围，在具备物理或电子围网条件的重点园区试行"零关税"居民消费，为全岛封关运作后实现高水平服务贸易自由化积累经验。

建设具有国际竞争力的海关监管特殊区域

主持人：建设全岛封关运作的海关监管特殊区域，是海南自由贸易港建设的重要内容。请问对标世界高水平开放形态，应如何建设海关监管特殊区域？

郭达(中国特色自由贸易港研究院秘书长、海南省中国特色社会主义理论体系研究中心特约研究员)：按照《总体方案》要求，建设海关监管特殊区域，就是要充分利用海南独特地理区位优势，通过清晰的制度边界，更加高效、安全地实施全面深化改革和试验最高水平开放政策，建立具有国际竞争力的自由贸易港政策和制度体系，在服务构建新发展格局、深化双边、多边、区域合作中发挥更大作用。

把"一线"放开作为建设海关监管特殊区域的首要目标。从国际看，新加坡、迪拜等均体现了"一线高度开放、二线高效管好、区域内高度自由"的一般特征，并以流量经济带动自身产业发展和功能提升。新加坡2020年外贸依存度为207.4%，2019年实际使用外商直接投资占GDP的比重为25.5%。2018年以来，海南市场流量有了明显提升，但与自由贸易港的要求相比仍有较大差距。2020年，海南外贸依存度仅为16.9%，实际使用外商直接投资占GDP的比重仅为3.8%，迫切需要实现"一线"放开的率先突破，加快落实《总体方案》中第一阶段的政策与制度安排，主动对接国际高标准经贸规则，拓展政策实施的广度与深度，以此大幅提升海南市场流量，并形成与产业发展的良性互动。

在率先"一线"放开中逐步形成"二线"高效、精准管理的制度体系。"二线"管住并不是管死，而是要以不降低与内地连通性为底线，实现与内地间的物畅其流、人便于行。为此，封关制度设计，应从做大市场流量的目标出发，突出"宽进"基础上的"严管"。例如，全岛封关运作后，海南自由贸易港货物经"二线"进入内地视同进口。这就要求"二线"领域的监管制度设计，不仅要重视防范走私风险，更要以不降低海南与内地货物流动的便利性为底线，实施精准化的分类监管。同时，"二线"领域的金融监管制度，不仅要有效防范境外资金冲击内地金融市场，也要服务于海南自由贸易港与内地资金的自由便利流动，以及内地企业以海南自由贸易港为平台开展国际融资、对外投资等活动的便利。

努力打造国内国际双循环的重要交汇点。启动全岛封关运作后，自由贸易港政策与制度实施范围将由目前的重点园区"点状"布局向全岛范围的"面域"布局过渡，海南有条件尽快成为国内国际双循环的重要交汇点，并有能力为国内经济更加顺畅、高效循环提供牵引和支撑。全岛封关运作后，海南自由贸易港"零关税"清单将由"正面+负面"向"负面清单"过渡，投资制度将由"审批制"向"标准制+承诺制"过渡，服务贸易制度将由减少限制措施向"既准入又准营"过渡，这将为促进国内国际市场更好联通、商品要素的双向流动等提供重要动力。

本版编辑 裴文 美编 高妍

海南是我国最大的经济特区，具有实施全面深化改革和试验高水平开放政策的独特优势。如何加快推进制度型开放、打造一流营商环境、推进服务贸易自由化便利化、建设具有国际竞争力的海关监管特殊区域，围绕这些问题，本期邀请专家进行探讨。

打造制度型开放新高地

主持人：建设海南自由贸易港是探索和推进更高水平开放的战略选择。请问应如何建立与高水平自由贸易港相适应的政策制度体系？

迟福林：建设海南自由贸易港，要主动适应国际经贸规则重构的新趋势，充分学习借鉴国际自由贸易港的先进经营方式、管理方法和制度安排，加快推进规则、规制、管理、标准等制度型开放，构建具有国际竞争力的开放制度，增强区域辐射带动作用。

一是主动对接国际高水平经贸规则。对接国际高水平经贸规则，需要把握由“边境上”向“边境内”拓展的基本趋势。从开放趋势看，其不仅涵盖关税、配额、海关监管、投资准入等“边境上”的贸易投资自由化便利化措施，而且涉及竞争政策、知识产权保护等“边境内”规则。海南自由贸易港要以贸易投资自由化便利化为重点，全面强化竞争政策的基础性地位，细化并落实准入前后的国民待遇标准，加强公平竞争审查，打造公开、透明、可预期的市场环境；要制定海南自由贸易港知识产权保护规则，制定高标准环境保护标准，开展知识产权保护与环境保护领域的国际合作；在一些条件暂不具备的领域，通过过渡性、长远性及原则性的相关安排以实现对接国际高水平经贸规则的实质性突破。

二是把服务贸易作为高水平制度型开放的突破口。形成与国际相衔接的服务业规则、规制、管理、标准等制度体系，是我国构建新发展格局的重大任务，也是建立开放型经济新体制的重要举措。海南自由贸易港建设以来，外商投资准入负面清单、放宽市场准入特别措施、跨境服务贸易负面清单等相继发布，在放宽内外资服务业市场准入、破除跨境服务贸易壁垒等方面取得一定进展。

未来，海南自由贸易港服务贸易自由化便利化水平仍有较大提升空间。建议进一步加大金融、教育、医疗、商务服务、航运服务等领域服务贸易开放的压力测试力度，借鉴自由贸易港发展国际经验，创新实施与跨境服务贸易配套的资金支付与转移制度，实行更加便利的出入境管理政策。制定海南服务贸易“认可经济营运商”认证标准，实施对发达经济体人才专业资格单向认可制度，在更多领域实行“标准制 + 承诺制”。率先实现在医疗健康与免税购物领域引入国际先进服务管理标准，并以此促进海南自由贸易港服务标准、管理、人才、平台等服务体系建设。适应数字服务贸易快速发展大趋势，创新性落实数据安全有序流动的政策与制度安排，积极开展电子商务规则的先行先试，为我国参与全球数字服务贸易规则制定探索经验。

三是在高水平制度型开放中拓展区域合作新空间。打造重要开放门户的重大任务是推进海南自由贸易港与东南亚国家交流合作。东盟在我国开放发展格局中的地位和作用日益突出。2020 年，中国与东盟首次互为最大贸易伙伴，预计到 2030 年，东盟将成为全球第四大经济体。依托海南自由贸易港独特的区位优势，要做好自由贸易港与 RCEP（区域全面经济伙伴关系协定）政策制度叠加集成，努力成为国内国际双循环的重要交汇点。例如：参考 RCEP 灵活、便利的原产地规则，进一步细化和创新海南自由贸易港加工增值货物内销免征关税政策，加快征税商品目录制定工作，及时调整海南自由贸易港“零关税”清单；强化海南自由贸易港在投资准入行政程序、行政措施、行政决定及产权保护、市场监管等规则对接。此外，在高水平制度型开放中实现区域性市场建设的重要突破。例如：在区域内旅游服务、市场体系对接中建立面向东盟的双边、多边旅游经济合作网络；在海南建立面向东盟的热带农产品、文物艺术品等商品交易所；筹建区域性金融市场，全面引入国际通行规则，提高海南自由贸易港对促进区域内要素流动及资源优化配置的能力。

四是用好改革开放自主权，打造制度型开放新高地。充分利用《中华人民共和国海南自由贸易港法》赋予海南的改革开放自主权、特殊立法权与协调机制。明确海南自由贸易港法规制定权的权限边界，用好海南自由贸易港法规制定权，借鉴国际自由贸易港的一般特征，在本法框架下，推进行政、立法、司法体制创新。加快对知识产权保护、数字经济、服务贸易、海关监管等领域开展变通性立法，在坚持现行法律基本原则的前提下最大限度与国际高水平经贸规则接轨。

营造世界一流营商环境

主持人：《海南自由贸易港建设总体方案》（以下简称《总体方案》）提出，到2025年，营商环境总体达到国内一流水平，到2035年，营商环境更加优化。请问对标世界高水平开放形态，在优化营商环境方面应如何发力？

张飞：当前，国家、地区之间经济竞争的实质是营商环境的竞争。海南自由贸易港要以制度集成创新为核心，加快打造法治化、国际化、便利化的营商环境。

近年来，海南连续发布优化营商环境行动计划，并取得初步成效。例如，2020年，新设市场主体数量翻番，增速全国第一；人才引进规模翻番；实际利用外资连续3年翻番等。但是，市场流量偏少已成为制约海南自由贸易港建设的突出短板。2020年海南对外贸易依存度为16.9%，低于31%的全国平均水平。从国际经验看，新加坡、迪拜等自由贸易港最显著的特征在于拥有良好的营商环境，能够集聚市场流量。因此，加快推进海南自由贸易港建设，关键之举在于通过营造世界一流营商环境集聚和扩大市场流量。

一是按照税种结构简单科学、税制要素充分优化、税负水平明显降低、收入归属清晰、财政收支基本均衡的原则，结合国家税制改革方向，健全海南自由贸易港税制体系。

二是以原产地规则创新形成扩大贸易投资流量的突出优势。积极对接东南亚大市场，全岛封关前加快将加工增值政策实施范围拓展至洋浦经济开发区及海口综合保税区、海口空港综合保税区等区域，不断扩大产业涵盖范围，放宽配额管理。

三是适应离岸贸易发展推进跨境贸易资金结算自由化便利化。以跨境贸易资金结算自由化便利化为重点，突破新型离岸贸易发展的体制瓶颈，带动金融业开放取得实质性进展，构建与离岸经济相适应的金融服务体系。

四是将行政体制改革作为营造法治化营商环境的重大任务。按照海南自由贸易港法的要求推进行政体制改革，加快形成高效、专业的行政体制。

同时，把提升政务服务效率作为优化营商环境的重要保障。从国际经验看，新加坡营商环境之所以持续位居全球前列，一个重要原因就在于“互联网＋政务服务”的快速发展，为各类市场主体和公众提供了高效便捷的政务服务。

对于提升政务服务效率有四点建议。一是以数字政务为载体提升政务服务效率。例如尽快将全省及各市县的政务服务事项全部纳入“海南省政务服务网”平台办理，不断完善国际贸易、国际投资“单一窗口”，推广移动政务，开通微信、移动客户端、自助服务端等多元化网上政务服务渠道。

二是推动跨部门数据共享互认。加快打破部门信息、数据壁垒，推进省政务信息资源共享采集平台中各部门的数据资源整合、共享、开放，实现数据资源跨部门、跨层级、跨地区、无障碍、全时空联通共享。

三是推进政务服务线上线下深度融合。加快推动政务服务平台与便民服务站点向乡镇（街道）、村（社区）延伸，真正实现政务服务便利化。

四是利用数字监管提升政府监管效能。充分运用大数据、人工智能等现代信息技术手段，实现对往来海南的信息流、资金流、货物流等基础数据的“全归集、全打通、全共享、全利用”，建立异常数据流动实时预警机制。

促进服务贸易自由化便利化

主持人：服务贸易自由便利是海南自由贸易港制度与政策体系的重要组成部分。对标世界高水平开放形态，下一步针对服务贸易自由化便利化制度集成创新有哪些建议？

赵晋平：推进服务贸易自由化便利化，既要对标国际先进规则和成功经验做好顶层设计，又要着力解决制度建设中存在的实际问题，其中增强制度集成创新能力至关重要。

从国际规则和经验来看，实现高水平服务贸易自由便利需要具备以下制度条件。一是实行各类商业服务主体完全一致的服务贸易市场准入制度，形成公平、规范、有效、法治化的市场竞争环境。二是实行高水平的外商服务业投资准入和准入后管理制度，集聚服务贸易市场主体。三是实行和服务业有关投资设备、耗材的进口零关税、零壁垒制度，形成自贸港内服务提供商的低成本、高效能竞争优势。四是实行资本项目可兑换和资金跨境自由流动制度，显著增强跨境结算支付和服务消费的自由便利性。五是实行自然人跨境自由移动和人才自由执业管理制度，开放专业技术服务市场。六是实行交通运输工具往来自由便利制度，促使物流和运输服务快捷高效。七是实行数据有序安全跨境流动管理，保障信息传输顺畅通达。

推进服务贸易自由便利涉及《总体方案》制度设计的大多数领域，服务贸易制度建设和其他各项制度建设之间相互关联，甚至互为条件，凸显了协同推进自贸港制度建设的重要性。

推进服务贸易制度集成创新需着力解决下述几个重点问题。

一是中央与地方协调存在困难。医疗、教育、文化、旅游、电信、运输、金融、科技等重要服务贸易管理权限分散在国家各相关部门，海南需要与职能部门分别协商，中央和地方之间、政府各部门之间的协调工作压力较大。

二是海南自贸港法规制度和营商规则体系不健全。海南自由贸易港法颁布实施为海南自贸港建设提供了基础性、原则性法律依据，但大量具体制度和政策的制定实施还需要由海南省承担，短期内完成的工作难度较大。

三是必要的制度建设不同步。按照不同领域分别进行对接协调的工作方式，容易造成“挤牙膏”式政策授权，导致政策举措的“碎片化”。

四是早期阶段的压力测试力度不够。部分重点园区试行的贸易投资自由便利政策与全岛封关运作后自贸港建设和风险防控经验的需要相比存在一定差距。

五是对服务业投资准入开放和内容监管相互关系的科学认识不足。对教育、文化、旅游服务、医疗健康、信息服务等服务业扩大开放存在畏难情绪。

对于加强服务贸易制度集成创新有四点建议。

第一，实行更高水平的服务业投资准入和市场准入政策。大幅度缩短涉及服务业的投资准入负面清单、参照全面与进步跨太平洋伙伴关系协定（CPTPP）标准优化跨境服务贸易负面清单，在内外资一致的原则基础上加强服务贸易内容监管，防范可能出现的安全风险。

第二，着力推动服务贸易自由便利制度建设系统集成。落实服务贸易制度建设要求，必须将服务贸易和货物贸易、投资、交通运输工具、人员以及数字移动制度建设紧密关联，加强不同管理部门之间的统筹协调和联合作业，协同推进和服务贸易有关的制度与政策建设。建议国家牵头设立服务贸易制度建设专班，科学制定时间表、路线图和实施方案，并进行常态化督导。

第三，加强海南自由贸易港立法工作创新。海南省要根据海南自由贸易港法的规定和全国人大、国务院授权，根据自贸港建设实际需要，做好贸易和投资领域的地方立法工作，并在有效发挥自贸港立法咨询委员会各领域专家作用、开展相关法规的预研究和论证、吸收第三方法律机构提供法规预案，建立常态化立法信息平台广泛征求社会意见等方面进行创新。

第四，加大早期阶段的压力测试力度。建议适度扩大洋浦保税港区“一线”放开、“二线”管住和原产地管理政策试点范围，在具备物理或电子围网条件的重点园区试行“零关税”居民消费，为全岛封关运作后实现高水平服务贸易自由化积累经验。

建设具有国际竞争力的海关监管特殊区域

主持人：建设全岛封关运作的海关监管特殊区域，是海南自由贸易港建设的重要内容。请问对标世界高水平开放形态，应如何建设海关监管特殊区域？

郭达：按照《总体方案》要求，建设海关监管特殊区域，就是要充分利用海南独特地理区位优势，通过清晰的制度边界，更加高效、安全地实施全面深化改革和试验最高水平开放政策，建立具有国际竞争力的自由贸易港政策和制度体系，在服务构建新发展格局，深化双边、多边、区域合作中发挥更大作用。

把“一线”放开作为建设海关监管特殊区域的首要目标。从国际看，新加坡、迪拜等均体现了“一线高度开放、二线高效管好、区域内高度自由”的一般特征，并以流量经济带动自身产业发展和功能提升。新加坡 2020 年外贸依存度为 207.4%，2019 年实际使用外商直接投资占 GDP 的比重为 25.5%。2018 年以来，海南市场流量有了明显提升，但与自由贸易港的要求相比仍有较大差距。2020 年，海南外贸依存度仅为16.9%，实际使用外商直接投资占GDP的比重仅为3.8%，迫切需要实现“一线”放开的率先突破，加快落实《总体方案》中第一阶段的政策与制度安排，主动对接国际高标准经贸规则，拓展政策实施的广度与深度，以此大幅提升海南市场流量，并形成与产业发展的良性互动。

在率先“一线”放开中逐步形成“二线”高效、精准管理的制度体系。“二线”管住并不是管死，而是要以不降低与内地连通性为底线，实现与内地间的物畅其流、人便于行。为此，封关制度设计，应从做大市场流量的目标出发，突出“宽进”基础上的“严管”。例如，全岛封关运作后，海南自由贸易港货物经“二线”进入内地视同进口。这就要求“二线”领域的监管制度设计，不仅要重视防范走私风险，更要以不降低海南与内地货物流动的便利性为底线，实施精准化的分类监管。同时，“二线”领域的金融监管制度，不仅要有效防范境外资金冲击内地金融市场，也要服务于海南自由贸易港与内地资金的自由便利流动，以及内地企业以海南自由贸易港为平台开展国际融资、对外投资等活动的便利。

努力打造国内国际双循环的重要交汇点。启动全岛封关运作后，自由贸易港政策与制度实施范围将由目前的重点园区“点状”布局向全岛范围的“面域”布局过渡，海南有条件尽快成为国内国际双循环的重要交汇点，并有能力为国内经济更加顺畅、高效循环提供牵引和支撑。全岛封关运作后，海南自由贸易港“零关税”清单将由“正面+负面”向“负面清单”过渡，投资制度将由“极简审批”

向“标准制 + 承诺制”过渡，服务贸易制度将由减少限制措施向“既准入又准营”过渡，这将为促进国内国际市场更好联通、商品要素的双向流动等提供重要动力。

原载 2021 年 10 月 19 日《经济日报》

优化应急管理能力体系

——加强城市防灾减灾体系建设（上）

本期嘉宾

清华大学公共安全研究院副院长　袁宏永

中央党校（国家行政学院）中欧应急管理学院教授　张小明

国家气候中心气象灾害风险管理室主任　王国复

中国社会科学院生态文明研究所气候变化经济学研究室主任　郑艳

北京都市圈研究院首席研究员　顾强

钦点智库创始人兼理事长、教授　陈柳钦

主持人

经济日报社编委、中国经济趋势研究院院长　孙世芳

10 智库 2021年10月23日 星期六 经济日报

我国是世界上自然灾害较为严重的国家之一，各类事故隐患和安全风险交织叠加，易发多发，影响公共安全的因素日益增多。加强应急管理体系和能力建设，既是一项紧迫任务，又是一项长期任务。"十四五"规划和2035年远景目标纲要提出，构建统一指挥、专常兼备、反应灵敏、上下联动的应急管理体制，优化国家应急管理能力体系建设，提高防灾减灾抗灾救灾能力。本期邀请六位专家围绕优化国家应急管理能力体系主题进行讨论。

智库圆桌（第三十四期）

嘉宾

清华大学公共安全研究院副院长	袁宏永
中央党校（国家行政学院）中欧应急管理学院教授	张小明
国家气候中心气象灾害风险管理室主任	王国复
中国社会科学院生态文明研究所气候变化经济学研究室主任	郑　艳
北京都市圈研究院首席研究员	顾　强
钦点智库创始人兼理事长、教授	陈柳钦

主持人

经济日报社编委、中国经济趋势研究院院长	孙世芳

优化应急管理能力体系

——加强城市防灾减灾体系建设（上）

应急管理体系建设发挥效能

主持人：近年来，我国防灾减灾救灾能力建设取得了哪些新成就？

袁宏永：我国防灾减灾救灾能力建设在以下几个方面取得了长足进展。

第一，开展了新中国成立以来第一次全国自然灾害综合风险普查。通过普查，摸清自然灾害风险底数，全面获取各类灾害致灾情况和重要承灾体信息，把握自然灾害风险规律，构建自然灾害风险防治的技术支撑体系。

第二，建立了国家综合性消防救援队伍。这是立足我国国情和灾害特点构建新时代国家应急救援体系的重要举措。着眼"全灾种"救援任务，各地分类别组建了地震、水域、山岳、洞穴等专业救援队，建设了南方、北方空中救援基地。

第三，开展了以现代信息技术和安全技术为支撑的新型应急信息化体系建设。提升全国应急云和大数据、通信等信息化基础设施，应急资源、应急管理"一张图"和应急指挥辅助决策系统强化了全国应急指挥救援能力，自然灾害和安全生产风险监测预警系统对防范化解重大风险起到重要作用。区域应急救援中心和应急指挥平台体系也在建设之中。

防灾减灾能力仍存在短板

全面提升城市应急管理水平

财政支持完善巨灾保险体系

我国是世界上自然灾害较为严重的国家之一，各类事故隐患和安全风险交织叠加、易发多发，影响公共安全的因素日益增多。加强应急管理体系和能力建设，既是一项紧迫任务，又是一项长期任务。“十四五”规划和2035年远景目标纲要提出，构建统一指挥、专常兼备、反应灵敏、上下联动的应急管理体制，优化国家应急管理能力体系建设，提高防灾减灾抗灾救灾能力。本期邀请六位专家围绕优化国家应急管理能力体系主题进行讨论。

应急管理体系建设发挥效能

主持人：近年来，我国防灾减灾救灾能力建设取得了哪些新成就？

袁宏永：我国防灾减灾救灾能力建设在以下几个方面取得了长足进展。

第一，开展了新中国成立以来第一次全国自然灾害综合风险普查。通过普查，摸清自然灾害风险底数，全面获取各类灾害致灾情况和重要承灾体信息，把握自然灾害风险规律，构建自然灾害风险防治的技术支撑体系。

第二，建立了国家综合性消防救援队伍。这是立足我国国情和灾害特点构建新时代国家应急救援体系的重要举措。着眼“全灾种”救援任务，各地分类别组建了地震、水域、山岳、洞穴等专业救援队，建设了南方、北方空中救援基地。

第三，开展了以现代信息技术和安全技术为支撑的新型应急信息化体系建设。提升全国应急云和大数据、通信等信息化基础设施，应急资源、应急管理“一张图”和应急指挥辅助决策系统强化了全国应急指挥救援能力，自然灾害和安全生产风险监测预警系统对防范化解重大风险起到重要作用，区域应急救援中心和应急指挥平台体系也在建设之中。

王国复：我国气象防灾减灾救灾能力建设主要体现在将传统的灾害性天气预警向气象灾害风险预估延伸上。近 20 年，气象防灾减灾决策服务理念和建设重点有两个重大转变：“十二五”期间有一个重大转变，由传统的线性预报服务向基于影响的预报服务的转变，即关注灾害性天气会产生什么影响；党的十八大以来，在“两个坚持、三个转变”的综合防灾减灾救灾理念指导下产生了另一个转变，更加注重气象灾害风险管理服务，即防灾减灾要提前，且服务内容向风险预估预警转变。

目前，我国建成了由地基、空基和天基观测系统组成的气象灾害综合立体观测网，灾害监测能力不断提高；建立了集气象灾害监测识别、影响评估、风险预估、风险预警于一体的气象灾害风险业务平台，实现了灾害风险业务落地；建成了国家突发公共事件预警信息发布系统，预警信息覆盖率不断提高；不断完善“党委领导、政府主导、部门联动、社会参与”的气象防灾减灾机制，气象防灾减灾第一道防线作用不断夯实。

张小明：在应对新冠疫情中，我国应急管理体系发挥了强大的治理效能和制度优势。一是应急响应及时。各地纷纷成立应急指挥中心，调配辖区内人员、物资，大力支持并配合全国联防联控工作；制定应对疫情应急预案与疫情防控方案，加强日常监测、风险排查和问题处理；对本地确诊病例、高风险人群和境外人员进行严格排查，尤其在信息发布、落地核查、人员转运、核酸检测等环节实现了无缝衔接。二是应急保障有效。各地政府积极做好物资供应，保障生产工作有序进展，在保障工作人员生命安全的前提下，为生产企业复工提供便利。三是科技支撑有力。广泛应用大数据等技术手段在疫情追踪溯源、路径传播、资源调配等领域，支撑疫情态势研判，助力复工复产。

顾强：近年来，我国应急产业快速发展，应急产业支撑保障能力进一步增强，相关应急科技、产品和服务在应对地震、人感染禽流感疫情等突发事件中发挥了积极作用。各省市着手建立应急产业集聚区，完善应急产业系统建设。2020 年 1 月 8 日，国家发展改革委、工业和信息化部、科技部联合公布第三批国家应急产业示范基地名单，开平应急装备产业园等 8 个基地入选。自此，我国国家应急产业示范基地名单已获批三批，共计 20 家。经过多年的发展，我国应急产业发展力量不断壮大，部分地区打造区域性应急产业基地，产业规模呈现快速增长态势。

防灾减灾能力仍存在短板

主持人：疫情、洪涝、台风等灾害应对暴露了我国防灾减灾体系中的哪些短板？

王国复：全球气候变化背景下，我国极端天气气候事件呈现出新的态势，全球气候变暖加剧了极端气象灾害发生的频率，气象灾害呈现出长期性、突发性、巨灾性和复杂性。未来我国极端高温事件、极端降水量、受台风影响的高脆弱地区以及受干旱影响的农田面积都将不同程度增加。

我国防灾减灾体系虽然已经取得长足进步，但仍然存在一些短板。一是气候变化背景下自然灾害及其组合风险的定量评估能力仍显不足，对灾害链的形成机理及影响放大效应缺乏科学认识。二是自然灾害防治的能力不足，多灾种联合防控缺乏协调。三是部分灾种风险预估预警的预见期、精度不足，不能满足精准防灾减灾的需求。

陈柳钦：我国城市灾害管理存在城市灾害管理意识淡薄、缺少统一的城市灾害应急指挥决策系统、城市灾害管理模式与急剧扩张的城市规模不相适应、政府与公众在城市灾害管理上存在沟通盲区、城市灾害管理法律体系不完善、减灾各环节与整体过程不协调等诸多问题。

顾强：应急产业涵盖面广，除个别领域发展初具规模外，整体发展还不成熟，存在集聚程度不高，产业链和供应链整合动力不足，协同发展不明显等问题，不适应我国面临的公共安全形势和人民群众不断增长的安全需求。

疫情对城市防灾减灾体系是一场大考。武汉作为疫情的暴风眼，也充分暴露了中心城市防灾减灾体系存在的问题。一方面是由于疫情的复杂性和困难性远超武汉都市圈的应对能力范畴，迫切需要全国乃至整个国际社会的通力合作，另一方面也充分暴露了武汉都市圈的跨区域联防联控应急机制失效的现状。

郑艳：郑州特大暴雨传递了很强的警示信号，即日趋不稳定的气候系统将导致未来更高频率和强度的高温、降水、干旱、台风等极端事件；气候变化将不断打破传统洪涝灾害的重现期预测，给我国城市带来更多突破历史纪录的“黑天鹅”事件。我国自古就是水利防洪大国，然而2020年夏季汛期，江西上饶800年彩虹廊桥、安徽黄山480年镇海桥、安徽宣城470年乐成桥、湖南张家界300年风雨桥等南方10余省百余处古建筑接连被洪水毁损，表明21世纪初遭遇的极端事件已经远远超出了中国古人的工程设计标准。郑州大暴雨警示我国城市雨洪管理的脆弱性和特殊性。城市地区人口和建筑密集，容易诱发雨岛效应、导致积涝为主的城市型水灾。

国家气候中心研究表明，城市化进程引发的热岛效应贡献了中国地区约1/3的增温，理论上气温每增加1℃，大气持水能力约增加7%，人类活动正在加剧中国地区的强降水影响。与此同时，防灾减灾规划和管理滞后于城镇化发展进程。《城市蓝皮书：中国城市发展报告（2020）》指出，由于灾害被视为小概率事件，城市管理者常出于成本收益考虑而忽视防灾减灾投入，以至于极端灾害突发时城市只能被动应对。中国社科院评估指出，我国280多个地级以上城市中超过八成属于暴雨脆弱型城市，多分布在中西部地区，需要高度关注。

全面提升城市应急管理水平

主持人：国内外有哪些好的经验可以借鉴？如何补齐这些短板？

陈柳钦：美国、德国、日本、俄罗斯等国都是自然灾害高发的国家，在长期的防灾减灾工作实践中积累了丰富的经验。从国际减灾实践来看，普遍采纳的减灾工具包括危险源分析与制图、土地使用规划、经济与保险手段、安全社区建设、结构控制等。当灾害影响超出自身应对能力或资源时，为了能够快速联合应对和实现资源有效整合，许多国家往往会事先签订跨区域灾害防救相互支持协议。比如，美国建立了应急管理互助协议（EMAC）制度，日本各行政区域间也签订相互支持协议。

顾强：从国际经验来看，美国形成联邦、区域、地方三重应急机制体系；英国调动全社会资源，架构应急管理体系；日本则建立了以预防为中心的应急管理体系。可借鉴的经验如下：一是注重跨区域应急法治体系建设，美国以严苛的法律管理公共卫生突发事件，我国也应继续推动法治中国建设，做到法治内化于心、外化于行；二是重视对社会公开信息，英国通过媒体、政府热线和政府网站等向社会公布在公共卫生事件中的处理方式，值得借鉴，媒体监督和科普有助于缓解公众恐慌情绪，进而维护社会稳定；三是注重信息化建设，美国注重信息系统建设，我国在疫情中也充分应用了大数据手段；四是注重预防为主、快速反应，美国、日本等都建立了以预防为主的管理理念，应急处理机制反应较快；五是注重公众应急意识培养，借鉴英国、日本经验，通过科普加快公众的参与；六是注重军民融合应急响应机制建设，借鉴英国经验，建立平战结合的应急管理体制。

袁宏永：我国防灾减灾体系需要从以下三个方面发力。

第一，加强灾害综合风险评估工作。利用自然灾害综合风险普查成果，科学摸清灾害风险隐患底数，客观认识灾害综合风险水平。建立防灾减灾综合信息平台，跟踪各级各类隐患的治理情况及变化趋势。借助模型和信息化平台，全面认识并分析城镇、农村不同区域主要承灾体遭受多种灾害的综合风险水平，为开展系统性风险综合防范工作提供科学参考。

第二，大力发展灾害模拟仿真技术。比如国外利用灾害模型评估台风、强降雨等应急场景，分析不同情景灾害可能产生的后果，根据致灾事件不同重现期，分析损失范围和数量。根据避难安置点所处位置、洪水或内涝淹没范围及深度，动态规划城市生产工作生活安排、居民应急疏散路线、搜救队伍最优路径等，以指导灾害的应对、救援及处置工作。

第三，做好城市基础设施建设和管理工作。以城市内涝为例，一方面要加强城市排水防涝工程建设，另一方面要建立城市水电气热等生命线的监测预警系统，结合物联网、数据分析、智能计算，实现有效地主动感知与预测预警的智能联动，提升城市应急管理的精细化水平。

王国复：补齐短板，任重道远。一是加强气候变化与自然灾害基础研究。提升我国在未来气候演变预估方面的科技能力，提高长期气候、水文等综合系统模拟预估能力，降低长期自然灾害演变预估的不确定性，逐步实现从定性分析向定量预估的转变。强化气候变化对暴雨、洪水、干旱等主要灾害及组合特征的影响和灾害对社会经济影响的评估研究，开展气候变化下自然灾害综合风险评估与分区研究。

二是加强城市气候变化适应能力建设。加强气候变化适应性城市、海绵城市、节水型社会建设，提高社会经济系统韧性。加强气候变化影响与适应技术研发，提高应对气候变化的科技能力。建立多灾种致灾因子实时监测、短期预报相结合的预警预报体系，进一步完善高风险区、高脆弱区的防灾减灾工程体系，提升对气候变化下自然灾害的应对能力。

张小明：要针对新冠疫情防控中暴露出来的短板，健全国家应急管理体系，提高处理急难险重任务的能力。一是进一步完善应急管理法律体系。按照“一盘棋”立法思路，完善疫情防控相关立法，加强配套制度建设，完善处罚程序，强化公共安全保障，构建系统完备、科学规范、运行有效的疫情防控法律体系。二是建立健全应急物资分级响应和保障体系。设立应急物流调度部门，负责全国应急物资采购、储存、调配和运输。健全应急物流法律标准体系，明确各参与主体权责、主要物资的储存及配送标准、基础设施使用标准等。建立以政府为主导、多元市场主体参与的补偿机制，提高市场机制参与调配资源的能力。建立应急物流数据中台，将物资的供需数据按轻重缓急进行精准匹配，提升供需匹配能力和物资的交付能力。

财政支持完善巨灾保险体系

主持人：请问我国应急管理领域保险制度建设进展如何？如何发挥财政金融对防范灾害、灾后重建以及保障人民生命财产安全的支持作用？

袁宏永：澳大利亚、日本、美国等发达国家目前已形成较为成熟的保险体系应对巨灾损失并进行有效风险转移。美国法特瑞互助保险公司、加州地震保险局、澳大利亚保险集团、日本地震再保险株式会社等保险机构的巨灾保险覆盖率和赔付率保持较高水平。我国在《建立城乡居民住宅地震巨灾保险制度实施方案》中探索建立了“政府推动、市场运作、保障民生”的地震巨灾保险制度，但我国巨灾保险市场整体规模偏小，供给与需求不足，并且巨灾赔付占巨灾经济损失的比例与国际相比仍较落后。

建议从以下三个方面进行努力。第一，政府主导和市场化运作相结合。鼓励各地根据当地实际情况支持保险公司开展地区特色的巨灾保险试点工作，及时总结推广有效经验，推动防灾减灾工作不断发展。第二，全面提高灾害保险的专业性、可靠性。政府部门要发挥自身行政管理的优势，建立自然灾害综合管理平台，将保险作为一种减灾资源纳入平台进行管理和调用，同时促进各层级各部门灾害相关数据的共享与整合，支持保险行业建立和优化灾害分析与保险赔付模型。第三，引导公众广泛参与。通过规范市场、保费补贴等形式鼓励群众参与灾害保险。加强对人民群众的减灾知识宣传，引导群众克服受灾后“等、靠、要”的思想，主动减轻灾害损失。

张小明：财政金融和保险制度在突发事件应对中具有重要的支撑和保障作用，法律法规对此有明确的规定和要求。《中华人民共和国突发事件应对法》第三十五条规定：“国家发展保险事业，建立国家财政支持的巨灾风险保险体系，并鼓励单位和公民参加保险。”因此，要充分发挥财政金融和保险制度的重要支撑和保障作用，各级政府必须加强与保险业沟通协调，将保险机制真正纳入突发事件风险防范制度安排和应急管理体制机制。加大对责任保险、农业保险的支持力度，提高财政补贴的范围和比例，建立国家财政支持的巨灾风险保险体系。同时发挥政府在巨灾保险中的主导作用和保险公司灾害风险管理的技术优势，建立政府、保险公司、被保险人之间合理的风险分担机制，探索出一条符合我国国情的巨灾保险发展道路。

陈柳钦：由于财政资金和信贷资金的来源不同，在使用过程中，财政资金是无偿的，而信贷资金则是以偿还和支付利息为前提。因此，对防范灾害、灾后重建应以财政资金为主，金融支持为辅。各级政府的救灾支出，包括社会各界的捐款，实际上是对社会既有财富的一次再分配，其基本特征就是资金使用的无偿性。在灾后重建过程中，需要财政“拉一把”，为受灾害破坏的基础设施、公共服务系统恢复等提供必要的资金支持。财政支出手段的运用不仅可以尽快重建实体型的基础设施，还可以平抑灾害给经济主体带来的不良预期。当然，财政投入并非多多益善，其合理区间应该控制在将市场秩序恢复到受灾前的水平。只要市场秩序得以恢复，财政这只看得见的手就应适时退出。金融机构在救灾过程中的职责主要是提供及时有效的金融服务，保证救灾资金的及时调拨，满足客户提款、汇兑、结算、还款等金融服务的需求。

原载 2021 年 10 月 23 日《经济日报》

提升应急管理综合水平
——加强城市防灾减灾体系建设（下）

本期嘉宾

清华大学公共安全研究院副院长　袁宏永

中央党校（国家行政学院）中欧应急管理学院教授　张小明

国家气候中心气象灾害风险管理室主任　王国复

北京都市圈研究院首席研究员　顾强

钦点智库创始人兼理事长、教授　陈柳钦

主持人

经济日报社编委、中国经济趋势研究院院长　孙世芳

11 智库　2021年10月25日　星期一　经济日报

应急管理是国家治理体系和治理能力的重要组成部分，承担防范化解重大安全风险、及时应对处置各类灾害事故的重要职责，担负保护人民群众生命财产安全和维护社会稳定的重要使命。如何健全防灾减灾统筹协调体制、完善应急预警体系、加快应急管理的数字化转型、提升全社会应急管理能力和水平，围绕这些问题，本期邀请五位专家进行探讨。

智库圆桌（第三十五期）

嘉宾	清华大学公共安全研究院副院长	袁宏永
	中央党校（国家行政学院）中欧应急管理学院教授	张小明
	国家气候中心气象灾害风险管理室主任	王国复
	北京都市圈研究院首席研究员	顾　强
	钦点智库创始人兼理事长、教授	陈柳钦
主持人	经济日报社编委、中国经济趋势研究院院长	孙世芳

提升应急管理综合水平

——加强城市防灾减灾体系建设（下）

构建跨区域高效应急联动机制

主持人：突发事件涉及范围广，处置难度大，请问如何最大程度整合跨区域、跨部门的应急力量与资源？

王国复：整合跨区域、跨部门的力量与资源，构建高效的应急联动机制是建立综合防灾减灾救灾体系的重要内容。其中，气象处于安全链的第一环，气象"发令枪"打得响亮、"消息树"竖得准，才能为应急减灾和救援后续各环节提供有力支撑。目前，中国气象局已经建立完善了由多部门组成的国家气象灾害预警服务部际联络员制度；健全了与农业、国土、环保、交通、住建、旅游等部门的联合会商和应急联动工作机制；联合自然资源部、交通部、水利部等开展地质灾害气象风险预警、高速公路气象灾害监测预警和山洪、中小河流洪水气象风险预警，实现全国地质灾害易发区、全国主要高速公路气象灾害预警全覆盖。

张小明：可以从以下四个方面入手积极探索构建我国高效的跨区域应急联动机制。

第一，提升跨界区域应急管理机构组织体系的整体化和制度化水平，形成地区间、部门间的整体协同效应。在强调中央统一协调和属地管理的前提下，在法律法规、组织结构和运作技术等层面加快推进我国区域应急管理协作的制度框架、组织载体与运作流程建设，建立跨界应急资源整合与共享的制度化平台，通过整体协调应对各类突发事件，特别是跨行业、跨领域、跨地域的重特大突发事件。

第二，加强应急管理跨界区域协作组织机构建设。应根据地区之间自然地理环境的相似性、突发事件扩散迅速等特点，深化区域应急联动机制建设。总结推广地震应急救援区域联动机制、以流域为单元的防汛协调指挥机制、泛珠三角区域应急联动机制等方面的经验，探索建立应对各类突发事件、不同层次的区域应急组织机构网络体系。按照灾害风险区、河流流域或者经济区等区域协作需要，建立若干常设的跨界应急管理区域中心，打破行政区划管辖边界。此外，可以考虑通过协商成立常设的应急管理区域协调委员会，作为相关主体协作时的组织者和协调者。

第三，建立多层次、网络状的跨界应急管理区域协作体系。各地可以根据自身实际情况，在灾害普查、特点分析和风险评估的基础上，确立灾害区域协作的类型和方式。根据各协作区域的灾害特征、影响范围、政府应急机构的需求与能力，以不同方式建立多形式的区域协作模式。

第四，加强跨界区域应急管理机构组织体系运行机制建设，推动应急管理区域协作流程化、常态化。一是基于区域协作的类型，建立超越行政区划和行政级别的应急管理区域联动机制。要对现有各地的灾害管理部门进行结构与功能重组，从制度上、组织上做到无缝对接，实现预防预警、应急演练、应急处置、调查评估、信息发布、应急保障和区域救援等工作的统一。

二是构建区域应急管理资源共享平台。主要包括物资储灾基地建设、信息平台和人力资源共享等方面。可以根据区域灾害救援的实际需要，建立跨行政区的区域综合灾害救援队伍，通过集约化管理、培训和现代化装备，实施区域灾害应急救援一体化。

三是健全应急管理区域协作的利益协调机制。不仅要规定区域协作的宗旨、原则、主要协作领域和内容、协作方式等，还应对协作中的权利和义务、成本分担、利益分享、产生的利益冲突或争议解决等加以明确规定，通过利益协调不断提高区域协作的动力。

陈柳钦：实现跨部门、跨区域应急力量与资源共享应用，信息互联共享是前提基础，包括事前的风险监测预警、事发的先期处置、事中的现场处置、事后的善后恢复等环节。资源共享应用是核心，需要完善应急资源综合信息管理平台建设，明确应急物资的种类、数量和储备地点，专业救援队伍的数量和救援装备等信息以便实时检索，逐渐形成完善的应急专家数据库、救援队伍数据库、物资储备数据库等。应急响应协同是重要内容，需明确一体化的应急响应协同机制，如建立跨区域应急管理合作联席会议制度，各方研究决定区域内应急管理合作重大事项，建立专题工作小组和日常工作交流制度。应急技术支持是硬件基础，涉及危机预警与灾情收集、应急决策技术支持、数据资源综合管理等多方面。

筑牢防灾减灾第一道防线

主持人：防灾减灾重在以防为主，从注重灾后救助向注重灾前预防转变，请问如何建立现代化应急预警体系？

袁宏永：建议从以下三个方面加强应急预警体系建设。

第一，加强灾害监测预报和预警能力。支持地震、地质灾害、短时强降水、冰雹、龙卷风等观测台网建设，织密监测网络，推动灾害演化预测技术和系统研发，构建纵横贯通、全覆盖的复合型高效预警系统。实现监测微观化、泛在化、综合化，预测标准化、规范化、智能化，预警自动化、网络化、精准化，构建智慧的灾害事故监测预测预警系统。

第二，推进数据计算融合的灾害事故预测预警。结合新基建，在物联网技术集成应用的过程中，丰富灾害事故预测预警的基本数据资源，基于数据计算融合方法，实现智能化预测和自动化预警，加强对灾害事故的智能研判能力，将智慧应急从"物联"推向"智联"。

第三，加快预警信息快速接收与传播设施建设。推进在人员密集区域和公共场所建设预警信号接收与传播设施，综合应用语音、图像等多种方式及时传播预警信息，提高灾害预警信息的时效性、可达性和覆盖面。

王国复：强化气象灾害风险防御意识，筑牢城市防灾减灾第一道防线。首先，需要一双及时发现灾害的"眼睛"，加强重大灾害监测能力建设。不断增强气象卫星和雷达的时空分辨率以及三维探测精度和能力，提高实时监测产品的应用能力和水平，推动重点领域的应用。

其次，需要一个可预测灾害风险的"大脑"。基于灾害风险评估模型和预报预警能力建设，不断训练判断更精准的"超级脑"。依托我国自主研发的多尺度全球数值预报模式系统，开展灾害风险识别、基于承灾体暴露度和脆弱性的风险评估，加强面向台风、暴雨、干旱、大风等重大灾害的精细化、定量化风险预警。

最后，还需要破解"最后一公里"难题，将预警预报信息靶向精准投送进村、入户、到人，必要时还要点对点叫应，实现对自然灾害风险的快速识别、及时预警和有效应对。

陈柳钦：尽管现代城市发展水平远远超出早期城市，但现代化的都市在面临外部破坏性打击时，仍然显现出脆弱性。因此，城市发展要以科学规划为前提，根据先进理念，采用科学方法，把城市建成适应性强、抗冲击性强、恢复能力强的宜居之所。城市发展不要"任性"要"韧性"。所谓"韧性"，一是指从变化和不利影响中反弹的能力，二是指对于困难情境的预防、准备、响应及快速恢复的能力。传统上，不少城市的应急策略重心是灾后规划，追求破坏之后最短时间内回到原始状态，没有充分考虑利益相关者在城市调整过程中的角色和创造的价值。相比之下，韧性城市强调通过对规划技术、建设标准等物质层面和社会管治、民众参与等社会层面相结合的系统构建过程，全面增强城市的结构适应性。随着城市韧性的不断增强，将为城市构筑一道牢不可破的"安全线"，充分保障市民的切身利益。

科技赋能应急管理现代化

主持人：请问如何进一步强化应急管理装备技术支撑，提高应急管理的科学化、专业化、智能化、精细化水平？

袁宏永：随着我国科技强国、制造强国建设步伐加快，北斗卫星导航系统、新一代卫星通信遥感、5G通信和新一代信息技术广泛应用，无人机、机器人、高精尖探测装备、大型特种工程机械不断创新，为应急管理装备发展创造了良好的技术条件。

第一，强化应急指挥体系保障能力。建立安全可靠的"天—空—地"一体化应急通信保障网络，强化政务专网通信保障，常备自组网应急通信系统，提高极端条件下通信网络应急保障能力。第二，打造全天候应急监测保障能力。推动物联网等新兴技术与产品的应用，构建基于物联网技术的综合协同、灵敏可靠的城市智能感知体系，实现各感知系统互联互通、信息实时共享的能力。第三，增强重特大灾害事故抢险救援能力。针对抗洪抢险、森林火灾、地震地质灾害等高风险救援场景，开发智能无人装备，推动智能装备减人换人。

张小明：第一，强化应急管理装备技术支撑，加强关键技术研发，推动科技创新体系建设。推动建设一批有国际影响力的灾害事故预防处置科研中心，加强自然灾害防治、城市安全和危化品安全研究工作。建设国家灾害综合监测预警平台和城乡安全风险监测预警工程，加快实施"工业互联网+安全生产"行动计划，推进重大危险源监测预警联网。

第二，加大先进适用装备的配备力度，加快投入使用应急管理先进装备。针对事故抢险救援和通信保障等装备需求，确定一批重点任务，搭建一批合作平台，成立一批任务性的项目组，集中攻关，务求实效。按照中央与地方结合、购买与租赁结合、研发与引进结合、短期和长远结合的原则，加强航空应急救援体系建设，构建大型固定翼飞机、直升机与无人机高低搭配、远近结合、布局合理、功能合成的航空器体系，在大型灭火飞机上实现破题。

第三，强化应急管理信息化建设，提高突发事件应急管理能力。适应科技信息化发展大势，以信息化推进应急管理现代化，提高监测预警能力、监管执法能力、辅助指挥决策能力、救援实战能力和社会动员能力。应急管理信息化要统一规划布局、统一部署模式、统一技术架构、统一数据汇聚，加快补齐数据服务、安全保障、人才支撑等方面的短板；坚持实战导向，实施一批信息化重点工程，做好极端条件下大震巨灾应急信息化准备；以智慧应急为牵引，推动各重点领域智能化升级。

顾强：一是实现应急产业的数字化、智能化突破。推动我国应急产业的数字化突破，加大5G+、工业互联网、人工智能、物联网等技术在应急产业和应急产品中的应用，实现应急产业数字化、网络化、智能化转型。

二是实现应急产业核心装备和技术的突破。我国在应急产业发展中形成了较为完善的产业布局，但目前在大型应急救援装备和关键技术装备领域还存在空白点，必须实现如一体式排水泵车、水上救生遥控机器人、便携式高压水泵、双头消防车、路轨两用消防车、举高喷射消防车、履地主战消防车等的研发生产突破。

另外，在应急关键技术领域，我国支撑应急产业发展的关键共性核心技术储备不足，要整合全社会资源，鼓励和支持应急产业技术创新战略联盟发展。整合军地资源，通过军民融合的方式，充分利用军工技术优势发展应急产业。同时，要加大对应急产业技术研发和成果转化的政策支持力度，对列入目录鼓励类的应急产品和服务，在有关科研计划中给予支持，还需要探索风险补偿机制，支持重大应急创新产品的首次应用等。

三是完善应急产业的供应链与产业链。优化整合各类科技资源，推进应急管理科技自主创新，推动集群发展，打造高效产业链，壮大优势企业，形成应急企业与上下游供应链、产业链良好合作、合理分工、有效集成的新格局。

引导社会力量共建应急救援体系

主持人：专业社会组织、企业和志愿者在基层应急活动中扮演着重要角色，请问如何规范引导社会力量参与，提升基层应急管理水平？

袁宏永：一是完善应急救援队伍管理机制，规范社会力量救援流程。对比较成熟并形成规模的应急管理队伍进行登记与规范化管理，依据专业领域和特长进行分类统计与资质认定，在政策、信息、培训、教育以及组织演练等诸多方面给予支持，并根据社会力量的类型、队伍人员结构、知识结构等进行级别评定与分类管理，为科学规划社会应急力量打下基础。

二是科学布局社会救援力量和防灾物资，引导社会力量有序进行应急救援工作。建立社会力量参与应急管理的申请系统，建立网上申报管理平台，有序动员社会各界力量就近就紧开展救援和物资调配等工作。

三是立足基层社区，加强多种形式的防灾减灾科普知识宣传。通过科普宣传和讲座，让居民了解灾害知识、应急知识，唤醒更多民众对灾害的预防意识。根据社区规模，合理布局建设应急科普体验馆，通过灾害情景体验增强居民防灾减灾能力。

张小明：为进一步规范引导社会力量参与应急管理工作，打造基层应急管理新格局，提出以下三点政策建议。

第一，在政策法规中规定社会力量和志愿者的权利责任，进一步明确社会力量参与应急管理的协调机制。综合考虑应急需求以及社会力量参与应急管理的重点范围，研究制定社会力量参与应急管理的有关政策法规、支持措施、监督办法，制定社会力量参与应急管理的工作预案和操作规程，健全需求评估、信息发布和资源对接机制，探索建立紧急征用、救灾补偿制度，支持引导社会力量依法依规有序参与应急管理工作。

第二，构建政府与社会力量无缝对接的应急管理体系。搭建常设的社会力量参与应急管理协调机构或服务平台。在政府应急管理机构中明确与社会力量和志愿者联系沟通的部门，在政府应急管理决策议事机构和协调机制中应当有红十字会、慈善总会、社区组织、专业协会等重要社会组织的代表，在政府组织的应急培训演习中要有社会组织参加。搭建常设的社会力量参与应急管理协调机构或服务平台，协调指导社会力量及时向服务平台报送参与应急管理的计划、可供资源、工作进展等情况。

第三，加强政府与社会力量的合作互助关系。建设社会力量参与应急管理工作信息化平台以及社会力量信息数据库。通过制定应急预案、签订"互助协议"或者合同等形式，与社会力量建立合作互助关系，明确双方在应急管理中的责任义务和工作分工。积极协调财政等有关部门将社会力量参与应急管理纳入政府购买服务范围，明确购买服务的项目、内容和标准。探索制定政府购置应急管理设备、装备提供给社会力量用于应急管理的办法，提升社会力量参与应急管理的能力。

陈柳钦：当务之急是要建立合理的城市灾害教育体系。各级政府既要把灾害管理教育纳入国民教育体系，开展应对重大突发事件的培训，广泛宣传相关法律法规和应急预案，尤其是预防、避险、自救、互救、减灾等知识。城市灾害教育不能只针对在校学生，更不能流于形式，而是要建立公共灾害教育体系，面向全社会开展灾害教育。要设立城市灾害管理的专门教育机构，提供专业训练，培养专业人才。做好全民性的灾害应对常识教育和常规演练，提高群众应对灾害的心理素质和实际能力，为城市灾害管理提供专业人力资源和群众基础。

本版编辑　袁文　美编　高妍

应急管理是国家治理体系和治理能力的重要组成部分，承担防范化解重大安全风险、及时应对处置各类灾害事故的重要职责，担负保护人民群众生命财产安全和维护社会稳定的重要使命。如何健全防灾减灾统筹协调体制、完善应急预警体系、加快应急管理的数字化转型、提升全社会应急管理能力和水平，围绕这些问题，本期邀请五位专家进行探讨。

构建跨区域高效应急联动机制

主持人：突发事件涉及范围广，处置难度大，请问如何最大程度整合跨区域、跨部门的应急力量与资源？

王国复：整合跨区域、跨部门的力量与资源，构建高效的应急联动机制是建立综合防灾减灾救灾体系的重要内容。其中，气象处于安全链的第一环，气象“发令枪”打得响亮、“消息树”报得准，才能为应急减灾和救援后续各环节提供有力支撑。目前，中国气象局已经建立完善了由多部门组成的国家气象灾害预警服务部际联络员制度；健全了与农业、国土、环保、交通、住建、旅游等部门的联合会商和应急联动工作机制；联合自然资源部、交通运输部、水利部等开展地质灾害气象风险预警、高速公路气象灾害监测预警和山洪、中小河流洪水气象风险预警，实现全国地质灾害易发区、全国主要高速公路气象灾害预警全覆盖。

张小明：可以从以下四个方面入手积极探索构建我国高效的跨区

域应急联动机制。

第一，提升跨界区域应急管理机构组织体系的整体化和制度化水平，形成地区间、部门间的整体协同效应。在强调中央统一协调和属地管理的前提下，在法律法规、组织结构和运作技术等层面加快推进我国区域应急管理协作的制度框架、组织载体与运作流程建设，建立跨界应急资源整合与共享的制度化平台，通过整体协调应对各类突发事件，特别是跨行业、跨领域、跨地域的重特大突发事件。

第二，加强应急管理跨界区域协作组织机构建设。应根据地区之间自然地理环境的相似性、突发事件扩散迅速等特点，深化区域应急联动机制建设。总结推广地震应急救援区域联动机制、以流域为单元的防汛协同指挥机制、泛珠三角区域应急联动机制等方面的经验，探索建立应对各类突发事件、不同层次的区域应急组织机构网络体系。按照灾害风险区、河流流域或者经济区等区域协作需要，建立若干常设的跨界应急管理区域中心，打破行政区划管辖边界。此外，可以考虑通过协商成立常设的应急管理区域协调委员会，作为相关主体协作时的组织者和协调者。

第三，建立多层次、网络状的跨界应急管理区域协作体系。各地可以根据自身实际情况，在灾害普查、特点分析和风险评估的基础上，确立灾害区域协作的类型和方式。根据各协作区域的灾害特征、影响范围、政府应急机构的需求与能力，以不同方式建立多形式的区域协作模式。

第四，加强跨界区域应急管理机构组织体系运行机制建设，推动应急管理区域协作流程化、常态化。一是基于区域协作的类型，建立超越行政区划和行政级别的应急管理区域联动机制。要对现有各地的灾害管理部门进行结构与功能重组，从制度上、组织上做到无缝对接，实现预防预警、应急演练、应急处置、调查评估、信息发布、应急保障和区域救援等工作的统一。

二是构建区域应急管理资源共享平台。主要包括物资避灾基地建设、信息平台和人力资源共享等方面。可以根据区域灾害救援的实际需要，建立跨行政区的区域综合灾害救援队伍，通过集约化管理、培训和现代化装备，实施区域灾害应急救援一体化。

三是健全应急管理区域协作的利益协调机制。不仅要规定区域协作的宗旨、原则、主要协作领域和内容、协作方式等，还应对协作中的权利和义务、成本分担、利益分享、产生的利益冲突或争议解决等加以明确规定，通过利益协调不断提高区域协作的动力。

陈柳钦：实现跨部门、跨区域应急力量与资源共享应用，信息互联共享是前提基础，包括事前的风险监测预警、事发的先期处置、事中的现场处置、事后的善后恢复等环节。资源共享应用是核心，需要完善应急资源综合信息管理平台建设，明确应急物资的种类、数量和储备地点、专业救援队伍的数量和救援装备等信息以便实时检索，逐渐形成完善的应急专家数据库、救援队伍数据库、物资储备数据库等。应急响应协同是重要内容，需明确一体化的应急响应协同机制，如建立跨区域应急管理合作联席会议制度，各方研究决定区域内应急管理合作重大事项，建立专题工作小组和日常工作交流制度。应急技术支持是硬件基础，涉及危机预警与灾情收集、应急决策技术支持、数据资源综合管理等多方面。

筑牢防灾减灾第一道防线

主持人：防灾减灾重在以防为主，从注重灾后救助向注重灾前预防转变，请问如何建立现代化应急预警体系？

袁宏永：建议从以下三个方面加强应急预警体系建设。

第一，加强灾害监测预报和预警能力。支持地震、地质灾害、短时强降水、冰雹、龙卷风等观测台网建设，织密监测网络，推动灾害演化预测技术和系统研发，构建纵横贯通、全覆盖的复合型高效预警系统。实现监测微观化、泛在化、综合化，预测标准化、规范化、智能化，预警自动化、网络化、精准化，构建智慧的灾害事故监测预测预警系统。

第二，推进数据计算融合的灾害事故预测预警。结合新基建，在物联网技术集成应用的过程中，丰富灾害事故预测预警的基本数据资源，基于数据计算融合方法，实现智能化预测和自动化预警，加强对灾害事故的智能研判能力，将智慧应急从“物联”推向“智联”。

第三，加快预警信息快速接收与传播设施建设。推进在人员密集区域和公共场所建设预警信号接收与传播设施，综合应用语音、图像等多种方式及时传播预警信息，提高灾害预警信息的时效性、可达性和覆盖面。

王国复：强化气象灾害风险防御意识，筑牢城市防灾减灾第一道防线。首先，需要一双及时发现灾害的“眼睛”，加强重大灾害监测能力建设。不断增强气象卫星和雷达的时空分辨率以及三维探测精度和能力，提高实时遥感产品的应用能力和水平，推动重点领域的应用。

其次，需要一个可预测灾害风险的“大脑”。基于灾害风险评估模型和预报预警能力建设，不断训练判断更精准的“超级脑”。依托我国自主研发的多尺度全球数值预报模式系统，开展灾害风险识别、基于承灾体暴露度和脆弱性的风险评估，加强面向台风、暴雨、干旱、大风等重大灾害的精细化、定量化风险预警。

最后，还需要破解“最后一公里”难题，将预警预报信息靶向精准投送进村、入户、到人，必要时还要点对点叫应，实现对自然灾害风险的快速识别、及时预警和有效应对。

陈柳钦：尽管现代城市发展水平远远超出早期城市，但现代化的都市在面临外部破坏性打击时，仍然显现出脆弱性。因此，城市发展要以科学规划为前提。根据先进理念，采用科学方法，把城市建成适应性强、抗冲击性强、恢复能力强的宜居之所。城市发展不要“任性”要“韧性”。所谓“韧性”，一是指从变化和不利影响中反弹的能力，二是指对于困难情境的预防、准备、响应及快速恢复的能力。传统上，不少城市的应急策略重心是灾后规划，追求破坏之后最短时间内回到原始状态，没有充分考虑利益相关者在城市调整过程中的角色和创造的价值。相比之下，韧性城市强调通过对规划技术、建设标准等物质层面和社会管治、民众参与等社会层面相结合的系统构建过程，全面增强城市的结构适应性。随着城市韧性的不断增强，将为城市构筑一道牢不可破的“安全线”，充分保障市民的切身利益。

科技赋能应急管理现代化

主持人：请问如何进一步强化应急管理装备技术支撑，提高应急管理的科学化、专业化、智能化、精细化水平？

袁宏永：随着我国科技强国、制造强国建设步伐加快，北斗卫星导航系统、新一代卫星通信遥感、5G 通信和新一代信息技术广泛应用，无人机、机器人、高精尖探测装备、大型特种工程机械不断创新，为应急管理装备发展创造了良好的技术条件。

第一，强化应急指挥体系保障能力。建立安全可靠的“天—空—地”一体化应急通信保障网络，强化政务专网通信保障，常备自组网应急通信系统，提高极端条件下通信网络应急保障能力。第二，打造全天候应急监测保障能力。推动物联网等新兴技术与产品的应用，构建基于物联网技术的综合协同、灵敏可靠的城市智能感知体系，实现各感知系统互联互通、信息实时共享。第三，增强重特大灾害事故抢险救援能力。针对抗洪抢险、森林火灾、地震地质灾害等高风险救援场景，开发智能无人装备，推动智能装备减人换人。

张小明： 第一，强化应急管理装备技术支撑，加强关键技术研发，推动科技创新体系建设。推动建设一批有国际影响力的灾害事故预防处置科研中心，加强自然灾害防治、城市安全和危化品安全研究工作。建设国家灾害综合监测预警平台和城乡安全风险监测预警工程，加快实施“工业互联网＋安全生产”行动计划，推进重大危险源监测预警联网。

第二，加大先进适用装备的配备力度，加快投入使用应急管理先进装备。针对事故抢险救援和通信保障等装备需求，确定一批重点任务、搭建一批合作平台、成立一批任务性的项目组，集中攻关、务求实效。按照中央与地方结合、购买与租赁结合、研发与引进结合、短期和长远结合的原则，加强航空应急救援体系建设，构建大型固定翼飞机、直升机与无人机高低搭配、远近结合、布局合理、功能合成的航空器体系，在大型灭火飞机上实现破题。

第三，强化应急管理信息化建设，提高突发事件应急管理能力。适应科技信息化发展大势，以信息化推进应急管理现代化，提高监测预警能力、监管执法能力、辅助指挥决策能力、救援实战能力和社会动员能力。应急管理信息化要统一规划布局、统一部署模式、统一技术架构、统一数据汇聚，加快补齐数据服务、安全保障、人才支撑等方面的短板；坚持实战导向，实施一批信息化重点工程，做好极端条件下大震巨灾应急信息化准备；以智慧应急为牵引，推动各重点领域智能化升级。

顾强： 一是实现应急产业的数字化、智能化突破。推动我国应急产业的数字化突破，加大5G+、工业互联网、人工智能、物联网等技术在应急产业和应急产品中的应用，实现应急产业数字化、网络化、智能化转型。

二是实现应急产业核心装备和技术的突破。我国在应急产业发展中形成了较为完善的产业布局，但目前在大型应急救援装备和关键技术装备领域还存在空白点，必须实现如一体式排水泵车、水上救生遥控机器人、便携式高压水泵、双头消防车、路轨两用消防车、举高喷射消防车、雪地主战消防车等的研发生产突破。

另外，在应急关键技术领域，我国支撑应急产业发展的关键共性核心技术储备不足，要整合全社会资源，鼓励和支持应急产业技术创新战略联盟发展。整合军地资源，通过军民融合的方式，充分利用军工技术优势发展应急产业。同时，要加大对应急产业技术研发和成果转化的政策支持力度，对列入目录鼓励类的应急产品和服务，在有关科研计划中给予支持，还需要探索风险补偿机制，支持重大应急创新产品的首次应用等。

三是完善应急产业的供应链与产业链。优化整合各类科技资源，推进应急管理科技自主创新，推动集群发展，打造高效产业链，壮大优势企业。形成应急企业与上下游供应链、产业链良好合作、合理分工、有效集成的新格局。

引导社会力量共建应急救援体系

主持人：专业社会组织、企业和志愿者在基层应急活动中扮演着重要角色，请问如何规范引导社会力量参与，提升基层应急管理水平？

袁宏永：一是完善应急救援队伍管理机制，规范社会力量救援流程。对比较成熟并形成规模的应急管理队伍进行登记与规范化管理，依据专业领域和特长进行分类统计与资质认定，在政策、信息、培训、教育以及组织演练等诸多方面给予支持，并根据社会力量的类型、队伍人员结构、知识结构等进行级别评定与分类管理，为科学规划社会应急力量打下基础。

二是科学布局社会救援力量和防灾物资，引导社会力量有序进行应急救援工作。建立社会力量参与应急管理的申请系统，建立网上申报管理平台，有序动员社会各界力量就近就需开展救援和物资调配等工作。

三是立足基层社区，加强多种形式的防灾减灾科普知识宣传。通过科普宣传和讲座，让居民了解灾害知识、应急知识，唤醒更多民众对灾害的预防意识。根据社区规模，合理布局建设应急科普体验馆，通过灾害情景体验增强居民防灾减灾能力。

张小明：为进一步规范引导社会力量参与应急管理工作，打造基层应急管理新格局，提出以下三点政策建议。

第一，在政策法规中规定社会力量和志愿者的权利责任，进一步明确社会力量参与应急管理的协调机制。综合考虑应急需求以及社会力量参与应急管理的重点范围，研究制定社会力量参与应急管理的有关政策法规、支持措施、监督办法，制定社会力量参与应急管理的工作预案和操作规程，健全需求评估、信息发布和资源对接机制，探索建立紧急征用、救灾补偿制度，支持引导社会力量依法依规有序参与应急管理工作。

第二，构建政府与社会力量无缝对接的应急管理体系，搭建常设的社会力量参与应急管理协调机构或服务平台。在政府应急管理机构中明确与社会力量和志愿者联系沟通的部门，在政府应急管理决策议事机构和协调机制中应当有红十字会、慈善总会、社区组织、专业协会等重要社会组织的代表，在政府组织的应急培训演习中要有社会组织参加。搭建常设的社会力量参与应急管理协调机构或服务平台，协调指导社会力量及时向服务平台报送参与应急管理的计划、可供资源、工作进展等情况。

第三，加强政府与社会力量的合作互助关系，建设社会力量参与应急管理工作信息化平台以及社会力量信息数据库。通过制定应急预案、签订“互助协议”或者合同等形式，与社会力量建立合作互助关系，明确双方在应急管理中的责任义务和工作分工。积极协调财政等有关部门将社会力量参与应急管理纳入政府购买服务范围，明确购买服务的项目、内容和标准。探索制定政府购置应急管理设备、装备提供给社会力量用于应急管理的办法，提升社会力量参与应急管理的能力。

陈柳钦：当务之急是要建立合理的城市灾害教育体系。各级政府既要把灾害管理教育纳入国民教育体系，还要开展应对重大突发事件的培训，广泛宣传相关法律法规和应急预案，尤其是预防、避险、自救、互救、减灾等知识。城市灾害教育不能只针对在校学生，更不能流于形式，而是要建立公共灾害教育体系，面向全社会开展灾害教育。要设立城市灾害管理的专门教育机构，提供专业训练，培养专业人才。做好全民性的灾害应对常识教育和常规演练，提高群众应对灾变的心理素质和实际能力，为城市灾害管理提供专业人力资源和群众基础。

原载 2021 年 10 月 25 日《经济日报》

以低碳带动农业绿色转型

本期嘉宾

中国生态经济学学会理事长　李周

西北农林科技大学副校长　赵敏娟

华中农业大学农业绿色低碳发展实验室特聘研究员　何可

主持人

经济日报社编委、中国经济趋势研究院院长　孙世芳

11 智库 2021年11月3日 星期三 经济日报

以低碳带动农业绿色转型

智库圆桌
（第三十六期）

“十四五”时期是促进经济社会发展全面绿色转型的关键时期，农业进入低碳发展的新阶段。《“十四五”全国绿色农业发展规划》提出，到2025年，农业绿色发展全面推进，减排固碳能力明显增强、主要农产品温室气体排放强度大幅降低，农业减排固碳和应对气候变化能力不断增强，农业用能效率有效提升。

作为国民经济中唯一创造碳汇的部门，农业对固碳减排工作有怎样的贡献？兼顾农业现代化和低碳发展的难点在哪？如何建立农业低碳发展的长效机制？带着这些问题，本期邀请三位专家分享对于“双碳”目标下农业高质量发展的思考。

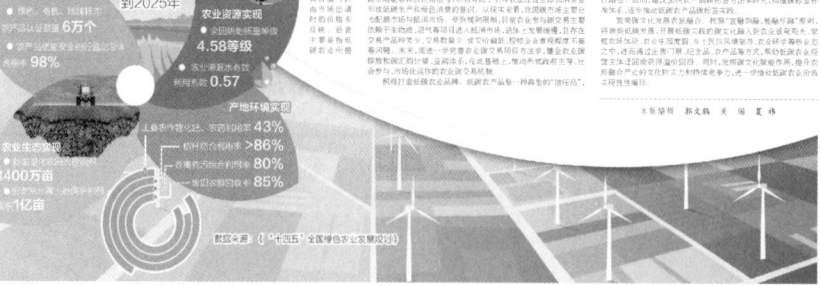

主持人 经济日报社编委、中国经济趋势研究院院长 孙世芳

农业固碳减排潜力巨大

主持人：*农业具有鲜明的产业特征，既是碳排放的重要来源之一，也是唯一创造碳汇的部门。您认为对于实现“双碳”目标，农业扮演着怎样的角色？*

李周（中国生态经济学学会理事长）：能源和工业是我国碳排放主要来源，实现“双碳”目标主要途径是通过改进工业部门技术以及逐步使用光伏、风力、水力等零碳能源替代碳基能源来提高能效，降低能耗，减少二氧化碳排放。但与此同时，农业对我国“双碳”目标实现也具有重要意义，当前农业对绿色发展的影响主要体现在固碳和减排两方面。

2020年中央经济工作会议对我国“十四五”开局之年的经济工作作出重要部署，将“开展大规模国土绿化行动，提升生态系统碳汇能力”列为“碳达峰、碳中和”的重点任务之一。这说明，森林、草原、湿地等生态系统对实现“双碳”目标的作用和意义被提升到新高度。

从原理来看，森林、草原、湿地等生态系统可以通过植物光合作用存储二氧化碳，植物光合作用吸收二氧化碳后，并不能完全存储下来，有一部分会随着植物和土壤的呼吸释放出来，植物死亡等情况也会释放一部分碳，剩余存储的二氧化碳被称为碳汇。2021年到2060年，我国生态系统仍处在新增碳储量显著多于碳排放量阶段，保护修复森林、草原、湿地等资源，可以增加碳汇，为实现“双碳”目标作出贡献。

中国科学院生态环境研究中心使用我国第四次至第六次森林资源清查数据进行的研究显示，2005年我国森林植被碳储量为74亿吨，2018年提高到91.9亿吨。按第六次至第九次森林资源清查期森林蓄积年均增长2.3%计算，2020年全国森林植被碳储量为96.2亿吨，高于当年95亿吨的规划数。2020年我国在气候雄心峰会提出，到2030年，全国森林蓄积量将比2005年增加60亿立方米，这比预先的目标值又增加了15亿立方米。目标的调整会进一步增强2035年和2050年全国森林植被碳储量分别达到120亿吨和130亿吨或新增35亿吨和45亿吨目标的可能性。

我国草地面积约4亿公顷，总碳储量为289.5亿吨。受过度放牧等不当利用行为和气候变化等因素的影响，90%天然草地发生了不同程度的退化，其中60%以上为中度或重度退化。研究表明，典型草原退化草地可恢复的固碳潜力为每公顷4.2吨至51.65吨，平均为31.58吨；高寒草甸退化草地可恢复的固碳潜力为15.24吨至65.75吨，平均为34.26吨。若用30年的时间，以减少载畜量等方法实现退化草地恢复，可增加碳储量45.62亿吨。

我国湿地面积接近3850万公顷，单位面积湿地的固碳潜力高于其他类型的生态系统，做好湿地保护意义重大。数据显示，我国湿地有机碳储量为53.9亿吨至72.5亿吨。其中，湿地土壤有机碳储量50.4亿吨至61.9亿吨，水体有机碳储量2.2亿吨至5.6亿吨，植被碳储量1.3亿吨至5.0亿吨。《全国湿地保护工程规划（2004—2030年）》明确，实现湿地资源可持续利用，到2030年，使90%以上的天然湿地得到有效保护，完成湿地恢复工程140.4万公顷。

此外，农业用地也是人工生态系统。其中，水田是人工湿地，旱田是人工绿地，果园是人工林地。因此，应以农地为抓手降低农业生产能耗，减少碳排放。同时，采用秸秆和畜禽粪便还田，茶园、果园生草覆盖等措施提高土壤固碳量；发展有机农业，促进农田由“碳源”向“碳汇”型生态系统转变。

减排方面，我国农业领域承担着重要的减排责任。一方面，推动农业低碳发展应在保障粮食安全、食物安全的前提下，推进施肥用药减量化和畜禽粪污、秸秆资源化，促进农业绿色转型和高质量发展。另一方面，要在拓宽城乡非农就业和增收渠道的前提下，降低农民增收对农产品附加价值的依赖性，降低农产品加工能耗、运输能耗和储存能耗。以发展农产品低碳运输体系为例，在完善联运网络和健全农产品冷链物流基础上，通过优化运输线路，改良运输方式和方案等措施降低食物流通环节的碳排放。此外，鼓励绿色消费，建议消费者尽可能增加鲜活农产品的消费比重，减少冷储能耗造成的碳排放，坚决杜绝餐饮浪费行为。

统筹兼顾应对多方面挑战

主持人：*“双碳”目标下，农业发展面临哪些问题和挑战？如何兼顾农业现代化和低碳发展？*

赵敏娟（西北农林科技大学副校长）：相较其他产业，农业实现碳达峰、碳中和具有鲜明的产业内生特征，很有必要单独加以研究。首先，农业自身对气候变化非常敏感，气候变化会给农业带来更多的不确定性。其次，农业是第二大温室气体排放源，也是碳排放的重要来源之一，农业生产活动产生的温室气体排放占全国总量20%左右，碳排放占全国碳排放总量13%左右。最后，农业是唯一创造碳汇的领域。2013年我国农业总碳汇约1.58亿吨，之后逐年小幅下降，2020年农业总碳汇约为1.57亿吨。

近些年，我国有效推动“一控两减三基本”等农业生产政策执行，控制农业用水总量和农业水环境污染，减少化肥、农药使用，对畜禽的粪便、农膜、农作物秸秆进行资源化利用和无害化处理。2015年至2019年，种植业化肥、农药、薄膜、农用柴油使用量降幅分别为10%、22%、7.5%和12%，农业低碳化和绿色发展取得一定成效。但相较发达国家，我国推动农业低碳发展需要统筹兼顾乡村振兴、生态文明等战略目标，难度更大。当前，我国尚未实现农业现代化，受人均农业资源相对稀缺和农民收入偏低等条件约束，实践低碳发展路径选择空间小且不确定性大。另外，农业碳达峰碳中和要嵌入到全国“双碳”总体规划和框架之内，需要与相关部门行业保持协同。总体来看，我国实现农业碳达峰碳中和是一项系统性、持久性工作，目前需要应对以下五方面挑战。

一是向低碳农业转型面临诸多不确定性。去年，我国化肥、农药年用量均为世界第一，三大粮食作物的化肥利用率为40.2%，与发达国家60%以上的水平相比，仍存在较大差距。向低碳农业转型，意味着要大幅度降低化肥、农药和动力机械等传统农业生产要素投入，然而注入新要素、新技术和新耕作制度并非一朝一夕能够实现，这个过程会不可避免造成农产品供给波动。当今世界经济面对百年未有之大变局，我国统筹国际国内两种资源与两个市场的不确定性升级，加上近段时间极端天气频发，冲击农作物产量。农业低碳发展必须在保障粮食安全的前提下稳妥推进，受约束较大。

二是农业结构调整压缩了农业减排固碳空间。我国来自种植业、畜牧业和渔业的碳排放，大约分别占到农业总碳排放30%、50%和20%。可以预见，随着经济社会发展，公众对肉蛋奶等畜产品的需求会持续增长，畜牧业和渔业碳排放也将保持持续增长趋势。此外，2018年，农业能源消耗碳排放占农业总碳排放达27.18%，能源超过化肥成为农业第一大排放源。随着农业现代化发展，土地集约化、机械化水平将不断提高，三产融合速度加快，农业生产、加工、储存和消费等环节产生的能源消耗碳排放可能大幅增加。

三是发展低碳农业的技术储备不足。2020年，全国节水灌溉面积占耕地总面积29.8%，测土配方施肥技术应用面积19.3亿亩次，绿色防控面积超过8亿亩，缓释肥、水溶肥等新型肥料推广应用面积达到2.45亿亩次，有机肥施用面积超过5.5亿亩次。减排固碳新技术、新产品整体推广速度较快，但与发达国家相比，仍然有很大差距。同时，受农业空间异质性影响，低碳技术对生产减排的效果还有待验证，技术投入的成本收益还有待研究。总体来看，推动我国农业深度脱碳涉及的环节构成复杂，技术种类繁多，技术集成困难，系统性的技术创新缺失。以沼气、秸秆还田等减排固碳技术为例，虽然这类技术有利于减排，但不能为农业经营主体创造收益。当前，政府主要通过补贴、转移支付等手段调动经营主体采用新技术的积极性，缺乏长效激励机制。

四是农户分散化经营增加了农业低碳转型难度。以小农户为主体的分散化经营是现阶段乃至未来很长一段时间我国农业的主要经营方式。小农户的生产行为不确定性强，应对各类风险能力差，对低碳生产方式认识不足，缺乏积极性。小农户分散经营还带来碳排放分散，增加了检测、评估和处理成本，导致政府监管干预效率不高。此外，碳交易是以市场化手段推动低碳生产的重要举措，但小农户很难作为有效主体参与碳交易市场。

五是农业碳排放测算和监测缺乏基础数据支撑。建立农业碳排放观测网络和监测中心，编制规范的数据标准，加强长期核算，是农业碳排放评估和决策的基础性工作。由于农业碳排放量大且分散，投入产出品种多且波动大，导致种植业和养殖业的碳排放估算参数不确定且难以计算，碳排放转换系数没有明确标准，估算农业碳达峰时间节点、制定碳中和政策缺乏可靠依据。

激发低碳农业内生发展动力

主持人：*推动农业低碳发展是农业发展观的一场深刻革命，需要争取社会各方面广泛理解和支持。当前农业低碳发展主要依靠政府推动，您认为下一步应如何激发内生动力？*

何可（华中农业大学农业绿色低碳发展实验室特聘研究员）：当前，我国低碳农业发展缓慢，其产品难以在市场上实现优质优价。主要原因在于低碳农业兼具“私人品”和“公共品”的双重特征。前者主要是指低碳农业所提供的人们赖以生存和发展的食物、原材料，其价值可以由市场出清时的价格来反映。后者主要是指低碳农业所提供的多功能性服务，如减排增汇以及增强农业自身应对气候的韧性等。然而，传统产品市场出清时传递的价格信号，无法完全表达低碳农业应对气候变化的价值，进而难以形成对低碳农业发展有效的激励。从长远来看，贯彻落实“绿水青山就是金山银山”理念，建立和完善低碳农业价值实现机制，激发农业经营主体及消费者支持农业低碳发展的内生动力，成为促进低碳农业发展迈向新台阶的关键所在。

有序推进农业纳入碳市场。成熟的碳市场能够充分反映边际减排成本和外部成本，依靠碳市场的价格发现功能，有助于弥补低碳农产品在传统产品市场上收益的不足，激励农业经营主体开展低碳农业生产。对于低收入群体而言，碳市场还能发挥生态扶贫的作用，对构建稳定脱贫长效机制、促进共同富裕具有重要意义。此外，碳市场能够释放价格信号，从而有助于引导农业经营主体和消费者形成低碳生产和绿色消费的意识。从现实来看，我国碳市场主要分为配额市场与抵消市场。受到规则限制，目前农业参与碳交易主要依赖于生物质、沼气等项目进入抵消市场，总体上发展缓慢，且存在交易产品种类少、交易数量少、成交价偏低、控排企业重视程度不高等问题。未来，需进一步完善农业碳交易项目方法学，健全农业碳排放和碳汇的计量、监测体系，在此基础上，推动形成政府主导、社会参与、市场化运作的农业碳交易机制。

积极打造低碳农业品牌。低碳农产品是一种典型的“信任品”，消费者很难获知该产品在应对气候变化方面贡献大小。这种信息不对称容易引发“劣币驱逐良币”，导致低碳农产品被传统农产品挤出市场。因此，建议打造低碳品牌为农产品赋能，通过品牌溢价提升低碳农产品的市场收益。具体做法上，可基于消费者保护生态环境、应对气候变化的情感诉求来打造独立品牌，助力农产品在市场细分领域获得溢价收益；也可将低碳农业生产所提供的应对气候变化服务功能与地方民俗风情相融合，打造区域品牌，广泛带动当地小农户衔接低碳农业，分享低碳发展红利。

试点示范农产品碳标签。低碳发展，既是永续发展的题中之义，也是人民对美好生活追求的重要体现。我国人均国内生产总值已连续两年超过1万美元，居民消费层次逐渐由温饱型向福祉型转变，人与自然生命共同体理念和“碳中和”愿景深入人心，为低碳农业发展提供了良好的经济基础和社会共识。在这样的背景下，以标签的形式告知消费者农产品的碳信息，引导人们将对低碳发展的需要转化为对低碳农产品的消费需求，提高消费者对低碳农产品适当高价的接受程度，不失为推动低碳农产品的价格与价值相匹配的可行路径。故而，建议加快农产品碳标签方法学研究，构建碳标签标准体系，逐步推动低碳农产品碳标签实践。

繁荣碳文化发展农旅融合。按照“宜融则融、能融尽融”原则，将崇尚低碳发展、开展低碳实践的碳文化融入到农业观光、家庭农场体验、农业生园度假、乡土民俗风情展览、农业研学等新业态之中，进而通过出售门票、纪念品、农产品等方式，帮助低碳农业经营主体迂回地获得溢价回报。同时，发挥碳文化赋能作用，提升农旅融合产业的文化软实力和持续竞争力，进一步推动低碳农业价值实现良性循环。

本版编辑 郭文鹃 美 编 夏 祎

“十四五”时期是促进经济社会发展全面绿色转型的关键时期，农业进入低碳发展的新阶段。《“十四五”全国绿色农业发展规划》提出，到2025年，农业绿色发展全面推进，减排固碳能力明显增强，主要农产品温室气体排放强度大幅降低，农业减排固碳和应对气候变化能力不断增强，农业用能效率有效提升。

作为国民经济中唯一创造碳汇的部门，农业对固碳减排工作有怎样的贡献？兼顾农业现代化和低碳发展的难点在哪？如何建立农业低碳发展的长效机制？带着这些问题，本期邀请三位专家分享对于“双碳”目标下农业高质量发展的思考。

农业固碳减排潜力巨大

主持人：农业具有鲜明的产业特征，既是碳排放的重要来源之一，也是唯一创造碳汇的部门。您认为对于实现“双碳”目标，农业扮演着怎样的角色？

李周：能源和工业是我国碳排放主要来源，实现“双碳”目标主要途径是通过改进工业部门技术以及逐步使用光伏、风力、水力等零碳能源替代碳基能源来提高能效、降低能耗，减少二氧化碳排放。但与此同时，农业对我国“双碳”目标实现也具有重要意义，当前农业对绿色发展的影响主要体现在固碳和减排两方面。

2020年中央经济工作会议对我国“十四五”开局之年的经济工作作出重要部署，将“开展大规模国土绿化行动，提升生态系统碳汇能力”列为“碳达峰、碳中和”的重点任务之一。这说明，森林、草原、湿地等生态系统对实现“双碳”目标的作用和意义被提升到新高度。

从原理来看，森林、草原、湿地等生态系统可以通过植物光合作用存储二氧化碳，植物光合作用吸收二氧化碳后，并不能完全存储下来，有一部分会随着植物和土壤的呼吸释放出来，植物死亡等情况也会释放一部分碳，剩余存储的二氧化碳被称为“碳汇”。2021年到2060年，我国生态系统仍处在新增碳储量显著多于碳排放量阶段，保护修复森林、草原、湿地等资源，可以增加碳汇，为实现“双碳”目标作出贡献。

中国科学院生态环境研究中心使用我国第四次至第六次森林资源清查数据进行的研究显示，2005年我国森林植被碳储量为74亿吨，2018年提高到91.9亿吨。按第六次至第九次森林资源清查期森林蓄积年均增长2.3%计算，2020年全国森林植被碳储量为96.2亿吨，高于当年95亿吨的规划数。2020年我国在气候雄心峰会提出，到2030年，全国森林蓄积量将比2005年增加60亿立方米，这比预先的目标值又增加了15亿立方米。目标的调整会进一步增强2035年和2050年全国森林植被碳储量分别达到120亿吨和130亿吨或新增35亿吨和45亿吨目标的可能性。

我国草地面积约4亿公顷，总碳储量为289.5亿吨。受过度放牧等不当利用行为和气候变化等因素的影响，90%天然草地发生了不同程度的退化，其中60%以上为中度或重度退化。研究表明，典型草原退化草地可恢复的固碳潜力为每公顷 4.2 吨至 51.65 吨，平均为 31.58 吨；高寒草甸退化草地可恢复的固碳潜力为 15.24 吨至 65.75 吨，平均为 34.26 吨。若用 30 年的时间，以减少载畜量等方法实现退化草地恢复，可增加碳储量 45.62 亿吨。

我国湿地面积接近 3850 万公顷，单位面积湿地的固碳潜力高于其他类型的生态系统，做好湿地保护意义重大。数据显示，我国湿地有机碳储量为 53.9 亿 ~ 72.5 亿吨。其中，湿地土壤有机碳储量 50.4 亿 ~ 61.9 亿吨，水体有机碳储量 2.2 亿 ~ 5.6 亿吨，植被碳储量 1.3 亿 ~ 5.0 亿吨。《全国湿地保护工程规划（2004—2030 年）》明确指出，实现湿地资源可持续利用，到 2030 年，使 90% 以上的天然湿地得到有效保护，完成湿地恢复工程 140.4 万公顷。

此外，农业用地也是人工生态系统。其中，水田是人工湿地，旱田是人工绿地，果园是人工林地。因此，应以农地为抓手降低农业生产能耗，减少碳排放。同时，采用秸秆和畜禽粪便还田，茶园、果园生草覆盖等措施提高土壤固碳量；发展有机农业，促进农田由“碳源”向“碳汇”型生态系统转变。

减排方面，我国农业领域承担着重要的减排责任。一方面，推动农业低碳发展应在保障粮食安全、食物安全的前提下，推进施肥用药减量化和畜禽粪污、秸秆资源化，促进农业绿色转型和高质量发展。另一方面，要在拓宽城乡非农就业和增收渠道的前提下，降低农民增收对农产品附加价值的依赖性，降低农产品加工能耗、运输能耗和储存能耗。以发展农产品低碳运输体系为例，在完善联运网络和健全农产品冷链物流基础上，通过优化运输线路，改良运输方式和方案等措施降低食物流通环节的碳排放。此外，鼓励绿色消费。建议消费者尽可能增加鲜活农产品的消费比重，减少冷储能耗造成的碳排放，坚决杜绝餐饮浪费行为。

统筹兼顾应对多方面挑战

主持人: “双碳”目标下，农业发展面临哪些问题和挑战？如何兼顾农业现代化和低碳发展？

赵敏娟: 相较其他产业，农业实现碳达峰、碳中和具有鲜明的产业内生特征，很有必要单独加以研究。首先，农业自身对气候变化非常敏感，气候变化会给农业带来更多的不确定性。其次，农业是第二大温室气体排放源，也是碳排放的重要来源之一，农业生产活动产生的温室气体排放占全国总量 20% 左右，碳排放占全国碳排放总量 13% 左右。最后，农业是唯一创造碳汇的领域。2013 年我国农业总碳汇约 1.58 亿吨，之后逐年小幅下降，2020 年农业总碳汇约为 1.57 亿吨。

近些年，我国有效推动“一控两减三基本”等农业生产政策执行，控制农业用水总量和农业水环境污染，减少化肥、农药使用，对畜禽的粪便、农膜、农作物秸秆进行资源化利用和无害化处理。2015 年至 2019 年，种植业化肥、农药、薄膜、农用柴油使用量降幅分别为 10%、22%、7.5% 和 12%，农业低碳化和绿色发展取得一定成效。但相较发达国家，我国推动农业低碳发展需要统筹兼顾乡村振兴、生态文明等战略目标，难度更大。当前，我国尚未实现农业现代化，受人均农业资源相对稀缺和农民收入偏低等条件约束，实践低碳发展路径选择空间小且不确定性大。另外，农业碳达峰碳中和要嵌入全国“双碳”总体规划和框架之内，需要与相关部门行业保持协同。总体来看，我国实现农业碳达峰碳中和是一项系统性、持久性工作，目前需要应对以下五方面挑战。

一是向低碳农业转型面临诸多不确定性。去年，我国化肥、农药年用量均为世界第一，三大粮食作物的化肥利用率为 40.2%，与发达国家 60% 以上的水平相比，仍存在较大差距。向低碳农业转型，意味着要大幅度降低化肥、农药和动力机械等传统农业生产要素投入，然而注入新要素、新技术和新耕作制度并非一朝一夕能够实现，这个过程会不可避免造成农产品供给波动。当今世界经济面对百年未有之大变局，我国统筹国际国内两种资源与两个市场的不确定性升级，加上近段时间极端天气频发，冲击农作物产量。农业低碳发展必须在保障粮食安全的前提下稳妥推进，受约束较大。

二是农业结构调整压缩了农业减排固碳空间。我国来自种植业、畜牧业和渔业的碳排放，大约分别占到农业总碳排放 30%、50% 和 20%。可以预见，随着经济社会发展，公众对肉蛋奶等畜产品的需求会持续增长，畜牧业和渔业碳排放也将保持持续增长趋势。此外，2018 年，农业能源消耗碳排放占农业总碳排放达 27.18%，能源超过化肥成为农业第一大排放源。随着农业现代化发展，土地集约化、机械化水平将不断提高，三产融合速度加快，农业生产、加工、储存和消费等环节产生的能源消耗碳排放可能大幅增加。

三是发展低碳农业的技术储备不足。2020年，全国节水灌溉面积占耕地总面积29.8%，测土配方施肥技术应用面积19.3亿亩次，绿色防控面积超过8亿亩，缓释肥、水溶肥等新型肥料推广应用面积达到2.45亿亩次，有机肥施用面积超过5.5亿亩次。减排固碳新技术、新产品整体推广速度较快，但与发达国家相比，仍然有很大差距。同时，受农业空间异质性影响，低碳技术对生产减排的效果还有待验证，技术投入的成本收益还有待研究。总体来看，推动我国农业深度脱碳涉及的环节构成复杂，技术种类繁多，技术集成困难，系统性的技术创新缺失。以沼气、秸秆还田等减排固碳技术为例，虽然这类技术有利于减排，但不能为农业经营主体创造收益，当前，政府主要通过补贴、转移支付等手段调动经营主体采用新技术的积极性，缺乏长效激励机制。

四是农户分散化经营增加了农业低碳转型难度。以小农户为主体的分散化经营是现阶段乃至未来很长一段时间我国农业的主要经营方式。小农户的生产行为不确定性高，应对各类风险能力差，对低碳生产方式认识不足，缺乏积极性。小农户分散经营还带来碳排放分散，增加了检测、评估和处理成本，导致政府监管干预效率不高。此外，碳交易是以市场化手段推动低碳生产的重要举措，但小农户很难作为有效主体参与碳交易市场。

五是农业碳排放测算和监测缺乏基础数据支撑。建立农业碳排放观测网络和监测中心，编制规范的数据标准，加强长期核算，是农业碳排放评估和决策的基础性工作。由于农业碳排放量大且分散，投入产出品种多且波动大，种植业和养殖业的碳排放估算参数不确定且难以计算，碳排放转换系数没有明确标准，估算农业碳达峰时间节点、制定碳中和政策缺乏可靠依据。

激发低碳农业内生发展动力

主持人：推动农业低碳发展是农业发展观的一场深刻革命，需要争取社会各方面广泛理解和支持。当前农业低碳发展主要依靠政府推动，您认为下一步应如何激发内生动力？

何可：当前，我国低碳农业发展缓慢，其产品难以在市场上实现优质优价。主要原因在于低碳农业兼具“私人品”和“公共品”的双重特征。前者主要是指低碳农业所提供的人们赖以生存和发展的食物、原材料，其价值可以由市场出清时的价格来反映。后者主要是指低碳农业所提供的多功能性服务，如减排增汇以及增强农业自身应对气候的韧性等。然而，传统产品市场出清时传递的价格信号，无法完全表达低碳农业应对气候变化的价值，进而难以形成对低碳农业发展有效的激励。从长远来看，贯彻落实“绿水青山就是金山银山”理念，建立和完善低碳农业价值实现机制，激发农业经营主体及消费者支持农业低碳发展的内生动力，成为促进低碳农业发展迈向新台阶的关键所在。

有序推进农业纳入碳市场。成熟的碳市场能够充分反映边际减排成本和外部成本，依靠碳市场的价格发现功能，有助于弥补低碳农产品在传统产品市场上收益的不足，激励农业经营主体开展低碳农业生产。对于低收入群体而言，碳市场还能发挥生态扶贫的作用，对构建稳定脱贫长效机制、促进共同富裕具有重要意义。此外，碳市场能够释放价格信号，从而有助于引导农业经营主体和消费者形成低碳生产和绿色消费的意识。从现实来看，我国碳市场主要分为配额市场与抵消市场。受到规则限制，目前农业参与碳交易主要依赖于生物质、沼气等项目进入抵消市场，总体上发展缓慢，且存在交易产品种类少、交易数量少、成交价偏低、控排企业重视程度不高等问题。未来，需进一步完善农业碳交易项目方法学，健全农业碳排放和碳汇的计量、监测体系，在此基础上，推动形成政府主导、社会参与、市场化运作的农业碳交易机制。

积极打造低碳农业品牌。低碳农产品是一种典型的“信任品”，消费者很难获知该产品在应对气候变化方面贡献大小。这种信息不对称容易引发“劣币驱逐良币”，导致低碳农产品被传统农产品挤出市场。因此，建议打造低碳品牌为农产品赋能，通过品牌溢价提升低碳农产品的市场收益。具体做法上，可基于消费者保护生态环境、应对气候变化的情感诉求来打造独立品牌，助力农产品在市场细分领域获得溢价收益；也可将低碳农业生产所提供的应对气候变化服务功能与地方民俗风情相融合，打造区域品牌，广泛带动当地小农户衔接低碳农业，分享低碳发展红利。

试点示范农产品碳标签。低碳发展，既是永续发展的题中之义，也是人民对美好生活追求的重要体现。我国人均国内生产总值已连续两年超过1万美元，居民消费层次逐渐由温饱型向福祉型转变，人与自然生命共同体理念和“碳中和”愿景深入人心，为低碳农业发展提供了良好的经济基础和社会共识。在这样的背景下，以标签的形式告知消费者农产品的碳信息，引导人们将对低碳发展的需要转化为对低碳农产品的消费需求，提高消费者对低碳农产品适当高价的接受程度，不失为推动低碳农产品的价格与价值相匹配的可行路径。故而，建议加快农产品碳标签方法学研究，构建碳标签标准体系，逐步推动低碳农产品碳标签实践。

繁荣碳文化发展农旅融合。按照“宜融则融，能融尽融”原则，将崇尚低碳发展、开展低碳实践的碳文化融入农业景观观光、家庭农场体验、农业庄园度假、乡土民俗风情旅游、农业研学等新业态之中，进而通过出售门票、纪念品、农产品等方式，帮助低碳农业经营主体迂回地获得溢价回报。同时，发挥碳文化赋能作用，提升农旅融合产业的文化软实力和持续竞争力，进一步推动低碳农业价值实现良性循环。

原载2021年11月3日《经济日报》

高标准推进长三角一体化

本期嘉宾

上海市委党校经济学教研部主任　唐珏岚

复旦大学泛海国际金融学院智库中心主任　李清娟

上海财经大学长三角与长江经济带发展研究院执行院长　张学良

上海社会科学院原副院长　张兆安

主持人

经济日报社编委、中国经济趋势研究院院长　孙世芳

11 智库　2021年11月10日　星期三　经济日报

高标准推进长三角一体化

长三角地区是我国重要的经济增长极之一，也是区域一体化发展起步最早、基础最好、程度最高的地区，在国家现代化建设大局和全方位开放格局中具有举足轻重的战略地位。2018年11月，习近平总书记在首届中国国际进口博览会上宣布，支持长江三角洲区域一体化发展并上升为国家战略。值此三周年之际，智库圆桌邀请专家分享建设经验，为下一步高标准推进长三角一体化发展建言献策。

主持人　经济日报社编委、中国经济趋势研究院院长　孙世芳

生态绿色示范发展风生水起

主持人：2019年《长三角生态绿色一体化发展示范区总体方案》出台以来，示范区发展备受瞩目。示范区建设肩负着为长三角更高质量一体化发展探路的重任，两年来有哪些创新成果？

唐珏岚(上海市委党校经济学教研部主任)：2019年10月25日，国务院批复《长三角生态绿色一体化发展示范区总体方案》，同年11月1日，"长三角生态绿色一体化发展示范区"正式成立，揭开了长三角一体化"试验田"的面纱。

一体化示范区范围包括上海市青浦区、江苏省苏州市吴江区、浙江省嘉兴市嘉善县"两区一县"，面积约2300平方公里。同时，选择青浦区金泽镇、朱家角镇，吴江区黎里镇，嘉善县西塘镇、姚庄镇作为先行启动区，面积约660平方公里。

两年来，示范区聚焦规划管理、生态环保、项目管理、要素流动、财税分享、土地管理、公共服务等一体化重点领域大胆创新，推出了73项制度创新成果。比如，率先实行跨省域空间规划，"一张蓝图管全域""一套标准管品质"；搭建大数据治理平台，打通"两区一县"政务数据"断头路"等。……

……辖域，全力推进125项重大项目实施。其中，聚焦生态环境共保联治，重点推进了26项生态保护类项目；聚焦跨域出行更便捷，重点推进了19项互联互通类项目；聚焦科技创新、产业协同……

都市圈建设优化空间布局

主持人：从城市化走向都市圈化，再走向城市群化，是区域经济发展的一般规律。从这个角度来看，长三角一体化发展进展如何？

张学良(上海财经大学长三角与长江经济带发展研究院执行院长)：都市圈是以超大城市、特大城市或辐射带动功能强的大城市为核心，以核心城市经济辐射的时间距离为半径，所形成的区域经济、社会、文化联系十分紧密的城镇化空间形态。进一步推动都市圈建设，对于优化长三角城镇化空间布局，实现更高质量一体化发展具有重要引领示范意义。

都市圈建设是长三角一体化发展不可逾越的阶段。……

数据共享促区域高效协同

主持人：数字基础设施建设是一体化发展的重要支撑，当前，怎样推动长三角数字基础设施建设和数字经济发展？

李清娟(复旦大学泛海国际金融学院智库中心主任)：长三角地区是我国数字经济发展水平最高的区域，通过城市数据要素共享推动长三角区域一体化发展是值得探讨的问题。2020年，我国数字经济总规模为39.2万亿元，占GDP总量38.6%，增速达9.7%。其中长三角地区数字经济总量为10.8万亿元，占全国数字经济总量超四分之一，占长三角地区GDP总量的44.26%。数字经济是长三角区域经济增长的重要引擎，也是产业协作和公共服务共享的基础，为长三角均衡高效发展注入新动能。未来，要从公共服务、市场机制、技术、监管……

创新体制机制让改革任务集中落地

主持人：长三角实现高水平一体化还有哪些体制机制需要完善？

张兆安(上海社会科学院原副院长)：长三角高质量一体化发展关键在于体制机制创新，应紧紧围绕一体化的主要内涵，以制度构建和体制机制一体化为主线引领长三角高质量一体化发展。

第一，创新生态保护一体化体制机制。以河流为例，一条河流对于上、中、下游城市的功能意义不尽一致，可能是饮水的取水口，可能是污水的排污口，这也造成不同城市对同一条河流环保的要求不一致。目前，长三角开始实行生态环境保护联防联治，在部分区域内创新试点，逐步……

……一系列新的制度架构便会随之形成。

对于长三角一体化发展来说，跨区域实现体制机制乃至政策措施一体化是最难啃的"硬骨头"。要充分发挥长三角生态绿色一体化发展示范区的先锋作用，让改革任务在示范区集中落地，率先突破，系统集成，特别要推动规划管理、生态保护、土地管理、项目管理、要素流动、财税分享、公共服务政策、公共信用八个方面深化改革，形成共同行为准则，让示范区成为跨区域制度创新和政策突破的"样板间"。

本版编辑　郭文鹃　吴　佳　王昱晗

长三角地区是我国重要的经济增长极之一，也是区域一体化发展起步最早、基础最好、程度最高的地区，在国家现代化建设大局和全方位开放格局中具有举足轻重的战略地位。2018年11月，国家主席习近平在首届中国国际进口博览会上宣布，支持长江三角洲区域一体化发展并上升为国家战略。值此三周年之际，智库圆桌邀请专家分享建设经验，为下一步高标准推进长三角一体化发展建言献策。

生态绿色示范发展风生水起

主持人：2019年《长三角生态绿色一体化发展示范区总体方案》出台以来，示范区发展备受瞩目。示范区建设肩负着为长三角更高质量一体化发展探路的重任，两年来有哪些创新成果？

唐珏岚：2019年10月25日，国务院批复《长三角生态绿色一体化发展示范区总体方案》，同年11月1日，“长三角生态绿色一体化发展示范区”正式成立，揭开了长三角一体化“试验田”的面纱。

一体化示范区范围包括上海市青浦区、江苏省苏州市吴江区、浙江省嘉兴市嘉善县“两区一县”，面积约2300平方公里。同时，选择青浦区金泽镇、朱家角镇，吴江区黎里镇，嘉善县西塘镇、姚庄镇作为先行启动区，面积约660平方公里。

两年来，示范区聚焦规划管理、生态环保、项目管理、要素流动、财税分享、土地管理、公共服务等一体化重点领域大胆创新，推出了73项制度创新成果。比如，率先实行跨省域空间规划，“一张蓝图管全域”“一套标准管品质”；搭建大数据治理平台，打通“两区一县”政务数据“断头路”等。制度创新成果不断深化落地，不少创新经验已向全国复制推广。

在不打破行政隶属的前提下达成突破行政边界的目标，体制机制创新是破题关键。示范区通过构建“理事会—执委会—发展公司”三层次架构，形成“机构法定、业界共治、市场运作”新型跨域治理模式，为示范区建设提供了强有力的组织保障。这一全新的工作机制具有三大特点。一是三地联合、业界共治。理事会由浙江省、江苏省、上海市政府部门和示范区属地政府组成，突出政府作用和属地责任，邀请知名企业家和智库代表作为特邀成员，发挥类似公司独立董事的作用。二是三地轮值、统一决策。理事会是重要事项的决策平台，研究确定示范区发展规划、改革事项、支持政策，协调推进重大项目，理事会的理事长由两省一市常务副省（市）长轮值。三是授权充分、精简高效。理事会下设执行委员会作为管理机构，其工作人员由两省一市共同选派。同时，两省一市共同遴选具有丰富开发经验的市场化主体，共同出资成立示范区发展公司，负责基础性开发、重大设施建设和功能塑造等。在长三角的公共空间“水乡客厅”项目上，示范区成立了第一家由两省一市同比例出资、同股同权的市场主体——长三角一体化示范区新发展建设有限公司，并由该公司与三峡集团合资成立长三角一体化示范区水乡客厅开发建设有限公司。由市场化平台实施项目建设，也反映出示范区在建立成本共担、利益共享的跨域财税分享机制的探索上迈出了重要一步。

在推进制度创新同时着力推动项目落地。截至目前，示范区聚焦生态保护、互联互通、创新产业、公共服务四类重点领域，全力推进125项重大项目实施。其中，聚焦生态环境共保联治，重点推进了26项生态保护类项目；聚焦跨域出行更便捷，重点推进了19项互联互通类项目；聚焦科技创新、产业协同，重点推进了45项产业创新类项目；聚焦提高群众获得感、满意度，重点推进了35项民生服务类项目。重大项目的持续推进，为示范区制度创新提供了丰富的应用场景和实践案例，也为高质量发展、高品质生活注入了新动能。

"生态绿色"是示范区建设的底色。在这片"最江南"的吴根越角，示范区肩负着双重使命，既要保护绿水青山，又要创造金山银山。针对跨区域环境治理这一难点，示范区建立了跨省域生态环境标准、环境监测监控体系、环境监管执法"三统一"制度。在示范区，被称为"一河三湖"的太浦河、汾湖、淀山湖、元荡湖都属于跨界水体。过去，因各地采集、分析方法不同，或仪器、评价系统不同，水质监测结果往往会有差异。示范区发布《长三角生态绿色一体化发展示范区"一河三湖"环境要素功能目标、污染防治机制及评估考核制度总体方案》，推动"两区一县"建立统一的监测标准，三地工作人员每月进行一次联合监测，实时共享监测成果，互认数据，并建立协同考核制度。以地处沪苏两地的淀山湖为例，过去其在上海境内的湖区被认定为具有饮用水水源功能，江苏境内的湖区为农业渔业用水功能，如今两地统一了水质目标与富营养化控制目标，将淀山湖作为一个整体进行统一管理。统一标准后，示范区还按照共建共享、受益者补偿和损害者赔偿原则建立生态补偿机制，调动各方参与生态保护的积极性。此外，在合力保护好绿水青山的同时，还注重把生态优势转化成为经济社会发展优势，示范区成功吸引华为研发中心落户青浦区金泽镇，印证了“有风景的地方就会有新经济”。

不断增强企业和居民的获得感是区域一体化发展的出发点和落脚点，也是示范区创新的着力点。两年来，示范区主要通过三大举措提升服务水平。一是促进各类要素在更大范围内自由流动。比如，通过统一企业登记标准、办理流程等，降低企业进入市场的制度成本。又如，构建更开放的人才共享机制，实行外国高端人才工作许可互认，且在示范区给予外国高端人才最长工作许可期限。二是让数据多跑路，让企业群众少跑腿。示范区“跨省通办”综合受理服务窗口已正式上线，实现居民社保卡补换卡、个体工商户开业、企业档案查询等服务事项一地办结。融合多地联办、异地代收代办、全程网办等业务创新受理模式，使企业和居民真正获得政务“同城化”服务。三是探索以社会保障卡为载体实现居民服务“一卡通”。目前，示范区内已实现图书馆通借通还、旅游景点入园优惠、跨省公交刷卡乘车等“同城待遇”，覆盖283万居民。通过区域就医免备案、电子凭证一码通、经办服务一站式、网上医保在线付、异地审核协同化等举措，扎实推进医保公共服务便利共享。

数据共享促区域高效协同

主持人：数字基础设施建设是一体化发展的重要支撑。当前，怎样推动长三角数字基础设施建设和数字经济发展？

李清娟：长三角地区是我国数字经济发展水平最高的区域，通过城市数据要素共享推动长三角区域一体化发展是值得探讨的问题。2020年，我国数字经济总规模为39.2万亿元，占GDP总量38.6%，增速达9.7%。其中长三角地区数字经济总量为10.8万亿元，占全国数字经济总量超1/4，占长三角地区GDP总量的44.26%。数字经济是长三角区域经济增长的重要引擎，也是产业协作和公共服务共享的基础，为长三角均衡高效发展注入新动能。未来，要从公共服务、市场机制、技术、监管等多方面推进整体协同、高效运行的数据共享流动机制。

以全国一体化大数据中心建设为引领，加强长三角数据要素共享与政策协同。建立一体化城市大数据中心，不单是配置服务器、网络设备等基础设施，更要推动城市社会数据资源整合和共享，基础设施和机制的互联互通是数字经济发展的基石。依据国际国内数据中心发展现状，未来应着重推动以下两项工作。一是整合各地数据中心体系架构中的功能性平台，统一各类信息交换、云计算、机构和企业业务平台的数据口径，推动数据中心一体化、绿色化建设，推进相关产业优化和升级。二是重视核心城市数据中心建设引领作用，发挥好上海信息和数据中心建设对长三角区域的集聚作用，增强辐射效应。

在都市圈内维持主体数据多样化与地区数据均衡化发展。数据资产差异化是数据要素流动、市场交易的前提。因此，在保持数据口径一致的同时，注重让不同地区、产业和行业形成差异化的数据资产，进而形成特色鲜明、功能互补的数据业务合作发展态势。在区域范围内加强技术交流与援助，使数据积累更加充分。维护技术的均衡与基本平等，不能形成技术区域壁垒，阻碍数据要素流动。

以科技创新为引领，精进数据治理。统筹一体化算力网络国家枢纽节点的网络、能源、算力、数据、应用等一体化设计和布局。关注能耗问题，实现数据中心绿色、集约、高效发展。加强对已有数据中心的改造升级，大力发展云计算、工业互联网、人工智能等创新科技，在长三角区域内探索实践“数据可用不可见”交互模式，提升数据运用效能。

探索长三角一体化的数据监管协同，积极防范化解风险。打破地区界限，依据国家数据安全法、个人信息保护法，建立统一的城市共享数据监管平台，形成数据合作规范和数据应用标准，保护个人及企业的合法权益。此外，监管部门应出台更多数据应用细则，通过数据预警防范、审计、法律人才援助、案例联合分析等形式建立长效的社会宣传与培训机制。

都市圈建设优化空间布局

主持人：从城市化走向都市圈化，再走向城市群化，是区域经济发展的一般规律。从这个角度来看，长三角一体化发展进展如何？

张学良：都市圈是以超大城市、特大城市或辐射带动功能强的大城市为核心，以核心城市经济辐射的时间距离为半径，所形成的区域经济、社会、文化联系十分紧密的城镇化空间形态。进一步推动都市圈建设，对于优化长三角城镇化空间布局、实现更高质量一体化发展具有重要引领示范意义。

都市圈建设是长三角一体化发展不可逾越的阶段。学理上看，城市群是多个经济社会联系相对密切的都市圈连绵所构成的城镇化空间形态，城市群的发展依赖于都市圈的形成。以上海、南京、杭州、合肥等国家或区域中心城市为核心建设都市圈，一定程度上可重塑长三角城市群的城镇化空间形态，形成多中心发展格局，以点带面、以面及群。实践上看，长三角城市群涉及三省一市，全领域、同水平地推动一体化发展操作难度较大，也不符合区域经济政策因地制宜、分类指导的原则。以小范围、相对精准、跨区域为主要特征的都市圈建设，更容易打破行政隶属藩篱。

集聚是城市群发展的关键动力，与世界先发城市群相比，长三角还不够“聚”。2020 年，长三角 GDP 和人口分别占全国总量的 28.1% 和 16.3%。美国大西洋沿岸城市群和北美五大湖城市群的土地面积之和与长三角基本相同，但早在 2010 年，这两大城市群的 GDP

和人口就已占据美国总体的49.6%和37.2%。进一步细分城市群的各类空间，都市圈是城市群人口集聚的主要载体。如果统一口径，将我国省会城市、直辖市、计划单列市、2010年城区常住人口300万以上的大城市及其周边区县视为都市圈，那么2000年至2015年，都市圈中心城市常住人口增加超过了1亿，外围区域常住人口增加了3500万。2000年至2020年，上海都市圈的人口增长了近2500万，相当于“再造”一个上海。因此，都市圈强大的人口吸纳能力，可为长三角更高质量发展提供空间集聚动能。

都市圈建设是长三角区域协调发展的关键抓手。大城市的溢出效应是推动区域协调发展的重要市场机制，建设空间协同的都市圈，是有效缓解核心城市自身发展约束，增强核心城市辐射能力、带动周边区域协调发展的重要手段。当前，长三角已经形成了“大树底下好乘凉”区域协同发展格局，经济实力越强的城市对周边地区的辐射带动作用也越强，下一步应在现有体制机制优势下深化都市圈建设。

推进长三角都市圈建设，须兼顾示范与引领双重效应。

明确战略导向促示范。坚持创新发展理念，率先在大都市圈内布局发展科技含量高、带动能力强的高成长性产业，构建有利于制度和文化创新的体制机制。坚持协调发展理念，培育“AI+”“5G+”“创意+”“生态+”，发展新技术、新业态、新模式，以数字技术为纽带促进不同区域横向融合发展。坚持绿色发展理念，研究生态环境价值与经济发展价值转换机制，构建高端服务业、新型工业、生态农业与传统产业协调发展的绿色产业体系。坚持开放发展理念，推动教育开放，加快实现教育资源的共享，特别是在联合教育研究、培养、师资招聘等方面有所突破。坚持共享发展理念，着力提升城市生活品质，优化营商和人居环境。

优化功能布局谋引领。以大数据识别长三角城市群各都市圈重点区域与功能承载，在合理定位城市功能的基础上，促进都市圈产业关联发展，形成科学合理的区域协作体系，充分激发跨区域合作“1+1>2”的效应。推动上海、杭州、南京、合肥、宁波等中心城市巩固既有核心功能，拓展全球资源配置、科技创新策源、开放枢纽门户等新型核心功能，同时对核心功能的非关键环节与非核心功能的非基础部分予以适当疏解。推动毗邻城市有序承接大城市的功能疏解，引导优秀开发主体、优质项目主体入驻都市圈，强化功能型重大项目落地。

打造“交通—产业—人口—生态—公共服务”五位一体的都市圈建设框架，紧抓项目落实。交通方面，推进都市圈轨道交通网络建设，打通地区间“断头路”，塑造都市圈联动发展新支撑。产业方面，绘制产业链基础资源图和产业链断链风险图，出台产业合作清单、建议清单和揭榜清单，形成空间产业分工新格局。人口方面，推进人才住房和保障性住房建设，放宽都市圈人才落户条件，营造良性人才流动新氛围。生态方面，建设都市圈资源环境预警系统，出台跨区域生态环境保护联合执法办法，构建综合承载力提升新机制。公共服务方面，提高中心城市公共服务供给能力，加快跨区域医疗、教育、养老、文化等多方面基础设施建设，满足新时代老百姓新需求。

创新体制机制让改革任务集中落地

主持人：长三角实现高水平一体化还有哪些体制机制需要完善？

张兆安：长三角高质量一体化发展关键在于体制机制创新，应紧紧围绕一体化的主要内涵，以制度构建和体制机制一体化为主线引领长三角高质量一体化发展。

第一，创新生态保护一体化体制机制。以河流为例，一条河流对于上、中、下游城市的功能意义不尽一致，可能是饮水的取水口，可能是污水的排污口，这也造成不同城市对同一条河流环保的要求不一致。目前，长三角开始实行生态环境保护联防联治，在部分区域内创新试点，逐步探索形成生态治理“3+1”模式，即实行生态环境标准、环境监测监控体系、环境监管执法的“三统一”制度，同时建立生态补偿机制，推动跨部门、跨区域协调机制不断完善。下一步，应该在水、气、土壤等各个领域，在更大区域范围内，全面推行这种做法。

第二，创新基础设施一体化体制机制。打造综合化、网络化、多样化、便捷化的交通体系。目前，长三角已经打通了数十条“断头路”，开通了数十条省际毗邻公交线路，建成并运行了全国第一条跨省轨道交通。未来，还要加强港口群合作，优化航空运输网络，在数字化基础设施、重大科技基础设施等领域探索共建共享。

第三，创新市场建设一体化体制机制。长三角区域布局一体化市场建设，要统一市场规则、信用治理、市场监管。同时，发挥各城市特色和优势，形成区域化的市场网络，尤其注重建立统一的金融、信息、人才、技术、产权等要素市场，这需要进一步打破区域门槛、构建互认机制。

第四，创新产业发展一体化体制机制。各城市依据不同发展阶段和功能层次选择支柱和特色产业，推动不同规模、类型城市产业分工与协作，塑造具有区域整体竞争力的产业链供应链。建议由各城市联手共同建设长三角产业发展合作区，设立长三角承接产业转移示范区，并在一些重要领域建立产业发展联盟。

第五，创新城市体系一体化体制机制。城市空间布局科学合理，一体化才能变成现实。长三角要联手构建以中心城市为核心，由不同等级规模的城市所组成的城市区域集合体，形成高度发达的分工协作关系。同时，要构建长三角区域一小时、二小时及三小时经济圈，形成长三角大都市圈的核心区、大都市区、大都市扩张区及大都市连绵带等圈层。此外，长三角要加强城市体系与城市布局规划，搭建错落有致的框架体系，协调好大都市、中小城市、城镇发展，也要兼顾农村城镇化及乡村振兴进程。

第六，创新制度架构一体化的体制机制。目前，长三角地区已经形成了以主要领导座谈会、长三角合作与发展联席会议、长三角城市经济协调会、长三角市长联席会议等构成的协商协调机制，合作成果不断显现，区域大气污染防治协作、税收协同执法、通关一体化、交通卡异地通用、医保异地即时结算等政策难题相继破解。下一步，应该把着力点放在推进长三角政务服务跨省“一网通办”、社会治理跨省“一网通管”，这两张跨省的网络建立起来了，一系列新的制度架构便会随之形成。

对长三角一体化发展来说，跨区域实现体制机制乃至政策措施一体化是最难啃的“硬骨头”。要充分发挥长三角生态绿色一体化发展示范区的先锋作用，让改革任务在示范区集中落地、率先突破、系统集成，特别要推动规划管理、生态保护、土地管理、项目管理、要素流动、财税分享、公共服务政策、公共信用八个方面深化改革，形成共同行为准则，让示范区成为跨区域制度创新和政策突破的“样板间”。

原载 2021 年 11 月 10 日《经济日报》

人机物三元融合　万物智能互联

本期嘉宾

中国大数据应用联盟人工智能专家委员会主任　刘鹏

海南大学计算机科学与技术学院教授　杨天若

中国机器人峰会工作委员会秘书长　张欢喜

主持人

经济日报社编委、中国经济趋势研究院院长　孙世芳

10 智库　2021年12月4日　星期六　经济日报

随着物联网和人工智能等高新技术的发展和应用，人机物融合的相关研究引起世界普遍关注。习近平总书记在两院院士大会中国科协第十次全国代表大会上指出，以信息技术、人工智能为代表的新兴科技快速发展，大大拓展了时间、空间和人们认知范围，人类正在进入一个人机物三元融合的万物智能互联时代。"十四五"规划对我国人工智能的核心技术突破、智能化转型与应用等多个方面作出了部署。本期特邀专家深入探讨。

人机物三元融合 万物智能互联

嘉宾
中国大数据应用联盟人工智能专家委员会主任　刘鹏
海南大学计算机科学与技术学院教授　杨天若
中国机器人峰会工作委员会秘书长　张欢喜

主持人
经济日报社编委、中国经济趋势研究院院长　孙世芳

三元融合以人为中心

主持人：作为更深层次的人工智能模式，人机物三元融合将给行业产业的生产方式、社会生活方式带来怎样的改变？实现目标和技术途径是什么？

刘鹏：人机物三元融合强调的是物理空间、信息空间和社会空间的有机融合，物理空间分别与信息空间、社会空间源源不断地进行信息交互，而信息空间与社会空间则进行着认知属性和计算属性的智能融合。人机物三元融合的核心是人工智能，人机关系是三元协调的关键所在，当两者认知贴合并能协同有效地开展工作时，好比为三元融合添加"马达"，在智慧大脑的引领下推动其有序而良性地向前发展。

物联网、大数据、人工智能等技术的深度应用和高度融合，将进一步推动人类、机器、自然三者高效协作。生产方面，三元融合增强了机器的感知、共情、行为、应变能力，实现了机器与人类的能力互补，从而提升了生产效率和产品质量；生活方面，三元融合消除了更多的理解偏差与交互限制，机器可以充分利用物理世界与自然资源，根据人类的需求量身定制更多个性化的产品和服务，带来高品质生活。

实现人类、机器与自然的和谐共生，实现智能化、精细化和动态管理，打造新型社会生态，是一项浩大的工程，真正实现这一目标需要时间，甚至需要几代人的努力。因此，人机物融合的近期目标是助力机器智能水平的提升，大幅提升机器的感知、应变能力，推进人机关系的发展。需要着力建设人工智能系统，在已有的语音识别、机器视觉、执行器系统研发基础上，重点突破认知行为系统的研发，实现由语音助手、搜索引擎、导航系统等弱人工智能到具有人类思维和心智的强人工智能的发展，让机器更好地理解外部世界。

杨天若：人机物交互的枢纽是"信息"，"机器"虽然能够高效地从物理环境中捕获与存储信息，但无法自主地分析信息。而人能从更高层次感知物理环境，提取有用信息，从而在人机交互过程中将感知的信息传递给机器，使得机器在作用于物理环境过程中体现人类的真实意图和智能属性。随着机器自主智能性的提高，人机物关系则会演变为"共生关系"，三者相互合作，共同创造智慧社会。从近期目标来看，在人机物智能技术的推动下，将通过利用各种信息资源使人类社会、信息空间、物理空间联动互通，数字孪生，动态耦合、虚实交融，形成以人为中心的人机物三元融合的智能化新社会形态，在创新创业、休闲娱乐、医疗健康等方面提供更主动、更精准的智慧化服务。

张欢喜：人机物三元融合必须深度综合物联网、通信等技术，使物与物、物与人之间实现互联，将智能融入万物实现无缝对接、协同计算。特别是"互联网+"时代的产业互联网正催生着人机物融合网络空间的形成和发展，呈现出大融合、大数据、智能化和虚拟化特征。

人机物三元融合技术的应用和发展，将给我们的生产、生活带来很多改变。广泛的连接产生海量的数据，这些数据高度汇聚将实现跨行业跨区域流动，继而催生更多的新模式新业态。如果说互联网对社会经济产生革命性影响的上半场属于消费互联网，那下半场则属于工业互联网。工业互联网是新一代信息技术与生产技术深度融合的产物，它通过人、机、物深度互联，全要素、全产业链、全价值链的全面链接，推动新的工业生产制造和新的服务体系。人机物融合计算的关键是如何有效提取和融合人、机、物三元信息，并提供普适服务有效融合和利用"人"的价值，一方面攫取并利用人的特征和能力，另一方面做到以人为本的计算和服务。

一些技术问题亟需解决和优化

主持人：我国人机物三元融合研究的现状如何？当前面临哪些关键挑战？

杨天若：随着物联网和人工智能等高新技术不断发展与涌现，人机物三元空间的深度融合已引起世界各国的关注。其中，数字经济、智能工厂、智慧城市等都是人类社会向人机物智能融合型社会迈进这一历史进程的阶段性典型应用。近年来，我国相继出台了一些战略规划，积极推动人机物三元空间融合研发进程。从国家科技发展层面看，2017年国务院印发《新一代人工智能发展规划》，将知识驱动的人机物三元协同理论作为新一代人工智能基础理论体系和重点任务。从社会应用层面看，人机物三元融合已广泛应用到智能家居、智慧交通、智慧医疗等多个方面。从技术层面看，政府与科研机构一直致力于社会的智慧化建设，从早期的云计算、物联网、大数据，到最近的边缘计算、数字孪生、"互联网+"，均为人机物智能奠定了坚实的理论和技术基础。

不过，目前仍缺乏对人机物三元融合科学理论、系统结构和实践应用等方面的综合研究。一是缺乏通用的人机物系统设计方法。现有的系统设计方法大都针对特定的应用，没能综合地考虑多种设计因素，尤其是人的社交关系，缺乏通用性，不能很好地满足日益增长的、互联互通的智慧应用需求。二是缺乏人机物大数据的统一分析平台。人机物系统产生的大数据具有多源异构、跨空间、跨平台、高阶、海量、时序等特点，尚缺乏统一表示、融合、计算、分析和处理人机物大数据的方法和平台。三是缺乏自动进化的人机物系统设计模型。现有的设计模型往往是静态模型，不能随着用户需求和环境的改变而自适应地优化和迭代。

刘鹏：早在2009年，中科院发布《中国至2050年信息科技发展路线图》，提出了人机物三元世界和信息技术普惠大众的思想。中国信息通信研究院发布的《中国数字经济发展白皮书(2021)》显示，2020年我国数字经济规模达到39.2万亿元，占GDP比重为38.6%。以信息技术为引领的人机物融合正在大踏步向前。

然而纵观当前实际情况，人机物三元融合仍面临着一些棘手的技术问题亟需解决和优化。其一，人工智能系统并未达到强人工智能水平，无法完全独立工作，比如汽车制造环节，遇到故障、网络入侵等意外事件，仍需人工控制；机器人在智能、柔性和灵活方面还有所欠缺，部分装配工作仍需人工干预等。其二，人机物融合应用还较为零散，好比产业链的上下游，如何打通仍然是问题所在。同时，如何在保护隐私的前提下，上下游共享数据，根据共享态势做出科学预测，实现精细化管理，也是人机物三元融合研究题中应有之义。

迈向人机物智能融合型社会

主持人：从概念到实现广泛应用，人机物三元融合目前有哪些典型应用场景？如何推动有效协同与融合发展，使其成为解决国家重大需求的有力支撑？

杨天若：人机物智能是当前信息社会的一次重大变革，各种高新人工智能技术的快速发展与涌现，有效协同与融合了人机物异质要素，典型的应用场景包括智慧家庭、智慧社区、智慧经济圈等。当前可从以下几方面深化研究：一是探索人机物内在协同规律和交互机制；二是构建新型智能计算与服务系统；三是加强人机物自适应系统顶层设计；四是突破人机物数据分析关键技术；五是实现数据与系统的安全保障。

促进人机物三元空间的深度融合与和谐发展，政府需大力支持以人机物智能技术为代表的新型城市基础设施与公共服务平台的建设，让人机物智能技术持续为新型智能化城市赋能。同时，创新地运用人工智能技术手段，改变人机物智能应用开发模式，突破人机物智能普惠瓶颈，构建高质量、开放型的基础软件生态。

刘鹏：人工智能飞速发展，人类社会正向人机物三元智能融合型社会迈进，无人码头、无人工厂、智慧城市等都是典型应用场景。以无人工厂为例，大部分汽车生产流程都是自动化的，一些技术上不成熟、计算机无法完成的工作，比如集成面板的检测交由人工完成，人、机、物相互协作，形成了高效的运转生产环境。

推动人机物有效协同与融合发展，一方面应大力建设强人工智能，提升人工智能水平；另一方面，着眼全局，共享行业数据，通过对人、机、物的全面连接，构建起覆盖全产业链、全价值链的全新体系，实现由局部融合到行业融合直至社会融合，最终实现社会一体化。对此，诸多技术、政策方面的问题仍需要政府、社会等方面的高效协调与大力支持。技术上，开展数据治理，解决数据冲突，保证数据的真实性、客观性和安全性；基于全局优化策略，开展科学预测，为人机物融合提供前瞻指导；启动故障机制，在出现问题时进行自适应调整。政策上，亟需制定并推进相应的上下游衔接标准、法规和政策，明确共享和开放的数据内容以及开放的范围与权限，做到有效衔接和适度、适域开放。

张欢喜：随着物联网、大数据和人工智能技术的快速发展与加速融合，智能物联网(AIoT)正成长为一个具有广泛发展前景的新兴前沿领域。智能物联网首先通过各种传感器联网实时采集各类数据，进而在终端设备、边缘设备或云端通过数据挖掘和机器学习方法来进行智能化处理和理解。近年来，智能物联网应用已逐步融入到国家重大需求和民生各个领域，如智慧城市、智能制造、社会治理等。一个典型的例子是工业互联网技术的发展和应用，它通过人、机、物的全面互联推动了全新的工业生产制造和服务体系构建。

智能物联网是海量人、机、物融合的主体，人机物协同融合成为新的发展趋势，也将推动新一代群智感知计算的产生。人机物融合群智计算面向物联网和普适计算领域国际学术前沿，探索异构群智协同的基础理论创新，通过关键技术突破推动人、机、物要素的有机连接、协作与增强，构建具有自组织、自学习、自适应、持续演化等能力的智慧空间，对促进智慧城市、智能制造等国家重大需求领域新模式和新业态形成，推动新一代智能物联技术发展变革等具有重要意义。

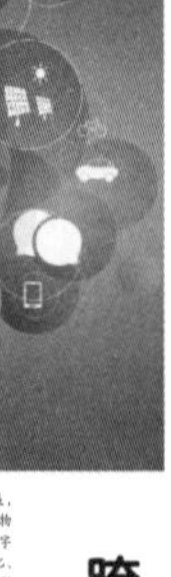

跨越『广义功能安全』壁垒

邬江兴

随着人工智能、大数据、物联网技术发展，人机物三元融合的时代已经开启。基于人机物融合的新一代数字基础设施建设，推动了数字经济与智慧社会新发展，促使各种资源集约化、管理智能化、服务泛在化，新经济格局逐渐形成，新技术、新应用、新业态呈现井喷爆发的新态势。在数字基础设施建设蓬勃发展之时，我们必须认真审视潜在风险和安全挑战，特别是人机物深度融合中出现的"广义功能安全"问题。

何谓"广义功能安全"问题？我们知道，人类的生活空间，是一个基于物理世界的有形体。人们对安全的认知集中在功能安全上，即"Safety问题"。以汽车制造领域为例，保证传统功能安全，焦点在避免随机性故障和环境影响造成的安全风险。但人机物三元融合之后，网络安全问题出现了，即"Security问题"。仍以汽车行业为例，智能汽车的网络安全问题已渗透到传统功能安全领域，软硬件设计漏洞使攻击者有机可乘。人机物三元融合最大的特点是信息世界和物理世界的深度融合，所有数字基础设施和智能化设备变身成为典型的信息物理系统(CPS)，传统功能安全或可靠性理论、方法及工程实现技术正受到前所未有的挑战，这就出现了"Safety+Security"的"广义功能安全"问题。

为何"广义功能安全"问题是数字时代必须要迈过的一道坎？"广义功能安全"问题具有两个显著特点。一是"聚变效应"。网络安全与功能安全问题相互交织且相互作用，比如传统电网、燃气网络、输油网络等，随机性故障和功能失效带来的破坏性总体可控，但网络安全问题造成的新的安全风险，却具有较强的不确定性和破坏力。二是"叠加效应"，信息化规模越大，智能化程度越高，同时也加大了安全风险。解决"广义功能安全"问题不可能"摸着石头过河"，推动人机物三元融合、促进数字经济健康发展，必须正视"广义功能安全"问题，标本兼治、建管同步、破立并举，从源头上寻找长治之策。

如何破解"广义功能安全"问题？究其根本原因，是现有信息系统存在"基因缺陷"。软硬件系统作为人工设计的技术产品，无法从根本上杜绝设计"漏洞"的存在，而且产品复杂度越高、品种越杂、使用成熟度越小，"漏洞"就越多。同时，以目前的科技水平，无法从理论与工程上彻查"漏洞"问题，也无法穷尽开源生态和开放产业环境中预留软硬件"后门"的行为。这些"漏洞"就是网络空间、信息物理系统的病源，也是"广义功能安全"问题的根子所在。换言之，当前无论从理论上、技术上还是经济上，都不可能完全保证网络空间构成环境无"漏洞"问题。在这个基本条件下，必须跳出依赖先验知识的传统安全定式，通过安全发展范式创新解决网络空间共性安全难题。通过长期研究，我国独有独创的内生安全理论与方法论及实施规范，已经成为网络空间安全技术发展的"第四范式"，能够在不依赖先验知识的条件下，抑制隐藏的漏洞后门等引起的"差模或共模"安全威胁，既可解决"全球化、多极化环境下"供应链自主可控问题，又能解决"开放条件下安全可信"的问题，实现"广义功能安全"问题的一体化处理目标，形成高可靠、高可信双重安全能力，为数字经济和数字社会高质量、健康可持续发展提供支撑。

如何跨越"广义功能安全"壁垒？当前，"广义功能安全"问题如同一道难以逾越的悬崖峭壁，横亘在人机物深度融合的进程之中。不推进融合，智慧城市、现代治理、数字经济难以有实质性发展；推进融合，安全问题、安全风险以及其"叠加效应"，或从虚空间向实体空间迅速弥散。跨越"广义功能安全"壁垒，需要敢于担当的精神，在我国率先推动内生安全领域理论与技术的持续创新和大规模应用，把数字经济的发展命脉牢牢掌握在自己的手中。一是推动内生安全技术的再创新，在内生安全基础理论方法研究、内生安全软硬件生态构建、行业内生安全关键应用技术攻关等方面加快创新步伐，推动内生安全技术从当前面向存量资产升级改造的1.0阶段向2.0的原生安全软硬件产品阶段演进。二是推动网络安全标准的再定义，主动适应当前我国在网络内生安全领域独创、独有的模式，建立与之配套"中国标准"，完善技术、产业标准体系，把内生安全基因嵌入所有信息物理系统之中。三是推动优质创新资源的再聚集，构建产学研一体化、上下游协同创新的全产业链合作机制，引导和聚集网络安全产业和科研院所等社会力量深化产教融合，推动形成人才技术产业协同发展的良性生态。四是推动各种产业工具的再赋能，尤其是加快金融保险领域的跟进支持，按照国家网络安全产业行动方案要求，推动网络与数据安全保险的实施进程，在安全功能可定制、安全性能指标可度量的基础上，构建"保险+风险管理+服务"的网络安全保险新链条、新业态，为新技术发展与应用注入新动力。

（作者系中国工程院院士）

院士建言

本版编辑　谢慧　美编　王子萱

随着物联网和人工智能等高新技术的发展和应用，人机物融合的相关研究引起世界普遍关注。习近平总书记在两院院士大会、中国科协第十次全国代表大会上指出，科技创新速度显著加快，以信息技术、人工智能为代表的新兴科技快速发展，大大拓展了时间、空间和人们认知范围，人类正在进入一个“人机物”三元融合的万物智能互联时代。“十四五”规划对我国人工智能的核心技术突破、智能化转型与应用等多个方面作出了部署。本期特邀专家深入探讨。

三元融合以人为中心

主持人：作为更深层次的人工智能模式，人机物三元融合将给行业产业的生产方式、社会生活方式带来怎样的改变？实现目标和技术途径是什么？

刘鹏：人机物三元融合强调的是物理空间、信息空间和社会空间的有机融合，物理空间分别与信息空间、社会空间源源不断地进行信息交互，而信息空间与社会空间则进行着认知属性和计算属性的智能融合。人机物三元融合的核心是人工智能，人机关系是三元协同的关键所在，当两者认知贴合并能协同有效地开展工作时，好比为三元融合添加“马达”，在智慧大脑的引领下推动其有序而良性地向前发展。

物联网、大数据、人工智能等技术的深度应用和高度融合，将进一步推动人类、机器、自然三者高效协作。生产方面，三元融合增强了机器的感知、共情、行为、应变能力，实现了机器与人类的能力互补，从而提升了生产效率和产品质量；生活方面，三元融合消除了更多的理解偏差与交互限制，机器可以充分利用物理世界与自然资源，根据人类的需求量身定制更多个性化的产品和服务，带来高品质生活。

实现人类、机器与自然的和谐共生，实现智能化、精细化和动态管理，打造新型社会生态，是一项浩大的工程，真正实现这一目标需要时间，甚至需要几代人的努力。因此，人机物融合的近期目标是助力机器智能水平的提升，大幅提升机器的感知、应变能力，推进人机关系的发展。需要着力建设人工智能系统，在已有的语音识别、机器视觉、执行器系统研发基础上，重点突破认知行为系统的研发，实现由语音助手、搜索引擎、导航系统等弱人工智能到具有人类思维和心智的强人工智能的发展，让机器更好地理解外部世界。

杨天若：人机物交互的枢纽是“信息”，“机器”虽然能够高效地从物理环境中捕获与存储信息，但无法自主地分析信息。而人能从更高层次感知物理环境，提取有用信息，从而在人机交互过程中将感知的信息传递给机器，使得机器在作用于物理环境过程中体现人类的真实意图和智能属性。随着机器自主智能性的提高，人机物关系则会演变为“共生关系”，三者相互合作，共同创造智慧社会。从近期目标来看，在人机物智能技术的推动下，将通过利用各种信息资源使人类社会、信息空间、物理空间联动互通、数字孪生、动态耦合、虚实交融，形成以人为中心的人机物三元融合的智能化新社会形态，在创新创业、休闲娱乐、医疗健康等方面提供更主动、更精准的智慧化服务。

张欢喜：人机物三元融合必须深度综合物联网、通信等技术，使物与物、物与人之间实现互联，将智能融入万物实现无缝对接、协同计算。特别是“互联网 +”时代的产业互联网正催生着人机物融合网络空间的形成和发展，呈现出大融合、大数据、智能化和虚拟化特征。

人机物三元融合技术的应用和发展，将给我们的生产、生活带来很多改变。广泛地连接产生海量的数据，这些数据高度汇集将实现跨行业跨区域流动，继而催生更多的新模式新业态。如果说互联网对社会经济产生革命性影响的上半场属于消费互联网，那下半场则属于工业互联网。工业互联网是新一代信息技术与生产技术深度融合的产物，它通过人、机、物深度互联，全要素、全产业链、全价值链的全面链接，推动新的工业生产制造和新的服务体系。人机物融合计算的关键是如何有效提取和融合人、机、物三元信息，并提供普适服务有效融合和利用“人”的价值，一方面提取并利用人的特征和能力，另一方面做到以人为本的计算和服务。

一些技术问题亟须解决和优化

主持人：我国人机物三元融合研究的现状如何？当前面临哪些关键挑战？

杨天若：随着物联网和人工智能等高新技术不断发展与涌现，人机物三元空间的深度融合已引起世界各国的关注。其中，数字经济、智能工厂、智慧城市等都是人类社会向人机物智能融合型社会迈进这一历史进程的阶段性典型应用。近年来，我国相继出台了一些战略规划，积极推动人机物三元空间融合研发进程。从国家科技发展层面看，2017 年国务院印发《新一代人工智能发展规划》，将知识驱动的人机物三元协同理论作为新一代人工智能基础理论体系和重点任务。从社会应用层面看，人机物三元融合已广泛应用到智能家居、智慧交通、智慧医疗等多个方面。从技术层面看，政府与科研机构一直致力于社会的智慧化建设，从早期的云计算、物联网、大数据，到最近的边缘计算、数字孪生、“互联网 +”，均为人机物智能奠定了坚实的理论和技术基础。

不过，目前仍缺乏对人机物三元融合科学理论、系统结构和实践应用等方面的综合研究。一是缺乏通用的人机物系统设计方法。现有的系统设计方法大都针对特定的应用，没能综合地考虑多种设计因素，尤其是人的社交关系，缺乏通用性，不能很好地满足日益增长的、互联互通的智慧应用需求。二是缺乏人机物大数据的统一分析平台。人机物系统产生的大数据具有多源异构、跨空间、跨平台、高阶、海量、时序等特点，尚缺乏统一表示、融合、计算、分析和处理人机物大数据的方法和平台。三是缺乏自动进化的人机物系统设计模型。现有的设计模型往往是静态模型，不能随着用户需求和环境的改变而自适应地优化和迭代。

刘鹏：早在2009年，中国科学院发布《中国至2050年信息科技发展路线图》，提出了人机物三元世界和信息技术普惠大众的思想。中国信息通信研究院发布的《中国数字经济发展白皮书（2021）》显示，2020年我国数字经济规模达到39.2万亿元，占GDP比重为38.6%。以信息技术为引领的人机物融合正在大踏步向前。

然而纵观当前实际情况，人机物三元融合仍面临着一些棘手的技术问题亟须解决和优化。其一，人工智能系统并未达到强人工智能水平，无法完全独立工作，比如汽车制造环节，遇到故障、网络入侵等意外事件，仍需人工控制；机器人在智能、柔性和灵活方面还有所欠缺，部分装配工作仍需人工干预等。其二，人机物融合应用还较为零散，好比产业链的上下游，如何打通仍然是问题所在。同时，如何在保护隐私的前提下，上下游共享数据，根据共享态势做出科学预测，实现精细化管理，也是人机物三元融合研究题中应有之义。

迈向人机物智能融合型社会

主持人：从概念到实现广泛应用，人机物三元融合目前有哪些典型应用场景？如何推动有效协同与融合发展，使其成为解决国家重大需求的有力支撑？

杨天若：人机物智能是当前信息社会的一次重大变革，各种高新人工智能技术的快速发展与涌现，有效协同与融合了人机物异质要素，典型的应用场景包括智慧家庭、智慧社区、智慧经济圈等。当前可从以下几方面深化研究：一是探索人机物内在协同规律和交互机制；二是构建新型智能计算与服务系统；三是加强人机物自适应系统顶层设计；四是突破人机物数据分析关键技术；五是实现数据与系统的安全保障。

促进人机物三元空间的深度融合与和谐发展，政府需大力支持以人机物智能技术为代表的新型城市基础设施与公共服务平台的建设，让人机物智能技术持续为新型智能化城市赋能。同时，创新地运用人工智能技术手段，改变人机物智能应用开发模式，突破人机物智能普惠瓶颈，构建高质量、开放型的基础软件生态。

刘鹏：人工智能飞速发展，人类社会正向人机物三元智能融合型社会迈进，无人码头、无人工厂、智慧城市等都是典型应用场景。以无人工厂为例，大部分汽车生产流程都是自动化的，一些技术上不成熟、计算机无法完成的工作，比如集成面板的检测交由人工完成，人、机、物相互协作，形成了高效的运转生产环境。

推动人机物有效协同与融合发展，一方面应大力建设强人工智能，提升人工智能水平；另一方面，着眼全局，共享行业数据，通过对人、机、物的全面连接，构建起覆盖全产业链、全价值链的全新体系，实现由局部融合到行业融合直至社会融合，最终实现社会一体化。对此，诸多技术、政策方面的问题仍需要政府、社会等方面的高效协调与大力支持。技术上，开展数据治理，解决数据冲突，保证数据的真实性、客观性和安全性；基于全局优化策略，开展科学预测，为人机物融合提供前瞻指导；启动故障机制，在出现问题时进行自适应调整。政策上，亟须制定并推进相应的上下游衔接标准、法规和政策，明确共享和开放的数据内容以及开放的范围与权限，做到有效衔接和适度、适量开放。

张欢喜：随着物联网、大数据和人工智能技术的快速发展与加速融合，智能物联网（AIoT）正成长为一个具有广泛发展前景的新兴前沿领域。智能物联网首先通过各种传感器联网实时采集各类数据，进而在终端设备、边缘设备或云端通过数据挖掘和机器学习方法来进行智能化处理和理解。近年来，智能物联网应用已逐步融入国家重大需求和民生各个领域，如智慧城市、智能制造、社会治理等。一个典型的例子是工业互联网技术的发展和应用，它通过人、机、物的全面互联推动了全新的工业生产制造和服务体系构建。

智能物联网是海量人、机、物融合的主体，人机物协同融合成为新的发展趋势，也将推动新一代群智感知计算的产生。人机物融合群智计算面向物联网和普适计算领域国际学术前沿，探索异构群智协同的基础理论创新，通过关键技术突破推动人、机、物要素的有机连接、协作与增强，构建具有自组织、自学习、自适应、持续演化等能力的智慧空间，对促进智慧城市、智能制造等国家重大需求领域新模式和新业态形成，推动新一代智能物联技术发展变革等具有重要意义。

原载 2021 年 12 月 4 日《经济日报》

把饭碗牢牢端在自己手中

本期嘉宾

中国农业科学院农业经济与发展研究所产业室主任、研究员　钟钰

中国农业大学土地科学与技术学院教授　孔祥斌

中国社会科学院农村发展研究所研究员　刘长全

主持人

经济日报社编委、中国经济趋势研究院院长　孙世芳

11 智库 2021年12月8日 星期三 经济日报

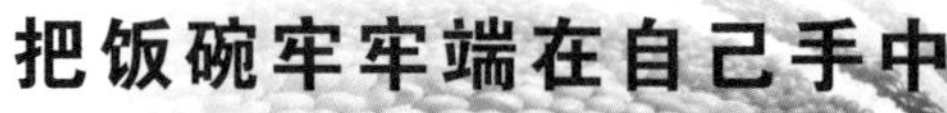

把饭碗牢牢端在自己手中

智库圆桌（第四十三期）

国家统计局数据显示，全国粮食产量今年再创新高，连续7年保持在1.3万亿斤以上。今年粮食丰收是稳政策、增面积、强科技的结果，是战胜疫情和自然灾害的结果。大国粮仓根基牢，中国人的饭碗牢牢端在自己的手中。本期邀请专家围绕粮食丰收从政策、耕地、科技三个方面进行解读。

主持人 经济日报社编委、中国经济趋势研究院院长 孙世芳

一揽子新政策显重大成效

主持人：今年我国首次把粮食产量纳入宏观经济调控目标。各级政府部门为保障粮食生产有哪些支持政策？各项政策为提高农民种粮积极性、保障地方抓粮积极性发挥了哪些作用？

钟钰（中国农业科学院农业经济与发展研究所产业室主任、研究员）：为确保今年粮食丰收，年初从中央到地方，全国上下一盘棋，坚决打好粮食生产保卫战。中央出台一揽子新政策支持粮食生产，统筹安排全面部署。

一是实行粮食安全党政同责。4月新修订的《粮食流通管理条例》按照党中央"地方各级党委和政府要扛起粮食安全的政治责任，实行党政同责，'米袋子'省长要负责，书记也要负责"的最新要求，首次在行政法规中明确规定粮食安全党政同责。

二是加大种粮补贴支持力度。对粮食生产薄弱环节所需的高端、复式、智能农机产品的补贴比例提高至35%；将粮食烘干成套装备等纳入农机新产品补贴范围，特别是中央财政对实际种粮农民发放一次性补贴200亿元，弥补今年以来农资成本上涨带来的增支影响。

三是扩大三大粮食作物完全成本保险和种植收入保险实施范围。从试点阶段的6个省份24个产粮大县，扩大到13个粮食主产省份的500个产粮大县。同时，中央财政提高对中西部及东北地区的补贴比例，从试点期的40%增加到45%。

四是提高最低收购价。今年国家继续实施小麦和稻谷最低收购价政策，在2020年最低收购价基础上，对小麦和籼稻的最低收购价每斤提高1分钱。

五是加快发展农业社会化服务。今年中央财政农业生产社会化服务专项资金增加到55亿元，比上年增加10亿元。在粮食产前产后，探索出一大批行之有效的服务模式和组织形式。

这些扶持政策含金量高、支持力度大，对稳定粮食生产、提升粮食质量作用明显，特别是今年气象年景不容乐观，面对旱涝、低温、极热等极端天气多发，以及重大病虫害危害发影响，在粮食生产历史高位继续丰收，形势可喜、来之不易，充分展现了国家政策措施的重大效用。

一是确保粮食面积稳中有增。面积是产量的基础，中央向各省下达了粮食生产目标任务，面积是约束性指标。从种植情况看，冬小麦面积增加300多万亩，属4年来首次增加；夏粮面积增加398.9万亩，扭转了连续5年下滑势头；秋粮面积也有所增加，稳定在12.97亿亩，粮食面积有保障为全年丰收奠定了坚实基础。例如7月在甘肃调研了解到，今年党政同责压得实，严格落实粮食责任制，将粮食生产目标分解下达各县，县与各乡镇再签订责任书，明确主要粮食作物种植面积、品种，乡镇再分解目标到村，村落实到具体地块，建立台账，确保可查询、可考核，保证耕地面积、粮食播种面积、粮食产量"三不减"。通过压实地方粮食安全主体责任，央地共治下的粮食安全保障水平得到大幅提升。

二是优化生产结构，改善粮食品质。今年夏粮量质并增，产量2919亿斤，比上年增加62亿斤，优质专用小麦面积占37.3%，同比提高1.5个百分点。4月在山东、河北调研了解到，大河县百万亩小麦每年由政府统一供种，县本级财政出资1000万元兜底，良种覆盖率达100%，绿色高产高效技术模式到位率达100%；隆尧县优质强筋小麦面积30万亩，占总播种面积达55.4%，比去年提高3个百分点。甘肃推动农业种植结构适应性调整，扩大了全膜玉米、黑膜马铃薯和小杂粮生产。调整后的作物生长与降雨同周期，提高了作物与生产要素的匹配性和协调性，进一步增加了粮食产出，奠定了甘肃马铃薯闻名全国的基础，其种植面积位居全国第三、总产量位居全国第二，是全国最大的马铃薯种薯繁育基地。

三是增强粮食综合生产能力。国家整合落实直接支持粮食生产资金240亿元，比去年增加近60亿元。抓住耕地这个要害，完成1亿亩高标准农田的建设任务。例如甘肃省粮食高质量发展项目向大县大市倾斜，已建成规模化标准化绿色化马铃薯种植基地284万亩，不仅巩固了粮食基本生产功能，还实现产业扶贫向产业振兴的历史性转变。

四是稳定农民种粮收益预期。最低收购价格如同影子价格，直接影响粮食价格。提高最低收购价，向社会释放出重粮信号。由于粮食最低收购价政策提前公布，价格水平能基本保住成本，敞开收购，应收尽收，政策兜底效应明显，使得农民种粮时有了定心丸，基本不用担心价格大幅下跌导致的卖粮难和明显亏损问题。

五是加快形成粮食服务体系。托管成为受老百姓欢迎的服务模式，综合托管率不断提高，实现了土地连片规模化生产。新主体积极布局建设烘干设施，增强了技术支撑能力，缓解粮食产后水分高、呕吐毒素超标等问题，推动节粮减损。例如河北省衡水市饶县玉河家庭农场自行开发了不需要用电、纯绿色、无污染、低成本的干燥塔，设施投资3400元，可储存粮食5000斤。

走粮食产业内涵式发展道路

主持人：农业出路在现代化，农业现代化关键在科技进步。请问如何进一步依靠农业科技进步，走粮食产业内涵式发展道路？

刘长全（中国社会科学院农村发展研究所研究员）：科技创新是提高粮食单产和粮食安全保障水平的第一动力，我国粮食生产正从传统的粗放式增长模式转向依靠科技创新的内涵式增长道路。

粮食单产提高首先来自新品种生产性能的提升。随着我国种业创新能力不断增强、种业创新体制改革持续深化，主要粮食作物新品种审定数量快速增加。2019年，我国小麦、水稻、玉米三大作物国审新品种达到1526个，是2000年的近45倍。同时，新品种生产性能显著提升。2017年至2019年，我国黄淮海地区夏玉米国审品种区域试验平均单产与1999年至2001年相比提高了24.3%。

资源集约利用技术、机械化技术和数字化技术等快速发展和应用，对粮食单产的增长起到重要作用。一是资源集约灌溉技术、农艺技术的发展提高了水资源等的利用效率，缓解了资源偏紧地区粮食生产面临的资源约束，提高了粮食生产潜能。二是机械化相关技术创新，包括适用农机的研发、农地的宜机化改造等，可以在减少劳动投入的同时提高粮食生产管理水平。三是数字化、信息化技术的创新促进了粮食生产精准化，使得粮食生产能够更精准地利用资源，把握农时，防治病虫害和其他自然灾害等。

在农业农村现代化加快发展和城乡居民食物消费结构不断升级的背景下，除了要继续提高粮食单产和粮食数量安全保障水平，更要关注粮食的质量提升、结构优化和绿色安全等新要求。实现这一转变要求科技创新发挥更大作用。第一，要继续围绕粮食稳定增产加快技术创新，重点加强土壤健康与地力提升技术创新，不断提高耕地质量；在自然灾害风险依然突出、气候变化不确定性上升的背景下，重点加强抗逆新品种、抗灾技术、灾害监测预警防控技术等的研发。第二，围绕粮食作物质量提升、结构优化加快科技创新，重点面向消费结构升级，加快特色、优质、专用品种的研发，如强筋、弱筋小麦，青贮专用玉米等；发展粮食精深加工技术，促进粮食产业链、价值链延伸。第三，围绕粮食生产的绿色安全与可持续加快科技创新，重点加强绿色投入品、绿色病虫害防治技术、节水灌溉等资源节约型技术、粮食作物秸秆资源化利用技术、畜禽粪便处置与科学还田技术等创新。第四，围绕粮食产业的数字化、信息化加快科技创新，重点发展智能农业机械、基于遥感、大数据等的粮食生产服务技术，实现生产决策、自然灾害防治、病虫害防治等数字化、智能化。

近年来，我国种业发展取得显著成效，农业用种安全总体有保障，但是与国际种业发达国家相比仍有差距，打好种业翻身仗要着力做好以下几个方面。

一是转变育种模式，缩小育种技术阶段差距。加快建设商业化育种体系，构建以企业为主体的育种模式，通过规模化、专业化协作有序落实育种的规划目标。在推进生物育种产业化应用的基础上，加快实现从传统育种向传统育种和分子育种、生物育种协同的转变。建设基于"生物信息+模型预测"的高效育种体系，推动我国种业发展进入智能育种阶段。

二是推进种质资源库建设。加快实现国内种质资源应保尽保，减少主要粮食作物地方品种的丧失。加大对境外种质资源的引进力度，解决种质资源遗传多样性不足的问题。加快种质资源的精准鉴定，发掘优异种质和基因资源，将种质资源转变为育种的种质基础。建设全国统一的种质资源数据库，构建种质资源的共享利用机制；建设种质的基因库，为智能化育种模式的发展提供数据支撑。

三是解决关键核心技术与部分重要农产品核心种源面临的"卡脖子"问题。加强基础研究和前沿领域的前瞻性布局，力争在基础理论、机理机制和工具方法研究上早日实现从"跟跑"到"并跑""领跑"的转变。聚焦核心种源自给率较低的重要农产品，加大攻关力度，力争早日达到国际先进水平或实现进口替代的突破，保障核心种源供给安全。

四是完善种业知识产权保护制度，净化种业市场，优化种业原始创新环境。加快改变种业知识产权保护制度滞后于产业发展需求的现状，通过引入实质性派生品种制度抑制低水平重复的模仿修饰性育种，强化对品种权的司法保护力度，严厉打击套牌等品种权侵权行为。

牢牢守住18亿亩耕地红线

主持人：耕地是粮食生产的命根子。请问耕地保护和利用为秋粮丰收提供了哪些保障？未来应如何继续发挥藏粮于地战略作用，持续提升粮食综合生产能力，保障粮食安全？

孔祥斌（中国农业大学土地科学与技术学院教授）：全国各地严格落实党中央关于耕地保护与利用的重大战略，遏制了耕地减少势头，守住了耕地红线，显著提升了耕地质量，提高了耕地利用效益，为今年的粮食丰收提供了坚实的耕地资源保障。

一是坚定落实党中央关于遏制"非农化"、防止"非粮化"的战略要求。全国30多个省（自治区、直辖市）出台耕地保护"田长制"制度规范，建立起五级联动的"田长制"制度体系。例如，北京市从优化农田布局、抓好农田保护、加强农田建设、严格农田管理明确了"田长制"的主要任务；海南省从占用严控、源头严防、过程严管、优化服务来推行耕地保护"田长制"，将耕地保护党政同责的问责制度落到实处。自然资源部完善了耕地资源"源头控制、用途管制、补充耕地"等一系列制度措施，严格落实"长牙齿的耕地保护制度"，加大对违法违规占用耕地的处理力度。针对耕地向园地无序转化的耕地"非粮化"问题，自然资源部严格控制耕地向园地、林地、草地和农业设施建设用地的转化，提出了耕地与园地"进出平衡"的管理制度。同时，充分利用遥感等信息手段，建立起每半年对耕地和永久基本农田"非粮化"的监测制度体系，实现了"早发现、早诊断、早处罚"的常态化监测。例如，浙江省杭州市钱塘区已完成粮食生产功能区"非粮化"整治优化4000余亩；江西省新余市今年早稻播种面积达59.58万亩，超年度预定目标任务。

二是实施1亿亩高标准农田建设工程，显著提升了耕地资源抗灾减灾能力。农业农村部克服疫情、资金等困难，通过实施"强化建设资金保障、推进项目建设创新示范、督促清查问题整改"等一系列举措，实现了党中央关于在2021年实施1亿亩高标准农田建设的目标。通过实施高标准农田建设，切实做到了旱能灌、涝能排，显著提升了耕地资源的抗灾减灾能力。对我国南方红黄壤区域的酸冷粘等退化耕地和干旱及半干旱区盐碱耕地的治理与修复成效显著，大大提高了中低产田的粮食综合生产能力。

三是实现了黑土地特殊保护与高效利用，遏制了黑土地退化趋势。东北黑土地是我国粮食安全的"压舱石"，东北各级政府，针对黑土变薄、变瘦、变硬等突出问题，综合运用工程、农艺、生物、农机等措施，在典型黑土耕地区实施以保护性耕作、山水林田湖草沙综合治理、农田基础设施建设、土壤侵蚀治理、肥沃耕层培育、农业绿色发展为重点的综合治理示范，使黑土地退化趋势得到遏制。

尽管各级政府同时实施耕地保卫战，保障了今年的粮食丰收，但是，耕地保护与高效利用依然存在挑战，突出表现在以下几个方面。

一是坚守18亿亩耕地红线面临艰巨挑战。据今年发布的第三次全国国土调查（三调）成果显示，2019年我国实有耕地19.18亿亩，比10年前的第二次全国土地调查（二调）数量减少了1.13亿亩，而同期建设用地总量较"二调"增加了1.28亿亩，年均增加1280万亩，据测算2035年人口城市化率将超70%，我国未来15年的各类建设用地占用耕地的趋势依然强劲。

二是高标准农田建设对气候变化的抵抗能力亟需提升。在全球极端气候事件增加的大背景下，我国干旱、洪涝、高温、热浪、低温等极端天气的发生频率、持续时间、影响范围和强度均显著增强，影响了耕地生产的稳定性。已建成的8亿亩高标准农田建设标准低，应对极端天气灾害的能力不足。部分区域建成的高标准农田分布在大江大河的洪泛区，抵御水灾能力弱；建成的高标准农田设施闲置老化且缺少有效管护，持续减灾能力弱。

三是耕地粮食种植比较效益低，耕地"非粮化"趋势依然存在。2009年至2018年，全国三大粮食作物净收益由186.39元/亩降低到-85.59元/亩。考虑目前的种植收益水平和老年劳动力（55岁—65岁）的退出，未来约有10亿亩耕地（包括三大平原区）的粮食种植收益持续降低。

因此，要严格落实国家藏粮于地战略，持续提升粮食综合生产能力和[illegible]安全。

一是持续实施严格耕地保护制度，牢牢守住18亿亩耕地红线。严控耕地"非农化"，最大限度减少耕地资源的[illegible]性损失。禁止占用南方水热条件好、北方集中连片和山区及丘陵区坡度小的优质耕地资源；严格控制城乡新增建设用地规模，新增基础设施用地规模和线性工程建设占用永久基本农田；严格管理城市绿化用地规模，控制自然保护地占用耕地和线性工程绿化占用耕地。建议设立10亿亩永久基本粮田作为优质耕地保护核心区，构筑口粮绝对安全的生命线，率先在东北、黄淮海地区和长江中下游平原等14个省建立基本粮田保护核心区。

二是持续增加高标准农田建设投入力度，提升耕地抗灾减灾能力。巩固高标准农田建设成果，有针对性地实施基础设施再提升工程，特别是针对黄淮海地区可能遇到的极端降雨天气，要对区域内高标准农田实施改造提升工程；加大对东北粮仓投入，提升应对极端冻害适应能力；启动西南山区和黄土丘陵区中低产田质量提升工程；以高标准农田建设和农村集体产权制度改革为契机，促进耕地空间重构，提高耕地规模化水平。

三是多措并举，持续提升耕地资源收益能力。完善耕地保护政策体系，建立弃耕地退出和监管机制。完善我国永久基本农田保护制度，建立以耕地和设施用地进出平衡为核心的耕地保育总量保障制度；系统优化耕地占补平衡制度，实施盐碱地以及又粮后备资源保护性开发制度。构建耕地保护与高效利用的监管体系。建立永久基本农田数量、质量、生态和布局的政策保障体系；以饲料粮安全为目标建立"粮—豆、粮—草、粮—薯、粮—果"等多种形式并存的耕地资源高效利用监控支撑政策体系；建立适合西部设施农用地开发的政策创新体系。

本版编辑 [illegible] 美 编 夏 祎

国家统计局数据显示，全国粮食产量今年再创新高，连续7年保持在1.3万亿斤以上。今年粮食丰收是稳政策、增面积、强科技的结果，是战胜疫情和自然灾害的结果。大国粮仓根基牢，中国人的饭碗牢牢端在自己的手中。本期邀请专家围绕粮食丰收从政策、耕地、科技三个方面进行解读。

一揽子新政策显重大成效

主持人：今年我国首次把粮食产量纳入宏观经济调控目标。各级政府部门为保障粮食生产有哪些支持政策？各项政策为提高农民种粮积极性、保障地方抓粮积极性发挥了哪些作用？

钟钰：为确保今年粮食丰收，年初从中央到地方，全国上下一盘棋，坚决打好粮食生产保卫战。中央出台一揽子新政策支持粮食生产，统筹安排全面部署。

一是实行粮食安全党政同责。4月新修订的《粮食流通管理条例》按照党中央“地方各级党委和政府要扛起粮食安全的政治责任，实行党政同责，‘米袋子’省长要负责，书记也要负责”的最新要求，首次在行政法规中明确规定粮食安全党政同责。

二是加大种粮补贴支持力度。对粮食生产薄弱环节所需的高端、复式、智能农机产品的补贴比例提高至35%；将粮食烘干成套装备等纳入农机新产品补贴范围，特别是中央财政对实际种粮农民发放一次性补贴200亿元，弥补今年以来农资成本上涨带来的增支影响。

三是扩大三大粮食作物完全成本保险和种植收入保险实施范围。从试点阶段的6个省份24个产粮大县，扩大到13个粮食主产省份的500个产粮大县。同时，中央财政提高对中西部及东北地区的补贴比例，从试点期的40%增加到45%。

四是提高最低收购价。今年国家继续实施小麦和稻谷最低收购价政策，在2020年最低收购价基础上，对小麦和籼稻的最低收购价每斤提高1分钱。

五是加快发展农业社会化服务。今年中央财政农业生产社会化服务专项资金增加到55亿元，比上年增加10亿元。在粮食产前产后，探索出一大批行之有效的服务模式和组织形式。

这些扶持政策含金量高、支持力度大，对稳定粮食生产、提升粮食质量作用明显，特别是今年气象年景不容乐观，面对旱涝、极寒、极热等极端天气多发，以及重大病虫害重发影响，在粮食生产历史高位继续丰收，形势可喜、来之不易，充分展现了国家政策措施的重大效用。

一是确保粮食面积稳中有增。面积是产量的基础，中央向各省下达了粮食生产目标任务，面积是约束性指标。从种植情况看，冬小麦面积增加300多万亩，属四年来首次增加；夏粮面积增加398.9万亩，扭转了连续5年下滑势头；秋粮面积也有所增加，稳定在12.97亿亩，粮食面积有保障为全年丰收奠定了坚实基础。例如7月在甘肃调研了解到，今年党政同责压得实，严格落实粮食责任制，将粮食生产目标分解下达各县，县与各乡镇再签订责任书，明确主要粮食作物种植面积、品种，乡镇再分解目标到村，村落实到具体地块，建立台账，确保可查询、可考核，保证耕地面积、粮食播种面积、粮食产量“三不减”。通过压实地方粮食安全主体责任，央地共治下的粮食安全保障水平得到大幅提升。

二是优化生产结构、改善粮食品质。今年夏粮量质并增，产量2919亿斤，比上年增加62亿斤，优质专用小麦面积占37.3%，同比提高1.5个百分点。4月在山东、河北调研了解到，齐河县百万亩小麦每年由政府统一供种，县本级财政出资1000万元兜底，良种覆盖率达100%，绿色高产高效技术模式到位率达100%；隆尧县优质强筋小麦面积30万亩，占总播种面积达55.4%，比2020年提高3个百分点。甘肃推动农业种植结构适应性调整，扩大了全膜玉米、黑膜马铃薯和小杂粮生产。调整后的作物生长与降雨同周期，提高了作物与生产要素的匹配性和协调性，进一步增加了粮食产出，奠定了甘肃马铃薯闻名全国的基础，其种植面积位居全国第三、总产量位居全国第二，是全国最大的马铃薯种薯繁育基地。

三是增强粮食综合生产能力。国家整合落实直接支持粮食生产资金240亿元，比去年增加近60亿元。抓住耕地这个要害，完成1亿亩高标准农田的建设任务。例如甘肃省粮食高质量发展项目向大县大市倾斜，已建成规模化标准化绿色化马铃薯种植基地284万亩，不仅巩固了粮食基本生产功能，还实现产业扶贫向产业振兴的历史性转变。

四是稳定农民种粮收益预期。最低收购价格如同影子价格，直接影响粮食价格。提高最低收购价，向社会释放出重粮信号。由于粮食最低收购价政策提前公布，价格水平能基本保住成本，做到敞开收购、应收尽收，政策兜底效应明显，使得农民种粮时有了定心丸，基本不用担心价格大幅下跌导致的卖粮难和明显亏损问题。

五是加快形成粮食服务体系。托管成为受老百姓欢迎的服务模式，综合托管率不断提高，实现了土地连片规模化生产。新主体积极布局建设烘干设施，增强了技术支撑能力，缓解粮食产后水分高、呕吐毒素超标等问题，推动节粮减损。例如河北省衡水市景县玉河家庭农场自行开发了不需要用电、纯绿色、无污染、低成本的干燥塔，设施投资 3400 元，可储存粮食 5000 斤。

牢牢守住 18 亿亩耕地红线

主持人：耕地是粮食生产的命根子。请问耕地保护和利用为秋粮丰收提供了哪些保障？未来应如何继续发挥藏粮于地战略作用，持续提升粮食综合生产能力，保障粮食安全？

孔祥斌：全国各地严格落实党中央关于耕地保护与利用的重大战略，遏制了耕地减少势头、守住了耕地红线，显著提升了耕地质量，提高了耕地利用效益，为今年的粮食丰收提供了坚实的耕地资源保障。

一是坚定落实党中央关于遏制“非农化”、防止“非粮化”的战略要求。全国 30 多个省（自治区、直辖市）出台耕地保护“田长制”制度规范，建立起五级联动的“田长制”制度体系。例如，北京市从优化农田布局、抓好农田保护、加强农田建设、严格农田管理明确了“田长制”的主要任务；海南省从占用严控、源头严防、过程严管、优化服务来推行耕地保护“田长制”，将耕地保护党政同责的问责制度落到实处。自然资源部完善了耕地资源“源头控制、用途管制、补充耕地”等一系列制度措施，严格落实“长牙齿的耕地保护制度”，加大对违法违规占用耕地的处理力度。针对耕地向园地无序转化的耕地“非粮化”问题，自然资源部严格控制耕地向园地、林地、草地和农业设施建设用地的转化，提出了耕地与园地“进出平衡”的管理制度。同时，充分利用遥感等信息手段，建立起每半年对耕地和永久基本农田“非粮化”的监测制度体系，实现了“早发现、早诊断、早处罚”的常态化监测。例如，浙江省杭州市钱塘区已完成粮食生产功能区“非粮化”整治优化4000余亩；江西省新余市今年早稻播种面积达59.58万亩，超年度预定目标任务。

二是实施1亿亩高标准农田建设工程，显著提升了耕地资源抗灾减灾能力。农业农村部克服疫情、资金等困难，通过实施“强化建设资金保障、推进项目建设创新示范、督促清查问题整改”等一系列举措，实现了党中央关于在2021年实施1亿亩高标准农田建设的目标。通过实施高标准农田建设，切实做到了旱能灌、涝能排，显著提升了耕地资源的抗灾减灾能力。对我国南方红黄壤区域的酸冷黏等退化耕地和干旱及半干旱区盐碱耕地的治理与修复成效显著，大大提高了中低产田的粮食综合生产能力。

三是实现了黑土地特殊保护与高效利用，遏制了黑土地退化趋势。东北黑土地是我国粮食安全的“压舱石”，东北各级政府，针对黑土变薄、变瘦、变硬等突出问题，综合运用工程、农艺、生物、农机等措施，在典型黑土耕地区实施以保护性耕作、山水林田湖草沙综合治理、农田基础设施建设、土壤侵蚀治理、肥沃耕层培育、农业绿色发展为重点的综合治理示范，使黑土地退化趋势得到遏制。

尽管各级政府同时实施耕地保卫战，保障了今年的粮食丰收，但是，耕地保护与高效利用依然存在挑战，突出表现在以下几个方面。

一是坚守 18 亿亩耕地红线面临艰巨挑战。据今年发布的第三次全国国土调查（三调）成果显示，2019 年我国实有耕地 19.18 亿亩，比 10 年前的第二次全国土地调查（二调）数量减少了 1.13 亿亩，而同期建设用地总量较“二调”增加了 1.28 亿亩，年均增加 1280 万亩，据测算 2035 年人口城市化率将超 70%，我国未来 15 年的各类建设用地占用耕地的趋势依然强劲。

二是高标准农田建设对气候变化的抵抗能力亟须提升。在全球极端气候事件增加的大背景下，我国干旱、洪涝、高温、热浪、低温等极端天气的发生频率、持续时间、影响范围和强度均显著增强，影响了耕地生产的稳定性。已建成的 8 亿亩高标准农田建设标准低，应对极端天气灾害的能力不足。部分区域建成的高标准农田分布在大江大河的洪泛区，抵御水灾能力弱；建成的高标准农田设施闲置老化且缺少有效管护，持续减灾能力弱。

三是耕地粮食种植比较效益低，耕地“非粮化”趋势依然存在。

2009年至2018年，全国三大粮食作物净收益由186.39元/亩降低到-85.59元/亩。考虑目前的种植收益水平和老年劳动力（55～65岁）的退出，未来约有10亿亩耕地（包括三大平原区）的粮食种植收益持续降低。

因此，要严格落实国家藏粮于地战略，持续提升粮食综合生产能力和保障国家粮食安全。

一是持续实施严格耕地保护制度，牢牢守住18亿亩耕地红线。严控耕地“非农化”，最大限度减少耕地资源刚性损失。禁止占用南方水热条件好、北方集中连片和山区及丘陵区坡度小的优质耕地资源；严格控制城乡新增建设用地规模、新增基础设施用地规模和线性工程建设占用永久基本农田；严格管理城市绿化用地规模、控制自然保护地占用耕地和线性工程绿化占用耕地。建议设立10亿亩永久基本粮田作为优质耕地保护核心区，构筑口粮绝对安全的生命线，率先在东北、黄淮海地区和长江中下游平原等14个省建立基本粮田保护核心区。

二是持续增加高标准农田建设投入力度，提升耕地抗灾减灾能力。巩固高标准农田建设成果，有针对性地实施基础设施再提升工程，特别是针对黄淮海地区可能遇到的极端降雨天气，要对区域内高标准农田实施改造提升工程；加大对东北粮仓投入，提升应对极端冻害适应能力；启动西南山区和黄土丘陵区中低产田质量提升工程；以高标准农田建设和农村集体产权制度改革为契机，促进耕地空间重构，提高耕地规模化水平。

三是多措并举，持续提升耕地资源收益能力。完善耕地保护政策体系，建立弃耕地退出和监管机制。完善我国永久基本农田保护制度，建立以耕地和设施用地进出平衡为核心的耕地保有总量保障制度；系统优化耕地占补平衡制度，实施盐碱地以及戈壁后备资源保护性开发制度。构建耕地保护与高效利用的监管体系。建立永久基本农田数量、质量、生态和布局的政策保障体系；以饲料粮安全为目标建立“粮—豆、粮—草、粮—薯、粮—果”等多种形式并存的耕地资源高效利用监控支撑政策体系；建立适合西部设施农用地开发的政策创新体系。

走粮食产业内涵式发展道路

主持人：农业出路在现代化，农业现代化关键在科技进步。请问如何进一步依靠农业科技进步，走粮食产业内涵式发展道路？

刘长全：科技创新是提高粮食单产和粮食安全保障水平的第一动力，我国粮食生产正从传统的粗放式增长模式转向依靠科技创新的内涵式增长道路。

粮食单产提高首先来自新品种生产性能的提升。随着我国种业创新能力不断增强、种业创新体制改革持续深化，主要粮食作物新品种审定数量快速增加。2019 年，我国小麦、水稻、玉米三大作物国审新品种达到 1526 个，是 2000 年的近 45 倍。同时，新品种生产性能显著提升。2017 年至 2019 年，我国黄淮海地区夏玉米国审品种区域试验平均单产与1999年至2001年相比提高了24.3%。

资源集约利用技术、机械化技术和数字化技术等快速发展和应用，对粮食单产的增长起到重要作用。一是资源集约灌溉技术、农艺技术的发展提高了水资源等的利用效率，缓解了资源偏紧地区粮食生产面临的资源约束，提高了粮食生产潜能。二是机械化相关技术创新，包括适用农机的研发、农地的宜机化改造等，可以在减少劳动投入的同时提高粮食生产管理水平。三是数字化、信息化技术的创新促进了粮食生产精准化，使得粮食生产能够更精准地利用资源、把握农时、防治病虫害和其他自然灾害等。

在农业农村现代化加快发展和城乡居民食物消费结构不断升级的背景下，除了要继续提高粮食单产和粮食数量安全保障水平，更要关注粮食的质量提升、结构优化和绿色安全等新要求。实现这一转变要求科技创新发挥更大作用。第一，要继续围绕粮食稳定增产加快技术创新，重点加强土壤健康与地力提升技术创新，不断提高耕地质量；在自然灾害风险依然突出、气候变化不确定性上升的背景下，重点加强抗逆新品种、植保技术、灾害监测预警防控技术等的研发。第二，围绕粮食作物质量提升、结构优化加快科技创新，重点面向消费结构升级，加快特色、优质、专用品种的研发，如强筋、弱筋小麦，青贮专用玉米等；发展粮食精深加工技术，促进粮食产业链、价值链延伸。第三，围绕粮食生产的绿色安全与可持续加快科技创新，重点加强绿色投入品、绿色病虫害防治技术、节水灌溉等资源节约型技术、粮食作物秸秆资源化利用技术、畜禽粪便处置与科学还田技术等创新。第四，围绕粮食产业的数字化、信息化加快科技创新，重点发展智能农业机械，基于遥感、大数据等的粮食生产服务技术，实现生产决策、自然灾害防治、病虫害防治等数字化、智能化。

近年来，我国种业发展取得显著成效，农业用种安全总体有保障，但是与国际种业发达国家相比仍有差距，打好种业翻身仗要着力做好以下几个方面。

一是转变育种模式，缩小育种技术阶段差距。加快建设商业化育种体系，构建以企业为主体的育种模式，通过规模化、专业化协作有序落实育种的规划目标。在推进生物育种产业化应用的基础上，加快实现从传统育种向传统育种和分子育种、生物育种协同的转变。建设基于“生物信息+模型预测”的高效育种体系，推动我国种业发展进入智能育种阶段。

二是推进种质资源库建设。加快实现国内种质资源应保尽保，减少主要粮食作物地方品种的丧失。加大对境外种质资源的引进力度，解决种质资源遗传多样性不足的问题。加快种质资源的精准鉴定，发掘优异种质和基因资源，将种质资源转变为育种的种质基础。建设全国统一的种质资源数据库，构建种质资源的共享利用机制；建设种质的基因库，为智能化育种模式的发展提供数据支撑。

三是解决关键核心技术与部分重要农产品核心种源面临的“卡脖子”问题。加强基础研究和前沿领域的前瞻性布局，力争在基础理论、机理机制和工具方法研究上早日实现从“跟跑”到“并跑”“领跑”的转变。聚焦核心种源自给率较低的重要农产品，加大攻关力度，力争早日达到国际先进水平或实现进口替代的突破，保障核心种源供给安全。

四是完善种业知识产权保护制度，净化种业市场，优化种业原始创新环境。加快改变种业知识产权保护制度滞后于产业发展需求的现状，通过引入实质性派生品种制度抑制低水平重复的模仿修饰性育种，强化对品种权的司法保护力度，严厉打击套牌等品种权侵权行为。

原载2021年12月8日《经济日报》

做强现代海洋产业

本期嘉宾

中国海洋大学海洋发展研究院副院长、教授　韩立民

国家发展改革委宏观经济研究院战略政策室主任、研究员　盛朝迅

上海海洋大学经济与管理学院院长、教授　杨正勇

山东省海洋经济文化研究院研究员　刘康

主持人

经济日报社编委、中国经济趋势研究院院长　孙世芳

10 智库 2021年12月11日 星期六 经济日报

做强现代海洋产业

"十四五"规划和2035年远景目标纲要提出，建设现代海洋产业体系，围绕海洋工程、海洋资源、海洋环境等领域突破一批关键核心技术。近些年来，我国海洋经济总量保持稳健增长，海洋产业体系整体不断优化，但还面临着部分传统产业亟待转型升级、新兴产业发展不充分、区域同构化等问题。本期邀请四位专家针对如何构建现代海洋产业体系、提升海洋产业发展水平问题进行探讨。

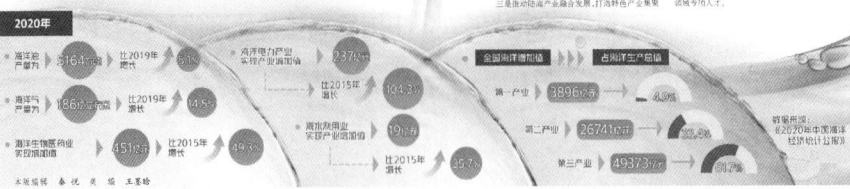

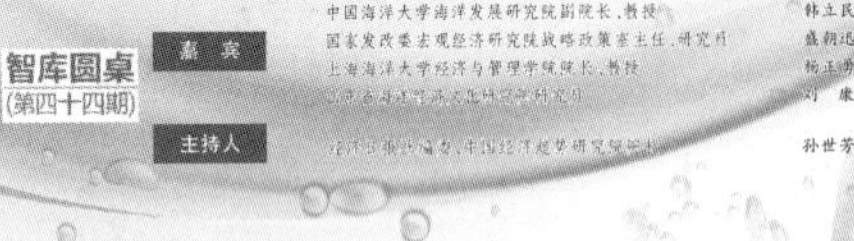

智库圆桌（第四十四期）

嘉宾
中国海洋大学海洋发展研究院副院长、教授 韩立民
国家发改委宏观经济研究院战略政策室主任、研究员 盛朝迅
上海海洋大学经济与管理学院院长、教授 杨正勇
山东省海洋经济文化研究院研究员 刘康

主持人
经济日报社编委、中国经济趋势研究院院长 孙世芳

科技创新孕育海洋新兴产业

主持人：近年来，我国海洋产业科技创新取得了哪些成效？培育壮大海洋战略性新兴产业，还面临哪些挑战？

韩立民：经过数十年发展，目前我国已形成了以海洋渔业、海洋交通运输业、滨海旅游业、海洋电力业、海洋工程与建筑业、海水利用业等12大主要海洋产业为核心，海洋科研教育管理服务业与海洋相关产业全面发展的海洋产业体系。

"十三五"期间，我国一批海洋关键技术取得重大突破。以深水半潜生产平台、FPSO（浮式储卸油装置）系统总体集成技术、中心管汇等水下生产系统为代表的深水油气装备制造能力跃居世界先进水平；先后研制完成"深海勇士"号、"奋斗者"号大深度载人潜水器、"海翼"号滑翔机，"探索一号""探索二号""深海一号"潜水器母船等一批先进装备，助力我国深海探索不断突破；第一艘自主建造的极地科学考察破冰船"雪龙2"号顺利交付并投入使用；首架极地固定翼飞机"雪鹰601"极大加强了我国南极考察空中调查和保障能力，我国极地考察正式迈入"航空时代"；首颗运行于倾斜轨道的大型遥感卫星海洋二号C星成功发射，大幅提升了我国海洋观测范围、观测效率和观测精度。

盛朝迅：构建现代海洋产业体系有利于孕育海洋新兴产业、促进产业结构升级，支撑经济高质量发展；有利于我国提高海洋资源开发能力，壮大海洋战略性新兴产业，推动海洋强国建设。我国海洋科技研发投入不断增长，技术创新体系逐步完善，创新成果不断涌现，创新驱动发展能力稳步增强，有效支撑产业转型升级和海洋战略性新兴产业发展。目前，我国已拥有1个海洋科学与技术试点国家实验室、20多个国家重点实验室、70余个部属重点实验室，全国海洋科研机构近200个，从事科技活动的人员超过3.5万人，海工装备、生物医药、海水淡化、海洋新能源等领域技术创新能力大幅提升，一批关键技术成果不断涌现。

但海洋新兴产业规模体量仍然较小，占主要海洋产业比重仍然不高，关键核心技术薄弱，自主创新能力不强，产业发展高投入、高风险、低收益的矛盾突出，还面临不少现实制约。特别是，受体制机制及发展路径等多方面因素制约，我国海洋领域产学研合作链条不够紧密，科技成果转化渠道受阻，知识链、技术链和产业链脱节现象较为普遍；产教融合不够，海洋高端技能人才短缺，涉海人才流失问题突出；金融机构对海洋产业的成长规律、运营特点、潜在风险了解不够，能够满足海洋产业发展融资要求的金融产品供给不足；涉海基础设施与信息数据共享不足，数据孤岛普遍存在，海洋信息对海洋经济开发、安全管控、生态保护等活动的决策支持作用有待提升。

杨正勇：构建现代海洋产业体系不仅是我国贯彻落实"五位一体"总体布局的要求，而且是构建人类命运共同体的客观需要。培育壮大海洋战略性新兴产业，面临着自然资源与环境压力大，专业人才培养方面学未致用而用非所学，金融服务与政策保障体系不完善等问题。由于海洋战略性新兴产业具有高科技、高投入、高风险、战略性、关联性较大以及外部性较强等特点，产业发展需要统筹协调国家财政扶持资金与社会资金，完善国家财政补贴政策，构建相应的风险规避机制和符合产业发展需求的市场投融资体系。

刘康：加快构建现代海洋产业体系，是转变海洋经济增长方式，实现海洋经济高质量发展的现实需求。可以从根本上改变高资源依赖、高资本投入及劳动力密集型的传统粗放式发展模式，优化配置海洋资源、资本与空间要素，增强我国海洋产业的国际竞争力。

"十四五"期间，受市场、资源、环境的多重制约以及技术创新瓶颈束缚，我国海洋新兴产业的培育与壮大仍面临诸多挑战。一是海洋新兴产业总体规模不大，海洋产业总量占比不到5%，短期内难以成为新的海洋经济增长引擎。二是深海矿产开发、海洋新能源、海洋生物技术及核心海洋装备技术尚待突破，海洋科技创新成果产业化转化机制也有待完善。三是陆海产业链对接不充分，海洋生物医药、海洋高端装备等基础关联产业支撑不足，海洋新兴产业培育进程缓慢。四是海洋新能源、海水淡化产业发展政策扶持机制不健全，产业发展生态有待改善。五是海洋生态环境保护力度加大，海洋产业绿色化、减碳化发展面临政策规制、投资成本与技术创新的多重压力。

提升海洋服务业价值链

主持人：现代服务业与产业深度融合是发展趋势。应当从哪些方面提升我国海洋服务业水平？

刘康：一是建立健全国家及地方涉海政策规制体系，大力发展海洋金融、法律、科教、信息、管理等专业服务，以及涉海物流、产品设计、专利保护、市场营销等生产性服务业，全面优化海洋服务业发展生态，拓展现代海洋服务业价值链，建立健全现代海洋服务网络体系。

二是充分发挥我国港口物流、海上航运、滨海旅游、涉海制造及国内海洋产业市场空间优势，大力发展海洋第三产业，重点突破港航服务、邮轮旅游、蓝色金融与海事保险、涉海电子商务、海洋科技外包、海洋环境治理产业链，助推海洋资源型经济向海洋服务型经济转变，全面提升海洋服务业发展水平。

韩立民：海洋现代服务业的充分发展是建立现代海洋产业体系的重要标志和基本特征。大力发展海洋现代服务业，一要推动现代科学技术对传统海洋服务业的升级改造，如运用现代信息技术改造海洋交通运输业，创新其发展模式，提升其服务效率。

二要探索海洋服务业融合发展模式，如通过海洋文化与海洋旅游产业的融合发展，培育海洋文化产业载体，同时提升海洋旅游文化内涵。

三要将海洋服务业的发展同价值增值过程相结合，创新涉海金融服务业以及海洋观测、海洋环境专项预报、海洋咨询、海洋测绘、海洋标准计量、海上安全、海上搜救等海洋公共服务业发展模式。

盛朝迅：近年来，我国海洋产业结构持续优化，初步形成门类齐全、独立完整的产业体系。2020年海洋三次产业增加值比例分别为4.9%、33.4%和61.7%，第三产业占比连续7年居于首位。

在十二个主要海洋产业中，滨海旅游业、海洋交通运输业服务业占比最高，合计占比高达66.3%。因此，海洋服务业的发展情况对于海洋经济发展和海洋产业转型升级非常重要。

目前我国海洋服务业竞争力仍有待提升，滨海旅游受疫情影响较大，国际海运贸易"一箱难求"，缺乏定价权和航线主导权等问题凸显。

未来，应适应居民不断升级的滨海旅游发展需求，以发展主题化滨海度假游、远洋休闲观光游等为重点，打造一批海洋旅游度假胜地，释放旅游新兴业态潜力。大力发展游艇游，拓展游艇体验、游艇运动、游艇海钓等休闲旅游活动。推动完善国际海运通道管理机构、海运国际组织常态化沟通机制，增强国际海事公约、规则和技术标准制定中的中国声音。支持相关企业加大国际海空快运业务投入，不断做大做强。

数字化建设"智慧海洋"

主持人：面对海洋环境变化、渔业资源过度开发等现实问题，如何加快推进"智慧海洋"工程和海洋信息化发展，增强我国海洋产业竞争力？

韩立民：目前，我国海洋信息基础设施建设初具规模，围绕海洋环境监测、海上交通运输、海洋预报、海上安全等领域的海洋信息应用服务能力不断增强，但与发达海洋国家相比仍存在一定差距。推进"智慧海洋"工程，并以"智慧海洋"带动海洋信息化深入发展是必然选择。

为此，一要突破关键核心技术，提升我国海洋信息技术装备自主创新能力；二要整合资源，提升海洋信息自主获取和自主通信能力；三要积极搭建标准统一、开放兼容的海洋大数据云平台，构建国家海洋大数据资源体系；四要加快互联网、云计算、大数据等信息技术与海洋产业深度融合，推进信息资源的统筹利用和共享。

刘康：一是全面实施"智慧海洋"建设工程，编制全国"智慧海洋"建设行动计划，将"智慧海洋"建设纳入国家与沿海省市海洋经济发展与信息化建设规划，统筹推进海洋经济统计核算体系、海洋环境监测与灾害防治体系、海洋智慧化管理体系以及海洋产业智慧化发展体系建设，打造国家"智慧海洋"大数据共享平台。

二是重点推进海洋产业数字化行动，引导海洋信息产业化与海洋产业数字化、海洋制造业与新一代信息技术融合发展，搭建智慧海洋、生态海洋、安全海洋、开放海洋、民生海洋等系列数字共享平台，培育基于数字化的海洋产业新业态、新模式与新技术，推动海洋产业数字化发展示范区建设。

盛朝迅：当前，新一代信息技术快速发展，正在孕育信息技术革命的新一波创新浪潮，推动生产生活方式深刻变革，加速新技术新业态新模式涌现，也为海洋经济高质量发展带来新机遇。

要把握好新一轮信息技术发展机遇，加快推进"智慧海洋"工程，大力发展海洋信息产业，充分运用大数据、互联网、物联网、区块链等新技术改造提升传统海洋产业，增强数字赋能作用，推动海洋渔业、船舶修造、滨海旅游、涉海服务等传统海洋产业提质增效发展，打造透明海洋，不断提升海洋产业创新发展能力。比如，加速推动新技术在旅游领域应用，逐步改变传统滨海旅游消费方式和服务方式，促进旅游景区智慧化发展。推进港口运输业务与新一代信息技术深度融合，积极布局智慧港口，完善产业链条，大力推进港口智能化转型。

全方位拓展产业发展空间

主持人：新发展阶段，我国海洋强国建设离不开完善的产业体系，为推动构建现代海洋产业体系，您有什么建议？

盛朝迅：建议按照"优化发展环境—培育高端要素—构建协同机制—推动海洋产业结构优化和高质量发展"的思路加快构建现代海洋产业体系。

一是以产业集群为载体构建更加紧密的区域间产业分工合作机制。重点依托海洋经济发展示范区和海洋经济创新发展示范城市，发挥龙头企业在产业集群建设中的"领头羊"作用，推动相关企业、科研单位、金融机构、中介服务机构在特定空间有效集聚、分工合作、协同创新，引导海洋产业按产业链上中下游进行布局，提升集群资源配置能力、产业吸纳配套能力、综合成本消化能力和辐射带动能力，形成一批有影响力的现代海洋产业集群。

二是以新兴产业培育为重点推动海洋产业结构优化。以海洋药物与生物制品、海洋新能源、海水淡化、海洋工程装备、海洋新材料等海洋新兴产业为着力点，加大研发投入和政策支持力度，推动海洋新兴产业发展壮大。

三是以优化环境为重点促进高端要素向海洋经济领域汇聚。强化改革创新和政策支持力度，促进要素自由流动和价值释放，推动海洋产业重大技术突破。把金融活水引向海洋产业，推动现代金融发展与海洋产业需求紧密结合。

刘康：一是理性认知海洋产业发展现实，明确现代海洋产业发展重点。现代海洋产业发展的主体是滨海旅游、海洋交通运输、海洋渔业、海洋油气等传统主导海洋产业，海洋生物医药、海洋装备制造、海洋新能源、海水淡化等海洋新兴产业发展尽管势头良好，但受制于技术、资源、政策与市场等诸多要素，短期内难以成为海洋经济发展的新引擎。现代海洋产业体系建设重点应聚焦传统海洋主导产业的优化提升，兼顾海洋新兴产业的培育壮大，重点突破传统海洋产业的数字化再造与支撑海洋新兴产业发展的装备制造与新材料开发。

二是全方位拓展海洋产业发展空间，培育海洋经济新动能。全面加大对海洋渔业、海洋交通运输、船舶制造等传统海洋产业的技术改造投入，推动陆海产业链联动发展，鼓励传统产业业态创新、模式创新、路径创新，拓展提升传统海洋产业价值链。启动国家海洋经济新动能培育行动，实施"蓝色粮仓""蓝色药库""蓝色能源""蓝色牧场""蓝色航运"等一批国家海洋产业创新工程，完善海洋新兴产业培育与集聚载体，打造海洋经济发展新引擎。

三是推动陆海产业融合发展，打造特色产业集聚区。鼓励陆海产业链融合发展，引导装备制造、钢铁石化、生物医药等产业向海发展，打造特色临港产业集聚区。构建新一代智慧港航体系，开发智慧港口与无人船舶技术，搭建智能海上交通网络，打造陆海一体的国家智慧航运物流枢纽。实施渔业数字化改造工程，推动智慧牧场、智慧捕捞船队、智能水产加工厂建设，打造国家智慧渔业示范区。

四是构建海洋生态安全屏障，引导海洋产业绿色发展。探索构建国家海洋生态安全屏障，统筹考虑海洋环境安全、产业安全和资源安全，编制国家海洋生态安全行动计划。引导海洋产业绿色发展，搭建海洋产业绿色技术创新平台。制定国家海洋产业绿色发展路线图，设立绿色产业及蓝碳引导基金。编制国家海洋绿色产业发展名录，鼓励海洋资源与空间配置向绿色低碳和战略性新兴产业倾斜，打造海洋生态及蓝碳经济示范区。

韩立民：为构建现代海洋产业体系，一要提高海洋产业技术水平。对海洋科技创新给予政策性支持，鼓励开展各种形式的产学研合作，针对关系海洋产业发展的核心技术与关键设备组织联合攻关。二要推动海洋产业价值链升级。尽快改变我国在海洋产业国际分工网络中的弱势地位，尽早掌握海洋产业国际价值链的主导权。具体包括：提升自主创新能力，塑造产业核心竞争力，向海洋产业的研发、设计等技术密集型价值链环节渗透；通过自主品牌培育，分享销售环节利润；打造大型跨国海洋企业，培养其国际价值链整合能力，增强在海洋产业国际分工网络中的掌控力和影响力。三要以地区资源禀赋和比较优势为基础，优化海洋产业区域布局。逐步打破区域间生产要素流动壁垒，建立一体化的区域市场，逐步消除人为因素导致的产业"同构化"现象以及由此带来的资源分散、市场分割等不良影响。同时，要注重以产业链、产品链为载体为特定区域布局海洋产业门类，打造海洋产业集群，提高区域海洋产业体系的聚集度和融合性。

杨正勇：为推动构建现代海洋产业体系，建议一是明确界定现代海洋产业的内涵外延，将适应时代要求的海洋信息产业等纳入其中。二是完善现代海洋产业的深远海水产养殖、海洋牧场、水产加工、远洋渔业、海洋生态修复等基础产业的融资担保制度及水产养殖保险体系。三是加大对海洋战略性新兴产业的金融支持，通过政府和社会资本合作，设立现代海洋产业发展风险补偿基金，完善产业发展所需的融资担保、保险与再保险等制度安排。四是加强海洋领域人才培养模式改革，培养适应现代海洋产业发展需求的高素质海洋领域专项人才。

2020年

海洋油产量为	5164万吨	比2019年增长	5.1%
海洋气产量为	186亿立方米	比2019年增长	14.5%
海洋生物医药业实现增加值	451亿元	比2015年增长	49.3%
海洋电力产业实现产业增加值	237亿元	比2015年增长	104.3%
海水利用业实现产业增加值	19亿元	比2015年增长	35.7%

	全国海洋增加值	占海洋生产总值
第一产业	3896亿元	4.9%
第二产业	26741亿元	33.4%
第三产业	49373亿元	61.7%

数据来源：《2020年中国海洋经济统计公报》

本版编辑 秦悦 美编 王墨晗

“十四五”规划和2035年远景目标纲要提出，建设现代海洋产业体系，围绕海洋工程、海洋资源、海洋环境等领域突破一批关键核心技术。近些年来，我国海洋经济总量保持稳健增长，海洋产业体系整体不断优化，但还面临着部分传统产业亟待转型升级、新兴产业发展不充分、区域同构化等问题。本期邀请四位专家针对如何构建现代海洋产业体系、提升海洋产业发展水平问题进行探讨。

科技创新孕育海洋新兴产业

主持人：近年来，我国海洋产业科技创新取得了哪些成效？培育壮大海洋战略性新兴产业，还面临哪些挑战？

韩立民：经过数十年发展，目前我国已形成了以海洋渔业、海洋交通运输业、滨海旅游业、海洋电力业、海洋工程与建筑业、海水利用业等12大主要海洋产业为核心，海洋科研教育管理服务业与海洋相关产业全面发展的海洋产业体系。

“十三五”期间，我国一批海洋关键技术取得重大突破。以深水半潜生产平台、FPSO（浮式储卸油装置）系统总体集成技术、中心管汇等水下生产系统为代表的深水油气装备制造能力跃居世界先进水平；先后研制完成“深海勇士”号、“奋斗者”号大深度载人潜水器、“海翼”号滑翔机，“探索一号”“探索二号”“深海一号”潜水器母船等一批先进装备，助力我国深海探索不断突破；第一艘自主建造的极地科学考察破冰船“雪龙2”号顺利交付并投入使用；首架极地固定翼飞机“雪鹰601”极大加强了我国南极考察空中调查和保障能力，我国极地考察正式迈入“航空时代”；首颗运行于倾斜轨道的大型遥感卫星海洋二号C星成功发射，大幅提升了我国海洋观测范围、观测效率和观测精度。

盛朝迅：构建现代海洋产业体系有利于孕育海洋新兴产业，促进产业结构升级，支撑经济高质量发展；有利于我国提高海洋资源开发能力，壮大海洋战略性新兴产业，推动海洋强国建设。我国海洋科技研发投入不断增长，技术创新体系逐步完善，创新成果不断涌现，创新驱动发展能力稳步增强，有效支撑产业转型升级和海洋战略性新兴产业发展。目前，我国已拥有1个海洋科学与技术试点国家实验室、20多个国家重点实验室、70余个部属重点实验室，全国海洋科研机构近200个，从事科技活动的人员超过3.5万人，海工装备、生物医药、海水淡化、海洋新能源等领域技术创新能力大幅提升，一批关键技术成果不断涌现。

但海洋新兴产业规模体量仍然较小，占主要海洋产业比重仍然不高，关键核心技术薄弱，自主创新能力不强，产业发展高投入、高风险、低收益的矛盾突出，还面临不少现实制约。特别是，受体制机制及发展路径等多方面因素制约，我国海洋领域产学研合作链条不够紧密，科技成果转化渠道受阻，知识链、技术链和产业链脱节现象较为普遍；产教融合不够，海洋高端技能人才短缺，涉海人才流失问题突出；金融机构对海洋产业的成长规律、运营特点、潜在风险了解不够，能够满足海洋产业发展融资要求的金融产品供给不足；涉海基础设施与信息数据共享不足，数据孤岛普遍存在，海洋信息对海洋经济开发、安全管控、生态保护等活动的决策支持作用有待提升。

杨正勇：构建现代海洋产业体系不仅是我国贯彻落实“五位一体”总体布局的要求，而且是构建人类命运共同体的客观需要。培育壮大海洋战略性新兴产业，面临着自然资源与环境压力大，专业人才培养方面学未致用而用非所学，金融服务与政策保障体系不完善等问题。由于海洋战略性新兴产业具有高科技、高投入、高风险，战略性、关联性较大以及外部性较强等特点，产业发展需要统筹协调国家财政扶持资金与社会资金，完善国家财政补贴政策，构建相应的风险规避机制和符合产业发展需求的市场投融资体系。

刘康：加快构建现代海洋产业体系，是转变海洋经济增长方式，实现海洋经济高质量发展的现实需求。可以从根本上改变高资源依赖、高资本投入及劳动密集型的传统粗放式发展模式，优化配置海洋资源、资本与空间要素，增强我国海洋产业的国际竞争力。

“十四五”期间，受市场、资源、环境的多重制约以及技术创新瓶颈束缚，我国海洋新兴产业的培育与壮大仍面临诸多挑战。一是海洋新兴产业总体规模不大，海洋产业总量占比不到5%，短期内难以成为新的海洋经济增长引擎。二是深海矿产开发、海洋新能源、海洋生物技术及核心海洋装备技术尚待突破，海洋科技创新成果产业化转化机制也有待完善。三是陆海产业链对接不充分，海洋生物医药、海洋高端装备等基础关联产业支撑不足，海洋新兴产业培育进程缓慢。四是海洋新能源、海水淡化产业发展政策扶持机制不健全，产业发展生态有待改善。五是海洋生态环境保护力度加大，海洋产业绿色化、减碳化发展面临政策规制、投资成本与技术创新的多重压力。

提升海洋服务业价值链

主持人： 现代服务业与产业深度融合是发展趋势。应当从哪些方面提升我国海洋服务业水平？

刘康： 一是建立健全国家及地方涉海政策规制体系，大力发展海洋金融、法律、科教、信息、管理等专业服务，以及涉海物流、产品设计、专利保护、市场营销等生产性服务业，全面优化海洋服务业发展生态，拓展现代海洋服务业价值链，建立健全现代海洋服务网络体系。

二是充分发挥我国港口物流、海上航运、滨海旅游、涉海制造及国内海洋产业市场空间优势，大力发展海洋第三产业，重点突破港航服务、邮轮旅游、蓝色金融与海事保险、涉海电子商务、海洋科技外包、海洋环境治理产业链，助推海洋资源型经济向海洋服务型经济转变，全面提升海洋服务业发展水平。

韩立民： 海洋现代服务业的充分发展是建立现代海洋产业体系的重要标志和基本特征。大力发展海洋现代服务业，一要推动现代科学技术对传统海洋服务业的升级改造，如运用现代信息技术改造海洋交通运输业，创新其发展模式，提升其服务效率。

二要探索海洋服务业融合发展模式，如通过海洋文化与海洋旅游产业的融合发展，培育海洋文化产业载体，同时提升海洋旅游文化内涵。

三要将海洋服务业的发展同价值增值过程相结合，创新涉海金融服务业以及海洋观测、海洋环境专项预报、海洋咨询、海洋测绘、海洋标准计量、海上安全、海上搜救等海洋公共服务业发展模式。

盛朝迅：近年来，我国海洋产业结构持续优化，初步形成门类齐全、独立完整的产业体系。2020 年海洋三次产业增加值比例分别为 4.9%、33.4% 和 61.7%，第三产业占比连续 7 年居于首位。

在十二个主要海洋产业中，滨海旅游业、海洋交通运输业占比最高，合计占比高达 66.3%。因此，海洋服务业的发展情况对于海洋经济发展和海洋产业转型升级非常重要。

目前我国海洋服务业竞争力仍有待提升，滨海旅游受疫情影响较大，国际海运贸易“一箱难求”、缺乏定价权和航线主导权等问题凸显。

未来，应适应居民不断升级的滨海旅游发展需求，以发展主题化滨海度假游、远洋休闲观光游等为重点，打造一批海洋旅游度假胜地，释放旅游新兴业态潜力。大力发展游艇旅游，拓展游艇体验、游艇运动、游艇海钓等休闲旅游活动。推动完善国际海运通道管理机构、海运国际组织常态化沟通机制，增强国际海事公约、规则和技术标准制定中的中国声音。支持相关企业加大国际海空快运业务投入，不断做大做强。

数字化建设“智慧海洋”

主持人：面对海洋环境变化、渔业资源过度开发等现实问题，如何加快推进“智慧海洋”工程和海洋信息化发展，增强我国海洋产业竞争力？

韩立民：目前，我国海洋信息基础设施建设初具规模，围绕海洋环境监测、海上交通运输、海洋预报、海上安全等领域的海洋信息应用服务能力不断增强，但与发达海洋国家相比仍存在一定差距。推进“智慧海洋”工程，并以“智慧海洋”带动海洋信息化深入发展是必然选择。

为此，一要突破关键核心技术，提升我国海洋信息技术装备自主创新能力；二要整合资源，提升海洋信息自主获取和自主通信能力；三要积极搭建标准统一、开放兼容的海洋大数据云平台，构建国家海洋大数据资源体系；四要加快互联网、云计算、大数据等信息技术与海洋产业深度融合，推进信息资源的统筹利用和共享。

刘康：一是全面实施“智慧海洋”建设工程，编制全国“智慧海洋”建设行动计划，将“智慧海洋”建设纳入国家与沿海省市海洋经济发展与信息化建设规划，统筹推进海洋经济统计核算体系、海洋环境监测与灾害防治体系、海洋智慧化管理体系以及海洋产业智慧化发展体系建设，打造国家“智慧海洋”大数据共享平台。

二是重点推进海洋产业数字化行动，引导海洋信息产业化与海洋产业数字化、海洋制造业与新一代信息技术融合发展，搭建智慧海洋、生态海洋、安全海洋、开放海洋、民生海洋等系列数字共享平台，培育基于数字化的海洋产业新业态、新模式与新技术，推动海洋产业数字化发展示范区建设。

盛朝迅：当前，新一代信息技术快速发展，正在孕育信息技术革命的新一波创新浪潮，推动生产生活方式深刻变革，加速新技术新业态新模式涌现，也为海洋经济高质量发展带来新机遇。

要把握好新一轮信息技术发展机遇，加快推进“智慧海洋”工程，大力发展海洋信息产业，充分运用大数据、互联网、物联网、区块链等新技术改造提升传统海洋产业，增强数字赋能作用，推动海洋渔业、船舶修造、滨海旅游、涉海服务等传统海洋产业提质增效发展，打造透明海洋，不断提升海洋产业创新发展能力。比如，加速推动新技术在旅游领域应用，逐步改变传统滨海旅游消费方式和服务方式，促进旅游景区智慧化发展。推进港口运输业务与新一代信息技术深度融合，积极布局智慧港口，完善产业链条，大力推进港口智能化转型。

全方位拓展产业发展空间

主持人：新发展阶段，我国海洋强国建设离不开完善的产业体系，为推动构建现代海洋产业体系，您有什么建议？

盛朝迅：建议按照“优化发展环境—培育高端要素—构建协同机制—推动海洋产业结构优化和高质量发展”的思路加快构建现代海洋产业体系。

一是以产业集群为载体构建更加紧密的区域间产业分工合作机制。重点依托海洋经济发展示范区和海洋经济创新发展示范城市，发挥龙头企业在产业集群建设中的“领头羊”作用，推动相关企业、科研单位、金融机构、中介服务机构在特定空间有效集聚、分工合作、协同创新，引导海洋产业按产业链上中下游进行布局，提升集群资源配置能力、产业吸纳配套能力、综合成本消化能力和辐射带动能力，形成一批有影响力的现代海洋产业集群。

二是以新兴产业培育为重点推动海洋产业结构优化。以海洋药物与生物制品、海洋新能源、海水淡化、海洋工程装备、海洋新材料等海洋新兴产业为着力点，加大研发投入和政策支持力度，推动海洋新兴产业发展壮大。

三是以优化环境为重点促进高端要素向海洋经济领域汇聚。强化改革创新和政策支持力度，促进要素自由流动和价值释放，推动海洋产业重大技术突破。把金融活水引向海洋产业，推动现代金融发展与海洋产业需求紧密结合。

刘康：一是理性认知海洋产业发展现实，明确现代海洋产业发展重点。现代海洋产业发展的主体是滨海旅游、海洋交通运输、海洋渔业、海洋油气等传统主导海洋产业，海洋生物医药、海洋装备制造、海洋新能源、海水淡化等海洋新兴产业发展尽管势头良好，但受制于技术、资源、政策与市场等诸多要素，短期内难以成为海洋经济发展的新引擎。现代海洋产业体系建设重点应聚焦传统海洋主导产业的优化提升，兼顾海洋新兴产业的培育壮大，重点突破传统海洋产业的数字化再造与支撑海洋新兴产业发展的装备制造与新材料开发。

二是全方位拓展海洋产业发展空间，培育海洋经济新动能。全面加大对海洋渔业、海洋交通运输、船舶制造等传统海洋产业的技术改造投入，推动陆海产业链联动发展，鼓励传统产业业态创新、模式创新、路径创新，拓展提升传统海洋产业价值链。启动国家海洋经济新动能培育行动，实施“蓝色粮仓”“蓝色药库”“蓝色能源”“蓝色牧场”“蓝色航运”等一批国家海洋产业创新工程，完善海洋新兴产业培育与集聚载体，打造海洋经济发展新引擎。

三是推动陆海产业融合发展，打造特色产业集聚区。鼓励陆海产业链融合发展，引导装备制造、钢铁石化、生物医药等产业向海发展，打造特色临港产业集聚区。构建新一代智慧港航体系，开发智慧港口与无人船舶技术，搭建智能海上交通网络，打造陆海一体的国家智慧航运物流枢纽。实施渔业数字化改造工程，推动智慧牧场、智慧捕捞船队、智能水产加工厂建设，打造国家智慧渔业示范区。

四是构建海洋生态安全屏障，引导海洋产业绿色发展。探索构建国家海洋生态安全屏障，统筹考虑海洋环境安全、产业安全和资源安全，编制国家海洋生态安全行动计划。引导海洋产业绿色发展，搭建海洋产业绿色技术创新平台。制定国家海洋产业绿色发展路线图，设立绿色产业及蓝碳引导基金。编制国家海洋绿色产业发展名录，鼓励海洋资源与空间配置向绿色低碳和战略性新兴产业倾斜，打造海洋生态及蓝碳经济示范区。

韩立民：为构建现代海洋产业体系，一要提高海洋产业技术水平。对海洋科技创新给予政策性支持，鼓励开展各种形式的产学研合作，针对关系海洋产业发展的核心技术与关键设备组织联合攻关。二要推动海洋产业价值链升级。尽快改变我国在海洋产业国际分工网络中的弱势地位，尽早掌握海洋产业国际价值链的主导权。具体包括：提升自主创新能力，塑造产业核心竞争力，向海洋产业的研发、设计等技术密集型价值链环节渗透；通过自主品牌培育，分享销售环节利润；打造大型跨国海洋企业，培养其国际价值链整合能力，增强在海洋产业国际分工网络中的掌控力和影响力。三要以地区资源禀赋和比较优势为基础，优化海洋产业区域布局。逐步打破区域间生产要素流动壁垒，建立一体化的区域市场，逐步消除人为因素导致的产业“同构化”现象以及由此带来的资源分散、市场分割等不良影响。同时，要注重以产业链、产品链为载体在特定区域布局海洋产业门类，打造海洋产业集群，提高区域海洋产业体系的聚集度和融合性。

杨正勇：为推动构建现代海洋产业体系，建议一是明确界定现代海洋产业的内涵外延，将适应时代要求的海洋信息产业等纳入其中。二是完善现代海洋产业的深远海水产养殖、海洋牧场、水产加工、远洋渔业、海洋生态修复等基础产业的融资担保制度及水产养殖保险体系。三是加大对海洋战略性新兴产业的金融支持，通过政府和社会资本合作，设立现代海洋产业发展风险补偿基金，完善产业发展所需的融资担保、保险与再保险等制度安排。四是加强海洋领域人才培养模式改革，培养适应现代海洋产业发展需求的高素质海洋领域专项人才。

原载 2021 年 12 月 11 日《经济日报》

推进陆海统筹一体化发展

本期嘉宾

广东海洋大学管理学院代理院长、教授　白福臣

中国海洋大学海洋发展研究院研究员　高乐华

山东大学商学院副院长　杨林

宁波大学商学院教授、博士生导师　胡求光

主持人

经济日报社编委、中国经济趋势研究院院长　孙世芳

11 智库　2021年12月13日　星期一　经济日报

推进陆海统筹一体化发展

智库圆桌（第四十五期）

作为自然资源的载体，陆地和海洋是不可分割的生命共同体。党中央、国务院从战略高度重视陆海统筹，采取系列措施推进落实，有力促进了我国海洋经济飞速发展。党的十九大报告进一步提出"坚持陆海统筹，加快建设海洋强国"的战略部署。如何着力推进陆海统筹，切实以海洋经济高质量发展助力海洋强国建设，本期特邀4位专家深入探讨。

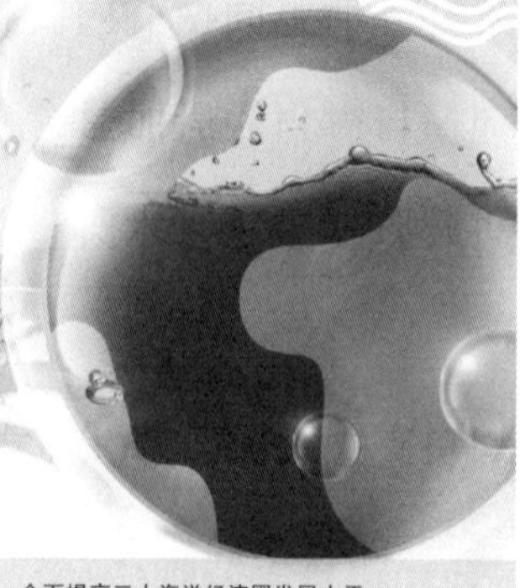

主持人　经济日报社编委、中国经济趋势研究院院长　孙世芳

完善陆海发展规划体系

主持人：陆海统筹发展，规划先行。沿海地区如何优化功能布局，整合陆域和海域资源，构建陆海协调发展新格局？

白福臣（广东海洋大学管理学院代理院长、教授）：海洋是"大国土"和"大资源"的重要组成部分。完善陆海统筹的规划体系，是沿海地区优化功能布局，建立陆海资源、产业、空间互动协调发展新格局的基本基础和制度保障。但从目前有关陆海发展的规划体系来看，全国国土规划中涉海部分仍然主要集中在临海的陆地区域，《全国主体功能区规划》与《全国海洋功能区划》以及涉及陆海发展的各产业专项规划之间也缺乏衔接。为此，统筹陆海发展的规划体系仍需要进一步优化和完善。

一是将海洋纳入国家总体经济区划中。经济区划是国家按一定的地区区情进行的国土单向或综合分区，系国家政策制定和实施、经济布局和建设的基础。自新中国成立以来，我国共作过三次大的经济区划，但管辖海域却从未被纳入到国家总体经济区划当中。在未来发展中，应坚持陆海统筹，将海洋纳入国家总体经济区划中，建议在原有的西部、中部、东部的经济布局中增加一个"新东部"，即沿海地带与海洋统筹发展的新区域，以体现规划的全面和完整性。

二是将海岸开发与整治纳入全国国土规划体系之中。海洋作为中国国土的重要组成部分，在全国国土规划中理应作为一个重要的区域来进行谋划。加强海洋空间、陆地空间规划的顶层设计，是实现陆海统筹、实现"海陆一张图"的重要基础。在《全国国土规划纲要（2016—2030年）》中虽然涉及了"开展海岸带和海岛综合治理"等内容，但也仅覆盖到了滨海的陆地区域，并未充分体现300万平方公里海洋国土的重要性。因此，有必要通过调整全国土地规划体系，将我国整个海洋国土纳入进来，进行统一规划。

三是做好陆海开发保护相关规划的衔接。在组织编制各沿海地区区域规划、产业规划、土地规划、城乡规划、基础设施建设规划时，高度重视海域的资源禀赋和生态环境容量，强化与涉海规划特别是海洋功能区划、主体功能区规划的衔接。在组织编制涉海规划时，也要高度重视相连陆地经济社会发展情况，切实做好与相关陆域规划的衔接配合。在规划组织编制过程中，要广泛征求相关部门和单位的意见，切实加大政策协调力度，确保各项规划能充分满足陆海两类部门协调运行的要求。

四是优化东部沿海地区陆海产业的空间布局。东部沿海地区是我国人口密度最大、经济社会最发达的地区。要通过陆海产业空间布局的优化和调整，加强对海洋经济发展的宏观调控和规划指导。重点是注重陆海产业分工与协作，坚持错位发展，形成区域陆海产业特色体系；优化陆海产业结构，打造具有竞争优势的陆海产业集群；发布海洋产业发展指导目录，加快海洋经济发展方式的转变，培育战略性海洋新兴产业；以临海产业为纽带，进一步增强陆海产业系统间的联系；合理划分海岸线功能，严格保护海岸线资源和海岛，避免对海域环境的破坏；以海洋资源开发和海洋环境保护同步规划、同步实施为核心，设计港口城市互动型和复合经济带陆海统筹的一体化建设模式。

五是加快海岸带综合开发利用与保护规划。加快编制《全国海岸带综合保护利用规划》，推进各地依据《省级海岸带综合保护与利用规划编制指南（试行）》编制地方的海岸带综合保护与利用规划，突出体现"陆海统筹""保护优先"的要求，科学确定海岸带地区的基本功能、开发方向和保护重点，强化陆域和海域生态环境综合管理，注重土地规划与海洋功能区划的衔接，形成陆域和海域紧密融合、协调发展的新态势。

合理开发海洋资源

主持人：我国海洋资源丰富，但目前仍存在开发能力不足与过度开发并存现象。如何根据陆海资源环境承载能力和发展潜力，合理开发布局？

高乐华（中国海洋大学海洋发展研究院研究员）：合理保护与开发海洋资源是应对我国陆地资源日益短缺、缓解经济发展资源瓶颈的重要途径。海洋丰富的生物资源、矿产资源、海水资源、可再生能源以及广阔的空间资源已成为国民经济发展不可替代的基础和保障。但与陆地资源相比，海洋资源开发两极分化严重，传统近海渔业资源、空间资源被过度开发，而海洋生物遗传资源、海水资源、海洋能源、深远海资源等新兴资源开发又严重不足。造成这种现象的原因：一是海洋自身特性决定了大多数海洋资源分布呈现块性，使得准确、高效乃至规模化开发存在困难；二是技术水平薄弱，海洋生物遗传资源、海洋能源、深远海资源的原创性开发技术体系尚未成型；三是海洋资源统计不完全，未与陆地资源共同形成完整的立体时空数据库；四是分区、分层、分类综合管理尚未实行，海域用途管理制度、资源产权制度改革进程缓慢。因此，统筹陆海资源开发，合理布局产业体系，还需加紧技术研发、推进平台建设、引导产业耦合、实行联动管理。

一是加快综合利用技术研发。部署一批重点技术攻关，如：海洋生物资源基因工程、营养提取等创新性开发技术；可燃冰、多金属结核等矿产资源规模化开发技术；潮汐、潮流、波浪、温差等能源低成本稳定开发技术；海水淡化和冷海水直接应用技术；深远海养殖和深远海捕捞、运输等技术。鼓励开展跨学科、多领域交叉应用研究，通过对相关机构、企业、市场进行调研，使海洋资源技术研发项目选题直接面向海洋产业发展的主战场。同时，注意增强海洋资源开发技术对海洋环境的适应性与响应控制，确保后续开发作业的可靠性、稳定性和环保性。

二是推进公共服务平台建设。继续强化海洋资源调查，进一步完善集空中遥感、岸基监测、浮标观测、近岸监测、深海探测于一体的立体监测体系，将分散的数据按统一标准接入陆海自然资源数据库，激活陆海资源大数据信息，编制陆海资源资产负债表，为精准开发和智能管理提供更可靠的依据。同时，开展覆盖全国不同尺度、不同范围、不同类型的陆海资源承载力评估，于平台量化展示并预警资源承载体与承载产业之间的动态关系，更加客观地指导各地、各功能区陆海产业空间布局及其生产活动。

三是引导陆海产业双向耦合。以陆促海，发挥陆地产业基础性优势，引导陆地企业向海发展，创新利用陆地资源先进的开发技术与装备提升海洋资源开发水平，着重推动养殖、旅游及矿产开发向深远海发展，减轻陆地和近海资源压力；以海定陆，科学编制陆海产业空间规划，打通陆海联运体系，以海岸带、河口、海湾及重点功能区的陆海资源承载力、环境容量和生态韧性来配置产业布局，提高陆海生态功能区承接产业的准入门槛，防止"三高"产业向江河海沿岸及生态廊道附近转移。尤其是明确海岸带开发定位，突出临海及海洋产业发展重点，加快构建现代化产业体系，立足港城产海融合，推动陆海产业链耦合交融，大力培育陆海融合新技术、新业态、新产品，不断拓展陆海融合产业链条，优化陆海产业发展生态。

四是实行陆海资源联动管理。借鉴陆地资源产权交易制度和精细化分类管理制度，进一步明确海洋资源产权关系，将海洋资源产权制度与用途管理制度改革相结合，推进海洋资源配置与流转更加趋向市场化，统筹建立陆海资源开发权、使用权、经营权综合交易市场，全面实现各类陆海资源有偿、高效利用。同步建立陆海污染一体化防治机制，组建跨地区、跨部门的污染联防联控体系、生态安全监测预警体系，交替实施森林碳汇工程、沿海防护林工程、湿地修复工程、近海生态修复工程、跨域水环境修复工程等，确保山水林田湖草生命共同体得到系统性完善和休养，推进"流域—海域"一体化生态补偿制度全面落地，为陆海资源的涵养孕育提供更为优质的生态环境。

全面提高三大海洋经济圈发展水平

主持人："十四五"规划纲要提出，全面提高北部、东部、南部三大海洋经济圈发展水平。如何统筹海陆产业的布局与发展，下好一盘棋？

杨林（山东大学商学院副院长）：目前，我国区域海洋经济发展不平衡、不充分的特征依然明显。根据对三大海洋经济圈发展情况的测算，北部海洋经济圈在全国海洋生产总值中的占比由2011年的35.93%下降至2020年的29.23%，东部海洋经济圈占比由2011年的31.67%上升到2020年的32.12%，南部海洋经济圈占比由2011年的32.40%上升至2020年的38.65%，其中2019年达到40.81%，处于领先水平。区域海洋经济高质量发展的落脚点是海洋产业的提质增效与空间拓展。因此，陆海统筹视角下的海洋产业高质量发展需要把握好海陆产业的空间布局、梯度转移与协同创新。

优化产业空间布局方面，基本思路是以海带陆、以陆壮海。在"面"上，由自然资源部统筹，结合三大海洋经济圈的比较优势和发展潜力，科学谋划其在海洋经济圈协同发展中的战略定位和主要功能，尽快构建三大海洋经济圈各自特色鲜明、布局合理、错位竞争、产业融合的现代海洋产业体系，将陆海统筹的战略布局进一步延伸到深远海、极地，深化到对外开放、贸易合作领域，在提升"大海域"开放水平的同时，形成陆海经济一体化发展的新格局。具体而言，三大海洋经济圈虽然都是具有全球影响力的先进制造业基地和现代服务业基地，但北部海洋经济圈海洋科研教育优势突出，可以在先进制造业及其相关服务外包方面提升其在东北亚市场的国际影响力；东部海洋经济圈作为"一带一路"建设与长江经济带发展战略的交汇区域，可以利用高水平开放、港口航运优势，提升以交通运输业为轴心的现代服务业在亚太的外向度；南部海洋经济圈利用其海域辽阔、资源丰富、战略地位突出的优势，在维护国家海洋权益的同时，面向东盟十国打造以滨海旅游业为轴心的现代服务业。

在"点"方面，巩固提升三大海洋经济圈中心省份、全球海洋中心城市和国家海洋经济发展示范区的先导优势，增强其他地区在产业转移、创新孵化、生态安全等方面的功能，将陆海统筹由资源要素、产业环境方面的统筹进一步深化到港城产海融合发展，叠加到"一带一路"发展战略、区域协调发展战略，形成陆海内外联动、东西南北中协调开放、港城产海融合发展的新格局。

产业梯度转移方面，基本思路是统筹考虑沿海地区海洋产业转型升级、扩大开放与内陆产业结构升级、区域产业梯度转移。一是建立健全海洋三次产业协同创新的动力机制。顺应海洋产业数字化、智能化发展趋势，综合考虑各省沿海产业现实基础、领军企业和科教优势资源、系统布局海洋产业协同创新的关键环节，创新驱动传统优势海洋产业转型升级；进一步促进海洋新兴产业集聚集群，培育壮大海洋新兴产业；做强做优海洋现代服务业。二是系统谋划海陆产业梯度转移的实现路径。在比较沿海地区产业结构与内陆地区产业结构耦合相关性的基础上，结合相关贸易和直接投资情况，对于具有贸易优势的产业，在海陆之间形成"陆域—沿海—全球布局产业链—全球价值链"的供应链、产业链和价值链联动、双循环健康发展新格局。三是构建海洋产业共性和核心关键技术协同创新机制，助力碳达峰、碳中和。加强顶层设计，聚焦各经济圈的主导优势产业及其核心技术创新的重点领域和关键环节，组建海洋科技创新战略联盟，在海工高端装备、海洋生物医药等重要产业，持续推进关键核心技术攻关和科技成果转化，为新产业、新业态、新模式的快速成长奠定坚实的技术基础。四是强化海洋领域基础研究，为多维度挖掘海洋资源的生态价值、经济价值提供科学支撑。搭建多方参与、高水平基础科学创新平台，有序推进国家级重大海洋科技创新项目，加快形成具有世界引领性的原始创新成果。

建立综合生态治理体系

主持人：生态环境是陆海统筹的重要一环，如何建立沿海、流域、海域协同一体的综合治理体系，打造可持续海洋生态环境？

胡求光（宁波大学商学院教授、博士生导师）：受传统重陆轻海观念影响，海洋一直是陆地污染的排放池，导致陆源污染成为海洋环境污染的主要来源。究其原因，一是行政主体间的块块分割。以长江流域为例，从陆地流域到近岸海域涉及多个省市，不同省市间、上下游间缺乏污染治理统筹规划，尚未形成陆源污染治理合力。二是相关部门间的条条分割。2018年党和国家机构改革，海洋环境保护职责整合到生态环境部，从机构设置上打破了陆海分割壁垒，为陆海统筹推进海洋生态环境质量改善奠定了基础。海洋生态环境治理的战略思想，由最初的陆域、海域分治，到"以海定陆"或"以陆定海"，再到明确提出"陆海统筹"，但现实操作层面仍存在一些亟需解决的问题。因此，需要以机构改革为契机，着力从以下五个方面建立沿海、流域、海域协同一体的综合治理体系，完善可持续海洋生态环境治理体系。

一是总量控制。依据以海定陆的总体思路，建立污染物排放总量控制制度。总量控制是实现陆海一体化治理的关键前提，要充分考虑海域、流域及入海河流现历年水质变化的关联性，根据陆域环境容量和海洋环境容量科学统筹确定入海污染物排放总量，以此严格限定各流域沿线省市的污染排放量，逐步实现入海污染的递减。

二是标准统一。统筹协调《海水水质标准》和《地表水环境质量标准》在水质指标和水质标准限值方面的设置，加强流域、河口和海域环境质量标准衔接，避免指标冲突。探索建立"流域—河口（海湾）—近海—远海"全覆盖的环境监测技术规范和评价标准，加强流域和海域间环境监测指标的关联变化分析，实现对陆源污染的精准溯源问查，为陆海一体化治理提供技术保障。

三是规划统筹。遵循海洋生态环境保护"十四五"规划提出的"国家—海区—湾区—地市"梯次推进的规划理念，对接重点流域水生态环境保护"十四五"规划提出的建立全国—流域—水功能区—控制单元—行政辖区分区防控体系，鼓励和引导流域海区、省级及地市层面统筹编制流域—海域综合环境保护规划，确保陆海规划目标、任务及措施的有机衔接。依托陆海规划统筹，以重要河口海湾为核心，对自然生态联系紧密的陆域径流、近岸海湾、海岛等实施陆海统筹、区域联动的生态环境治理。

四是职责协同。参照河湖长制做法，在沿海地区加快试点推行"湾滩长制"，逐级压实属地海洋生态环境保护责任。衔接上下游河长、湾长（滩长）的污染治理职责，建立陆海统筹、河海兼顾、上下联动、协同共治的海洋环境保护模式。依托职责统一的陆海联动防控机制，完善对入海河流的管控，全面监测入海河流、入海排污口及其他入海排口，结合中央生态环境保护督察和污染源普查发现的问题，开展监测和溯源分析。

五是区域协调。充分考虑地区经济发展差异、陆海污染流动特征等客观因素，在污染排放配额上向欠发达地区倾斜，刚性源污染重要源头地区收紧，在发达和欠发达地区、上游流域和下游沿海地区之间建立污染排放权一级交易市场，加强排放权在不同行政区间的流通。同时，探索开展跨行政区海洋生态转移支付试点工作，建立争优奖惩制度，让排污严重、考核未达标的地区通过财政转移支付方式向达标地区进行补偿，提高地方海洋生态保护积极性。

本版编辑　谢慧　美编　王墨晗

作为自然资源的载体，陆地和海洋是不可分割的生命共同体。党中央、国务院从战略高度重视陆海统筹，采取系列措施推进落实，有力促进了我国海洋经济飞速发展。党的十九大报告进一步提出“坚持陆海统筹，加快建设海洋强国”的战略部署。如何着力推进陆海统筹，切实以海洋经济高质量发展助力海洋强国建设，本期特邀4位专家深入探讨。

完善陆海发展规划体系

主持人：陆海统筹发展，规划先行。沿海地区如何优化功能布局，整合陆域和海域资源，构建陆海协调发展新格局?

白福臣：海洋是“大国土”和“大资源”的重要组成部分。完善陆海统筹的规划体系，是沿海地区优化功能布局，建立陆海资源、产业、空间互动协调发展新格局的坚实基础和制度保障。但从目前有关陆海发展的规划体系来看，全国国土规划中涉海部分仍然主要集中在临海的陆地区域。《全国主体功能区规划》与《全国海洋功能区划》以及涉及陆海发展的各产业专项规划之间也缺乏衔接。为此，统筹陆海发展的规划体系仍需要进一步优化和完善。

一是将海洋纳入国家总体经济区划。经济区划是国家按一定的地区区情进行的国土单向或综合分区，系国家政策制定和实施、经济布局和建设的基础。自中华人民共和国成立以来，我国共作过三次大的经济区划，但管辖海域却从未被纳入国家总体经济区划当中。

在未来发展中，应坚持陆海统筹，将海洋纳入国家总体经济区划中，建议在原有的西部、中部、东部的经济布局中增加一个“新东部”，即沿海地带与海洋统筹发展的新区域，以体现规划的全面和完整性。

二是将海洋开发与整治纳入全国国土规划体系之中。海洋作为中国国土的重要组成部分，在全国国土规划中理应作为一个重要的区域来进行谋划。加强海洋空间、陆地空间的顶层规划，是实施陆海统筹、实现“海陆一张图”的重要基础。在《全国国土规划纲要（2016—2030年）》中虽然涉及了“开展海岸带和海岛综合治理”等内容，但也仅覆盖到了靠海的陆地区域，并未充分体现300万平方公里海洋国土的重要性。因此，有必要通过调整全国土地规划体系，将我国整个海洋国土纳入进来，进行统一规划。

三是做好陆海开发保护相关规划的衔接。在组织编制各沿海地区区域规划、产业规划、土地规划、城乡规划、基础设施建设规划时，高度重视海域的资源禀赋和生态环境容量，强化与涉海规划特别是海洋功能区划、主体功能区规划的衔接。在组织编制涉海规划时，也要高度重视相连腹地经济社会发展情况，切实做好与相关陆域规划的衔接配合。在规划组织编制过程中，要广泛征求相关部门和单位的意见，切实加大政策协调力度，确保各类规划能充分满足陆海两类部门协同运行的要求。

四是优化东部沿海地区陆海产业的空间布局。东部沿海地区是我国人口密度最大、经济社会最发达的地区。要通过陆海产业空间布局的优化和调整，加强对海洋经济发展的宏观调控和规划指导。注重陆海产业分工与协作，坚持错位发展，形成区域陆海产业特色体系；优化陆海产业结构，打造具有竞争优势的陆海产业集群；发布海洋产业发展指导目录，加快海洋经济发展方式的转变，培育战略性海洋新兴产业；以临海产业为纽带，进一步增强陆海产业系统间的联系；合理划分海岸线功能，严格保护海岸线资源和海岛，避免对海域环境的破坏；以海洋资源开发和海洋环境保护同步规划、同步实施为核心，设计港口城市互动型和复合经济带陆海统筹的一体化建设模式。

五是加快海岸带综合开发利用与保护规划。加快编制《全国海岸带综合保护利用规划》，推进各地依据《省级海岸带综合保护与利用规划编制指南（试行）》编制地方的海岸带综合保护与利用规划，突出体现"陆海统筹""保护优先"的要求，科学确定海岸带地区的基本功能、开发方向和保护重点，强化陆域和海域生态环境综合管理，注重土地规划与海洋功能区划的衔接，形成陆域和海域紧密融合、协调发展的新态势。

合理开发海洋资源

主持人：我国海洋资源丰富，但目前仍存在开发能力不足与过度开发并存现象。如何根据陆海资源环境承载能力和发展潜力，合理开发布局？

高乐华：合理保护与开发海洋资源是应对我国陆地资源日益短

缺、缓解经济发展资源瓶颈的重要途径。海洋丰富的生物资源、矿产资源、海水资源、可再生能源以及广阔的空间资源已成为国民经济发展不可替代的基础和保障。但与陆地资源相比，海洋资源开发两极分化严重，传统近海渔业资源、空间资源被过度开发，而海洋生物遗传资源、海水资源、海洋能源、深远海资源等新兴资源开发又严重不足，造成这种现象的原因：一是海洋自身特性决定了大多数海洋资源分布呈缀块性，使得准确、高效乃至规模化开发存在困难；二是技术水平薄弱，海洋生物遗传资源、海洋能源、深远海资源的原创性开发技术体系尚未成型；三是海洋资源统计不完全，未与陆地资源共同形成完整的立体时空数据库；四是分区、分层、分类综合管理尚未实行，海域用途管理制度、资源产权制度改革进程缓慢。因此，统筹陆海资源开发，合理布局产业体系，还需加紧技术研发、推进平台建设、引导产业耦合、实行联动管理。

一是加快综合利用技术研发。部署一批重点技术攻关，如：海洋生物资源基因工程、营养提取等创新性开发技术；可燃冰、多金属结核等矿产资源规模化开发技术；潮汐、潮流、波浪、温差等能源低成本稳定开发技术；海水淡化和冷海水直接应用技术；深远海养殖和深远海锚泊、运维等技术。鼓励开展跨学科、多领域交叉应用研究，通过对相关机构、企业、市场进行调研，使海洋资源技术研发项目选题直接面向海洋产业发展的主战场。同时，注意增强海洋资源开发技术对海洋环境的适应性与响应控制，确保后续开发作业的可靠性、稳定性和环保性。

二是推进公共服务平台建设。继续强化海洋资源调查，进一步完善集空中遥感、岸基监测、浮标观测、远洋监测、深海探测于一体的立体监测体系，将分散的数据按统一标准接入陆海自然资源数据库，激活陆海资源大数据信息，编制陆海资源资产负债表，为精准开发和智能管理提供更可靠的依据。同时，开展覆盖全国不同尺度、不同范围、不同类型的陆海资源承载力评估，于平台量化展示并预警资源承载体与承载产业之间的动态关系，更加客观地指导各地、各功能区陆海产业空间布局及其生产活动。

三是引导陆海产业双向耦合。以陆促海，发挥陆地产业基础性优势，引导陆地企业向海发展，创新利用陆地资源先进的开发技术与装备提升海洋资源开发水平，着重推动养殖、旅游及矿产开发向深远海发展，减轻陆地和近海资源压力；以海定陆，科学编制陆海产业空间规划，打通陆海联运体系，以海岸带、河口、海湾及重点功能区的陆海资源承载力、环境容量和生态韧性来配置产业布局，提高陆海生态功能区承接产业的准入门槛，防止“三高”产业向江河海沿岸及生态廊道附近转移。尤其是明确海岸带开发定位，突出临海及海洋产业发展重点，加快构建现代化产业体系，立足港城产海融合，推动陆海产业链耦合交融，大力培育陆海融合新技术、新业态、新产品，不断拓展陆海融合产业链条，优化陆海产业发展生态。

四是实行陆海资源联动管理。借鉴陆地资源产权交易制度和精细化分类管理制度，进一步明确海洋资源产权关系，将海洋资源产权制度与用途管理制度改革相结合，推进海洋资源配置与流转更加趋向市场化，统筹建立陆海资源开发权、使用权、经营权综合交易市场，全面实现各类陆海资源有偿、高效利用。同步建立陆海污染一体化防治机制，组建跨地区、跨部门的污染联防联控体系、生态安全监测预警体系，交替实施森林碳汇工程、沿海防护林工程、湿地修复工程、近海生态修复工程、跨域水环境修复工程等，确保山水林田湖草生命共同体得到系统性完善和休养，推进“流域—海域”一体化生态补偿制度全面落地，为陆海资源的涵养孕育提供更为优质的生态环境。

全面提高三大海洋经济圈发展水平

主持人:“十四五”规划纲要提出，全面提高北部、东部、南部三大海洋经济圈发展水平。如何统筹海陆产业的布局与发展，下好一盘棋?

杨林: 目前，我国区域海洋经济发展不平衡、不充分的特征依然明显。根据对三大海洋经济圈发展情况的测算，北部海洋经济圈在全国海洋生产总值中的占比由2011年的35.93%下降至2020年的29.23%，东部海洋经济圈占比由2011年的31.67%上升到2020年的32.12%，南部海洋经济圈占比由2011年的32.40%上升至2020年的38.65%，其中2019年达到40.81%，处于领先水平。区域海洋经济高质量发展的落脚点是海洋产业的提质增效与空间拓展。因此，陆海统筹视角下的海洋产业高质量发展需要把握好海陆产业的空间布局、梯度转移与协同创新。

优化产业空间布局方面，基本思路是以海带陆、以陆壮海。在“面”上，由自然资源部统筹，结合三大海洋经济圈的比较优势和发展潜力，科学谋划其在海洋经济圈协同发展中的战略定位和主要功能，尽快构建三大海洋经济圈各自特色鲜明、布局合理、错位竞争、产业融合的现代海洋产业体系，将陆海统筹的战略布局进一步延伸到深远海、极地，深化到对外开放、贸易合作领域，在提升“大海域”开放水平的同时，形成陆海经济一体化发展的新格局。具体而言，三大海洋经济圈虽然都是具有全球影响力的先进制造业基地和现代服务业基地，但北部海洋经济圈海洋科研教育优势突出，可以在先进制造业及其相关服务外包方面提升其在东北亚市场的国际影响力；东部海洋经济圈作为“一带一路”建设与长江经济带发展战略的交会区域，可以利用高水平开放、港口航运优势，提升以交通运输业为轴心的现代服务业在亚太的外向度；南部海洋经济圈利用其海域辽阔、资源丰富、战略地位突出的优势，在维护国家海洋权益的同时，面向东盟十国打造以滨海旅游业为轴心的现代服务业。

在“点”方面，巩固提升三大海洋经济圈中心省份、全球海洋中心城市和国家海洋经济发展示范区的先锋优势，增强其他地区在产业转移、创新孵化、生态安全等方面的功能，将陆海统筹由资源要素、产业环境方面的统筹进一步深化到港城产海融合发展、叠加到“一带一路”发展倡议、区域协同发展战略，形成陆海内外联动、东西南北中协调开放、港城产海融合发展的新格局。

产业提质增效方面，基本思路是统筹考虑沿海地区海洋产业转型升级、扩大开放与内陆产业结构升级、区域产业梯度转移。一是建立健全海洋三次产业协同创新的动力机制。顺应海洋产业数字化、智能化发展趋势，综合考虑各省涉海产业现实基础、领军企业和科教优势资源，系统布局海洋产业协同创新的关键环节，创新驱动传统优势海洋产业转型升级；进一步促进海洋新兴产业集聚集群，培育壮大海洋新兴产业；做强做优海洋现代服务业。二是系统谋划海陆产业梯度转移的实现路径。在比较沿海地区产业结构与内陆地区产业结构耦合相关性的基础上，结合相关贸易和直接投资情况，对于具有贸易优势的产业，在海陆之间形成“陆域—沿海—全球布局产业链—全球价值链”的供应链、产业链和价值链联动、双循环健康发展新格局。三是构建海洋产业共性和核心关键技术协同创新机制，助力碳达峰、碳中和。加强顶层设计，聚焦各经济圈的主导优势产业及其核心技术创新的重点领域和关键环节，组建海洋科技创新战略联盟，在海工高端装备、海洋生物医药等重要产业，持续推进关键核心技术攻关和科技成果转化，为新产业、新业态、新模式的快速成长奠定坚实的技术基础。四是强化海洋领域基础研究，为多维度挖掘海洋资源的生态价值、经济价值提供科学支撑。搭建多方参与、高水平基础科学创新平台，有序推进国家级重大海洋科技创新项目，加快形成具有世界引领性的原始创新成果。

建立综合生态治理体系

主持人：生态环境是陆海统筹的重要一环，如何建立沿海、流域、海域协同一体的综合治理体系，打造可持续海洋生态环境？

胡求光：受传统重陆轻海观念影响，海洋一直是陆地污染的排放池，导致陆源污染成为海洋环境污染的主要来源。究其原因，一是行政主体间的块块分割。以长江流域为例，从陆地流域到近岸海域涉及多个省市，不同省市间、上下游间缺乏污染治理统筹规划，尚未形成陆源污染治理合力。二是相关部门间的条条分割。2018 年党和国家机构改革，海洋环境保护职责整合到生态环境部，从机构设置上打破了陆海分割壁垒，为陆海统筹推进海洋生态环境质量改善奠定了基础。海洋生态环境治理的战略思想，由最初的陆域、海域分治，到“以海定陆”或“以陆定海”，再到明确提出“陆海统筹”，但现实操作层面仍存在一些亟须解决的问题。因此，需要以机构改革为契机，着力从以下五个方面建立沿海、流域、海域协同一体的综合治理体系，完善可持续海洋生态环境治理体系。

一是总量控制，依据以海定陆的总体思路，建立污染物排放总量控制制度。总量控制是实现陆海一体化治理的关键前提，要充分考虑海域、流域及入海河流历年水质变化的关联性，根据陆域环境容量和海洋环境容量科学统筹确定入海污染物排放总量，以此严格限定各流域沿线省市的污染排放量，逐步实现入海污染的递减。

二是标准统一，统筹协调《海水水质标准》和《地表水环境质量标准》在水质指标和水质标准限值方面的设置，加强流域、河口和海域环境质量标准衔接，避免指标冲突。探索建立“流域—河口（海湾）—近海—远海”全覆盖的环境监测技术规范和评价标准，加强流域和海域间环境监测指标的关联变化分析，实现对陆源污染的精准溯源倒查，为陆海一体化治理提供技术保障。

三是规划统筹，遵循海洋生态环境保护“十四五”规划提出的“国家—海区—湾区—地市”梯次推进的规划理念，对接重点流域水生态环境保护“十四五”规划提出的建立全国—流域—水功能区—控制单元—行政辖区分区防控体系，鼓励和引导流域海区、省级及地市层面统筹编制流域—海域综合环境保护规划，确保陆海规划目标、任务及措施的有机衔接。依托陆海规划统筹，以重要河口海湾为核心，对自然生态联系紧密的陆域径流、近岸滩涂、海岛等实施陆海统筹、区域联动的生态环境治理。

四是职责协同，参照河湖长制做法，在沿海地区加快试点推行“湾滩长制”，逐级压实属地海洋生态环境保护责任。衔接上下游河长、湾长（滩长）的污染治理职责，建立陆海统筹、河海兼顾、上下联动、协同共治的海洋环境保护模式。依托职责统一的陆海联动防控机制，完善对入海河流的管控，全面查清入海河流、入海排污口及其他入海排口，结合中央生态环境保护督察和污染源普查发现的问题，开展监测和溯源分析。

五是区域协调，充分考虑地区经济发展差异、陆海污染流动特征等客观因素，在污染排放配额上向欠发达地区倾斜、向陆源污染重要源头地区收紧，在发达和欠发达地区、上游流域和下游沿海地区之间建立污染排放权一级交易市场，加强排放权在不同行政区间的流通。同时，探索开展跨行政区海洋生态转移支付试点工作，建立考核奖惩制度，让排污严重、考核未达标的地区通过财政转移支付方式向达标地区进行补偿，提高地方海洋生态保护积极性。

原载 2021 年 12 月 13 日《经济日报》

共建成渝经济圈

本期嘉宾

重庆社会科学院城市与区域经济研究所所长、研究员　彭劲松

四川省社会科学院研究员　盛毅

国家发展改革委城市和小城镇改革发展中心主任、研究员　史育龙

重庆工商大学成渝地区双城经济圈协同发展中心研究员　莫远明

主持人

经济日报社编委、中国经济趋势研究院院长　孙世芳

11 智库　2022年1月12日　星期三　经济日报

共建成渝经济圈

智库圆桌（第2期·总52期）

成渝地区双城经济圈位于"一带一路"和长江经济带交汇处，是西部陆海新通道的起点，具有连接西南西北、沟通东亚与东南亚、南亚的独特优势，在国家发展大局中具有独特而重要的战略地位。2021年10月，中共中央、国务院印发《成渝地区双城经济圈建设规划纲要》（以下简称《规划纲要》），这是继京津冀、长三角、粤港澳大湾区之后，我国又一重要的区域发展战略，标志着成渝双城经济圈建设迈上了加快推动高质量发展的新征程。本期特邀4位专家深入探讨。

主持人　经济日报社编委、中国经济趋势研究院院长　孙世芳

"一盘棋""一家亲"取得新突破

主持人：备受瞩目的成渝双城经济圈建设从白纸作画到绘出蓝图已近两年时间。两年来，成渝地区在推动双城经济圈建设方面做了哪些准备工作？

彭劲松（重庆社会科学院城市与区域经济研究所所长、研究员）：成渝地区是我国西部人口最密集、产业基础最雄厚、创新能力最强、市场空间最广阔、开放程度最高的区域。重庆、成都这两座国家中心城市唱好"双城记"，将加快成渝经济圈建设，有利于进一步整合两地发展优势，优化区域经济布局，支撑双循环新发展格局，筑牢国家战略安全屏障。

《规划纲要》的出台，为下一步成渝地区高质量建设提供了行动指南和路径遵循，使成渝地区发展机遇更加凸显、发展动能更加充足。成渝地区将聚焦重点领域协同发力，引领西部走在前列，早日建成引领全国高质量发展的重要增长极和新的动力源。两年来，成渝两地牢固树立"一盘棋"思维和"一家亲"理念，推动双城经济圈建设取得新突破。

一是系列政策文件出台提供了制度保障。围绕基础设施互联、产业集群共建、公共服务共享、科技创新中心共创、生态环境互保等重点领域，成渝两地政府部门先后出台了《深化四川重庆合作推动成渝地区双城经济圈建设工作方案》《成渝地区双城经济圈便捷生活行动方案》等，为高质量推进成渝地区双城经济圈建设提供了制度保障。

二是引领性标志性项目加速建设。两年来，累计开工现代基础设施项目29个，完成投资1300亿元以上。迄今，川渝省级高速公路通道已达13条、在建7条。成都天府国际机场高质量建成、重庆新机场选址初步明确，成渝世界级机场群提速建设。2021年12月，成资渝高速公路通车，天府新区、两江新区两个国家级新区实现高速直达。

三是推进一批重大改革试点示范。积极探索经济区与行政区适度分离有关改革，合力建设首批20家成渝产业合作示范园区，成渝毗邻地区10个协作平台建设全面推进。推动建立两地市场准入异地同标、市场监管案件线索移送等机制。全面落实政务服务成渝通办事项首批清单，涵盖居民身份证换领、电子社会保障卡签发、企业设立登记等95个与市民息息相关的高频政务服务事项。

四是提升公共服务协同共建便捷共享水平。在交通通信、户口迁移、就业社保、教育文化、医疗卫生、住房保障等6个方面实施了16项便民生活行动。近3500家定点医疗机构实现住院费用跨省直接结算，超过2.5万家医药机构实现普通门诊费用跨省直接结算。

五是推动共建长江上游重要生态屏障。成渝两地推进生态共建共保和污染跨界协同治理，优化自然保护地、生态保护红线，协同推进长江、乌江、涪江等重大跨区域山水林田湖草沙系统治理修复工程，协同推行林长制，推进"两岸青山·千里林带"生态治理，构建长江上游重要生态屏障。

到2025年

成渝地区双城经济圈经济实力、发展活力、国际影响力大幅提升，一体化发展水平明显提高，区域特色进一步彰显，支撑全国高质量发展的作用显著增强。

到2035年

建成实力雄厚、特色鲜明的双城经济圈，重庆、成都进入现代化国际都市行列，大中小城市协同发展的城镇体系更加完善，基础设施互联互通基本实现，具有全国影响力的科技创新中心基本建成，世界级先进制造业集群优势全面形成，现代产业体系趋于成熟，融入全球的开放型经济体系基本建成，人民生活品质大幅提升，对全国高质量发展的支撑带动能力显著增强，成为具有国际影响力的活跃增长极和强劲动力源。

打造城乡融合发展样板

主持人：成渝地区双城经济圈有一个特点，即成都和重庆两个超大城市的辐射区包含广袤的农村，城乡差距较大，二元结构矛盾突出。成渝地区应如何借助双城经济圈建设机遇推动城乡融合发展？

史育龙（国家发展改革委城市和小城镇改革发展中心主任、研究员）：成渝地区人口密集，物产丰饶，特别是有"天府之国"美誉的成都平原，历史上就是我国高度发达的农耕文明典范之一。上世纪80年代，成渝地区也曾是中国农村改革的重要先行者。进入新世纪以后，依托成渝两大城市的辐射带动，两地又同步启动统筹城乡发展综合配套改革试验区，进行了不少富有成效的改革探索。

2019年，中共中央、国务院《关于建立健全城乡融合发展体制机制和政策体系的意见》发布后，成都西部片区和重庆西部片区再次双双进入全国11个国家城乡融合发展试验区之列。在成渝两个城市带动下，成渝地区开始了全面推进乡村振兴、城乡同步迈向社会主义现代化的生动实践。成都市秉持"一个林盘聚落催生一个规上服务企业"理念，对川西林盘实施片区开发、整体招商、一体运营。重庆发挥国家现代农业产业园、农民工返乡创业园、精品特色小镇等城乡产业协同发展平台作用，建成44个市级农民工返乡创业园，吸纳返乡创业企业1600余家，带动2.5万人就业。成都平原成为近年来西部内陆城乡差距缩小最为显著的地区之一，预计2025年成都市城乡居民收入比将缩小至1.8∶1以内。重庆基于集大城市、大农村、大山区、大库区于一体的基本市情，坚持以城带乡，推动城乡人口有序流动、公共资源有序配置、产业协同发展，共同打造城乡融合发展样板。

面向未来，成渝地区双城经济圈的建设，将为加快形成工农互促、城乡互补、全面融合、共同繁荣的新型工农城乡关系创造条件，为深度推进城乡融合发展注入新的动力和活力。

一是城乡双向开放进一步促进劳动力自由流动。成渝地区人口基数大，农村人口比重高，曾经是全国重要的农民工输出地。2010年—2020年的10年间，成都人口增长581.92万人，在深圳、广州之后居全国第三位，重庆以320.8万人的增长量居全国第八位，与之前由于大量农民工外出打工造成人口净减少形成鲜明对比。出现这种变化，根本原因在于城市经济充满活力，成为动力强劲的区域发展火车头，提供了大量稳定的非农产业就业岗位。下一步，一方面重庆主城和成都要加快取消对稳定就业3年以上农业转移人口等重点群体的落户限制，另一方面要探索建立科研人员入乡兼职兼薪和离岗创业等制度，促进城乡人力资源双向流动。

二是深化城乡土地制度改革，促进要素高效配置。建立健全城乡统一的建设用地市场，允许农村集体在农民自愿前提下，依法把有偿收回的闲置宅基地、废弃的集体公益性建设用地，转变为集体经营性建设用地入市。鼓励对依法登记的宅基地等农村建设用地进行复合利用，以出让、租赁、作价出资（入股）等方式盘活农村存量建设用地。配合农村集体产权制度改革，在科学确认农村集体经济组织成员身份、有序推进经营性资产股份合作制改革基础上，健全农户"三权"市场化退出机制和配套政策，建立农村产权流转市场体系，实现城乡要素双向流动、平等交换。

三是以都市圈建设引领城乡公共资源均衡配置。以重庆主城和成都为核心规划的两个都市圈总面积达6.8万平方公里，占双城经济圈总面积三分之一。建设现代化都市圈，要发挥基础设施和公共服务引领人口和产业布局优化作用，促进中心城市功能外溢和产业协作配套，构建双城引领、双圈互动、两翼协同、城乡融合发展的空间新格局。通过建设联系中心城市和外围地区的一体化基础设施体系，完善城乡路网和衔接便利的公交网络，推进城乡交通运输一体化。

四是以产业融合推动城乡产业协同发展。发挥成渝中心城市的带动作用，积极引进城市工商资本入乡，发掘乡村特色资源和生态产品价值，盘活农村闲置资源资产，发展乡村旅游、休闲农业、民宿经济等新业态，支持城市专业市场和物流基地等产业向郊区疏解，探索城乡产业协同发展新模式。发挥县城对乡村的辐射带动作用，把县域作为城乡融合发展的重要切入点，赋予县级更多资源整合使用的自主权。大力提升县城公共设施和服务能力，发展连接城乡的冷链物流、配送投递、电商平台和农贸市场网络，带动农产品入城和工业品入乡，完善城乡产业协同发展和利益连接机制。

本版编辑　张　静　美　编　高　妍
来稿邮箱　jjrbjjzk@163.com

"还一江清水"目标实现

主持人：《规划纲要》提出，把修复长江生态环境摆在压倒性位置，深入实施主体功能区战略，形成人与自然和谐共生的格局。未来，成渝发展应如何探索绿色转型发展新路径？

盛毅（四川省社会科学院研究员）：成渝地区位于长江上游，是长江经济带高质量发展的生态屏障和水源涵养地，肩负着维护我国生态安全格局的重要使命。为落实长江上游生态环境保护任务，成渝地区自西部大开发以来，着力实施了天然林保护、退耕还林、增建自然保护区、加强工业污染治理，大力进行城乡环境综合整治、根治水污染等。在此期间，川渝两地累计还林还草6000多万亩，使流入长江干流泥沙量减少了50%以上，初步构建起长江上游生态屏障。

党的十八大以来，成渝地区坚持共抓大保护、不搞大开发，围绕建设天蓝地绿水清的生态环境，努力打好"三大攻坚战"。四川仅实施天然林资源保护工程，森林面积就增加了1亿亩，水土流失进一步减少；川渝22条跨界河流实现治理"一盘棋"，出境断面水质保持在Ⅲ类及以上，国家考核断面水质优良率达100%，"还一江清水"和守护"一江碧水"的目标实现；创建国家生态文明建设示范区县19个，长江上游生态屏障功能进一步强化。

《规划纲要》提出了"筑牢长江上游生态屏障"这一高标准。川渝应借助区域谋划"一盘棋"、规划编制"一张图"、建设保护"一张网"、实施行动"一体化"的有利条件，注重弥补跨区域、跨领域保护和建设存在的薄弱环节，在全国率先建立跨省市联合河长制办公室和跨区域水泥行业错峰生产制度，同步完成嘉陵江流域保护省级立法，通过完善一体化机制，形成生态建设整体推进、生态空间全面优化、生态价值充分挖掘的新格局。

筑牢长江上游生态屏障，需要加强战略协同。长江流域生态系统的保护和修复是一个系统工程，涉及诸多领域、多类地区域和多个实施主体，推进过程中必须加强战略协同和规划衔接。目前，按行政单元推进生态环境保护和建设的规划基本完善，而跨行政区规划还在编制之中，区域之间的战略协同和规划衔接不足。因此，筑牢长江生态屏障，要从生态系统整体性和流域综合治理需要出发，统筹山水林田湖草沙等生态要素，注重综合治理和协同攻坚，系统谋划和统筹实施保护和建设方案。

筑牢长江上游生态屏障，需要加强行动统筹。注重区域发展与水、空气、土壤等治理紧密结合，广泛开展水环境治理试点示范、综合治理与可持续发展试点等，通过开展绿色江岸、绿色城市、绿色产业、绿色园区、绿色乡村、绿色廊道等，更好地统筹各方面的建设和保护任务，形成长江上游生态系统联建联治新格局。当前，尤其要根据人口和产业向城市集聚的大趋势，利用良好的生态禀赋和清洁能源资源基础，促进生态功能区人口向城市群集中，依托园区承载更大规模的先进产业，着力解决生态脆弱地区人口压力大、乡镇工业零散分布造成面源污染范围大、保护和治理设施投入大及利用率低等突出问题。

筑牢长江上游生态屏障，需要加强机制共建。促进空间协同和任务统筹，构建规划引领、工程项目共建、责任共担、利益共享、信息共用的管理体制和推进机制。建立跨地区和跨领域的生态环境保护与综合治理，明确生态环境分区管控、流域水资源统一管理等目标任务和运行机制；围绕建立更加有效的地方政府间协商机制，建立跨境河流污染联防联控、生态空间一体化管控等体制机制；深入落实河长制、湖长制，全面推行林长制，加快建立跨区域、跨部门的联合巡查制度；争取国家对长江上游生态屏障建设的支持，川渝之间和各相关市区县之间，也要共同发起设立各种类型基金，形成各类主体参与投资的机制；建立"谁污染、谁补偿，谁保护、谁受益"的机制，出台支持城市布局优化、经济绿色发展的政策措施。

协同共筑内陆改革开放高地

主持人：成渝地区处在"一带一路"建设、西部大开发、长江经济带战略的交汇点，是我国在新时期构建双循环新发展格局的重要承载地。基于《规划纲要》，您对成渝联手打造内陆改革开放高地有哪些建议？

莫远明（重庆工商大学成渝地区双城经济圈协同发展中心研究员）：成渝联手打造内陆改革开放高地，是推动成渝地区双城经济圈建设的重要突破口。近两年来，成渝联手打造内陆改革开放高地，取得了较显著成效。

一方面，内陆改革开放高地为成渝联手、协同发展提供了平台和抓手。成渝地区以共建"一带一路"为引领，继续拓展延伸西部陆海新通道，与东盟10国和RCEP自贸区衔接，共建高层级对外开放平台，加快建设内陆开放枢纽，在西部改革开放中发挥示范带动作用。如2021年全年中欧班列（成渝）共计开行超4800列，位居全国第一位，开行量占全国比例超过30%。2021年，重庆市的果园港货物吞吐量达2100万吨，同比增长47.72%。近一年来，重庆市通过西部陆海新通道去回程货运量和货值比例基本实现双向运输平衡。

另一方面，成渝地区双城经济圈高质量一体化发展，也为成渝联手打造内陆改革开放高地提供了保障。长三角在我国区域城市群或经济圈中率先高质量一体化发展，为成渝地区所借鉴。成渝地区双城经济圈高质量一体化发展，也将成为成渝联手打造内陆改革开放高地乃至带动西部地区高质量一体化发展的标杆。两年来，成渝联手打造内陆改革开放高地，合力打造区域协作的高水平样板，在开放平台和开放门户、自贸区建设、开放大通道、中欧班列（成渝）等方面取得了较为显著的成效。如在川渝自贸试验区协同开放示范区建设上，川渝两地围绕目标、领域、政策、产业、机制和时序六个方面，实现了"六个协同"。

下一步，成渝联手打造内陆改革开放高地，可从战略规划体系、通道平台建设和区域协同发展等方面重点发力。

一是加快构建战略规划体系。要发挥战略规划对推动成渝地区双城经济圈建设和内陆改革开放高地建设的导向作用。建议借鉴长三角、京津冀、粤港澳大湾区经验，尽快成立高规格的成渝地区双城经济圈建设领导小组，逐步上升为国家区域重大战略。同时，从国家、省市、区县（市）三个层面构建成渝地区双城经济圈建设战略规划体系。从空间规划来看，正在编制三个层面的空间规划；从区域规划来看，成渝地区双城经济圈建设规划纲要已出台，下一步要加快出台重庆市"一区两群"区域协调规划、四川省"一干多支"区域协调发展规划；从专项规划来看，成渝地区要制定和完善关于内陆改革开放高地建设专项规划。目前《重庆市全面融入共建"一带一路"加快建设内陆开放高地"十四五"规划（2021—2025年）》已出台，四川省要加快出台内陆改革开放高地建设的专项规划。

二是积极推动通道平台建设。通道和平台建设是成渝联手打造内陆改革开放高地的两大抓手，也是内陆改革开放高地落地生根的关键因素。构建对外开放大通道，需合力完成建设西部陆海新通道、统筹完善亚欧通道、优化畅通东向开放通道等任务。特别要统筹东西南北四个方向，做大做强西部陆海新通道，拓展中欧班列（成渝）号功能和网络体系，优化畅通长江黄金水道，挖掘"渝满俄"国际铁路班列潜能，推动开放通道互联互通。高水平推进开放平台建设，需完成建设川渝自由贸易试验区协同开放示范区、打造内陆开放门户、高标准实施高层级开放合作项目、共建"一带一路"对外交往中心等任务。特别要注重统筹开放平台发展，优化开放平台布局，积极争取增设综合保税区、国家级高新区等国家级开放平台，推动各类开放平台错位协同发展。

三是促进区域协同创新发展。深化西部省区市协作，重庆、成都这两座国家中心城市要发挥示范、带动和引领作用。对重庆而言，要进一步优化全市开放空间布局，全面提升主城都市区开放能级，提高渝东北三峡库区城镇群和渝东南武陵山区城镇群开放水平，促进"一区两群"协调发展。对成都而言，要强化"极核引领"和主干带动，在建设现代化成都都市圈基础上，"干支联动"引领区域协同发展。此外，要推动成渝相向发展，深化成渝地区双城经济圈开放协作，不断建立完善协同开放体制机制，推动共建对外开放通道和开放平台，联动发展高水平开放型经济，协同开展国际交流合作。

成渝地区双城经济圈位于“一带一路”和长江经济带交汇处，是西部陆海新通道的起点，具有连接西南西北，沟通东亚与东南亚、南亚的独特优势，在国家发展大局中具有独特而重要的战略地位。2021年10月，中共中央、国务院印发《成渝地区双城经济圈建设规划纲要》(以下简称《规划纲要》)，这是继京津冀、长三角、粤港澳大湾区之后，我国又一重要的区域发展战略，标志着成渝双城经济圈建设迈上了加快推动高质量发展的新征程。本期特邀四位专家深入探讨。

“一盘棋”“一家亲”取得新突破

主持人：备受瞩目的成渝双城经济圈建设从白纸作画到绘出蓝图已近两年时间。两年来，成渝地区在推动双城经济圈建设方面做了哪些准备工作？

彭劲松：成渝地区是我国西部人口最密集、产业基础最雄厚、创新能力最强、市场空间最广阔、开放程度最高的区域。重庆、成都这两座国家中心城市唱好“双城记”，将加快成渝经济圈建设，有利于进一步整合两地发展优势，优化区域经济布局，支撑双循环新发展格局，筑牢国家战略安全屏障。

《规划纲要》的出台，为下一步成渝地区高质量建设提供了行动指南和路径遵循，使成渝地区发展机遇更加凸显、发展动能更加充足。成渝地区将聚焦重点领域协同发力，引领西部走在前列，早日建成引领全国高质量发展的重要增长极和新的动力源。两年来，成渝两地牢固树立“一盘棋”思维和“一家亲”理念，推动双城经济圈建设取得新突破。

一是系列政策文件出台提供了制度保障。围绕基础设施互联、产业集群共建、公共服务共享、科技创新中心共创、生态环境互保等重点领域，成渝两地政府部门先后出台了《深化四川重庆合作推动成渝地区双城经济圈建设工作方案》《成渝地区双城经济圈便捷生活行动方案》等，为高质量推进成渝地区双城经济圈建设提供了制度保障。

二是引领性标志性项目加速建设。两年来，累计开工现代基础设施项目 29 个，完成投资 1300 亿元以上。迄今，川渝省级高速公路通道已达 13 条、在建 7 条。成都天府国际机场高质量建成、重庆新机场选址初步明确，成渝世界级机场群提速建设。2021 年 12 月，成资渝高速公路通车，天府新区、两江新区两个国家级新区实现高速直达。

三是推进一批重大改革试点示范。积极探索经济区与行政区适度分离有关改革，合力建设首批 20 家成渝产业合作示范园区，成渝毗邻地区 10 个协作平台建设全面推进。推动建立两地市场准入异地同标、市场监管案件线索移送等机制。全面落实政务服务成渝通办事项首批清单，涵盖居民身份证换领、电子社会保障卡签发、企业设立登记等 95 个与市民息息相关的高频政务服务事项。

四是提升公共服务协同共建便捷共享水平。在交通通信、户口迁移、就业社保、教育文化、医疗卫生、住房保障等 6 个方面实施了

16 项便民生活行动。近 3500 家定点医疗机构实现住院费用跨省直接结算，超过 2.5 万家医药机构实现普通门诊费用跨省直接结算。

五是推动共建长江上游重要生态屏障。成渝两地推进生态共建共保和污染跨界协同治理，优化自然保护地、生态保护红线，协同推进长江、乌江、涪江等重大跨区域山水林田湖草沙系统治理修复工程。协同推行林长制，推进“两岸青山 · 千里林带”生态治理，构建长江上游重要生态屏障。

“还一江清水”目标实现

主持人: 《规划纲要》提出，把修复长江生态环境摆在压倒性位置，深入实施主体功能区战略，形成人与自然和谐共生的格局。未来，成渝发展应如何探索绿色转型发展新路径?

盛毅: 成渝地区位于长江上游，是长江经济带高质量发展的生态屏障和水源涵养地，肩负着维护我国生态安全格局的重要使命。为落实长江上游生态环境保护任务，成渝地区自西部大开发以来，着力实施了天然林保护、退耕还林、增建自然保护区、加强工业污染治理、大力进行城乡环境综合整治、根治水污染等。在此期间，川渝两地累计还林还草 6000 多万亩，使流入长江干流泥沙量减少了 50% 以上，初步构建起长江上游生态屏障。

党的十八大以来，成渝地区坚持共抓大保护、不搞大开发，围绕建设天蓝地绿水清的生态环境，努力打好“三大攻坚战”。四川仅实施天然林资源保护工程，森林面积就增加了1亿亩，水土流失进一步减少；川渝22条跨界河流实现治理“一盘棋”，出境断面水质保持在Ⅲ类及以上，国家考核断面水质优良率达100%，“还一江清水”和守护“一江碧水”的目标实现；创建国家生态文明建设示范区县19个，长江上游生态屏障功能进一步强化。

《规划纲要》提出了“筑牢长江上游生态屏障”这一高标准。川渝应借助区域谋划“一盘棋”、规划编制“一张图”、建设保护“一张网”、实施行动“一体化”的有利条件，注重弥补跨区域、跨领域保护和建设存在的薄弱环节，在全国率先建立跨省市联合河长制办公室和跨区域水泥行业错峰生产制度，同步完成嘉陵江流域保护省级立法，通过完善一体化机制，形成生态建设整体推进、生态空间全面优化、生态价值充分挖掘的新格局。

筑牢长江上游生态屏障，需要加强战略协同。长江流域生态系统的保护和修复是一个系统工程，涉及诸多领域、多类型区域和多个实施主体，推进过程中必须加强战略协同和规划衔接。目前，按行政单元推进生态环境保护和建设的规划基本完善，而跨行政区规划还在编制之中，区域之间的战略协同和规划衔接不足。因此，筑牢长江生态屏障，要从生态系统整体性和流域综合治理需要出发，统筹山水林田湖草沙等生态要素，注重综合治理和协同攻坚，系统谋划和统筹实施保护和建设方案。

筑牢长江上游生态屏障，需要加强行动统筹。注重区域发展与水、空气、土壤等治理紧密结合，广泛开展水环境治理试点示范、综合治理与可持续发展试点等，通过开展绿色江岸、绿色城市、绿色产业、绿色园区、绿色乡村、绿色廊道等，更好地统筹各方面的建设和保护任务，形成长江上游生态系统联建联治新格局。当前，尤其要根据人口和产业向城市集聚的大趋势，利用良好的生态禀赋和清洁能源资源基础，促进生态功能区人口向城市群集中，依托园区承载更大规模的先进产业，着力解决生态脆弱地区人口压力大、乡镇工业零散分布造成面源污染范围大、保护和治理设施投入大及利用率低等突出问题。

筑牢长江上游生态屏障，需要加强机制共建。促进空间协同和任务统筹，构建规划引领、工程项目共建、责任共担、利益共享、信息共用的管理体制和推进机制。建立跨地区和跨领域的生态环境保护与综合治理体系，明确生态环境分区管控、流域水资源统一管理等目标任务和运行机制；围绕建立更加有效的地方政府间协商机制，建立跨境河流污染联防联控、生态空间一体化管控等体制机制；深入落实河长制、湖长制，全面推行林长制，加快建立跨区域、跨部门的联合巡查制度；争取国家对长江上游生态屏障建设的支持，川渝之间和各相关市区县之间，也要共同发起设立各种类型基金，形成各类主体参与投资的机制；建立“谁污染、谁补偿，谁保护、谁受益”的机制，出台支持城市布局优化、经济绿色发展的政策措施。

打造城乡融合发展样板

主持人：成渝地区双城经济圈有一个特点，即成都和重庆两个超大城市的辐射区包含广袤的农村，城乡差距较大，二元结构矛盾突出。成渝地区应如何借助双城经济圈建设机遇推动城乡融合发展？

史育龙：成渝地区人口密集，物产丰饶，特别是有“天府之国”美誉的成都平原，历史上就是我国高度发达的农耕文明典范之一。20 世纪 80 年代，成渝地区也曾是中国农村改革的重要先行者。进入 21 世纪以后，依托成渝两大城市的辐射带动，两地又同步启动统筹城乡发展综合配套改革试验区，进行了不少富有成效的改革探索。

2019 年，中共中央、国务院《关于建立健全城乡融合发展体制机制和政策体系的意见》发布后，成都西部片区和重庆西部片区再次进入全国 11 个国家城乡融合发展试验区之列。在成渝两个城市带动下，成渝地区开始了全面推进乡村振兴、城乡同步迈向社会主义现代化的生动实践。成都市秉持“一个林盘聚落催生一个规上服务企业”理念，对川西林盘实施片区开发、整体招商、一体运营。重庆发挥国家现代农业产业园、农民工返乡创业园、精品特色小镇等城乡产业协同发展平台作用，建成 44 个市级农民工返乡创业园，吸纳返乡创业企业 1600 余家，带动 2.5 万人就业。成都平原成为近年来西部内陆城乡差距缩小最为显著的地区之一，预计 2025 年成都市城乡居民收入比将缩小至 1.8∶1 以内。重庆基于集大城市、大农村、大山区、大库区于一体的基本市情，坚持以城带乡，推动城乡人口有序流动、公共资源有序配置、产业协同发展，共同打造城乡融合发展样板。

面向未来，成渝地区双城经济圈的建设，将为加快形成工农互促、城乡互补、全面融合、共同繁荣的新型工农城乡关系创造条件，为深度推进城乡融合发展注入新的动力和活力。

一是城乡双向开放进一步促进劳动力自由流动。成渝地区人口基数大，农村人口比重高，曾经是全国重要的农民工输出地。2010—2020 年的 10 年间，成都人口增长 581.92 万人，在深圳、广州之后居全国第三位，重庆以 320.8 万人的增长量居全国第八位，与之前由于大量农民工外出打工造成人口净减少形成鲜明对比。出现这种变化的根本原因在于城市经济充满活力，成为了动力强劲的区域发展火车头，提供了大量稳定的非农产业就业岗位。下一步，一方面重庆主城和成都要加快取消对稳定就业 3 年以上农业转移人口等重点群体的落户限制，另一方面要探索建立科研人员入乡兼职兼薪和离岗创业等制度，促进城乡人力资源双向流动。

二是深化城乡土地制度改革，促进要素高效配置。建立健全城乡统一的建设用地市场，允许农村集体在农民自愿前提下，依法把有偿收回的闲置宅基地、废弃的集体公益性建设用地，转变为集体经营性建设用地入市。鼓励对依法登记的宅基地等农村建设用地进行复合利用，以出让、租赁、作价出资（入股）等方式盘活农村存量建设用地。配合农村集体产权制度改革，在科学确认农村集体经济组织成员身份、有序推进经营性资产股份合作制改革的基础上，健全农户“三权”市场化退出机制和配套政策，建立农村产权流转市场体系，实现城乡要素双向流动、平等交换。

三是以都市圈建设引领城乡公共资源均衡配置。以重庆主城和成都为核心规划的两个都市圈总面积达6.8万平方公里，占双城经济圈总面积1/3。建设现代化都市圈，要发挥基础设施和公共服务引领人口和产业布局优化作用，促进中心城市功能外溢和产业协作配套，构建双城引领、双圈互动、两翼协同、城乡融合发展的空间新格局。通过建设联系中心城市和外围地区的一体化基础设施体系，完善城乡路网和衔接便利的公交网络，推进城乡交通运输一体化。

四是以产业融合推动城乡产业协同发展。发挥成渝中心城市的带动作用，积极引进城市工商资本入乡，发掘乡村特色资源和生态产品价值，盘活农村闲置资源资产，发展乡村旅游、休闲农业、民宿经济等新业态，支持城市专业市场和物流基地等产业向郊区疏解，探索城乡产业协同发展新模式。发挥县城对乡村的辐射带动作用，把县域作为城乡融合发展的重要切入点，赋予县级更多资源整合使用的自主权。大力提升县城公共设施和服务能力，发展连接城乡的冷链物流、配送投递、电商平台和农贸市场网络，带动农产品入城和工业品入乡，完善城乡产业协同发展和利益连接机制。

协同共筑内陆改革开放高地

主持人：成渝地区处在“一带一路”建设、西部大开发、长江经济带战略的交汇点，是我国在新时期构建双循环新发展格局的重要承载地。基于《规划纲要》，您对成渝联手打造内陆改革开放高地有哪些建议？

莫远明：成渝联手打造内陆改革开放高地，是推动成渝地区双城经济圈建设的重要突破口。近两年来，成渝联手打造内陆改革开放高地，取得了较显著成效。

一方面，内陆改革开放高地为成渝联手、协同发展提供了平台和抓手。成渝地区以共建“一带一路”为引领，继续拓展延伸西部陆海新通道，与东盟 10 国和 RCEP 自贸区衔接，共建高层级对外开放平台，加快建设内陆开放枢纽，在西部改革开放中发挥其示范带动作用。如 2021 年全年中欧班列（成渝）共计开行超 4800 列，位居全国第一位，开行量占全国比例超过 30%。2021 年，重庆市的果园港货物吞吐量达 2100 万吨，同比增长 47.72%。近一年来，重庆市通过西部陆海新通道去回程货运量和货值比例基本实现双向运输平衡。

另一方面，成渝地区双城经济圈高质量一体化发展，也为成渝联手打造内陆改革开放高地提供了保障。长三角在我国区域城市群或经济圈中率先高质量一体化发展，为成渝地区所镜鉴。成渝地区双城经济圈高质量一体化发展，也将成为成渝联手打造内陆改革开放高地，带动西部地区高质量一体化发展的标杆。两年来，成渝联手打造内陆改革开放高地，合力打造区域协作的高水平样板，在开放平台和开放门户、自贸区建设、开放大通道、中欧班列（成渝）等方面取得了较为显著的成效。如在川渝自贸试验区协同开放示范区建设上，川渝两地围绕目标、领域、政策、产业、机制和时序六个方面，实现了“六个协同”。

下一步，成渝将联手打造内陆改革开放高地，可从战略规划体系、通道平台建设和区域协同发展等方面重点发力。

一是加快构建战略规划体系。要发挥战略规划对推动成渝地区双城经济圈建设和内陆改革开放高地建设的导向作用，建议借鉴长三角、京津冀、粤港澳大湾区经验，尽快成立高规格的成渝地区双城经济圈建设领导小组，逐步上升为国家区域重大战略。同时，从国家、省市、区县（市）三个层面构建成渝地区双城经济圈建设战略规划体系。从空间规划来看，正在编制三个层面的空间规划；从区域规划来看，《成渝地区双城经济圈建设规划纲要》已出台，下一步要加快出台重庆市“一区两群”区域协调规划、四川省“一干多枝”区域协调发展规划；从专项规划来看，成渝地区要制定和完善关于内陆改革开放高地建设专项规划。目前《重庆市全面融入共建“一带一路”加快建设内陆开放高地“十四五”规划（2021—2025 年）》已出台，四川省要加快出台内陆改革开放高地建设的专项规划。

二是积极推动通道平台建设。通道和平台建设是成渝联手打造内陆改革开放高地的两大抓手，也是内陆改革开放高地落地生根的关键因素。构建对外开放大通道，需合力完成建设西部陆海新通道、统筹完善亚欧通道、优化畅通东向开放通道等任务。特别要统筹东西南北四个方向，做大做强西部陆海新通道，拓展中欧班列（成渝）

号功能和网络体系，优化畅通长江黄金水道，挖掘“渝满俄”国际铁路班列潜能，推动开放通道互联互通。高水平推进开放平台建设，需完成建设川渝自由贸易试验区协同开放示范区、打造内陆开放门户、高标准实施高层级开放合作项目、共建“一带一路”对外交往中心等任务。特别要注重统筹开放平台发展，优化开放平台布局，积极争取增设综合保税区、国家级高新区等国家级开放平台，推动各类开放平台错位协同发展。

三是促进区域协同创新发展。深化西部省区市协作，重庆、成都这两座国家中心城市要发挥示范、带动和引领作用。对重庆而言，要进一步优化全市开放空间布局，全面提升主城都市区开放能级，提高渝东北三峡库区城镇群和渝东南武陵山区城镇群开放水平，促进“一区两群”协调发展。对成都而言，要强化“极核引领”和主干带动，在建设现代化成都都市圈基础上，“干支联动”引领区域协同发展。此外，要推动成渝相向发展，深化成渝地区双城经济圈开放协作，不断建立完善协同开放体制机制，推动共建对外开放通道和开放平台，联动发展高水平开放型经济，协同开展国际交流合作。

原载 2022 年 1 月 12 日《经济日报》

推动体育产业高质量融合发展

本期嘉宾

中国管理科学学会体育管理专业委员会主任委员、北京体育大学体育商学院教授　白宇飞

集美大学体育学院教授　郑志强

哈尔滨体育学院体育人文社会学院院长　王飞

北京体育大学管理学院教授、国家体育总局全民健身计划专家组成员　邹新娴

主持人

经济日报社编委、中国经济趋势研究院院长　孙世芳

经济日报记者　常理

10 智库　2022年2月17日　星期四　经济日报

推动体育产业高质量融合发展

智库圆桌
（第3期·总53期）

体育产业是现代服务业的重要组成部分，是推动国民经济发展的重要力量。近年来，随着全民健身战略和健康中国战略的深入实施，我国体育产业显示出巨大市场潜力和强劲发展动力。2022年北京冬奥会的举办推动了冰雪经济、中国体育事业的发展，我国提前实现"带动三亿人参与冰雪运动"的目标，为全球奥林匹克事业作出了新的贡献。"十四五"规划对体育事业、体育产业发展提出了更高要求，对接体育强国建设2035年目标，我国体育产业将迎来怎样的机遇和挑战，本期特邀4位专家深入研讨。

主持人
经济日报社编委、中国经济趋势研究院院长　孙世芳
经济日报记者　常理

经济效益与社会效益双效协同

主持人：我国体育产业发展现状如何？

白宇飞（中国管理科学学会体育管理专业委员会主任委员、北京体育大学体育商学院教授）：改革开放以来，我国体育产业经历了从无到有、从小到大、由弱渐强的发展历程。宏观政策积极引导、市场主体主动探索、消费需求持续培育与激发，共同支撑了体育产业经济效益日益增加与社会效益日趋扩大双效协同发展的基本面，体育产业逐步成为我国经济转型升级的重要助推力量。

一是总体规模不断壮大。数据显示，2020年全国体育产业实现总产出27372亿元，增加值10735亿元。与之相对，北京奥运会成功举办的2008年，全国体育及相关产业实现增加值1554.97亿元，体育产业增加值2008年至2020年间的平均增速高达17.5%。根据《全民健身计划（2021—2025年）》，我国体育产业总规模到2025年预计达到5万亿元。体育产业快速扩张是对经济平稳较快发展的客观反映，是收入分配改善和消费需求释放的必然结果。加之体育消费高收入弹性的特征，其发展明显快于国内生产总值增长速度。

二是结构体系渐趋完善。从宏观视角来看，体育产业结构布局显著优化。数据显示，2008年我国体育用品、服装鞋帽制造的产业增加值占比接近70%，2020年降至29.3%，而体育服务业总产出连续两年超过前者。体育产业由传统制造业拉动转向更具现代产业特征的服务业与制造业并行驱动，发展韧性增强。从微观视角来看，多元化市场体系丰富和完善了体育产业发展内涵。

三是就业规模稳步增长。据相关统计数据，2008年全国体育产业从业人员规模为317.09万人，2019年增长至505.1万人。根据《"十四五"体育发展规划》发展目标，2025年我国体育产业从业人员超过800万人。在体育制造业加速向服务业延伸实现产业升级的进程中，其较强的综合带动能力能够有效吸纳新增劳动力资源。

四是治理能力显著提升。党的十八大以来，《关于加快发展体育产业促进体育消费的若干意见》等政策相继出台，进一步明确了与体育产业相关的品牌赛事、特色小镇、城市体育服务综合体等治理对象及内涵，尤其通过深化"放管服"改革形成了有利于体育强国和健康中国建设的良好制度环境。

五是数字技术支撑作用有效发挥。5G通信、人工智能等前沿技术蓬勃发展，积极赋能体育产业数字化转型。一方面，卫星直播技术、大数据算法与互联网传播渠道的结合有效提升了体育产业的供给能力。另一方面，数字技术突破了体育消费市场的刻板形态，智能体育发展突飞猛进，居家健身服务消费等新模式不断涌现。

六是产业融合发展趋势凸显。近年来，体育产业与医疗、文化、旅游休闲等产业加速融合，体育产品与服务品质不断提升。如与旅游休闲的产业融合，凭借产业资源的整合、互补与共享树立"体育+旅游"的全域化优势，为未来体育产业消费升级提供了增长潜力和动能储备。

北京
成功申办冬奥会以来
全国居民冰雪运动参与率
24.56%
冰雪运动参与人数
3.46亿人

政策引导推动全方位长足进步

主持人：体育产业高质量发展离不开政策支持，有哪些重要的产业政策，取得了怎样的效果？

郑志强（集美大学体育学院教授）：随着社会经济迅速发展，我国体育产业发展进入快车道，如何进一步强化体育产业要素保障，激发市场活力和消费热情，推动体育产业成为国民经济支柱性产业，成为新时代体育产业面临的重大课题。

我国体育产业的发展与相关产业政策的扶持引导息息相关。2010年《关于加快发展体育产业的指导意见》出台，首次从国家层面对体育产业进行规划梳理并提出目标任务，强调体育事业与体育产业协调发展，就体育健身市场、竞赛和表演市场等6个方面提出任务要求，并提出投融资、税费政策等7方面具体措施。2014年国务院印发《关于加快发展体育产业促进体育消费的若干意见》，体育产业首次被定位于拉动内需和经济转型升级的"特殊"产业，到2025年基本建立布局合理、功能完善、门类齐全的体育产业体系。2016年《体育产业发展"十三五"规划》提出，实现体育产业总规模超过3万亿元、产业增加值在国内生产总值中的比重达1%等目标，体育产业成为推动经济转型升级的重要力量。2019年国务院出台《关于促进全民健身和体育消费推动体育产业高质量发展的意见》，提出深化"放管服"改革、完善产业政策、优化产业布局等10方面举措，推动体育产业成为国民经济支柱性产业。不同时期产业政策重点有所不同，政策目标也随之不断量化、细化，但不变的是，一系列产业政策推动体育产业实现了更高水平、更高质量、更可持续发展。

一是产业基础不断夯实壮大。具体来看，我国体育产业总规模稳步提升，从2015年的1.71万亿元扩大到2020年的2.74万亿元，占GDP比重在1%以上，总规模和增加值的增速均高于同期GDP增速。产业结构日益优化，2020年我国体育服务业增加值为7374亿元，占体育产业增加值的比重为68.7%，超过传统体育用品制造成为带动产业发展的主引擎。市场活力不断凸显，2019年底全国体育产业法人单位28.9万个，比2015年增加1.5倍。产业基础进一步夯实，2020年全国人均体育场地面积2.2平方米、体育人口占比37.2%、居民人均体育消费支出1330.4元，比"十二五"末分别增长40.1%、9.7%和43.7%。

二是特色体育产业获得长足进步。"十三五"期间，冰雪运动、山地户外、水上运动等新兴细分市场快速发展，极大丰富了原有产业结构，不同运动项目产业规划出台，有效提升了项目的运营规范化、产业发展体系化和市场开发特色化。以冰雪运动为例，2022年1月国家体育总局发布《"带动三亿人参与冰雪运动"统计调查报告》显示，2015年北京成功申办冬奥会以来，全国居民参与过冰雪运动的人数为3.46亿人，冰雪运动参与率为24.56%，"带动三亿人参与冰雪运动"的发展目标顺利达成。冰雪产业初步形成了以健身休闲为主，竞赛表演、场馆服务、运动培训、装备制造和体育旅游等业态协同发展的产业格局。2022年北京冬奥会成功举办，进一步点燃了全国人民对冰雪运动的热情，必将推动冰雪运动迈向新高度。据测算，2020年我国冰雪产业、水上运动产业、山地户外运动产业、航空运动产业和马拉松运动产业的规模分别达到6000亿元、3000亿元、4000亿元、2000亿元和1200亿元，这些新兴产业成为激发社会活力和引导消费的新动能。

三是体育产业载体发挥引领示范作用。"十三五"期间，我国建成一批体育产业集群式示范区和综合性平台，国家体育产业基地达到298个，新增体育消费试点城市40个，培育国家级运动休闲特色小镇试点项目96个，推出108条黄金周体育旅游精品线路和30个国家体育旅游精品赛事。这些示范性体育产业载体对于提升体育产业集聚发展水平和规模发展水平，实现体育提质增效发挥了重要支撑作用。

四是区域体育产业协同健康发展。体育产业积极对接"一带一路"倡议和京津冀协同发展、长江经济带、西部大开发、东北振兴、中部崛起等战略，发挥京津冀、长三角、粤港澳大湾区以及成渝经济圈等体育产业发展优势，区域协调和产业布局不断强化。北京、天津和河北制定了《京津冀体育产业协同发展规划》等文件，将京津冀体育产业一体化发展作为重点示范项目，培育体育产业经济带和示范区。上海、江苏、浙江、安徽等地通过《长三角体育一体化协作协议（2021—2025）》，明确了长三角体育全领域一体化的协作机制。广东、香港、澳门将共同承办2025年第十五届全国运动会，粤港澳大湾区首次作为一个整体承办大型综合性体育赛事，迎来共同打造体育品牌赛事的大机遇。成都和重庆通过体育产业"六个一工程"建设（包括建立体育产业协作机制、共同创建全国体育旅游示范区、成立成渝体育产业联盟等）以及探讨合作举办奥运会的可能性，使体育产业成为推动成渝地区经济发展新的增长点。

新发展阶段，我国体育产业面临新的发展形势。党的十九届六中全会强调，必须实现创新成为第一动力、协调成为内生特点、绿色成为普遍形态、开放成为必由之路、共享成为根本目的的高质量发展，推动经济发展质量变革、效率变革、动力变革。这为我国划分不同产业序列、完善体育产业政策提供了根本遵循和逻辑起点。

"十三五"期间
全国体育产业总规模年均增长率　14.6%
经常参加体育锻炼人数比例
37.2%

《"十四五"体育发展规划》提出
到2025年，体育产业总规模达到　5万亿元
增加值占国内生产总值比重达到　2%

数据来源：国家体育总局

智能化现代化一体化趋势明显

主持人：随着时代进步，体育与旅游、养老等产业融合的新型业态不断涌现。产业融合对未来体育产业发展会产生哪些影响，如何更进一步推动融合发展？

邹新娴（北京体育大学管理学院教授、国家体育总局全民健身计划专家组成员）：步入新时代的体育产业发生了深刻变化，产业融合逐步渗透到各行各业，预计未来体育产业发展的"三化"趋势更加明显。

一是"智能化"纵深发展凸显。随着5G、大数据、区块链等新一代信息技术在体育制造技术、服务创新、商业模式优化中的融合应用，"体育制造"向"体育智造"转型不断加快。随着体育与旅游、养老等产业融合程度加深，以体育促进健康、满足娱乐与身心放松等多层次需求成为未来引领体育消费的重要抓手。从消费视角看，将形成集消费趋势智能预测、消费场景智能感知、消费效果智能评估与反馈等为一体的智能消费模式；从供给侧看，"体育智造"升级力度将进一步加大，体育产业智能技术、装备、服务更加完善，助力体旅、体卫融合等产业融合发展的功能更加多元，体育产业高质量发展不断向纵深推进。

二是"现代化"产业链条完善。一方面，体育产业内部链条不断延伸。随着体育产业融合发展的深入推进，体育本体产业不断变革，产业结构逐步优化，新产品、新技术、新服务不断涌现，在有效提升消费者需求层次的同时，也改变了传统体育产业部门的生产与服务方式，向信息、知识和技术密集型产业转变。另一方面，体育产业交叉业态频繁发力。借助不同产业的功能互补和延伸，形成了发展有序、层次分明、结构优化、特色凸显的融合型体育产业新体系。

三是"一体化"发展战略突出。随着京津冀协同发展、长江经济带发展、粤港澳大湾区建设等一系列重大战略的提出，我国区域一体化发展稳步推进。在产业融合背景下，体育产业通过不断推进优质资源和生产要素的跨区域流动，也将迎来"一体化"发展新契机。《京津冀体育产业协同发展规划》《长三角地区体育产业一体化发展规划（2021—2025）》《成渝地区双城经济圈体育产业协作协议》等政策出台，凸显了资源共享、产业联动的重要意义。

推动体育产业融合高质量发展，可以从3个方面着手。一方面，加强常态化制度的引领功能。首先，要优化出台针对体育产业融合的专项政策。以资金、人才、土地等要素投入为重点，以全方位政策体系支持为核心，支撑"全体育"产业链发展。其次，要建立健全畅通的沟通联络机制。以体育产业融合涉及的部门为中心，以搭建部门联席会议制度等为抓手，制定体育产业融合发展规划。再次，要打造区域体育产业融合示范项目。建立体育产业融合示范项目评选体系，树立区域体育产业融合标杆，充分发挥示范引领作用，推动体育产业融合品质整体升级。

另一方面，发挥多元化市场的导向作用。市场需求是体育产业融合的重要动力，消费需求、企业需求、资本需求等均推动着体育与其他产业的融合。因此，建立以市场为导向的体育产业融合发展模式至关重要。要通过吸引社会力量丰富体育产业融合的产品、服务，满足现有多元化消费需求。同时，充分发挥新一代信息技术优势，依托资本引进和企业创新等，开发面向未来的融合产品和服务，打造具有区域特色的融合品牌，助力体育产业融合消费升级。

此外，要优化人才引育激励机制。根据体育产业融合的需求制定一整套人才培育、引进、激励与保障体系。要优化人才引育机制，依托高等院校人才培养优势，积极打造"产学研用"一体化的人才培养体系。同时，完善激励与保障机制。加大人才政策与配套服务的支持力度，建立充分体现知识、技术等创新要素价值的精准激励机制，激发高端化人才在体育产业融合发展方面的干事创业活力。

产业结构优化目标和实施路径

主持人：现阶段我国体育产业结构存在哪些问题亟待解决？未来体育产业结构优化目标与实施路径有哪些？

王飞（哈尔滨体育学院体育人文社会学院院长）：体育产业结构优化是构建体育产业新发展格局的引擎，实现结构优化需要双管齐下：既要保证体育产业结构实现合理化目标，又要兼顾高级化发展方向。

"十三五"时期，我国体育产业结构逐渐多元化，产业链日益延伸，体育企业的专业化程度逐步加强，但亟须解决的问题也开始凸显。问题一是主导性体育产业的联动效应不明显。体育产业结构划分上，健身休闲业、竞赛表演业是核心组成部分，对体育产业发展起主导性作用。但现实发展中，二者产业关联效果并不突出，对体育产业整体发展的带动性未显著形成，特别是竞赛表演业联动力较薄弱，赛事数量不充足。问题二是冬夏体育资源的整体开发不均衡。从类别上看，目前夏季体育资源开发途径多元化、服务类别丰富，而冬季体育资源开发形式单一，服务供给以冰雪场地使用、运动技能培训及冰雪体育旅游为主要方式，市场化配置效率不高。同时，冰雪体育消费黏性不强，冰雪体育产业结构未实现多元化。问题三是体育产业链的纵向整合不理想。体育产业链越长，资源配置越充分，专业化分工就越精细。但目前我国体育产业链整合能力不强，尤其是纵向整合弱化，各环节差距较大。体育产业作为附加值需求较高的第三产业，需要对产业链各环节进行有效整合。问题四是体育产业体系的现代化水平不高。目前我国体育产业体系中，智能化体育装备和设备的制造水平较低，现代化体育服务质量不高，创新性体育服务组成比例过低。特别是大数据、区块链及人工智能等新技术的赋能效果并不理想。

实现体育强国建设目标，我国体育产业结构也要做出相应调整。一要切中短板，联动性协调体育产业结构。应充分依托"全民健身战略"与"全民健康战略"的深度融合，增大健身休闲业在体育产业中的关联作用。同时，重视竞赛表演业升级，真正激发赛事产业的联动能力。针对性提升体育培训业和高端制造业的发展速度，协调其他体育产业发展同样迫切。还需从不同角度审视体育产业结构，特别是平衡冬夏体育资源开发中的差距，抓住北京2022年冬奥会的重要机遇期，全面提升冰雪体育消费积极性，为冬夏季项目均衡发展提供有力的产业性支持。二要融合引导，多元化强韧体育产业结构。近年来，体育小镇、体育服务综合体及智慧体育场馆的建设都是强韧体育产业结构的重要内容，未来应进一步强化融合引导，加快"体育+"工程的实施效果，提升体育与健康服务及旅游等产业深度融合，全面促进体育消费的体制增容。另外，通过扩大体育服务及产品的消费类别，增强体育消费黏性防止产业链脆弱和断裂，提升自我修复能力。三要引入创新，质量化拓展体育产业结构。通过生产要素创新，增强体育产业结构的高级化，激发科技、资本、人才及数据等关键性要素创新作用；通过消费机制创新，优化体育产业结构的分工布局，提升体育产业链的关联与融合能力；通过服务平台创新，保障体育产业结构的优化效果，增强政策的引导作用。

本版编辑　谢慧　美编　夏祎
来稿邮箱　jjrbjjzk@163.com

体育产业是现代服务业的重要组成部分，是推动国民经济发展的重要力量。近年来，随着全民健身战略和健康中国战略的深入实施，我国体育产业显示出巨大市场潜力和强劲发展动力。2022 年北京冬奥会的举办推动了冰雪经济、中国体育事业的发展，我国提前实现“带动三亿人参与冰雪运动”的目标，为全球奥林匹克事业作出了新的贡献。“十四五”规划对体育事业、体育产业发展提出了更高要求，对接体育强国建设 2035 年目标，我国体育产业将迎来怎样的机遇和挑战，本期特邀四位专家深入研讨。

经济效益与社会效益双效协同

主持人：我国体育产业发展现状如何?

白宇飞：改革开放以来，我国体育产业经历了从无到有、从小到大、由弱渐强的发展历程。宏观政策积极引导、市场主体主动探索、消费需求持续培育与激发，共同支撑了体育产业经济效益日益增加与社会效益日趋扩大双效协同发展的基本面，体育产业逐步成为我国经济转型升级的重要助推力量。

一是总体规模不断壮大。数据显示，2020 年全国体育产业实现总产出 27372 亿元、增加值 10735 亿元。与之相对，北京奥运会成功举办的 2008 年，全国体育及相关产业实现增加值 1554.97 亿元，体育产业增加值 2008—2020 年的平均增速高达 17.5%。根据《全民健身计划（2021—2025 年）》，我国体育产业总规模到 2025 年预计达到5万亿元。体育产业快速扩张是对经济平稳较快发展的客观反映，是收入分配改善和消费需求释放的必然结果。加之体育消费高收入弹性的特征，其发展明显快于国内生产总值增长速度。

二是结构体系渐趋完善。从宏观视角来看，体育产业结构布局显著优化。数据显示，2008年我国体育用品、服装鞋帽制造的产业增加值占比接近70%，2020年降至29.3%，而体育服务业总产出连续两年超过前者。体育产业由传统制造业拉动转向更具现代产业特征的服务业与制造业并行驱动，发展韧性增强。从微观视角来看，多元化市场体系丰富和完善了体育产业发展内涵。

三是就业规模稳步增长。据相关统计数据，2008年全国体育产业从业人员规模为317.09万人，2019年增长至505.1万人。根据《“十四五”体育发展规划》发展目标，2025年我国体育产业从业人员超过800万人。在体育制造业加速向服务业延伸实现产业升级的进程中，其较强的综合带动能力能够有效吸纳新增劳动力资源。

四是治理能力显著提升。党的十八大以来，《关于加快发展体育产业促进体育消费的若干意见》等政策相继出台，进一步明确了与体育产业相关的品牌赛事、特色小镇、城市体育服务综合体等治理对象及内涵，尤其通过深化“放管服”改革形成了有利于体育强国和健康中国建设的良好制度环境。

五是数字技术支撑作用有效发挥。5G通信、人工智能等前沿技术蓬勃发展，积极赋能体育产业数字化转型。一方面，卫星直播技术、大数据算法与互联网传播渠道的结合有效提升了体育产业的供给能力。另一方面，数字技术突破了体育消费市场的刻板形态，智能体育发展突飞猛进，居家健身服务消费等新模式不断涌现。

六是产业融合发展趋势凸显。近年来，体育产业与医疗、文化、旅游休闲等产业加速融合，体育产品与服务品质不断提升。如与旅游休闲的产业融合，凭借产业资源的整合、互补与共享树立“体育+旅游”的全域化优势，为未来体育产业消费升级提供了增长潜力和动能储备。

政策引导推动全方位长足进步

主持人：体育产业高质量发展离不开政策支持，有哪些重要的产业政策，取得了怎样的效果？

郑志强：随着社会经济迅速发展，我国体育产业发展进入快车道，如何进一步强化体育产业要素保障，激发市场活力和消费热情，推动体育产业成为国民经济支柱性产业，成为新时代体育产业面临的重大课题。

我国体育产业的发展与相关产业政策的扶持引导息息相关。2010年《关于加快发展体育产业的指导意见》出台，首次从国家层面对体育产业进行规划梳理并提出目标任务，强调体育事业与体育产业协调发展，就体育健身市场、竞赛和表演市场等6个方面提出任务要求，并提出投融资、税费政策等7方面具体措施。2014年国务院印发《关于加快发展体育产业促进体育消费的若干意见》，体育产业首次被定位于拉动内需和经济转型升级的“特殊”产业，到2025年基本建立布局合理、功能完善、门类齐全的体育产业体系。2016年《体育产业发展“十三五”规划》提出，实现体育产业总规模超过3万亿元、产业增加值在国内生产总值中的比重达1%等目标，体育产业成为推动经济转型升级的重要力量。2019年国务院出台《关于促进全民健身和体育消费推动体育产业高质量发展的意见》，提出深化“放管服”改革、完善产业政策、优化产业布局等10方面举措，推动体育产业成为国民经济支柱性产业。不同时期产业政策重点有所不同，政策目标也随之不断量化、细化，但不变的是，一系列产业政策推动体育产业实现了更高水平、更高质量、更可持续发展。

一是产业基础不断夯实壮大。具体来看，我国体育产业总规模稳步提升，从2015年的1.71万亿元扩大到2020年的2.74万亿元，占GDP比重在1%以上，总规模和增加值的增速均高于同期GDP增速。产业结构日益优化，2020年我国体育服务业增加值为7374亿元，占体育产业增加值的比重为68.7%，超过传统体育用品制造业成为带动产业发展的主引擎。市场活力不断凸显，2019年底全国体育产业法人单位28.9万个，比2015年增加1.5倍。产业基础进一步夯实，2020年全国人均体育场地面积2.2平方米，体育人口占比37.2%，居民人均体育消费支出1330.4元，比“十二五”末分别增长40.1%、9.7%和43.7%。

二是特色体育产业获得长足进步。“十三五”期间，冰雪运动、山地户外、水上运动等新兴细分市场快速发展，极大丰富了原有产业结构，不同运动项目产业规划出台，有效提升了项目的运营规范化、产业发展体系化和市场开发特色化。以冰雪运动为例，2022年1月国家体育总局发布的《“带动三亿人参与冰雪运动”统计调查报告》显示，2015年北京成功申办冬奥会以来，全国居民参与过冰雪运动的人数为3.46亿人，冰雪运动参与率为24.56%，“带动三亿人参与冰雪运动”的发展目标顺利达成。冰雪产业初步形成了以健身休闲为主，竞赛表演、场馆服务、运动培训、装备制造和体育旅游等业态协同发展的产业格局。2022年北京冬奥会成功举办，进一步点燃了全国人民对冰雪运动的热情，必将推动冰雪运动迈向新高度。据测算，2020年我国冰雪产业、水上运动产业、山地户外运动产业、航空运动产业和马拉松运动产业的规模分别达到6000亿元、3000亿元、4000亿元、2000亿元和1200亿元，这些新兴产业成为激发社会活力和引导消费的新动能。

三是体育产业载体发挥引领示范作用。“十三五”期间，我国建成一批体育产业集群式示范区和综合性平台，国家体育产业基地达到298个，新增体育消费试点城市40个，培育国家级运动休闲特色小镇试点项目96个，推出108条黄金周体育旅游精品线路和30个国家体育旅游精品赛事。这些示范性体育产业载体对于提升体育产业集聚发展水平和规模发展水平，实现体育提质增效发挥了重要支撑作用。

四是区域体育产业协同健康发展。体育产业积极对接“一带一路”倡议和京津冀协同发展、长江经济带发展、西部大开发、东北振兴、中部崛起等战略，发挥京津冀、长三角、粤港澳大湾区以及成渝经济圈等体育产业发展优势，区域协同和产业布局不断强化。北京、天津和河北制定了《京津冀体育产业协同发展规划》等文件，将京津冀体育产业一体化发展作为重点示范项目，培育体育产业经济带和示范区。上海、江苏、浙江、安徽等地通过《长三角体育一体化协作协议（2021—2025）》，明确了长三角体育全领域一体化的协作机制。广东、香港、澳门将共同承办2025年第十五届全国运动会，粤港澳大湾区首次作为一个整体承办大型综合性体育赛事，将迎来共同打造体育品牌赛事的大机遇。成都和重庆通过体育产业“六个一工程”建设（包括建立体育产业协作机制、共同创建全国体育旅游示范区、成立成渝体育产业联盟等）以及探讨合作举办奥运会的可能性，使体育产业成为推动成渝地区经济发展新的增长点。

新发展阶段，我国体育产业面临新的发展形势。党的十九届六中全会强调，必须实现创新成为第一动力、协调成为内生特点、绿色成为普遍形态、开放成为必由之路、共享成为根本目的的高质量发展，推动经济发展质量变革、效率变革、动力变革。这为我国划分不同产业序列，完善体育产业政策提供了根本遵循和逻辑起点。

产业结构优化目标和实施路径

主持人：现阶段我国体育产业结构存在哪些问题亟待解决？未来体育产业结构优化目标与实施路径有哪些？

王飞：体育产业结构优化是构建体育产业新发展格局的引擎，实现结构优化需要双管齐下：既要保证体育产业结构实现合理化目标，又要兼顾其高级化发展方向。

“十三五”时期，我国体育产业结构逐渐多元化，产业链日益延伸，体育企业的专业化程度逐步加强，但亟须解决的问题也开始凸显。问题一是主导性体育产业的联动效应不明显。体育产业结构划分上，健身休闲业、竞赛表演业是核心组成部分，对体育产业发展起主导性作用。但现实发展中，二者产业关联效果并不突出，对体育产业整体发展的带动性未显著形成，特别是竞赛表演业联动力较薄弱，赛事数量不充足。问题二是冬夏体育资源的整体开发不均衡。从类别上看，目前夏季体育资源开发途径多元化、服务类别丰富，而冬季体育资源开发形式单一，服务供给以冰雪场地使用、运动技能培训及冰雪体育旅游为主要方式，市场化配置效率不高。同时，冰雪体育消费黏性不强，冰雪体育产业结构未实现多元化。问题三是体育产业链的纵向整合不理想。体育产业链越长，资源配置越充分，专业化分工就越精细。但目前我国体育产业链整合能力不强，尤其是纵向整合弱化，各环节差距较大。体育产业作为附加值需求较高的第三产业，需要对产业链各环节进行有效整合。问题四是体育产业体系的现代化水平不高。目前我国体育产业体系中，智能化体育装备和设备的制造水平较低、现代化体育服务质量不高、创新性体育服务组成比例过低。特别是大数据、区块链及人工智能等新技术的赋能效果并不理想。

实现体育强国建设目标，我国体育产业结构也要做出相应调整。一要切中短板，联动性协调体育产业结构。应充分依托“全民健身战略”与“全民健康战略”的深度融合，增大健身休闲业在体育产业中的关联作用。同时，重视竞赛表演业升级，真正激发赛事产业的联动能力。针对性提升体育培训业和高端制造业的发展速度，协调其他体育产业发展同样迫切。还需从不同角度审视体育产业结构，特别是平衡冬夏体育资源开发中的差距，抓住北京2022年冬奥会的重要机遇期，全面提升冰雪体育消费积极性，为冬夏季项目均衡发展提供有力的产业性支持。二要融合引导，多元化强韧体育产业结构。近年来，体育小镇、体育服务综合体及智慧体育场馆的建设都是强韧体育产业结构的重要内容，未来应进一步强化融合引导，加快“体育+”工程的实施效果，提升体育与健康服务及旅游等产业深度融合，全面促进体育消费的体制增容。另外，通过扩大体育服务及产品的消费类别，增强体育消费黏性防止产业链脆弱和断裂，提升自我修复能力。三要引入创新，质量化拓展体育产业结构。通过生产要素创新，增强体育产业结构的高级化，激发科技、资本、人才及数据等关键性要素创新作用；通过消费机制创新，优化体育产业结构的分工布局，提升体育产业链的关联与融合能力；通过服务平台创新，保障体育产业结构的优化效果，增强政策的引导作用。

智能化现代化一体化趋势明显

主持人：随着时代进步，体育与旅游、养老等产业融合的新型业态不断涌现。产业融合对未来体育产业发展会产生哪些影响，如何更进一步推动融合发展？

邹新娴：步入新时代的体育产业发生了深刻变化，产业融合逐步渗透到各行各业，预计未来体育产业发展的“三化”趋势将更加明显。

一是“智能化”纵深发展凸显。随着5G、大数据、区块链等新一代信息技术在体育制造技术、服务创新、商业模式优化中的融合应用，“体育制造”向“体育智造”转型不断加快。随着体育与旅游、养老等产业融合程度加深，以体育促进健康、满足娱乐与身心放松等多层次需求成为未来引领体育消费的重要抓手。从消费视角看，将形成集消费趋势智能预测、消费场景智能感知、消费效果智能评估与反馈等为一体的智能消费模式；从供给侧看，“体育智造”升级力度将进一步加大，体育产业智能技术、装备、服务将更加完善，助力体旅、体卫融合等产业融合发展的功能更加多元，体育产业高质量发展不断向纵深推进。

二是“现代化”产业链条完善。一方面，体育产业内部链条不断延伸。随着体育产业融合发展的深入推进，体育本体产业不断变革，产业结构逐步优化，新产品、新技术、新服务不断涌现，在有效提升消费者需求层次的同时，也改变了传统体育产业部门的生产与服务方式，促进其向信息、知识和技术密集型产业转变。另一方面，体育产业交叉业态频繁发力。借助不同产业的功能互补和延伸，形成发展有序、层次分明、结构优化、特色凸显的融合型体育产业新体系。

三是“一体化”发展战略突出。随着京津冀协同发展、长江经济带发展、粤港澳大湾区建设等一系列重大战略的提出，我国区域一体化发展稳步推进。在产业融合背景下，体育产业通过不断推进优质资源和生产要素的跨区域流动，也将迎来“一体化”发展新契机。《京津冀体育产业协同发展规划》《长三角地区体育产业一体化发展规划（2021—2025）》《成渝地区双城经济圈体育产业协作协议》等政策出台，凸显了资源共享、产业联动的重要意义。

推动体育产业融合高质量发展，可以从以下三个方面着手。一方面，加强常态化制度的引领功能。首先，要优化出台针对体育产业融合的专项政策。以资金、人才、土地等要素投入为重点，以全方位政策体系支持为核心，支撑“全体育”产业链发展。其次，要建立健全畅通的沟通联络机制。以体育产业融合涉及的部门为中心，以搭建部门联席会议制度等为抓手，制定体育产业融合发展规划。最后，要打造区域体育产业融合示范项目。建立体育产业融合示范项目评选体系，树立区域体育产业融合标杆，充分发挥示范引领作用，推动体育产业融合品质整体升级。

另一方面，发挥多元化市场的导向作用。市场需求是体育产业融合的重要动力，消费需求、企业需求、资本需求等均推动着体育与其他产业的融合。因此，建立以市场为导向的体育产业融合发展模式至关重要。要通过吸引社会力量丰富体育产业融合的产品、服务，满足现有多元化消费需求。同时，充分发挥新一代信息技术优势，依托资本引进和企业创新等，开发面向未来的融合产品和服务，打造具有区域特色的融合品牌，助力体育产业融合消费升级。

此外，要优化人才引育激励机制。根据体育产业融合的需求制定一整套人才培育、引进、激励与保障体系。要优化人才引育机制，依托高等院校人才培养优势，积极打造“产学研用”一体化的人才培养体系。同时，完善激励与保障机制。加大人才政策与配套服务的支持力度，建立充分体现知识、技术等创新要素价值的精准激励机制，激发高端人才在体育产业融合发展方面的干事创业活力。

原载 2022 年 2 月 17 日《经济日报》

提升产业标准化水平

本期嘉宾

国家市场监督管理总局标准技术管理司司长　刘洪生

全国植物检疫标准化技术委员会秘书长　陈洪俊

华为公司 I3 标准组织系统部部长、国际电信联盟第十六研究组主席　罗忠

主持人

经济日报社编委、中国经济趋势研究院院长　孙世芳

11 智库 2022年4月6日 星期三 经济日报

提升产业标准化水平

智库圆桌（第9期·总59期）

标准是经济活动和社会发展的技术支撑。2021年10月10日，中共中央、国务院印发《国家标准化发展纲要》，从国家制度层面明确了标准化工作的总体要求、发展目标、战略任务和保障措施等内容。提升产业标准化水平，是其部署的七大任务之一。本期智库圆桌邀请专家围绕产业标准化相关问题进行探讨。

主持人 经济日报社编委、中国经济趋势研究院院长 孙世芳

标准化迎来全面提升期

院士建言

产业发展的重要牵引

促进标准化开放发展

充分释放市场主体标准化活力

提升产业标准化水平

标准是经济活动和社会发展的技术支撑。2021 年 10 月 10 日，中共中央、国务院印发《国家标准化发展纲要》，从国家制度层面明确了标准化工作的总体要求、发展目标、战略任务和保障措施等内容。提升产业标准化水平，是其部署的七大任务之一。本期智库圆桌邀请专家围绕产业标准化相关问题进行探讨。

标准化迎来全面提升期

主持人：*标准化对产业发展有何影响？应从哪些方面提升标准化水平以推进产业优化升级？*

刘洪生：标准化水平的高低，反映了一个国家产业核心竞争力乃至综合实力的强弱，先进、科学的标准体系已成为现代产业体系的重要组成部分。具体而言，一是标准化有利于提升产业技术创新水平。标准作为战略性创新资源，能够为科技创新提供转化载体，成为创新成果产业化、市场化应用的桥梁，进而提升产业核心竞争力。二是标准化有利于增强产业稳定性。标准能够有效避免技术层面的安全风险，提高运行层面的操作效率，降低经济层面的生产成本，进而获得产业发展的最佳秩序，保障产业可持续发展。三是标准化有利于促进产业相互融通。标准能够在产业链上中下游配套协作、产业间融合发展中起到润滑剂作用，提高产业自主性和可控性。四是标准化有利于推动产业国际化发展。通过采用国际标准、参与制定国际标准等方式，推动中外标准协调兼容，突破技术性贸易壁垒，有助于我国产品和服务进入国际市场，提高产业国际影响力。

党的十八大以来，标准化事业发展迎来全面提升期。截至2021年底，我国已发布国家标准4.1万余项，行业标准7.6万余项，地方标准5.4万余项，公开的团体标准3.3万余项，企业标准超过215万项，形成了覆盖农业、工业、服务业各领域的标准体系，为产业发展提供了技术支撑。

比如，在农业标准化方面，发布实施3700余项国家标准，进一步加强国家农业标准化示范区管理，建设国家农业标准化示范区4600多个，为推动农业现代化发挥了重要作用。

在工业标准化方面，大力实施装备制造业标准化和质量提升规划以及新材料标准领航行动计划，发布实施16000多项有关国家标准，积极推进百项能效标准推进工程与化解产能过剩标准支撑工程等重点工作，发布实施350余项节能国家标准，110余项能耗限额国家标准。

在服务业标准化方面，服务业标准体系建设日渐完善，发布实施国家标准近4000项，覆盖金融、商务、物流、快递、旅游、文化、体育、养老、家政等诸多领域，对规范服务业发展，提升服务质量发挥了积极作用。但是，随着科技进步和产业变革深度发展，特别是新产业新业态新模式蓬勃兴起，新兴、交叉和融合等领域标准化工作还存在不少空白。与此同时，国际环境日趋复杂，对产业标准国际化也提出新要求。

下一步，应该从服务国家宏观调控目标和现代产业体系发展需求出发，全面贯彻落实《国家标准化发展纲要》中关于产业标准化工作的部署，以标准化水平提升，推进产业优化升级。具体有以下四个重要方面，一是要同步部署技术研发、标准研制与产业推广。健全标准化与科技创新的紧密互动机制，将标准研制嵌入科技研发全过程，加快新技术产业化步伐。二是要全面提升产业标准化水平。启动并有序推进高端装备制造标准化强基工程，新产业标准化领航工程，标准化助力重点产业稳链工程，以及新型基础设施标准化专项行动等重大工程和行动，提升产业基础高级化、产业链现代化水平。三是要以标准化助力培育我国产业国际合作和竞争新优势。聚焦优势产业、新兴产业与未来产业，积极参与国际标准化交流合作，加大采用国际标准力度，大力推进中外标准互认，构建与国际标准兼容的标准体系。建立政府引导、企业主体、产学研联动的国际标准化工作机制，支持企业、社会团体、科研机构等参与各类国际性专业标准组织活动。四是要培养现代产业需要的标准化人才队伍。把加强标准化人才队伍建设摆在标准化工作更加突出的位置，构建多层次标准化人才培养培训体系，培养一批研究型人才、技能型人才，以及掌握技术和规则的复合型国际人才。

促进标准化开放发展

主持人：为推动构建协同发展、互利共赢的全球产业生态，应如何着力提升我国产业标准国际化水平？

陈洪俊：推动产业标准与国际先进水平对接，对推动我国实质性参与国际标准化工作、全面提升我国标准的国际竞争力、提高产业竞争能力等具有重要意义。

中华人民共和国成立以来特别是党的十八大以来，我国标准国际化水平实现了国际标准由单一采用向采用与制定并重的历史性转变。一方面，我国积极采用国际标准，努力做到能采即采，全领域平均国际标准转化率超过 75%。加快重点产业领域国际标准转化等取得一定成效，截至 2021 年底，我国重点领域主要消费品与国际标准一致性程度超过 95%，我国有色金属、化工、重要消费品、新一代信息技术等多个重要产业领域的国际标准转化率已超过 90%。另一方面，积极向国际标准化组织（ISO）、国际电工委员会（IEC）提交国际标准提案，近 5 年提案平均增长率达到 40%，成为国际标准提案最活跃的国家之一。

为进一步促进我国标准化开放发展，推动构建协同发展、互利共赢的全球产业生态，应从以下几方面积极开展工作。

一是推动国内国际产业标准化协同发展。以“三大工程、一个行动”（即实施高端装备制造标准化强基工程、新产业标准化领航工程、标准化助力重点产业稳链工程、新型基础设施标准化专项行动）为引领，加快建设具有自主特色、国内领先、与国际接轨的产业标准体系，建设一批具有国际影响力的产业标准综合体。研制一批领先的国际标准，形成以标准与技术为核心的产业发展新优势。推进我国产业在智能化、绿色化、服务化等多学科交叉融合领域综合标准化工作，推动国内标准与国际标准项目同步提出、同步研制。

二是提升与国际标准一致性程度。进一步健全标准外文版管理机制，推动国家标准外文版同步制定，特别是面向重点贸易商品和国际产能合作，强化标准外文版有效供给。开展重点领域标准比对分析，加快国际标准转化和应用，大幅提高我国标准与国际标准的一致性，促进全球贸易自由化便利化，到 2025 年实现国际标准转化率达到 85% 以上。

三是促进产业标准化广泛交流合作。健全国际化标准工作合作机制，统筹推进标准化与科技、产业和金融对外交流合作，持续深化相关领域国际标准化合作。积极参与 ISO、IEC、国际电信联盟（ITU）等国际标准化组织活动，继续强化重点领域国际标准化工作。要以《区域全面经济伙伴关系协定》（RCEP）生效为契机，加快推动各成员国间的标准协调对接，支撑高水平自贸区建设。支持各地围绕产业集聚区搭建促进企业参与国际标准化活动的平台，鼓励企业、社会团体和科研机构积极参与各类国际性专业标准组织活动。

充分释放市场主体标准化活力

主持人：应当如何充分释放市场主体标准化活力，为推动产业高质量发展制定更多更好的标准？

罗忠：近年来，随着我国标准化事业发展，标准化改革创新不断深入，我国各类市场主体参与标准化活动的意识和能力不断提升。

在信息技术领域，各类企业积极参与国际与国内标准化活动。在以ITU、ISO、IEC 等为代表的国际标准化组织中，我国产业界的参与和贡献日益增多，产业界也因此获益良多。在这个过程中，标准化人才的涌现与成长也很显著，逐步形成一定规模的熟悉标准化规则、精通业务的标准专家团队。

以华为为例，公司十分重视面向全球的标准化工作，并把标准化作为产业发展的有机组成部分。标准化是实现华为“以客户为中心”核心价值观不可缺少的能力之一。目前华为公司参与了全球标准、开源等各类组织数百个，累计提交标准提案超过 65000 篇，成为 ITU、ISO、IEC、第三代合作伙伴计划（3GPP）、电气和电子工程师学会（IEEE）、互联网工程任务组（IETF）、欧洲电信标准学会（ETSI）、万维网联盟（W3C）等众多组织的重要贡献者，在部分组织中已成为领导者。

充分调动企业作为市场主体在标准化活动中的积极性，根本是要更好地将标准化工作与技术研究和产业发展、市场应用相结合，在此基础上实现标准化工作由国内驱动向国内国际相互促进转变。

一是要进一步加强国际标准化工作。需不断密切与全球重要标准组织携手共进，大力推动“开放、公平、公正”的理念，努力维护健康的国际标准秩序。另外，要培育创建立足我国的国际性标准与产业组织，扎实做好服务于此类新创组织的团体标准制度建设与过程管理。建议国家加大力度支持产业界发起新创型国际性标准与产业组织，并把它们打造成真正的国际化标准平台，从而让产业界的标准化朋友圈不断扩大、人气兴旺。

二是用标准化为科技创新保驾护航。一方面，通过将标准化、产业化经验反向输入到早期创新中，有效降低方向偏差导致的创新失败与投资损失，减少科技创新的不确定性，让更多企业与资本有能力、有意愿参与创新。另一方面，通过标准基本专利等保护机制，确保创新者合理稳定的利益回报，形成对社会有益的多赢机制，维护持久的创新驱动力。

三是要充分发挥标准化在数字经济产业生态建设中的重要作用。高质量数字经济发展需要富有活力的产业生态来支撑。标准化通过协调市场活动，寻找合作伙伴，可有效助力产业生态的构建。具体而言，一方面要打破边界，加速开源与标准的协同创新。推动开源社区建立标准化机制，鼓励标准的开源实现，共筑开放产业生态；维护开源社区生态统一，共享共建，防止分裂和碎片化。另一方面要对标欧美等先进国家，采用数字化等高新技术不断革新标准化工作方式、提升标准化效率与质量、缩短标准制定周期。

原载 2022 年 4 月 6 日《经济日报》

后　记

智库也被称为思想库，智库建设是国家治理体系与治理能力现代化的重要组成部分，是国家软实力的重要体现。2015 年初，中办、国办印发《关于加强中国特色新型智库建设的意见》，为我国智库建设提供了良好的制度环境及顶层指导。

媒体智库是智库建设的重要组成部分。《关于加强中国特色新型智库建设的意见》提出，支持中央重点新闻媒体先行开展高端智库建设试点，同时鼓励智库运用大众媒体等多种方式，传播主流思想，集聚社会正能量。国家政策的推动以及媒体转型大背景等因素加快了媒体智库的发展。

《智库圆桌》专栏迄今已有 280 多期，得到了读者广泛的认可。作为一位创始者，经常忆起创设时的艰难与不易，看着它就像一个呱呱落地的婴儿在大家的努力下已长成翩翩少年，心里由衷地高兴。特别感谢在我主持了前 50 期后，理论部主任徐向梅同志接过接力棒，带领大家努力前行一直走到今天。期盼这一版面成为经济日报的特色版面。本书结集《智库圆桌》前 39 期出版，也是鼓励大家坚持不懈做到 1000 期，甚至更长。

经济日报社编委会对智库版以及本书的编辑出版高度重视。值此丛书付梓之际，向给予我们关心帮助的各位领导、专家学者表达衷心的感谢。感谢国家高层次人才特殊支持计划项目的支持；感谢参与《智库圆桌》的国内各高校、科研机构的专家学者贡献的真知灼见；感谢审读专家对书稿提出宝贵意见；感谢本报所有参与智库采编工作人员的辛勤付出。经济日报社理论部张静、谢慧、秦悦、裴文、聂倩，财金新闻部刘溟，驻地记者部孟宪江，内参部赵智钢，原经济研究部郭文娟等同志，经济日报出版社的陈芬等同志，在智库工作及本书编辑出版工作中付出了大量时间和精力，表示衷心感谢。

智库的生命在于它的影响力，提升智库的影响力就要紧紧围绕党中央的经济方针、经济政策和经济部署，在权威、专业、深度、效用上做文章，力求权威发布、专业研发、效用最大。期待广大读者就如何进一步做好媒体智库工作，提出宝贵建议。